中国社会科学院国情调研丛书
CASS Series of National Conditions Investigation & Research

本书为中国社会科学院国情调研
重大项目的最终成果

中国社会保障收入再分配状况调查

Social Security Survey on Income Redistribution Effect in China

王延中 主编

社会科学文献出版社
SOCIAL SCIENCES ACADEMIC PRESS (CHINA)

中国社会科学院国情调研丛书
编选委员会

主　任　李慎明

副主任　武　寅　黄浩涛

成　员　何秉孟　李汉林　王　正　王子豪

目 录

前言　积极发挥社会保障在调节收入分配中的作用 ………… 王延中 / 1

研究报告

社会保障制度调节收入分配作用的机理与实践
………………………………………… 王延中　龙玉其　等 / 3

综合调研报告

中国社会保障制度与收入分配调查报告（2011）
………………………………………… 王延中　龙玉其 / 37
中国社会保障制度再分配效应及公平性评价报告（2011）
………………………………………… 王延中　侯慧丽 / 64
中国社会保障与收入分配调查报告（2012）
………………………………………… 王延中　宁亚芳 / 80
中国社会保险制度发展社会评价报告（2012）
………………………………………… 王延中　江翠萍 / 126

地方调研报告

陕西省宝鸡市社会保障发展与收入分配状况调研报告
………………………………………………………… 高文书 / 165

福建省厦门市社会保障发展与收入分配状况调研报告
………………………………………………… 高和荣　朱火云 / 186

福建省连城县社会保障发展与收入分配状况调研报告
………………………………………………… 高和荣　夏会琴 / 224

内蒙古社会保障发展与收入分配状况调研报告 ………… 宋　娟 / 255

河南省社会保障发展与收入分配状况调研报告
………………………………… 张奎力　李　伟　赵意焕 / 291

重庆市社会保障发展与收入分配状况调研报告 ………… 刘　琴 / 351

参考文献 ……………………………………………………………… / 381

后　记 ………………………………………………………………… / 386

前 言
积极发挥社会保障在调节收入分配中的作用

王延中

社会保障制度本身具有重要的收入再分配功能。国际经验表明，社会保障对缩小收入差距具有显著作用，其甚至大于税收的作用，因而成为许多国家调节收入差距的重要手段。中国已基本建立以社会保险、社会救助、社会福利为重点的新型社会保障体系，但居民收入分配差距却在不断扩大，截止到2011年，中国的基尼系数已经接近0.5。这引起了社会的高度关注和争论。2011年和2012年，中国社会科学院国情调研重大课题"中国社会保障发展与收入分配状况"项目组在全国10余个省（区、市）进行了入户调查。主要调查结果如下。

一 社会保障收支占国民经济的比重不断上升

随着社会保障体系的不断健全和保障水平的不断提高，审计署的审计报告核算出2011年18项社会保障收支分别为28402亿元和21100亿元，年底累计结存资金31119亿元，分别占当年GDP总量的6.02%、4.47%和6.61%。如果把政府用于教育、卫生和住房保障的资金计算在内，广义的社会保障支出占GDP的比重为10.12%，刚好超过一成。这个比例比10年前几乎翻了一番。

二 社会保障支出成为政府财政支出增幅最大、增速最快的项目之一

2011年18项社会保障收入中，财政性投入总量为7555.34亿元，占18项社会保障收入资金总量的26.60%。把社会保障收支中非财政投入部分增加到政府当年收入之中，把重复计算的财政性社会保障支出去掉，可以看出社会保障支出占到2011年财政支出（122792.62亿元）的17.18%。把政府财政用于社会保障与就业（8.4%）、教育事业（5.8%）、卫生事业（3.1%）、住房保障（3.2%）的支出加在一起，占到当年财政支出总和的20.5%。如果进一步把社会保险基金中支出的单位和个人缴费计算在内（总量为47714.77亿元），广义的社会保障支出占到2011年全国财政社会保障支出与纳入预算的社会保险基金支出总和（136471.15亿元）的34.96%，比重已经超过1/3。党的十六大以来，财政用于广义的社会保障支出的比重提高了近20个百分点。

三 社会保障收入成为城乡居民尤其是老年居民收入的重要来源和组成部分

社会保险制度是狭义的社会保障制度的主体部分，其收入和支出分别占18项社会保障资金的92%和90%。我们主要调查了城乡居民参加社会保险及其待遇情况。调查资料显示，社会保险待遇已经成为城乡居民收入的重要来源。2012年，个人社会保险待遇占全年收入的比重达到14.5%，其中农业户口为12%、非农业户口为18%。在四川、江苏、湖南、黑龙江、山西、海南六个省份中，个人社会保障收入比重最高的为黑龙江，占27.4%，四川和海南分别为20.5%和20.8%，也超过了20%。说明部分省份城乡居民个人收入的1/5甚至1/4以上是来自社会保障资金，人们的日常生活已经离不开社会保障。特别是退休职工，社会保障收入已经占到其平均收入的43%。

四 社会保障制度已经开始发挥缓解和缩小居民收入差距的积极作用

社会保障制度通过对低收入者给予救助、面向全民的基本公共服务、缴费与待遇不完全挂钩及待遇均等增长机制，在很大程度上提高了低收入者的现金、实物及服务收益。同时，中高收入者在缴费环节上相对作出了较大贡献。这种"削高补低"的制度安排，使社会保障成为调节居民收入差别的调节器，在一定程度上可以降低基尼系数。我们在陕西宝鸡的调查显示，社会保障缩小了基尼系数。经过社会保障收入转移之后，城乡居民人均收入的基尼系数从0.44下降到0.42，其中，城市居民从0.43下降到0.34，农村居民从0.40下降到0.39。2012年，在对多省调查后显示，社会保险收入使全国居民收入差距下降了4个基尼点，其中使城镇居民收入差距下降了7个基尼点，使农村居民收入差距下降了1个基尼点。当然，由于城乡居民社会保障收入差距较大，社会保障在一定程度上对城乡收入差距产生了"逆调节"作用。社会保障收入转移使城乡收入比由原来的1.85倍增长到了2.28倍。2012年的全部调查数据显示，社会保险收入使基尼系数下降了6个百分点，对缩小收入差距发挥了积极作用。

五 不同居民对社会保障制度的作用、公平性及满意度的评价分歧较大

从总体上看，我国社会保障制度还在建设过程中，除职工社会保险制度外，很多制度建立不久或者刚刚开始建立。不同群体参加不同的保障制度，各种制度之间的待遇差别比较大、有效衔接不够。导致人们对社会保障制度的评价呈现多元化，很多观点差异很大甚至相互对立。比如，很多人认为社会保障制度总体上对收入差距的缓解效果不大（认为有作用的在20%以下）。同时，社会公众对社会保障制度的公平性评价比较分散，40.5%的人认为很公平或比较公平，22.6%的人认为不公平或很不公平。被调查居民对社会保障制度满意率为44%，不满意率为

21.2%。这些认识分歧说明，社会保障制度是一个调节利益分配的机制，但要想让所有人都认同这些制度及其作用，需要做的事情还有很多。

六 进一步加强社会保障制度建设对消灭贫穷、实现发展成果共享意义重大

党的十八大报告提出到2021年我国全面建成小康社会，到2049年建成中等发达的现代化国家。同时提出消灭贫穷、实现共同富裕的奋斗目标。社会保障制度的发展与完善对实现上述目标意义重大。随着经济进一步发展和国家财力的提高，要继续加大社会保障投入，同时要增强社会保障投入的公平性。目前社会保障尤其是社会保险待遇或转移性收入，已经成为中国城乡居民特别是退休人员、老年人收入的重要来源和组成部分。社会保障对缓解收入差距已经发挥了一定的积极作用，但是不应该忽视当前阶段社会保障对城乡收入差距体现出的一定"逆调节"的问题。这与我国二元经济社会结构和城乡分设社会保障制度有关，与采取分人群设计、分部门管理、分地区实施的方式推进社会保障制度建设有关。下一步必须考虑社会保障制度的整合问题，逐步实现城乡之间、地区之间的统筹，为实现劳动力跨地区流动、保障所有公民公平地享有社会保障权利而努力。这其实也是提高社会保险制度公平性的根本举措。另外，必须加强社会保障专业化队伍建设，着力提高社会保障制度的管理水平和整体效率，增强人民群众对社会保障工作的满意度。中国社会保障制度尤其是社会保险制度建设已经取得了重要的阶段性进展，但进一步完善中国社会保障制度的任务依然十分艰巨，对此必须保持清醒的认识。

研 究 报 告

社会保障制度调节收入分配
作用的机理与实践

王延中 龙玉其 等*

改革开放以来，我国经济社会快速发展，城乡居民收入不断提高；与此同时，不同居民之间的收入差距在不断扩大，20世纪80年代中期我国的基尼系数只有0.16，2000年上升到0.44，2008年高达0.49左右。[①] 收入差距的扩大主要表现在城乡之间、地区之间、部门之间、行业之间、不同要素之间，甚至不同群体内部的收入差距也越来越明显。[②] 收入差距过大的问题已经引起了全社会的高度关注。居民收入差距不断扩大的原因是多方面的，其中一个重要原因就是再分配调节机制不健全。社会保障本来是调节收入分配的重要手段，也是对财富进行再分配的有效途径，但由于与计划经济体制相关联的传统社会保障制度的瓦解，社会保障制度对收入分配制度的调节作用弱化。在体制转型过程中建立的新社会保障制度尽管发展速度很快，对保障劳动者和国民的基本生活发挥了一定作用，但由于制度设计的不完善、覆盖面窄、财政投入不足等多方面的原因，社会保障在调节收入分配中的作用还不理想。

---

* 除两位撰写者外，单大圣、侯建林、侯慧丽、江翠萍、石金群等参与了课题讨论，并提供了部分研究资料。

① 李实：《城镇内部差距拉大：当前中国收入分配差距新动向》，《中国社会科学报》2011年3月29日。

② 龙玉其：《中国收入分配制度的演变、收入差距与改革思考》，《东南学术》2011年第1期。

本报告在分析社会保障调节收入分配机理的基础上，围绕社会保障如何发挥好收入分配的调节作用提出意见和建议。

一 社会保障是调节收入分配的重要工具

随着社会保障制度的不断建立健全、社会保障覆盖面的不断扩大和社会保障资金的不断增加，社会保障在经济社会发展中的作用日益凸显，在调节收入分配中的重要性不断提高。

社会保障覆盖面的日益扩大，使越来越多的劳动者和全体国民被纳入现代社会保障网络之中，成为社会保障的参与者、社会保障基金的贡献者和社会保障待遇的获得者。同时，社会保障基金规模的不断扩大，使社会保障制度成为调节劳动者和国民收入分配的重要工具。改革开放之后特别是进入21世纪以来，我国社会保障支出规模不断扩大。2010年最宽口径的社会保障支出占全国财政总支出的42.59%和GDP的9.49%（见表1），对收入分配的影响更加明显。

社会保障调节收入分配的功能体现在收入分配的多个层次中，包括初次分配、再分配，甚至三次分配，其中，社会保障在促进居民收入再分配方面的作用更加明显。

在初次分配领域，社会保障发挥着直接或间接的调节作用，社会保险和职业福利可以影响和改变初次分配的格局。① 通过包括工资、福利、保险等在内的薪酬体系的设计，来提高劳动者的总体报酬，进而实现初次分配领域中的调节。间接地看，社会保障通过合理的制度设计为低收入群体、贫困人口、失业人员、患病人员等群体提供帮助，可以促进其素质技能的提高和人力资本的提升，提高获取更高收入的能力，有利于增加个人和家庭的收入；社会保障通过减轻家庭负担而间接地促进家庭收入的提升；社会保障通过免除劳动者的后顾之忧而为其提供良好的劳动环境，进而提高劳动效率，增加个人收入。

---

① 郑功成：《论收入分配与社会保障》，《黑龙江社会科学》2010年第5期。

表1 中国政府社会保障性支出情况

单位：亿元，%

年份	口径一	口径二	口径三	占全国财政总支出的比重			占GDP的比重		
				口径一	口径二	口径三	口径一	口径二	口径三
1978	18.91	—	129.40	1.65	—	11.53	0.52	—	3.55
1986	35.58	—	432.53	1.61	—	19.62	0.35	—	4.21
1992	66.45	—	916.77	1.78	—	24.50	0.25	—	3.41
1994	95.14	—	1456.20	1.64	—	25.14	0.20	—	3.02
1996	128.03	—	2005.35	1.61	—	25.26	0.18	—	2.82
1998	595.63	2210.98	4527.34	5.52	17.81	36.47	0.71	2.62	5.36
2000	1517.57	3604.52	6493.56	9.55	20.05	36.13	1.53	3.63	6.54
2002	2636.22	5590.43	9604.93	11.95	22.36	38.41	2.21	4.65	7.98
2004	3116.08	7223.71	12368.39	10.94	22.16	37.95	1.95	4.52	7.74
2006	4361.78	9950.23	16898.14	10.79	21.63	36.73	2.06	5.18	7.97
2008	6804.29	15098.51	26865.76	10.87	21.30	37.90	2.26	5.02	8.94
2010	9130.62	21639.32	38273.52	10.16	24.08	42.59	2.26	5.37	9.49
2011	11109.40	26834.81	49761.15	10.17	21.47	39.82	2.35	5.67	10.52

说明：口径一包括抚恤和社会福利救济支出、行政事业单位离退休费、社会保障补助支出。口径二是在口径一的基础上增加除财政补助之外的社会保险基金支出，计算口径二比重的分母（全国财政总支出）包含了除去财政补助之外的社会保险基金支出。口径三是在口径二的基础上增加了教育、卫生支出。这里需要注意的是2002年的社会保障财政支出相对比重较大，这与国家财政对社会保险基金补助支出的大幅增加有关。

资料来源：根据历年《中国财政统计年鉴》《中国统计年鉴》《中国卫生统计年鉴》有关数据整理；其中1998~2008年社会保险基金支出的数据来源于《中国财政年鉴》（2008），2010年和2011年数据来源于全国财政支出决算报告；由于不同年份统计口径不同，有些年份数据有所差异。

在再分配领域，社会保障的本质属性和制度设计决定收入再分配的调节作用更是不言而喻。科学、合理的社会保障制度设计可以充分体现其公共性、福利性、公平性和互助性的本质属性，可以通过发挥政府的主导和调节作用，运用社会保障的资源和机制，扶弱济困，保障各类风险；通过政府对社会保障的财政转移支付机制和社会保障的资金筹集与待遇支付机制，实现对弱者和贫困人口的直接帮助，进而实现不同人群之间的收入分配调节。其中社会保险通过权利与义务关系的非完全对应性进行资金筹集与待遇支付，可以体现其调节收入分配的作用；社会福利和社会救助由于显著的福利性，其收入分配调节作用更加明显和突出。

从第三次分配或第四次分配①来看，主要体现在慈善事业和民间互助方面，在政府的倡导和政策引导下，通过社会上的自愿捐赠来筹集资金，帮助社会上的弱势群体，进而实现更高层次的收入分配。资金筹集除了来自于社会外，政府的投入也是一个重要渠道，包括直接的资金、物资投入，间接的政策和税收支持。在一个慈善事业发达的国家和社会，也将筹集到大量的慈善资金，帮助更多的社会贫困人口，因而会对收入分配产生更加明显的作用。在中国的经济社会发展环境中，如果能够形成良好的慈善法制和环境，大力发展慈善事业，必将更好地实现社会保障的收入分配作用。

二 社会保障调节收入分配的作用机理分析

（一）社会保障在收入再分配中的机理分析

社会保障调节收入分配的作用是多方面的。覆盖范围、筹资机制、补偿机制、融合性与便携性、转轨方案都可能不同程度地影响其收入分配的调节作用。

从覆盖范围看，社会保障制度的覆盖面越宽，纳入社会保障制度的劳动者和国民越多，社会保障制度对这些劳动者和国民收入分配的影响就越大。社会保障在收入再分配中的影响力与其覆盖面大小是相辅相成的关系。

从社会保障影响收入再分配的程度和水平看，社会保障基金规模越大，社会保障在收入再分配中的作用就越突出、越明显。社会保障基金规模受社会保障政策和资金筹集机制的影响。社会保障政策是一个国家宏观经济政策和社会发展战略的重要组成部分，是政治决策的重要内容。社会保障的资金筹集机制具体表现在筹资模式、筹资来源、缴费比例、缴费基数等方面。筹资模式主要包括现收现付制、基金积累制和部

---

① 青连斌：《国民财富的四次分配》，《人民论坛》2009 年第 19 期。

分积累制三种类型。现收现付制筹资模式的互助共济作用比较大，对收入分配的调节作用比较大；基金积累制筹资模式则与之相反，所筹集的资金进行个人账户积累，并获取相关收益，个人账户完全由个人享有，主要是个人生命周期内的收入调节，同代之间互助共济功能有限；部分积累制筹资模式则结合了现收现付制与基金积累制的特点，收入分配调节作用适中，收入分配调节作用的大小具体取决于现收现付与基金积累的比例大小。资金来源是考虑其收入分配调节作用的重要因素。社会保障的资金主要来自政府、雇主和个人等渠道。政府对社会保障的投入越多，社会保障发挥的收入分配调节作用也就越大，而且政府通过社会保障调节收入分配也更便利。如果社会保障的资金更多地来自个人，则其发挥的收入分配调节作用就相对较小。缴费基数是缴费型社会保障制度设计的重要参数，对社会保障制度的收入分配效应产生一定影响。总体来看，选择根据本人收入为基数进行缴费的收入分配作用较为明显，收入越高，缴费贡献也越大，低收入者缴费贡献较小。如果统一按社会平均工资缴费，则收入分配效果相对较差。缴费基数对社会保障收入分配调节作用的影响，还体现在缴费基数上限与下限的设定方面。不过，缴费基数的选择及其所体现的收入分配效应还需要考虑与之相对应的待遇设计和筹资模式。在缴费基数选择基础上的费率设定直接影响到社会保障筹资水平的高低，也影响到社会保障制度收入分配调节作用的发挥。此外，筹资方式的选择，既通过税收筹资也通过缴费筹资，这可能影响到收入分配，还存在争议，具体作用机制有待进一步探讨。

社会保障在收入再分配中的调节作用，主要是通过待遇补偿机制实现的。筹资机制与待遇补偿机制的结合能够更加全面地说明社会保障的调节收入分配作用。待遇补偿机制对社会保障调节收入分配作用的影响主要包括待遇确定的模式、替代率的设计、待遇资格的审查、待遇调节机制等方面。不同类型的待遇确定模式的收入分配调节作用区别较大。一般而言，给付确定制的待遇确定模式实行固定数额或固定比例的待遇给付，与个人缴费没有必然联系，对于一些缴费较少的个人，相对获益更大。缴费确定制的待遇确定模式则与个人缴费的多少相关联，收入分配调节效果较差,而且很容易拉大收入差距。混合模式综合了二者的特点,调节收入分配的作用相对适中,具体的作用大小取决于二者的比例大小。替代率或者说补偿率对收入分配的影响比较复杂,需要考虑待遇确定模式、计算基数等相关因素,而且,不同的社会保障项目有所区别。就养老保险制度来说,并非替代率越高,其收入分配调节的作用就越大,相反,甚至还有可能会更加有利于高收入者,拉大收入差距。但对于医疗保险制度而言,在制度范围内的补偿率越高,越有利于患者减少医疗支出,减轻医疗负担,从而在一定程度上实现从健康人群向患病人群的收入转移。待遇调节机制对社会保障的收入分配调节作用影响明显,待遇调整的方式和具体机制直接影响其调节收入分配的效果。此外,待遇资格的审查程序的合理性与公正性也在一定程度上影响社会保障制度的收入分配效应。

社会保障的管理体制也在一定程度上影响其收入再分配作用。社会保障制度的融合性与便携性均对社会保障收入分配调节作用产生影响。融合性是指社会保障制度的包容性,即社会保障制度将全体国民平等纳入社会保障制度的程度,也可以近似地理解为协调性、开放性、整合性,是与独立性、封闭性、分割性相对应的。一项社会保障制度越融合,就越能较好地照顾不同群体之间的利益,发挥社会保障制度促进公平的作用,促进居民收入的合理分配;相反,社会保障制度的独立性、封闭性、分割性、碎片化容易造成不同阶层利益的分割,扩大居民之间的收入差距,导致社会保障制度对收入分配的"逆向调节"。便携性是指不同社会保障制度的衔接性、社会保障关系转移的顺畅性,直接影响到社会保障调节收入分配作用的发挥。社会保障关系转移不顺畅,将不利于维护一些特殊群体的社会保障利益,比如农民工、非正规就业人员、流动人口,这些群体恰恰是需要社会保障的群体,也是收入相对较低的群体。

社会保障制度管理体制的转变或转轨,也在一定程度上影响其收入再分配作用的发挥。对于经济体制转轨的国家来说,社会保障制度转轨方案如果设计的科学合理,将有助于促进社会保障调节收入分配,增强社会保障制度的公平性;① 相反,则有可能加剧不同群体之间的社会保障待遇差距。② 社会保障制度改革和转轨的核心任务是要处理好制度转轨过程中的资金筹集与待遇问题,实际上就是转轨成本的分担与转轨过程中不同群体("老人""中人""新人")之间的权益处理。在转轨成本的分担方面,需要考虑转轨成本的承担主体和转轨过程的时间长短。转轨成本的分担主体主要包括政府、雇主和个人。一般来说,完全由政府来负担转轨成本,有利于促进转轨过程中的收入分配,但是政府财政压力较大。如果完全由个人来承担,则容易增加个人(尤其是低收入者)的负担,不利于调节收入分配,而且也需要考虑由个人负担的方式。对转轨过程中不同群体的权益处理是制度改革和转轨的重点,直接影响到"老人""中人""新人"的收入分配。

社会保障的收入再分配功能,包括横向调节与纵向调节两个方面。社会保障对收入分配的横向调节主要是指在同一时期内对不同群体之间的收入调节,包括同代人口内不同人群之间的收入调节和同一时期不同代际之间人口的收入调节。同代人口内不同人群之间的收入调节是社会保障制度收入分配调节作用中最常见的一种类型,主要是指同一时期内的高收入人群、健康人群、在职人群等向低收入人群、患病人群、非在职人群的收入调节。同一时期不同代际之间人口的收入调节主要是指年青一代向年老一代的收入调节;当然,也不排除由于制度设计的不完善导致年老一代向年青一代的逆向收入转移。社会保障对收入分配的纵向调节作用是指对不同时期的收入分配调节,包括对个人(本人)的纵向调节和对整个社会内不同代际之间的纵向调节。个人生命周期内的收入调节是指从年青时期向年老时期的收入调节。对全社会内的纵向调节是指不同时期不同代际之间的收入调节,主要是从社会整体和宏

---

① 从本质上讲,社会保障制度的改革和转轨过程,就是一个纠偏的过程,有利于纠正社会保障实践中不公平的现象和问题,从而促进社会保障调节收入分配。
② 彭浩然、申曙光:《改革前后我国养老保险制度的收入再分配效应比较研究》,《统计研究》2007年第2期;何立新:《中国城镇养老保险制度改革的收入分配效应》,《经济研究》2007年第3期。

观的角度考察社会保障的收入分配调节作用，这种类型的收入分配调节原理相对复杂，可能难以为人们所理解。需要从社会整体的角度，结合人口因素、经济因素综合考虑。人口老龄化和经济形势的变化都可能会造成社会保障对不同时期内不同代际之间的收入分配调节作用，可能会出现一个时期的一代人对另一个时期的一代人的收入转移。

（二）不同类型社会保障制度收入再分配功能的作用机理

1. 社会救助的扶危济困性直接缩小收入差距

扶危济困、保障城乡居民的最低生活是社会救助制度的根本目标，直接针对社会贫困人口和弱势群体，是整个社会保障体系中收入分配作用最直接、最明显的项目，其调节收入分配的作用机制也相对简单。

从社会救助的资源配置方式来看，主要依靠政府的财政投入，再辅之以社会捐赠等其他的社会资源，通过政府财政转移支付或慈善事业、社会互助等形式来帮助贫困和弱势群体，受帮助的对象不需要履行任何缴费义务，社会救助具有权利与义务的单向性，社会救助对象"只享受权利，不履行义务"。发展社会救助是国家和社会的责任，国家通过以税收为主的筹资方式，通过向国民（尤其是高收入者）征税，对贫困人口进行帮助，提高他们的收入或获取收入的能力，实现从高收入者向低收入者的收入转移。

现实中，社会救助制度要真正较好地发挥其调节收入分配的作用，需要在具体实践中加以完善和规范，涉及社会救助的范围、救助标准（水平）、救助方式、瞄准机制等方面。社会救助的范围越广，发挥收入分配调节作用的机会就越大；反之，则越小。在广覆盖的基础上，还应该提高救助标准。救助方式的选择也在一定程度上影响收入分配效果，即是采取积极救助（或主动救助），还是消极救助（或被动救助），都可能会影响其收入分配效果，能力救助不仅对再分配产生影响，而且也有利于调节初次分配，迈克尔·谢若登的"资产与穷人理论"为此提供了借鉴。① 瞄准机制对社会救助制度调节收入分配的作用十分关键，社会救助能否真正帮助那些需要帮助的人，需要有一个科学的瞄准机制。

2. 社会保险的互助共济性使其在调节收入分配中发挥重要作用

社会保险制度强调权利与义务的结合，具有调节收入分配、缩小收入差距的作用。社会保险制度的特点要求不同的劳动者和国民履行相应的缴费义务，但又不是缴费与待遇的完全对等关系，往往要求高收入群体履行更多的缴费义务，而低收入群体的缴费则相对较低，却可获得更多的保障待遇。健康人群的缴费有助于对患病人群提供帮助。社会保险制度调节收入分配的机制是复杂的，需要考虑筹资模式、资金来源、责任分担、筹资水平、待遇确定模式、待遇调节机制等方面，而且，社会保险制度中不同项目（养老、医疗、失业、工伤、生育）的收入分配调节机制也有所差异。

养老保险制度是社会保险制度的核心，无论从覆盖对象、受益人数，还是从基金收支规模来看，都是社会保险（甚至社会保障）制度的重中之重。养老保险制度对收入分配的调节，需要将前面那些因素进行全面的考虑。这里，主要从基金筹集模式和待遇确定模式这两个主要方面进行分析。现收现付制的筹资模式和给付确定制的待遇确定模式通过养老保险资金的统一筹集和支付行为，具有较大的收入分配调节作用；基金积累制的筹资模式和缴费确定制的待遇确定模式则主要是个人生命周期内从年青时期（在职时期）向年老时期（非在职时期）的收入调节。需要注意的是现收现付制与给付确定制并非一一对应关系，基金积累制与缴费确定制也并非完全对应关系，它们之间存在不同的交叉组合。很多国家的养老保险制度往往是不同筹资模式和待遇确定模式的混合，确定其收入分配作用的大小则更加复杂。

对医疗保险制度收入分配作用的衡量，需要结合不同的医疗保险制

---

① 〔美〕迈克尔·谢若登：《资产与穷人——一项新的美国福利政策》，高鉴国译，商务印书馆，2005，第351~355页。

度类型，及其选择的筹资机制、待遇补偿机制。从医疗保险制度模式来看，包括了国家（全民）医疗保险模式、社会医疗保险模式、商业医疗保险模式、合作医疗保险模式、储蓄医疗保险模式等不同类型，不同的医疗保险模式，由于其筹资机制、补偿模式等方面的不同，其收入分配调节作用的大小也有所不同。关于医疗保险，一个重要的内容是医疗服务问题，即医疗服务资源的配置，这也是医疗保险制度调节收入分配的一个重要方面，是采取政府提供或购买医疗服务，还是完全由市场提供医疗服务，对收入分配的调节作用差异也是较大的，一般而言，前者的收入分配调节作用较大。

3. 社会福利的公共性与福利性有助于缩小收入差距

社会福利是指国家和社会通过社会化的福利津贴、实物供给和社会服务，满足社会成员的生活需要并促使其生活质量不断得到改善的一种社会政策。[①] 公共性与福利性是社会福利的重要特征，因而社会福利制度在调节收入分配中的作用也比较明显，其作用机制也相对简单（相比社会保险制度而言）。社会福利制度主要是国家通过组织和调动福利资源（现金、实物和服务）为国民提供福利的行为，国家财政投入是社会福利的主要资金来源，通过税收面向全体劳动者筹集，以财政转移支付的方式直接调节不同群体之间的收入分配，一些人（高收入者）履行更多的纳税义务，却享受较少的社会福利；而另一些人（贫困人口、弱势群体）没有或较少履行纳税义务，却享受较多的社会福利。社会福利不仅包括面向全体国民的普通福利，比如教育福利、住房福利、职业福利等，也包括一些面向特殊人群的特殊福利，比如老年人福利、妇女儿童福利、残疾人福利等，这些群体有着更加迫切的福利需求，对这些人提供的福利有利于直接和间接地增加他们的收入，具有更加明显的收入分配调节作用。

从社会福利制度的内涵来看，主要通过现金福利、实物福利和服务福利等方式为国民提供帮助。其中，公共服务日益成为社会福利制度中

---

① 陈良瑾：《社会救助与社会福利》，中国劳动社会保障出版社，2009，第82页。

的重要内容,尤其是在人口老龄化、工业化日益加快的背景下,国民对公共服务的需求在快速增长。国家对社会服务资源的组织和分配将影响社会福利制度调节收入分配的作用。公共服务提供的公平和均等与否,直接影响到社会福利制度的收入分配效果。

三 社会保障收入再分配作用的国际经验

国外社会保障的发展在调节收入分配、缩小收入差距、促进社会公平中发挥着重要作用,主要表现在以下几个方面。

(一) 发展和完善社会保障是许多国家缩小收入差距的重要手段

一些国家在经济社会发展过程中,不同程度地出现了收入分配不公平的现象,在缩小收入差距的过程中,国外采取了很多措施,比如调节税收、促进就业、发展经济、财政转移支付等,而发展社会保障是其中的一项重要措施。而且,社会保障的发展水平越高,收入差距越小,社会越公平。国外的经验表明,社会保障的水平与收入分配差距负相关,即社会保障水平越高,居民的收入分配差距越小,反之则越大。① 而且,社会保障调节收入分配的作用在一定程度上要大于其他措施,David Jesuit、Vincent Mahler 根据相关数据对 13 个发达国家 1980~2000 年的财政再分配进行对比研究后发现,发达国家社会保障调节收入分配差距的作用要大于税收。② 作为福利国家的瑞典,其调节收入分配的措施主要是社会保障,其所起的作用高达 80% 以上,而税收所起的作用只占 10% 左右。德国社会保障调节收入分配差距的作用要比税收显著。美国调节收入分配差距更多的是依赖于税收,当然社会保障所起

---

① 高霖宇:《发达国家社会保障水平与收入分配差距关系及对中国的启示》,《地方财政研究》2011 年第 7 期。
② David Jesuit and Vincent Mahler. *State Redistribution in Comparative Perspective: A Cross-National Analysis of the Developed Countries*, Luxembourg Income Study Working Paper, 2004, (392).

的作用也非常突出，美国的基尼系数下降的过程中社会保障的贡献率高达40%以上。① 以日本为例，二战以来，日本逐步建立了面向全民的完备的社会保障体系，并不断提高社会保障水平，日本社会保障制度对调节收入分配差距起到了关键的作用，日本政府通过对各项社会保险制度的调整与改革，改善了初次收入分配不平等的状况。据日本厚生省的调查，经过社会保障调节后的基尼系数大体上比再分配前的基尼系数低0.02～0.07，再分配率在4%以上。从年龄差别看，70岁以上人群加上社会保障所得的收入与原始收入相比要大得多。②

（二）社会保障（社会救助）是预防和缓解贫困的有效举措

很多国家在发展社会保障的过程中，在为全体国民提供普遍的社会保障的同时，更加注重对低收入人口和贫困人口的帮助。国家财政通过社会救助或最低生活保障等形式直接给予低收入人口和贫困人口以生活帮助，有效地预防和缓解了贫困。英国在建立了面向全体国民的、生、老、病、死、伤、残等内容全面的社会保障体系的同时，更加注重对低收入人口和贫困人口的保障，特别是20世纪90年代后期以来，其社会保障更加关注低收入人口和贫困人口。2002年法国的最低生活保障对于单身人士的标准是每月406欧元，无子女的夫妻是每月608欧元，老年人补贴是每月569欧元，最低失业救济金是每天24欧元。有效的救济救助制度，使法国的贫困率有所下降，贫困人口大幅减少。③ 为了促进落后地区的开发，美国政府通过政府支援来进行，1993年美国国会通过了第一个比较系统地解决不发达地区发展问题的法案——《联邦受援区和受援社区法案》。自20世纪五六十年代以来，联邦对州和地方政府的财政补助不断增加，据美国行政管理预算局估

---

① 陶纪坤：《西方国家社会保障制度调节收入分配差距的对比分析》，《当代经济研究》2010年第9期。
② 刘乐山：《国外调节收入差距的财政措施及启示》，中国经济规律研究会第十八届年会会议论文，第647～651页。
③ 王小卓：《法国政府收入分配的财税调控目标——社会公平》，《涉外税务》2005年第10期。

计，1997年联邦财政补贴达到2752亿美元，占联邦支出比重的16.3%。① 一些发达国家的数据显示，社会保障支出水平与贫困率呈负相关关系，即社会保障支出水平高的国家，其贫困率较低；而社会保障支出水平较低的国家，其贫困率较高。②

（三）社会保障财政投入是发挥其收入分配调节作用的重要因素

适度的资金投入是社会保障可持续发展的重要因素，也是发挥社会保障调节收入分配作用的重要基础。国际经验表明，加强社会保障财政投入是政府的重要职责，也是政府财政支出的主要内容。社会保障财政投入直接影响到社会保障的效果和收入分配调节作用。尤其是一些对低收入群体和贫困人口的保障项目，更加需要政府的财政投入。相关研究表明，凡是注重社会保障调节收入分配作用的国家，政府对社会保障的财政投入比例也更高，社会保障财政支出的大小直接影响到其收入分配作用的大小。2004年，芬兰社会保障体系的资金来源和供款比例分别是：国家财政约占55%、雇主缴款约占22%、参保人缴款和其他渠道约占10%、地方政府财政约占3%、政府的流动性担保约占8%。③ 在瑞典社会保障收入来源中，社会缴款占总收入的42%，一般性税收占总收入的52%，资本收益占总收入的6%。④ 英国中央财政每年对社会保障的转移支付均较大，每年都耗费中央政府的大量财力以维持其高福利水平。这些国家通过大量的政府财政投入对社会保障制度进行完善，获得了较好的收入分配调节效果。

---

① 姜爱林：《发达国家调节收入分配差距的做法及其对我国的启示和政策建议》，《高校社科动态》2010年第1期。
② 高霖宇：《发达国家社会保障水平与收入分配差距关系及对中国的启示》，《地方财政研究》2011年第7期。
③ 刘强：《瑞典、芬兰居民收入分配状况及调节政策考察报告》，《经济研究参考》2006年第32期。
④ 刘志英：《社会保障与贫富差距研究——典型国家的实践与中国的政策主张》，武汉大学博士学位论文，2004。

（四）社会保障制度的不同类型和制度模式调节收入分配的机制各不相同

从总体上来看，社会保障制度的主要模式包括福利国家型、社会保险型、储蓄积累型、国家保障型等不同类型。以瑞典、芬兰等北欧国家为代表的福利国家型社会保障制度强调全体国民社会保障权益的公平性与普惠性，主张建立和完善覆盖全民、保障内容全面、待遇水平较高的社会保障制度。通过相对集中统一的资金筹集与支出行为，为包括贫困人口、弱势群体在内的全体国民提供资金保障、物质保障和服务保障。以德国为代表的社会保险型社会保障制度在强调权利与义务相结合的同时，通过资金的筹集和使用，发挥其互助共济、风险共担的作用，具有不同程度的收入分配调节作用。至于社会保险型社会保障制度收入分配的调节程度，则取决于社会保障的具体制度设计，不同的制度设计，其收入分配调节的程度差异也比较大。以新加坡、智利等国家为代表的储蓄积累型社会保障制度主要是一种制度化的自我保障，国家通过建立相应的社会保障制度和激励措施，促使国民进行缴费积累，在国民需要时获得相应的保障待遇，强调个人的"自助"，是完全的基金积累制，主要依赖个人的缴费进行筹资，社会保障待遇的获得主要依据个人账户的余额，包括个人的缴费、利息以及获得的投资收益。储蓄积累型社会保障制度在全社会范围内的收入分配调节作用较差，但在一定程度上调节着个人生命周期内的收入分配。以苏联和计划经济时期的中国为代表的国家保障型社会保障制度由国家和单位为体制内的国民提供全面的社会保障待遇，国民几乎不需要履行任何缴费义务，资金筹集以国家和单位为主，实行现收现付制。社会保障待遇提供与个人缴费无任何关联（或关联较小），但与个人的年龄、户籍、职业等因素相关。从整体上看，虽然国家保障型社会保障制度体现出了制度内的平等性与较强的收入分配调节作用，但由于其覆盖面的局限性，社会整体范围内的收入分配调节效果不理想。不同社会保障制度模式的收入分配调节效果是不同的，其中福利国家型社会保障制度的收入分配调节效果最好。

四 中国社会保障的发展及其在调节收入分配中的作用

改革开放以来，国家不断加强各项社会保障制度改革，实现了从国家—单位包办的传统社会保障制度向责任共担的现代社会保障制度的转型，一些社会保障制度从无到有、从不完善到完善。先后建立了城镇职工养老保险制度、城镇职工基本医疗保险制度、城市居民最低生活保障制度、工伤保险制度、失业保险制度。进入21世纪以来，党和国家加快了以社会保障体系为核心的民生建设，社会保障制度建设的步伐不断加快，先后建立了新型农村合作医疗制度、农村居民最低生活保障制度、新型农村社会养老保险制度、城镇居民基本医疗保险制度、城镇居民养老保险制度，进一步完善了城镇职工养老保险制度和城镇职工基本医疗保险制度。此外，医疗救助、教育救助、社会福利等制度也在不断探索和建设中。2010年颁布的《社会保险法》是社会保障制度发展过程中的一个重要事件，将有助于推动社会保障制度的持续健康发展。随着各项社会保障制度的建立、健全，社会保障的覆盖范围在不断扩大，如前所述，越来越多的人被纳入社会保障系统之中，成为社会保障的受益者，为未来加强社会保障的收入分配调节作用奠定了重要基础。以下主要从最低生活保障、养老保障、医疗保障、失业保障、教育保障五个方面介绍社会保障所发挥的收入分配调节作用。

（一）最低生活保障与收入分配

最低生活保障制度针对的是贫困人口和遭受意外风险的人群，可直接帮助这些人摆脱贫困危机。最低生活保障资金主要是政府财政投入，其中以地方财政为主，中央财政对中西部地区进行适当转移支付。随着最低生活保障制度的建立与完善，国家的财政投入不断增加，1999年国家和社会全年用于最低生活保障的支出仅为23.7亿元；2010年全国各级财政共支出城市低保资金达524.7亿元，共发放农村低保资金445.0亿元。① 覆盖范围是考察其收入分配作用的重要因素。城乡最低生活保障的范围在不断扩大。1996年共有84.9万城镇居民获得了最低生活保障救助，2010年年底全国城市共有1145万户、2310.5万名低保对象，2002年农村最低生活保障人数为407.8万人，2010年年底全国农村有2528.7万户、5214万人得到了农村低保。② 最低生活保障的标准也在不断提高，城市居民最低生活保障标准从2006年的169.6元/人·月增加到2010年的251.2元/人·月，平均支出水平从2006年的83.6元/人·月增加到2010年的189元/人·月；农村居民最低生活保障的平均保障标准从2006年的70.9元/人·月增加到2010年的117元/人·月，平均支出水平从2006年的34.5元/人·月增加到2010年的74元/人·月。③ 在农村扶贫方面，历年农村贫困扶助标准也在不断提高，1978为100元，2012年达到2300元，接近国际贫困扶助标准。低保户的主观评价是衡量最低生活保障制度收入分配作用的另一个重要因素。低保户对低保制度不满意（包括不满意和非常不满意）的仅占8%，说明低保制度在保障贫困人口的生活方面确实发挥了一定的作用，受到城乡贫困人口的普遍欢迎。2001~2011年城乡最低生活保障的发展情况见表2。

表2 最低生活保障制度的发展情况

年份	保障人数(万人)		平均保障标准(元/人·月)		平均支出水平(元/人·月)	
	城市	农村	城市	农村	城市	农村
2001	1170.7	304.6	147.0		29.6	
2002	2064.7	407.8	148.0		43.9	
2003	2246.8	367.1	149.0		58.0	
2004	2020.5	488	152.0		65.0	
2005	2234.2	825	156.0		72.3	
2006	2240.1	1593.1	169.6	70.9	83.6	34.5
2007	2272.1	3566.3	182.4	70.0	102.7	38.8
2008	2334.8	4305.5	205.3	82.3	143.7	50.4
2009	2345.6	4760	227.8	100.8	172.0	68.0
2010	2310.5	5214	251.2	117.0	189.0	74.0
2011	2276.8	5306.7	287.6	143.2	240.3	106.1

资料来源：《中国民政统计年鉴》(2011)，民政部网站。

① 资料来源：民政部历年《民政事业发展统计报告》。
② 资料来源：民政部历年《民政事业发展统计报告》。
③ 资料来源：《中国民政统计年鉴》(2011)，民政部网站。

（二）养老保障与收入分配

养老保障对收入分配的影响体现在养老保险和老年福利两个方面，分别发挥着不同的收入分配调节作用。这里主要介绍养老保险制度调节收入分配的状况，主要从覆盖范围、资金筹集、待遇计发等方面来体现。

越来越多的城镇职工和城乡居民被纳入养老保险的范围内。城镇职工养老保险的参保职工人数从 1989 年的 4816.9 万人增加到 2011 年的 21574 万人（见表 3）；新型农村社会养老保险制度参保人数 2011 年年底达 32643 万人。① 养老保险主要采取责任共担的筹资机制，实行社会统筹与个人账户相结合的模式，在一定程度上发挥了养老保险的互助共济作用。国家财政对养老保险的投入也在不断增加，历年财政对社会保险基金的补助（绝大部分用于养老保险）不断增长，从 1998 年的 21.6 亿元增加到 2010 年的 2809.8 亿元。② 除去机关事业单位外，其他养老保险制度的待遇实行给付确定与缴费确定相结合的待遇确定模式，基础养老金与个人账户养老金相结合，既具有个人账户的激励性，也具有统筹共济性。而且，养老金待遇标准不断增长，据统计，全国企业退休人员月人均养老金从 1995 年的 321 元增加到 2008 年的 1100 元，8 年间增幅超过 300%。③ 国家连续 7 年调整企业退休人员基本养老金水平，2011 年全国月人均养老金达到 1531 元。④

一些学者的研究也证明了养老保险的收入分配作用，其中杨震林、王亚柯认为，养老金财产对中国城镇职工家庭的财产分布产生了较大的再分配效应，它使得家庭财产分布的基尼系数下降了 8 个百分点，使得家庭财产分布的不平等程度下降了 20%。⑤ 王晓军、康博威

---

① 资料来源：历年《中国劳动统计年鉴》和《国民经济和社会发展统计公报》（2011）。
② 资料来源：财政部历年全国财政决算数据。
③ 阎丽仙：《养老金待遇调整机制研究》，中国社会科学院 MPA 毕业论文，2009。
④ 资料来源：人力资源和社会保障部新闻发言人尹成基在 2012 年 1 月 20 日新闻发布会上的数据。
⑤ 杨震林、王亚柯：《中国企业养老保险制度再分配效应的实证分析》，《中国软科学》2007 年第 4 期。

通过测算认为我国现行的社会养老保险制度安排存在明显的收入再分配。①

表3　全国城镇养老保险情况

单位：万人，亿元

年份	年末参保人数			基金收支情况		
	合计	职工	离退休人员	基金收入	基金支出	累计结余
1989	5710.3	4816.9	893.4	146.7	118.8	68.0
1991	6740.3	5653.7	1086.6	215.7	173.1	144.1
1993	9847.6	8008.2	1839.4	503.5	470.6	258.6
1995	10979.0	8737.8	2241.2	950.1	847.6	429.8
1997	11203.9	8670.9	2533.0	1337.9	1251.3	682.8
1999	11722.9	8859.2	2863.7	1871.9	1863.1	644.2
2001	12904.3	9733.0	3171.3	2235.1	2116.5	818.6
2003	13881.4	10324.5	3556.9	3209.4	2716.2	1764.8
2005	15715.8	11710.6	4005.2	4491.7	3495.3	3506.7
2007	18234.6	13690.6	4544.0	7010.6	5153.6	6758.2
2009	21567.0	16219.0	5348.0	10420.6	7886.6	11774.3
2010	25707.0	19402.0	6305.0	13420.0	10555.0	15365.0
2011	28393.0	21574.0	6819.0			

资料来源：《中国劳动统计年鉴》（2010）。2010年数据来自《人力资源和社会保障事业发展统计公报》，2011年的数据来自《国民经济和社会发展统计公报》，以下同。

（三）医疗保障与收入分配

医疗保障在收入分配中发挥着非常重要的作用，不仅影响个人的健康，间接地影响人们的收入，而且影响家庭的负担程度，直接影响人们的收入。目前，我国形成了城镇职工基本医疗保险制度、城镇居民基本医疗保险制度、新型农村合作医疗制度和城乡医疗救助制度相结合的"3+1"社会医疗保障体系，为缓解城乡贫困人口的医疗负担、改善收入分配状况作出了积极的贡献；特别是新型农村合作医疗制度、城乡医疗救助制度的建立为城乡低收入人口的医疗提供了重要的制度保障。

---

① 王晓军、康博威：《我国社会养老保险制度的收入再分配效应分析》，《统计研究》2009年第11期。

随着各项医疗保险制度的建立健全,医疗保险制度的覆盖面不断扩大,基本实现了全民覆盖,是各项社会保障制度中覆盖面最广的。城镇职工基本医疗保险的参保人数从 1993 年的 290.1 万人增加到 2011 年年底的 25226 万人。城镇居民基本医疗保险 2009 年年末参保人数达到 18209.6 万人,2011 年年底达到 22066 万人(见表 4)。新型农村合作医疗制度从 2003 年开始试点,2005 年以后覆盖面迅速扩大,到 2010 年年末,全国开展新型农村合作医疗制度的县(区、市)达到 2678 个,参保人数约为 8.36 亿人,参保率为 96.3%(见表 5)。[①] 医疗救助比医疗保险更加具有收入分配调节的功能。自 2003 年以来,我国相继在农村和城市分别建立了医疗救助制度。2005~2007 年,城市医疗救助人次几乎每年增长一倍,2008 年以后仍保持较快增长,而医疗救助支出更是大幅增长。同一时期,农村医疗救助制度也发展迅速,救助人次 2010 年比 2005 年几乎翻了三番。[②]

表 4　历年全国城镇职工/居民基本医疗保险基本情况

单位:万人

年份	共计	城镇职工基本医疗保险参保人数			城镇居民基本医疗保险参保人数
		合计	职工人数	退休人员人数	
1993	290.1	290.1	267.6	22.5	
1995	745.9	745.9	702.6	43.3	
1997	1762.0	1762.0	1588.9	173.1	
1999	2065.3	2065.3	1509.4	555.9	
2001	7285.9	7285.9	5470.7	1815.2	
2003	10901.7	10901.7	7974.9	2926.8	
2005	13782.9	13782.9	10021.7	3761.2	
2007	22311.4	18020.3	13420.3	4600.0	4291.1
2009	40147.0	21937.4	16410.5	5526.9	18209.6
2011	47292.0	25226.0			22066.0

资料来源:《中国劳动统计年鉴》(2010)。

[①] 资料来源:国家统计局《国民经济和社会发展统计公报》(2011)。
[②] 资料来源:《中国卫生统计年鉴》(2006~2011)、《中国民政事业发展统计报告》(2005~2010)。

表5 新型农村合作医疗情况

指标＼年份	2004	2005	2006	2007	2008	2009	2010
开展新农合县(区、市)数(个)	333	678	1451	2451	2729	2716	2678
参保人口数(亿人)	0.80	1.79	4.10	7.26	8.15	8.33	8.36
参保率(%)	75.2	75.7	80.7	86.2	91.5	94.0	96.3
当年筹资总额(亿元)	40.3	75.4	213.6	428.0	785.0	944.4	1308.3
人均筹资(元)	50.4	42.1	52.1	58.9	96.3	113.4	156.6
当年基金支出(亿元)	26.4	61.8	155.8	346.6	662.0	922.9	1187.8
补偿受益人次(亿人次)	0.76	1.22	2.72	4.53	5.85	7.59	10.87

说明：2009年全国开展新农合县（区、市）数减少13个，原因是这13个县（区、市）城乡居民已统一实行城镇居民基本医疗保险。

资料来源：《中国卫生统计提要》(2010)。

在快速扩大覆盖面的同时，医疗保险的待遇水平也在不断提高，主要体现在以下几个方面：医疗保险的报销封顶线逐步提高；诊疗目录和药品目录范围拓宽；提高报销比例，降低自付比例；简化报销程序。这些变化不仅有利于提高医疗保险的待遇水平，在同一制度内还有利于增强公平性和再分配功能，尤其是提高健康人群对患病者、小病患者对于大病患者的再分配力度。

（四）失业保障与收入分配

失业保障制度主要包括失业保险和失业救助两个方面，发挥着预防失业、促进就业、保障失业的功能。就调节收入分配的作用而言，失业保障制度是社会保障体系中较为特殊的一种，它不仅可以直接调节收入再分配，而且在调节初次分配上也具有更加明显的作用。

保障失业者在一定时期内的基本生活是失业保障制度的重要目标之一，失业保障为失业者提供一定的失业保险金或失业救济金，其中失业保险金是通过互助共济的形式向失业者提供帮助，实际上是一种从在职者向失业者的收入转移；失业救济金则更多是通过政府财政提供资金，对失业者提供直接的收入支持。另外，失业保障还能避免失业者由于丧失劳动收入而使生活陷入困境，可预防贫困的发生，降低贫困发生率。

以上这几种形式都有助于提高失业者的收入水平，实现收入再分配。就业是最好的保障，从促进就业的角度来看，失业保障通过职业培训、职业介绍、就业补贴等形式促进失业人员恢复就业，劳动者获得就业是其直接参与社会财富分配的途径；失业保险金、失业救济金、失业期间的医疗补助，也可以帮助失业人员尽快就业，获得劳动收入。此外，失业保障通过职业培训的形式，可以增强在职人员的劳动技能与综合素质，有利于提高就业竞争力，预防失业，稳定就业，可以通过对企业给予支持，减少企业裁员。失业保障的这些举措和功能都不同程度地调节着收入的初次分配与再分配。

20世纪90年代以来，全国失业保险的参保人数、发放的失业保险金额不断增长。1994~2010年参保人数从7967.8万人增加到13375.6万人，2011年参加失业保险的人数达到14317万人；1994~2010年全年发放失业保险金额从5.1亿元增加到140.4亿元（见表6）。失业保险制度为保障失业人员的基本生活、促进国有企业改革顺利进行、维护社会稳定发挥了重要作用，在一定程度上促进了国民收入的初次分配与再分配。

表6 历年全国失业保险基本情况

单位：万人，亿元

年　份	年末参保人数	年末领取失业保险金人数	全年发放失业保险金
1994	7967.8	196.5	5.1
1996	8333.1	330.8	13.9
1998	7927.9	158.1	20.4
2000	10408.4	329.7	56.2
2002	10181.6	657.0	116.8
2004	10583.9	753.5	137.5
2006	11186.6	598.1	125.8
2008	12399.8	516.7	139.5
2010	13375.6	431.6	140.4

资料来源：《中国统计年鉴》（2011）。

（五）教育保障与收入分配

教育是民生之本，财政投入是国家调节收入分配的重要手段，公共教育的财政投入对收入分配结构产生了重要影响，主要表现在以下几个方面。①加大公共教育投入可以进一步改善我国的财政支出结构，强化财政的公共性与收入再分配功能；加大公共教育投入可以普惠民生、促进共享，改善城乡居民的收入分配结果；加大公共教育投入可以直接改善教育工作者的收入状况，有助于扭转我国劳动者报酬占初次分配比重长期偏低的分配格局；加大公共教育投入等于国家进行人力资本投资，必然对未来的社会分配结构产生积极而深远的影响；加大公共教育投入还可以带动慈善公益事业的发展，使更多的社会或民间资源投向教育领域，如实行捐赠配额奖励必将吸引更多的社会捐款，这是第三次分配。

自 1992 年以来，我国财政性教育经费支出规模是持续扩大的，从 1992 年的 728.75 亿元增长到 2009 年的 12231.09 亿元，增长了 15.78 倍。2010 年，全国财政教育支出 12550.02 亿元，主要用于以下几个方面：一是支持全面实现城乡免费义务教育，农村义务教育经费保障机制各项改革目标提前一年全部实现；二是进一步完善家庭经济困难学生资助政策体系；三是贯彻落实《教育规划纲要》精神，大力推进义务教育均衡发展；四是促进提高高等教育质量；五是加强职业教育基础能力建设。②普通高等学校在校生人数从 1978 年的 85.6 万人增加到 2010 年的 2231.8 万人，增加了 25.1 倍；职业中学在校生人数从 1980 年的 45.4 万人增加到 2010 年的 729.8 万人，增加了 15.1 倍。③从国家提供的教育帮助对缓解家庭教育负担的情况来看，认为有帮助的占 82.7%。可见，国家的教育帮助对减轻家庭教育负担是有作用的。

五 中国社会保障调节收入分配存在的不足之处

中国社会保障的发展虽然在保障国民生活、提高国民收入、调节收入分配方面发挥了重要作用；但是，在现实中，社会保障调节收入分配

---

① 郑功成：《公共教育投入对社会分配结构的影响》，《社会保障研究》2011 年第 1 期。
② 财政部：《财政支持教育事业发展情况》（2010），http://www.mof.gov.cn/。
③ 资料来源：《中国统计年鉴》（2011）。

的作用不宜高估,在中国现实社会中社会保障的收入分配调节作用不理想,甚至出现了对收入分配的"逆向调节"作用。① 有学者认为,我国社会保障制度存在着大量的"累退效应",即不是促进劳动者在公平的原则下得到社会福利,相反却是距离公平的原则越来越远。② 目前的基本养老和医疗保险给中高收入阶层居民带来的好处大于给低收入阶层居民带来的好处,因此反而扩大了收入差距。③ 最低生活保障制度在保障贫困人口的基本生活方面发挥了一定作用,但在收入分配调节方面的作用并不明显。④ 调查对象普遍认为社会保障制度在缩小居民收入差距中的作用较小。调查对象认为社会保障在减轻家庭负担中的作用很大和比较大的只占25.6%,认为社会保障制度在缩小居民收入差距中的作用很大和比较大的只占17.9%。目前中国社会保障在调节收入分配方面存在的问题主要表现在社保覆盖面总体不足、发展面不平衡等几个方面。

(一)社会保障的覆盖面总体不足

从总体上来看,我国社会保障制度的覆盖面还不足,由于种种原因,相当一部分人还没有参加社会保险,还有贫困人口没有被纳入最低生活保障范围中来,更有大量的人口没有享受到应得的社会福利。在养老保险方面,与城镇就业人员数(2011年年底为35914万人)和全部就业人员数(2011年年末全国就业人员76420万人)相比,目前养老保险制度的覆盖面仍然有限,还有大量的城乡就业人员和城乡居民没有被纳入进来。在失业保险的覆盖面方面,也只有60%左右。在实践中,一些灵活就业人员、乡镇企业人员、机关事业单位人员还没有被纳入进来,另外,大学生是否应该纳入失业保险的范围中来,工伤保险还没有将全部城镇就业人员纳入进来,生育保险制度的覆盖率也非常有限。

社会保障制度的覆盖面之所以较低,与社会保障制度对一部分人的

---

① 宋晓梧等:《中国收入分配:探究与争论》,中国经济出版社,2011。
② 香伶:《养老保障与收入分配》,《湖南商学院学报》2002年第5期。
③ 王小鲁、樊纲:《中国收入差距的走势和影响因素分析》,《经济研究》2005年第10期。
④ 李实等:《中国城乡居民收入差距的重新估计》,《北京大学学报》2007年第2期。

疏忽有关，社会保障对一些群体的覆盖不力。一些中低收入群体、贫困人口，由于其经济能力的欠缺，往往没有被纳入社会保险的范围，而这些人恰恰是最需要社会保障的人。社会保障覆盖面的不足，与社会保障制度保障基本生活、预防和缓解贫困的功能是相违背的。另外，由于社会保险制度的不完善，户籍制度、劳动力市场的不完善等原因，非正规就业群体、灵活就业人员、农民工等群体中还有大量人员没有被纳入社会保障范围。这一问题是当前社会保险制度发展和完善过程中的一个突出问题，如果不解决这一问题，就会影响到社会保险制度的完善和其作用的发挥，不利于城市化、工业化进程的加快和市场经济体制的完善。另外，对一些特殊群体，比如学生、儿童、残疾人等群体的社会保障覆盖面也不足。

（二）社会保障的发展不均衡

中国社会保障的发展极不均衡，从而影响到社会保障的收入分配调节效果，具体表现在以下几个方面。

第一，社会保障的项目发展不均衡。社会保障包括社会保险、社会福利、社会救助等内容，不同的社会保障项目所发挥的保障功能有所侧重，保障对象也有所不同。社会保险主要针对劳动者和就业人员，保障其基本生活；社会福利主要针对一些特殊人员（比如老年人、残疾人、妇女、儿童），面向全体国民；社会救助主要针对贫困人口和不幸人群。目前来看，社会保险的发展相对较快，在国家投入、覆盖面、保障水平、制度建设等方面都要好于社会福利和社会救助。相比之下，针对贫困人口和弱势群体的社会救助、社会福利发展不足，不利于收入分配的调节。社会救助的覆盖范围窄、保障水平低，老年人福利、残疾人福利、妇女儿童福利的发展不足。另外，住房福利、教育福利的发展不足。

第二，社会保障的城乡发展不均衡。由于各种历史和现实的原因，我国城乡发展极不平衡，而城乡社会保障发展的不均衡是其中的一个重要方面。长期以来，我国社会保障制度主要面向城市人口，广大的农村人口被排除在社会保障范围之外。在城市，建立了包括养老、医疗、失业、工伤、生育等在内的社会保险制度；最低生活保障制度也率先在城市建立，并且保障水平大大高于农村；各项福利服务在长时间内成为城镇人口的专利，农村人口极少能享有。教育、医疗、住房保障的城乡差距比较明显。虽然通过这些年的努力，农村在养老、医疗、福利等方面有了比较大的进步，但与城市相比，农村社会保障的发展仍然滞后。

第三，不同群体社会保障的不均衡。一些群体由于职业的优越性和较高的收入，更加容易纳入社会保障的范围，并且由于其较高的缴费而能享受相对较高的保障待遇。公职人员由于其职业的优越性而获得较高水平的社会保障待遇，而履行的社会保障缴费义务却较少，甚至无需履行任何缴费义务。相反，一些低收入群体、非正规就业人员、灵活就业人员，还没有完全被社会保障覆盖，即使被覆盖，其享受的待遇也比较低。1990年，企业、事业单位和机关的人均离退休费分别为1664元、1889元、2006元；到2005年，企业、事业单位和机关的人均离退休费分别为8803元、16425元、18410元，事业单位约为企业的2倍，机关的人均离退休费则更加明显高于企业。①

（三）社会保障制度设计不完善

由于制度设计的不完善，使得社会保障调节收入分配的作用大打折扣，甚至出现一些负面作用。社会保障制度设计的不完善主要表现在以下几个方面。

第一，制度设计的碎片化。我国社会保障制度的碎片化现象非常严重，存在着较大的地区差别、城乡差别、人群差别，正因为这些差别的存在，使得社会保障调节收入分配的效果欠佳。由于现行许多社会保障项目是为部分人员"量身订制"的，因而项目内存在相互分割，缺乏共享性的现象，在工业化、城镇化、劳动力自由流动的背景

---

① 龙玉其：《公务员养老保险制度国际比较研究》，社会科学文献出版社，2012，第235页。

下,已经出现了诸多弊端。制度的碎片化影响了社会保障制度的公平性,也造成了对一些群体的忽略。一些高收入群体(公职人员、国有单位职工)在收入较高的同时获得了较高的社会保障,而中低收入群体(农民、农民工、流动人口、非正规就业人员)不仅收入较低,而且获得的社会保障待遇也较差。

第二,筹资机制不合理。目前社会保障筹资机制的问题主要体现在以下几个方面。一是不同群体的筹资责任分担不合理,公职人员几乎无需由个人履行任何缴费义务就可以享受全面、高水平的社会保障待遇;低收入人口需要按要求缴费,否则不能享受待遇;社会保障制度在改革的过程中过分强调个人的筹资责任不利于调节收入分配。二是财政投入机制不健全,政府在社会保障方面的财政投入总体不足,与国外相比,还有较大的差距,[①] 这是导致一些低收入人口和贫困人口难以获得较好的社会保障的重要原因;不同层级政府之间也缺乏一个科学的责任分担机制;社会保障的财政投入重点不突出。三是社会保障的筹资水平过高,容易对一些低收入群体造成压力。根据目前我国社会保险制度的设计,五项社会保险的费率高达40%以上,如此之高的费率水平令很多企业和个人望而生畏。四是筹资水平的差异性导致保障待遇的差异性,主要体现在不同的医疗保险制度方面,城镇职工与城乡居民医疗保险筹资水平的差异性直接导致了他们之间享受医疗保障的差距。五是缴费上限、下限、基数的设计不完善;现行大多数社会保障项目都设定了个人缴费的上限、下限和缴费基数,但在具体设计中并没有完全从制度的公平性和待遇补偿机制上进行整体考虑;社会保障缴费上限、下限的过高或过低可能不利于贫困与低收入人口;在缴费基数的选择上,没有考虑不同收入群体之间的差异性,没有将高收入群体的全部收入纳入进来,没有形成"累进"的缴费机制。此外,社会统筹与个人账户的设计也体现出公平性的不足。

---

① 财政部社会保障司课题组:《社会保障支出水平的国际比较》,《财政研究》2007年第10期。

第三，待遇补偿机制不科学。目前由于待遇补偿机制的不科学所导致的待遇不公平现象突出，往往是收入越高，缴费越多，获得的社会保障待遇和服务更多；相反，低收入人口和贫困人口却只能享受较低的保障待遇，甚至不能享受任何待遇。筹资机制的不科学主要表现在以下几个方面：一是目前社会保障的待遇确定以缴费确定的模式为主，待遇享受与缴费的关联性较大，这种待遇确定模式不利于贫困人口提高收入，虽然有社会统筹的因素，但力度还不大，互助共济的作用不足。二是社会保障待遇的计算方法不利于调节收入分配，没有形成"累退"的待遇享受机制；养老保险待遇计算基数的选择不尽合理，城镇职工的基础养老金参照上一年度职工平均工资计算，而城镇居民、农村居民则发给固定较低的基础养老金；在医疗保险方面，往往设定起付线与封顶线，而且门诊大多数不给予报销，不利于中低收入群体减轻医疗负担；有研究表明，新型农村合作医疗在减轻农村家庭医疗负担的同时，也呈现出一定的受益不公平性。① 在社会救助与社会福利方面，基本上还没有形成科学的待遇享受机制。三是最低生活保障标准过低，低保政策虽然能改善部分低收入人群的生活状况，对缓解城乡贫困状况发挥一定的作用，但对缩小收入差距的作用并不明显。② 总体上来看，一些社会保障项目追求过多的节余而没有充分发挥其保障作用。四是待遇调整机制不完善。目前社会保障的待遇调整措施大多数是临时性的、随意性的，并没有形成科学的调整机制，社会保障的待遇调整落后于经济社会发展，养老金、最低生活保障待遇的调整不及时和不规范，不利于低收入群体的待遇享受。

第四，公共福利服务水平不高。我国社会保障不仅制度设计不合理，而且管理与服务能力也存在欠缺。社会保障管理混乱，统筹层

---

① 任苒、金凤：《新型农村合作医疗实施后卫生服务可及性和医疗负担的公平性研究》，《中国卫生经济》2007 年第 1 期；汪宏等：《中国农村合作医疗的受益公平性》，《中国卫生经济》2005 年第 2 期。
② 李实、杨穗：《中国城市低保政策对收入分配和贫困的影响作用》，《中国人口科学》2009 年第 5 期；曹艳春：《我国城市居民最低生活保障标准的影响因素与效应研究》，《当代经济科学》2007 年第 2 期。

次低，不仅公平性较差，而且效率也较低，导致了待遇发放不及时、保费征缴不力、社会保障信息不公开、社会保障的实施程序不规范等问题的出现，影响了社会保障的收入分配调节作用。同时，公共服务投入不足，人员少、素质差，也进一步制约了我国公共服务水平的提高。

六 充分发挥社会保障调节收入分配作用的建议

基于前述社会保障调节收入分配的现状，尤其是针对存在的问题，这里提出一些完善社会保障调节收入分配作用的相关建议。

（一）完善社会保障财政投入机制

基于目前社会保障财政投入总量不足、投入不均衡的现实，未来需要完善社会保障的财政投入机制，通过调整财政支出结构，加大对社会保障的财政投入，建议建立社会保障财政预算。同时，需要调整社会保障财政投入的结构，增强社会保障财政投入的绩效。通过调整财政投入的结构和方向，明确财政投入的重点项目、重点地区与重点人群，来实现调节收入分配的功能。财政投入应该向城乡中低收入群体倾斜，满足中低收入群体的社会保障需求，提高中低收入群体的收入水平；应该向农村倾斜，大力发展农村社会保障事业，将发展农村社会保障与新农村建设相结合，提高农村居民的收入水平；应该向中、西部地区倾斜，主要是指中央财政应该通过转移支付渠道支持和发展中西部地区的社会保障事业，提高中西部地区城乡居民的收入水平。加强社会保障财政投入，应该在中央和地方政府之间合理划分支出责任，要在明确中央和地方政府社会保障事权的基础上，明确各级政府在不同社会保障项目中的财政投入责任。从我国的实际情况来看，考虑到财政支出能力和社会保障的实际需要，应该进一步加大中央政府的社会保障财政支出力度，通过转移支付来平衡地方政府之间的财政支出水平，进而缩小地区之间的差距。

（二）完善社会保障的制度设计

一是加强社会保障制度的整合与衔接。针对目前社会保障制度的碎片化与非均衡发展问题，应该进一步加强社会保障制度的整合与衔接，增强社会保障制度的公平性。而在社会保险方面，尤其需要加以整合。在养老保险方面，应该加强机关事业单位养老保险制度改革，通过改革建立与城镇职工基本养老保险相协调的公职人员养老保险制度，城镇居民社会养老保险与农村居民养老保险可进行整合，可探索建立"基础统一，多元多层"的养老保险制度，筑牢养老保险制度的公平底座。在医疗保险方面，应该探索新型农村合作医疗与城镇居民基本医疗保险的整合，应该进行中央机关单位的公费医疗改革。在社会救助方面，需要对不同的救助类型（贫困救助、医疗救助、灾害救助、教育救助、住房救助等）进行适度整合，加强社会救助的法制建设。在社会福利方面，也需要进一步整合。

二是建立和完善城乡统筹的社会保障制度。社会保障的城乡统筹发展，一方面迫切需要加强农村社会保障制度建设，建立和完善农村的养老保障、医疗保障与基本生活保障制度，扩大农村社会保障的覆盖面，提高农村社会保障的水平。另一方面，迫切需要建立和完善城乡统筹的社会保障机制。对一些社会保障项目进行城乡整合，比如最低生活保障制度的城乡整合、居民养老保险制度的城乡整合、居民医疗保险制度的城乡整合。对于农村进城务工人员和城乡流动人员，需要建立相应的社会保障制度。此外，还应该完善城乡均等的公共服务。

三是完善社会保障制度的筹资机制，加强对低收入人口的支持。社会保障应该在遵循公平优先、权利与义务相结合的基础上，对中低收入人口和贫困人口给予特别关注，建立科学的责任共担机制。基于目前社会保障缴费率较高的现实，应该适当调整基本社会保障项目的缴费率，尤其是城镇职工基本养老保险制度，还有下降的空间；机关事业单位人员应该纳入社会保险的范围中来，履行适当的缴费义务；城乡居民的养老保险制度、医疗保险制度的缴费可适当逐步提高。在筹资模式上，应该加大社会统筹的成分，适当降低个人账户的比例，以增强社会保障制度的互助共济功能，这有利于调节收入分配。① 在缴费基数方面，可以选择以个人收入为缴费基数，不设上限（比如社会平均工资的300%）与下限（比如社会平均工资的60%），这有利于低收入群体减轻缴费负担；甚至可以探索"累进"的缴费方式，收入越高，征缴的比例越高。

四是建立向低收入和贫困人口倾斜的社会保障待遇补偿机制。在养老保险制度方面，总体来说，应该完善现有的固定给付与缴费确定相结合的待遇确定模式，建立待遇享受与待遇适度关联的"累退"型待遇享受机制，即收入越高，缴费越高，获得的待遇比例（替代率）越低。可以探索建立适度的最低待遇担保机制。在医疗保险制度方面，应该增强其互助共济功能，缩小甚至取消个人账户；医疗保险费用报销方面，应该降低或取消起付线，提高或取消封顶线，扩大药品和服务的报销范围；探索新的医疗保险支付方式，比如可以实施后付制、按人头付费；应该适当降低门诊和慢性病的报销门槛。在失业保险制度方面，应该提高补偿水平，同时缩短补偿时间，注重发挥失业保险基金促进就业的功能。在工伤保险方面，应该坚持预防、补偿、康复相结合的方针，根据伤残程度进行补偿，简化补偿程序，平等对待所有类型的职工。在最低生活保障方面，应该完善瞄准机制，建立动态调整机制。

五是建立科学的社会保障待遇调整机制。应该在遵循公平共享经济社会发展成果的原则下，设计科学的待遇调整机制，使之与经济社会发展水平相适应。总体来说，社会保障的待遇调整是刚性的，即是向上调整，而非向下调整。在坚持总体待遇水平提高的同时，需要建立差异化的待遇调整机制，重点提高低收入群体和贫困人口的社会保障水平，使之向社会平均水平看齐。综合国内外社会保障待遇调整的实践，应该根据社会平均工资的增长和物价指数相结合进行调整，有利于提高低收入者的待遇水平。

---

① 杨俊：《社会统筹养老保险制度收入再分配效应的分析》，《社会保障研究》2011年第1期。

（三）进一步扩大社会保障制度的覆盖面

未来在逐步解决制度覆盖范围内不合理的待遇差距问题的同时，要更加关注制度缺失带来的相当一部分人群无法享受社会保障的问题，建立覆盖城乡全体居民的社会保障体系。① 虽然我国社会保障制度的发展在扩大覆盖面方面取得了较大的成绩，但是，距离真正的全民覆盖还有一些距离，扩大社会保障覆盖面已进入攻坚阶段。目前各项社会保障制度的框架已经基本建立，下一步需要在完善制度设计的同时，采取有力措施解决进一步扩大社会保障覆盖面的难题。扩大社会保障覆盖面，需要采取强制性、自愿性、激励性相结合的原则，加大财政支持力度，将一些长期在社会保障之外的人群纳入进来。应该在目前《社会保险法》的基础上，将所有城乡就业人员纳入社会保险的范围。在实践中应该通过建立政策支持措施将农民工、乡镇企业就业人员、灵活就业人员、大学生、儿童、城乡居民等群体纳入社会保障的覆盖范围中来。现在的农村社会养老保险、城镇居民养老保险应该尽快实现全覆盖。最低生活保障制度应该将全体贫困人口纳入进来，实现"应保尽保"。

（四）改进社会保障的管理与服务

未来我国需要进一步加强社会保障的管理与服务，增强社会保障在实践操作中的公平性与效率性。一是需要进一步理顺管理体制。在养老保险方面，还需要对机关事业单位人员、企业职工、城镇居民、农村居民的制度安排进一步统筹管理；在医疗保险方面，应该进一步整合机关事业单位、城镇职工、城镇居民、农村居民的医疗保险制度；在社会救助方面，应该对贫困救助、住房救助、医疗救助、教育救助、灾害救助等进行适度整合管理。在养老保障和医疗保障方面，是否按照老年保障

---

① 信长星：《关于就业、收入分配和社会保障制度改革中公平与效率的思考》，《中国人口科学》2008 年第 1 期。

（包括养老保险、老年福利等）、健康保障（医疗保险、医疗救助等）进行整合管理也值得思考。二是要尽快提高社会保障的统筹层次。具体来看，在养老保险方面，尤其是城镇职工基本养老保险制度，应该尽快实现全国统筹。[①] 城乡居民养老保险制度的统筹层次需要进一步提升，从目前的县级统筹上升到市级统筹或者省级统筹。城镇职工基本医疗保险制度应该上升到省级统筹，城乡居民医疗保险制度应该上升到市级统筹或省级统筹。城乡居民最低生活保障制度的统筹层次也需要适当提高。三是要加强社会保障经办机构的整合与能力建设。未来迫切需要进一步整合各类社会保障经办机构，实现社会保险、社会救助、社会福利经办机构的整合，在基层（乡镇、街道）可以考虑将全部社会保障事务整合到一个机构经办。在整合社保经办机构的同时，需要加强经办机构的内涵建设，未来需要大量培养专业化的社会保险经办人员，从制度、人员、机构、设施等方面进行努力，构建公平、高效、快捷的社会保障服务体系，规范社会保障的经办程序，完善社会保障的瞄准机制，防范社会保障对收入分配的逆向转移。

---

① 郑功成：《实现全国统筹是基本养老保险制度刻不容缓的既定目标》，《理论前沿》2008年第18期。

综合调研报告

察哈爾叢書

中国社会保障制度与收入分配调查报告（2011）

王延中　龙玉其

社会保障是民生之安全网，是调节收入分配的重要手段，理应发挥其在调节收入分配中的作用。我国社会保障制度的不断建立健全，为保障国民生活、提高国民收入、促进经济社会发展发挥了重要作用；但是，由于制度设计不完善、财政投入不足等多方面的原因，社会保障在调节收入分配中的作用还不理想，未来需要进一步完善社会保障制度，加强社会保障制度的收入分配调节作用。本报告基于2011年中国社会科学院国情调研重大课题"中国社会保障发展与收入分配状况"项目组对全国五个省区市的问卷调查，分析社会保障调节收入分配的现实状况，总结存在的主要问题，提出进一步完善社会保障制度，充分发挥其收入分配调节作用的政策建议。

一　问卷调查与样本特征

（一）问卷调查情况

本次调查采取随机整群抽样与方便抽样相结合的办法，基于样本的代表性、调查的方便性、调查的科学性和调查成本等因素的综合考虑，我们在全国选择了内蒙古、河南、福建（厦门）、重庆、陕西（宝鸡）

五个省区市进行问卷调查。其中福建（厦门）地处东部，经济发展水平较高，社会保障制度比较完善。河南属于中部大省，其经济社会发展水平处于中等水平，社会保障事业不断发展。内蒙古、重庆、陕西属于西部省区，经济发展水平相对落后，社会保障事业都处于不断发展过程中，其中陕西（宝鸡）的社会保障事业发展较好，在西部地区甚至全国都处于较好水平；内蒙古是少数民族地区，其经济社会发展和社会保障发展也具有一定的代表性；重庆属于西部重镇，近年来，比较重视社会保障与民生事业的发展。

各地问卷调查的时间是2011年4～8月。地方问卷调查一般由1～2名研究人员带队，事先与当地有关部门取得联系，取得调查点的信任与支持，进行全程跟踪指导，部分调查点入户调查由基层干部陪同入户。调查员由社会学、社会工作、社会保障等专业的硕士生和本科生组成。调查之前，项目组编制了详细的调查手册，并进行了细致的调查员培训，有效保证了问卷调查的质量。本次调查共收回有效问卷2151份，其中内蒙古395份，占18.4%；河南457份，占21.2%，福建（厦门）301份，占14%；重庆497份，占23.1%；陕西（宝鸡）501份，占23.3%（见表1）。从调查对象的城乡分布来看，除去缺失值外，农村为781人，占37.4%，城市为1309人，占62.6%，各地区的城乡分布见表2。

表1 调查样本分布情况

单位：份，%

地区	频数	百分比	累积百分比
内蒙古	395	18.4	18.4
河南	457	21.2	39.6
福建（厦门）	301	14.0	53.6
重庆	497	23.1	76.7
陕西（宝鸡）	501	23.3	100.0
合计	2151	100.0	—

表 2　调查对象的城乡与地区分布

单位：人，%

城乡		地区					合计
		内蒙古	河南	福建（厦门）	重庆	陕西（宝鸡）	
农村	频数	78	240	147	117	199	781
	行百分比	10.0	30.7	18.8	15.0	25.5	100.0
	列百分比	22.6	53.1	48.8	23.8	39.8	37.4
城市	频数	267	212	154	375	301	1309
	行百分比	20.4	16.2	11.8	28.6	23.0	100.0
	列百分比	77.4	46.9	51.2	76.2	60.2	62.6
合计	频数	345	452	301	492	500	2090
	行百分比	16.5	21.6	14.4	23.5	23.9	100.0
	列百分比	100.0	100.0	100.0	100.0	100.0	100.0

说明：缺失值未计算在内。

（二）样本特征

从调查对象的人口学特征来看，主要体现在以下几个方面（见表3）。

（1）性别特征：男性1191人，占56.8%；女性905人，占43.2%。

（2）民族特征：汉族2023人，占96.3%；少数民族77人，占3.7%，少数民族调查对象主要分布在内蒙古地区。

（3）年龄特征：调查对象的平均年龄为46岁，年龄中位数为46岁。

（4）婚姻状况：已婚247人，占11.9%；未婚1836人，占88.1%。

（5）户籍特征：农村781人，占37.4%；城市1309人，占62.6%。

（6）文化程度：小学及以下332人，占15.9%；初中624人，占29.8%；高中或中专494人，占23.6%；大专278人，占13.3%；本科307人，占14.7%；硕士研究生及以上58人，占2.7%。

（7）职业类型：农民369人，占23.2%；企业职工229人，占14.4%；事业单位226人，占14.2%；公务员133人，占8.4%；个体户130人,占8.2%;私营企业主11人,占0.7%;自由职业者91人,占5.7%;学生28人,占1.8%;村组(社区)干部108人,占6.8%;其他265人,占16.7%。

(8)就业单位:主要分布在农、林、牧、渔业,国家机关、党政机关和社会团体,制造业,社会服务业,批发零售贸易和餐饮业,教育文化艺术广播电视电影业,交通运输仓储和邮电通信业。

(9)月均收入:城市平均值为2327元,中位数为2000元;农村平均值为1377元,中位数为1100元。

表3 调查对象的人口学特征

	特征	频数(人)	百分比(%)
性别	男	1191	56.8
	女	905	43.2
	合计	2096	100.0
民族	汉族	2023	96.3
	少数民族	77	3.7
	合计	2100	100.0
年龄	平均值	46岁	
	中位数	46岁	
婚姻状况	已婚	247	11.9
	未婚	1836	88.1
	合计	2083	100.0
户籍	农村	781	37.4
	城市	1309	62.6
	合计	2090	100.0
文化程度	文盲	90	4.3
	小学	242	11.6
	初中	624	29.8
	高中或中专	494	23.6
	大专	278	13.3
	本科	307	14.7
	硕士	49	2.3
	博士	9	0.4
	合计	2093	100.0

续表

特征		频数(人)	百分比(%)
职业类型	农民	369	23.2
	企业职工	229	14.4
	事业单位	226	14.2
	公务员	133	8.4
	个体户	130	8.2
	私营企业主	11	0.7
	自由职业者	91	5.7
	学生	28	1.8
	村组(社区)干部	108	6.8
	其他	265	16.7
	合　计	1590	100.0
就业单位	农、林、牧、渔业	355	19.9
	采掘业	4	0.2
	制造业	169	9.5
	电力、煤气及水的生产与供应业	44	2.5
	交通运输仓储和邮电通信业	100	5.6
	批发零售贸易和餐饮业	116	6.5
	金融保险业	33	1.8
	房地产业	16	0.9
	社会服务业	143	8.0
	卫生体育和社会福利业	86	4.8
	教育文化艺术广播电视电影业	103	5.8
	科学研究和综合技术服务业	15	0.8
	国家机关、党政机关和社会团体	220	12.3
	其他	384	21.5
	合　计	1788	100.0
月均收入	城乡	城市	农村
	平均值(元)	2327	1377
	中位数(元)	2000	1100

说明：以上数据均剔除缺失值。

二　社会保障制度调节收入分配的现状分析

(一)基本生活保障与收入分配

1. 最低生活保障制度与收入分配

(1)覆盖范围。

从覆盖范围来看，由于最低生活保障制度针对的是贫困人口和遭受意外风险的人群,是直接帮助这些人摆脱贫困危机,因而覆盖范围是考察其收入分配作用的重要因素。根据民政部的统计,2010年年底全国城市共有1145万户、2310.5万名低保对象,全国农村有2528.7万户、5214万人得到了农村低保。① 2011年国家将农村扶贫标准提高到年人均纯收入2300元(按2010年不变价),按照新标准,当年年末农村扶贫对象为12238万人。可见,按照新的标准,还有大量的贫困人口没有被纳入最低生活保障中来。调查对象家庭中有307户低保家庭,占全部家庭数的14.3%;其中农村低保户109户,占总低保户数的35.5%,城市低保户198户,占总低保户的64.5%。

(2) 保障水平。

保障水平是最低生活保障制度调节收入分配的直接表现,从调查的低保户上一个月获得的最低生活保障金来看,城市平均为600.3元,农村平均为213.2元。根据民政部的统计数据,2010年全国城市低保月人均补助水平为189元,农村低保月人均补助水平为74元。与低保户的生活需要相比,差距比较大。通过对影响最低生活保障制度补偿率〔(上一年低保收入/全年家庭所需花费)×100%〕的回顾分析,将家庭最低生活保障补偿率作为因变量,家庭总收入、家庭所在地区、家庭成员户口类型作为自变量,纳入回归模型,发现最低生活保障制度补偿率主要受地区和户口的影响,即最低生活保障的城乡差距和地区差别较大(见表4)。用同样地方法分析最低生活保障替代率〔(上一年低保收入/全年收入)×100%〕,发现只有户口对其有明显的影响。非农业户口家庭的最低生活保障替代率比农业户口家庭的养老保障替代率平均高12%左右,同样证明了最低生活保障制度的城乡差距。

表4 最低生活保障制度补偿率多元回归模型

	R	常数	非农业户口(农业)	地区(内蒙古为参照)			
				河南	福建(厦门)	重庆	陕西(宝鸡)
模型1	0.22***	38.38***	10.35***	—	—	—	—
模型2	0.47***	24.17***	6.02*	3.66	14.60*	8.40	25.66**

---

① 民政部:《社会服务事业发展统计报告》(2010),民政部网站。

城市低保户认为全家一个月的基本生活费用最少需要 1064.8 元，农村低保户最少需要 639.4 元。可见，城乡低保户实际获得的低保金要大大低于家庭生活需要的标准，农村差距更大。从低保户的主观感受来看，有接近 3/4 的低保户认为目前的低保金不能满足家庭生活的需要（见图 1）。

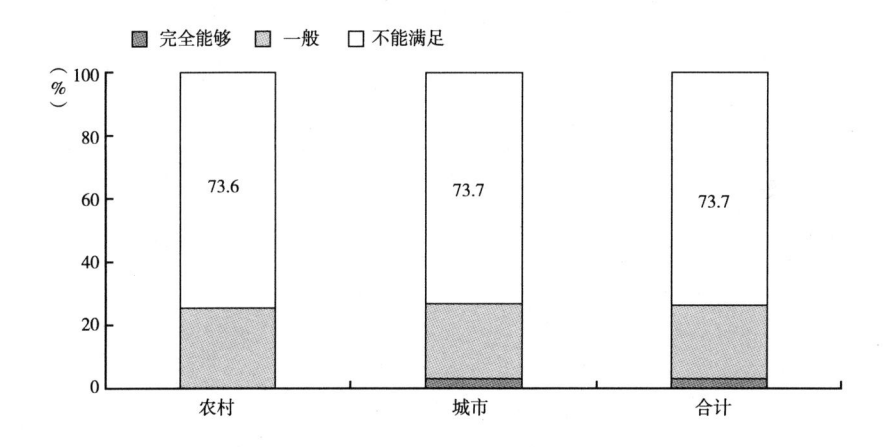

图 1 目前低保金满足家庭生活需要的程度

（3）瞄准机制。

瞄准机制是影响最低生活保障制度调节收入分配作用的核心要素，也是衡量制度科学与否的重要标准。从调查情况来看，76.2% 的被调查对象认为自己所知道的低保户完全符合或部分符合低保资格，只有 1% 的人认为都不符合，22.8% 的人回答不清楚。从获得低保资格方式的合理程度来看，89.7% 调查对象认为合理，只有 10.3% 的调查对象认为不合理。从调查对象认为低保制度对生活困难的人的帮助程度来看，38.5% 的人认为有很大帮助，52.5% 的人认为有些帮助，只有 5.6% 的人认为没有什么帮助，3.3% 的人回答不清楚。调查的低保户获得低保的年限平均为 4.2 年，最多的为 24 年；其中城市平均为 4.7 年，农村平均为 3.3 年。可见，低保制度的瞄准程度相对较好，有效保障了贫困人口的基本生活。但是，从低保制度的退出机制来看，不太理想，只有 9.8% 的低保户回答中间退出过，绝大多数低保户没有退出过低保制度。

(4) 主观评价。

低保户的主观评价是衡量最低生活保障制度收入分配作用的另一个重要因素。从调查的情况来看，低保户对低保制度的满意度评价一般，满意（包括非常满意和满意）的占54.3%，不满意（包括不满意和非常不满意）的仅占8%（见图2）。与低保金对家庭生活的满足程度相比，对制度的评价相对要好一些。说明低保制度在保障贫困人口的生活方面确实发挥了一定的作用，受到城乡贫困居民的欢迎。

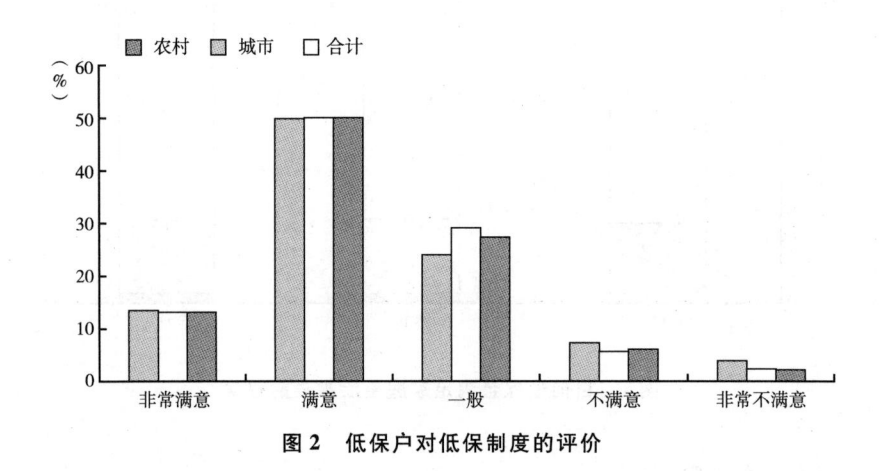

图2 低保户对低保制度的评价

2. 其他社会救助情况

从其他社会救助的情况来看，覆盖面比较窄（见表5）。从获得医疗救助的情况来看，只有8.2%（118户）的家庭享受过医疗救助，其中农村为5.1%（28户），城市为10.1%（90户）。从教育救助的获得情况来看，只有7%（101户）的家庭获得过教育救助，其中农村为6.5%（36户），城市为7.3%（65户）。从自然灾害救助的获得情况来看，只有3.3%（47户）的家庭获得过自然灾害救助，其中农村为2.4%（13户），城市为3.8%（34户）。从住房救助的获得情况来看，只有4.1%（59户）的家庭获得过住房救助，其中农村为1.5%（8户），城市为5.7%（51户）。从临时困难补助的获得情况来看，只有5.6%（80户）的家庭获得过临时困难补助，其中农村为4%（22户），城市为6.5%（58户）。从优抚安置的获得情况来看，只有3%（43

户)的家庭获得过优抚安置,其中农村为1.5%(8户),城市为4%(35户)。可见,农村获得其他社会救助的情况差于城市。

从2010年没有享受任何救助的情况来看,有89.5%的家庭在2010年没有享受过任何社会救助,其中农村为91.8%,城市为88.2%。从享受过社会救助的水平来看,在享受过的家庭中,平均为1456元。

表5 获得其他社会救助情况

单位:户,%

其他社会救助的获得情况		农村	城市	合计
医疗救助	频数	28	90	118
	百分比	5.1	10.1	8.2
教育救助	频数	36	65	101
	百分比	6.5	7.3	7.0
自然灾害救助	频数	13	34	47
	百分比	2.4	3.8	3.3
住房救助	频数	8	51	59
	百分比	1.5	5.7	4.1
临时困难补助	频数	22	58	80
	百分比	4.0	6.5	5.6
优抚安置	频数	8	35	43
	百分比	1.5	4.0	3.0

(二) 养老保障与收入分配

养老保障对收入分配的影响体现在养老保险和老年福利两个方面。这里主要从覆盖范围、资金筹集、待遇享受、主观评价四方面介绍养老保险制度调节收入分配的状况。

1. 覆盖范围

从养老保险的覆盖面来看,调查对象家庭成员中参加了养老保险的占50.7%(2948人),[①] 未参加的占49.3%(2862人),其中农村参加养老保险的人数占35.3%,城市为64.9%,城市大大超过农村,说明

---

① 由于部分家庭成员因年龄原因未达参加养老保险资格,这里没有剔除,如果剔除,调查所得的养老保险覆盖率会高一些。

养老保险在农村还没有普遍推行。从参加的养老保险的类型来看,城镇职工养老保险占44.3%,新型农村社会养老保险占16.9%,城镇居民养老保险占27.3%,这三项保险共占88.5%,其余类型所占比例较小(见表6)。根据国家统计局的数据,2011年年末全国参加城镇职工养老保险人数为28392万人,全国列入新型农村社会养老保险试点地区的参保人数为32643万人。① 与城镇就业人员数(2011年年底为35914万人)和全部就业人员数(2011年年末全国就业人员76420万人)相比,目前养老保险制度的覆盖面仍然有限,② 还有大量的城乡就业人员和城乡居民没有被纳入进来。

表6 参加养老保险的类型

单位:人,%

养老保险的类型		农村	城市	合计
城镇职工养老保险	频数	61	1232	1293
	百分比	6.3	63.0	44.3
新型农村社会养老保险	频数	353	140	493
	百分比	36.6	7.2	16.9
城镇居民养老保险	频数	521	275	796
	百分比	54.0	14.1	27.3
机关事业单位养老保险	频数	23	246	269
	百分比	2.4	12.6	9.2
商业养老保险	频数	3	31	34
	百分比	0.3	1.6	1.2
其他养老保险	频数	3	31	34
	百分比	0.3	1.6	1.2
合计	频数	964	1955	2919
	百分比	100.0	100.0	100.0

2. 资金筹集

从养老保险的筹资机制来看,不同的养老保险制度有所不同。机关事业单位绝大多数不需要个人缴费,几乎全部由国家财政负担。城镇职工养老保险实行社会统筹和个人账户相结合,总缴费率为28%,其中

---

① 资料来源:《国民经济和社会发展统计公报》(2011)。
② 根据笔者的计算,2009年全国养老保险的总体覆盖率还不到50%。

单位缴纳20%，进入社会统筹部分，个人缴纳8%，计入个人账户；城镇个体工商户和灵活就业人员的缴费比例为当地上一年度社会平均工资的20%，其中8%记入个人账户，缴费率大大高于城镇职工；新型农村社会养老保险的缴费标准为每年100元、200元、300元、400元、500元五个档次；城镇居民养老保险的缴费标准目前设为每年100~1000元十个档次。可见，不同养老保险的筹资机制有所不同，不同职业群体所承担的筹资责任也不相同，公职人员无须缴费，城镇职工的缴费低于非正规就业人员，城乡居民主要依靠个人缴费。从最近一次缴纳的养老保险费来看，城市平均为1553元，农村平均为524元。如果从筹资的角度来讲，养老保险制度没有较好地发挥其收入分配调节作用，灵活就业人员和城乡居民的收入较低，却要承担相对较大的筹资责任。

3. 待遇享受

从养老保险的待遇享受机制来看，机关事业单位人员的退休养老由国家财政负担，是现收现付制的待遇确定模式，而且待遇水平较高。城镇职工养老保险待遇实行给付确定与缴费确定相结合的待遇确定模式，基础养老金与个人账户养老金相结合，基础养老金月标准以当地上一年度在岗职工月平均工资和本人指数化月平均缴费工资的平均值为基数。城镇居民养老保险与新型农村社会养老保险的待遇由基础养老金和个人账户养老金构成，其中基础养老金标准为每人每月55元（低于城镇职工）。从1990~2005年的企业、事业单位和政府机关的人均离退休费来看，1990年企业、事业单位和政府机关的人均离退休费分别为1664元、1889元、2006元，不同类别的单位之间有一定的差距，但差别不大。到2005年，企业、事业单位和政府机关的人均离退休费分别为8803元、16425元、18410元，差距变得非常大，事业单位大约是企业的2倍，政府机关的人均离退休费则更加大于企业。[1] 根据调查，退休后第一个月领取的养老金平均为832.7元，其中城市为1025.7元，农村为146.5元，城乡差距较大，城市是农村的7倍。最近一个月领取的

---

[1] 龙玉其：《公务员养老保险制度国际比较研究》，第235页。

养老金平均为1308.6元，其中城市为1729.2元，农村为191.1元，城市是农村的9倍。城市与农村的养老金差距在加大。

从总体上来看，养老金的待遇水平比较低，从养老金满足基本生活需要的程度来看，只有17.6%的人认为完全能够满足，45.1%的人认为勉强能够满足，还有37.3%的人认为不能满足；其中农村调查对象只有5.5%的人认为完全能够满足，27.6%的人认为勉强能够满足，66.9%的人认为不能满足；城市的满足程度相对更高，21.9%的人认为完全能够满足，51.5的人认为勉强能够满足，认为不能满足的只有26.6%（见图3）。

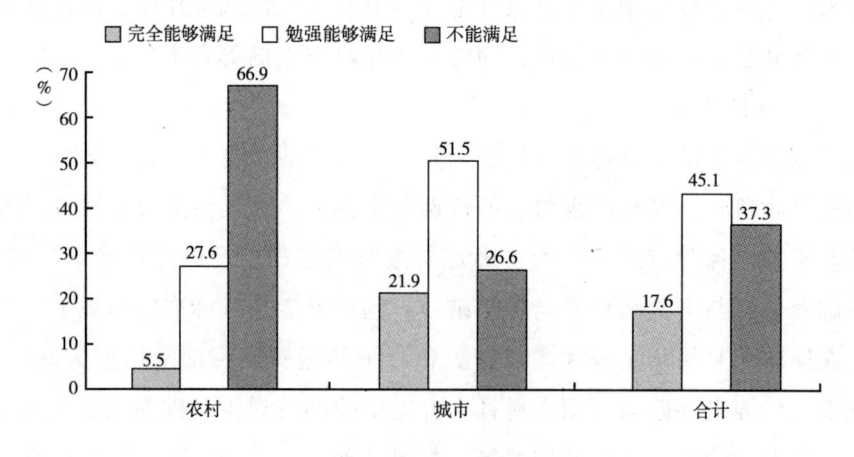

图3 养老金满足基本生活的程度

4. 主观评价

从调查对象对养老金公平程度的评价来看，认为很公平（5.2%）和比较公平（24.9%）的占30.1%，认为不太公平（21.4%）和很不公平（12.6%）的占34%，31.8%的人认为一般，4%的人说不清。其中农村调查对象认为的养老金公平程度要超过城市，农村调查对象认为很公平（5.6%）和比较公平（45.3%）的占50.9%，而城市调查对象认为很公平（5.1%）和比较公平（11.4%）的只占16.5%。农村调查对象认为不太公平和很不公平的比例为7.2%，城市调查对象认为不太公平和很不公平的占43.8%（见图4）。从这里可以发现一个特点，农村的养老金水平虽然偏低，但更容易得到满足，而城市却因为期望值较高而满足程度相对较低。调查对象对目前养老保险制度的评价也体现出同样的特点，农村调查对象对养老保险制度的满意度评价要高于城市调查对象。总体来看，认为非常满意（6.1%）和比较满意（33.5%）的占39.6%，认为不太满意（16.5%）和很不满意（4%）的占20.5%，39.9%的人认为一般。其中农村调查对象认为非常满意和比较满意的占62.5%，认为不太满意和很不满意的占5.7%，认为一般的占31.8%；城市调查对象认为非常满意和比较满意的占31.4%，认为不太满意和很不满意的占25.8%，认为一般的占42.7%（见图5），农村调查对象对养老保险制度的满意度明显高于城市。

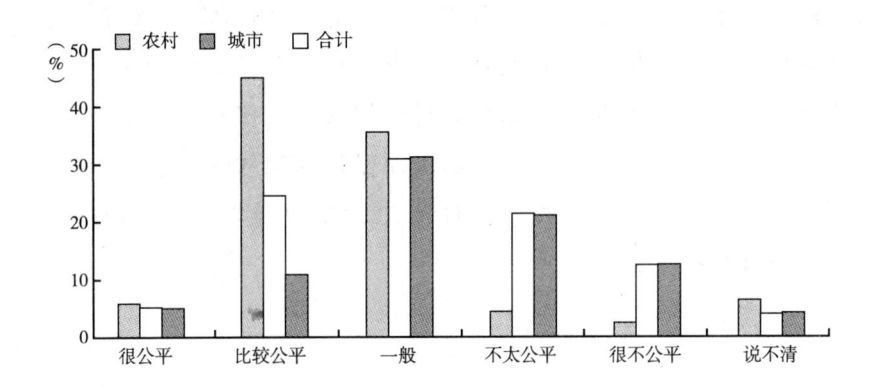

图4 对领取的养老金的公平程度的看法

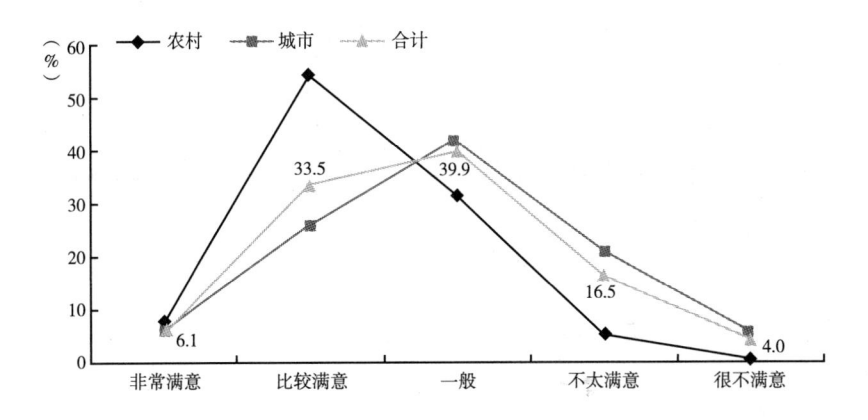

图5 对目前养老保险制度的评价

(三) 医疗保障与收入分配

医疗保障[①]不仅影响人们获得医疗服务的水平和个人的健康，间接地影响人们的收入，而且影响家庭的负担程度，直接影响人们的收入。

1. 覆盖范围

在覆盖范围方面，随着各项医疗保险制度的建立健全，医疗保险制度的覆盖面不断扩大，基本实现了全民覆盖，是各项社会保障制度中覆盖面最高的。从调查对象家庭成员参加医疗保险的情况来看，有89%的人参加了医疗保险，其中农村为93.4%，城市为84.8%，农村明显高于城市，这与新型农村合作医疗的快速发展有关。从参加的医疗保险类型来看，以城镇居民基本医疗保险（18.4%）、城镇职工基本医疗保险（23.1%）和新型农村合作医疗（51.7%）为主，三项合计占93.2%。在农村地区，新型农村合作医疗参保对象占全部参保人群的96.2%，城市以城镇居民基本医疗保险（34.9%）和城镇职工基本医疗保险（43.5%）为主，合计占78.4%（见图6）。调查结果与国家的统计数据完全一致。

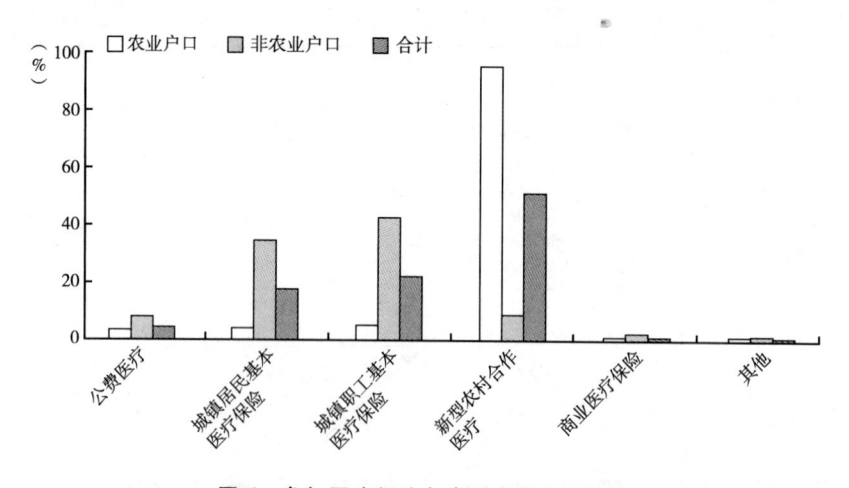

图6 参加医疗保险各类型人员占比情况

---

① 这里主要指医疗保险。

2. 资金筹集

从医疗保险的筹资机制来看，不同医疗保险制度的筹资方式不同。公费医疗完全由国家财政负担，个人和单位无需缴费。城镇职工基本医疗保险费实行社会统筹和个人账户相结合，由用人单位和职工共同缴纳，用人单位缴费率为职工工资总额的6%左右，职工缴费率一般为本人工资收入的2%，全部计入个人账户，用人单位缴费一部分用于建立统筹基金，一部分划入个人账户（一般为用人单位缴费的30%左右）。城镇居民基本医疗保险和新型农村合作医疗采用个人（或家庭）缴费与政府补贴相结合的办法进行筹资，筹资水平逐年提高，2011年各级财政对城镇居民医疗保险和新型农村合作医疗的补助标准由每人每年120元提高到200元。[①] 政府对这两类医疗保险制度参保对象的补贴体现出较强的公平性，也是医疗保险制度得以快速推进的重要原因之一。从对医疗保险费水平的评价来看，总体（4854人）认为很高（4.9%）和比较高（12.4%）的占17.3%，认为适中的占71.1%，认为比较低（9.8%）和很低（1.8%）的占11.6%；农村（2627人）认为很高和比较高的占12.6%，认为适中的占78.8%，认为比较低和很低的占8.7%；城市（2227人）认为很高和比较高的占22.8%，认为适中的占62.1%，认为比较低和很低的占15.1%。可见，目前医疗保险的个人缴费水平适中，大多数人可以接受。

3. 待遇补偿

医疗保险制度补偿机制的设计事关其公平性与收入分配调节作用。根据问卷调查，2010年报销过医疗费用的调查对象占9.4%，其中农村占7.1%，城市占11.8%。2010年报销的医疗费用平均为3401.1元，其中城市为4664.51元，农村为1628.3元。2010年总共花费的医疗费用平均为8487元，其中城市为10131元，农村为6095元。如果按此数据计算，调查对象2010年医疗保险的平均报销比例仅为40%，城市为

[①] 温家宝：《政府工作报告》，2012年3月。

46%，农村为26.7%，报销比例较低。①

通过对医疗保险替代率和补偿率②的回归分析，将医疗保险替代率作为因变量，个人户口类型、性别、职业类型、所在地区、年龄、文化程度作为自变量，采用逐步回归的方法将这些自变量纳入回归模型，最后进入模型的有地区、性别和年龄。在地区变量中，以内蒙古为参照变量，只有河南和内蒙古有明显差异，福建（厦门）、重庆、陕西（宝鸡）都没有显著差异。随着年龄的增加，医疗保险的替代率是逐步上升的，在不考虑性别、地区的情况下，年龄每增加1岁，医疗保险替代率增加0.18%；在考虑性别、地区的情况下，医疗保险替代率对年龄的依赖度更大（见表7）。将医疗报销补偿率作为因变量，个人收入、个人户口类型、性别、职业类型、所在地区、年龄、文化程度作为自变量进行多元回归分析，发现模型效果并不显著。这说明医疗报销补偿率和这些因素均不相关。

表7　医疗保险替代率的多元回归模型

	R	常数	地区（以内蒙古为参照）				年龄	女性（男性为参照）
			河南	福建（厦门）	重庆	陕西（宝鸡）		
模型1	0.25*	4.73	16.41*	5.95	8.25	6.78	—	—
模型2	0.31**	-6.39	16.88*	4.31	7.05	6.70	0.24*	—
模型3	0.35***	-11.00	16.68*	3.26	5.80	6.97	0.28**	6.40*

说明：***$p<.001$，**$p<.01$，*$p<.05$，B为非标准化回归系数。

4. 主观评价

从调查对象对医疗保险制度在减轻医疗负担的作用评价来看，总体（5096人）认为很大（6.1%）和比较大（25%）的占31.1%，认为适中的占39.1%，认为比较小（24%）和很小（5.8%）的占29.8%。其中农村调查对象（2638人）认为很大和比较大的占32.3%，认为适

---

① 这里是门诊和住院报销的总体情况，如果单独调查和计算，住院的报销比例应该会高些。
② 医疗保险替代率＝（过去一年报销的医疗费用/过去一年的总收入）×100%，医疗保险补偿率＝（过去一年报销的医疗费用/过去一年的医疗花费）×100%。

中的占 41.1%，认为比较小和很小的占 26.6%。城市调查对象（2458人）认为很大和比较大的占 29.7%，认为适中的占 36.9%，认为比较小和很小的占 33.4%（见图 7）。可见，医疗保险制度在减轻医疗负担方面发挥了一定的作用，但还有待改进；农村调查对象对医疗保险制度减轻医疗负担的评价比城市调查对象略高一点。

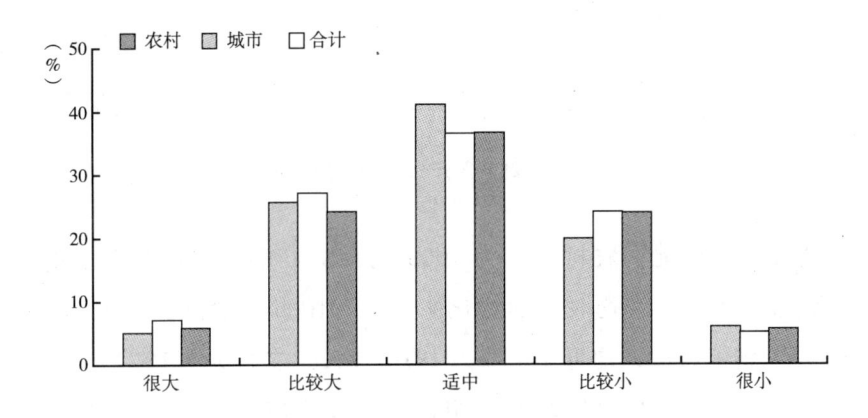

图 7 对医疗保险在减轻医疗负担作用方面的评价

从调查对象对医疗保险制度的评价来看，总体（5122 人）认为非常满意（4.2%）和比较满意（42.9%）的占 47.1%，认为一般的占 39.4%，认为不太满意（10.7%）和很不满意（2.8%）的占 13.5%。其中农村调查对象（2636 人）认为非常满意和比较满意的占 58.4%，认为一般的占 32%，认为不太满意和很不满意的占 9.7%；城市调查对象（2486 人）认为非常满意和比较满意的占 35.3%，认为一般的占 47.3%，认为不太满意和很不满意的占 17.5%。可见，城乡居民对医疗保险制度的满意度不高，尤其是城市居民的满意度更低（见图 8）。

（四）教育保障与收入分配

这里主要从城乡家庭的教育负担程度和政府提供的教育支持两个方面来考察。

1. 家庭教育负担情况

2010 年调查对象家庭的教育总支出平均为 10210.3 元，其中城市

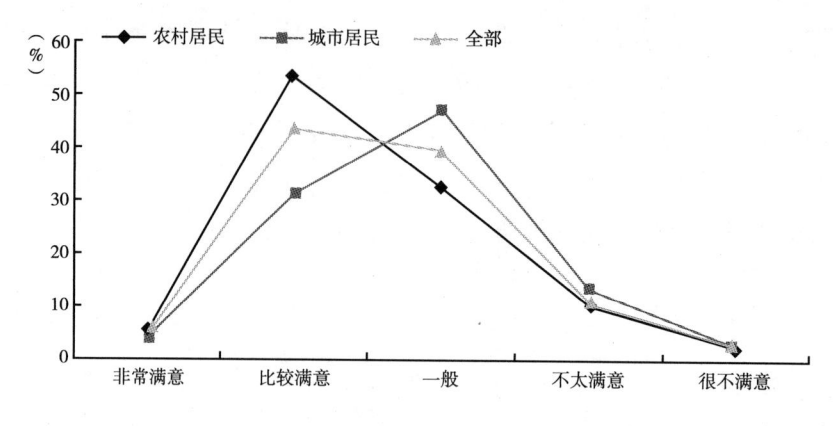

图 8　对目前医疗保险制度的评价

家庭为 12388.5 元，农村家庭为 7000 元，城市家庭的教育支出更大。从家庭教育支出与人均收入的对比来看，2010 年农村居民人均纯收入 5919 元，城镇居民人均可支配收入 19109 元，① 农村为 1.18∶1，城市为 0.65∶1，可见，农村家庭教育负担比城市家庭较重。在家庭教育支出的结构方面，向学校缴纳的费用平均为 4746.1 元，其中城市家庭为 5339.1 元，农村家庭为 3853.2 元；自愿性的教育支出平均为 1566.9 元，其中城市家庭为 2572 元，农村家庭为 335.5 元，农村家庭的自愿性教育支出显著低于城市家庭，城市家庭的自愿性教育支出大大超过农村家庭，这可能与城市家庭的经济状况较好和城市的教育收费水平有关。从对家庭教育负担的感受来看，认为家庭教育负担很重的占 25.9%，认为比较重的占 34.3%（二者合计 60.2%），认为比较轻（6%）和很轻（0.8%）的只占 6.8%（见图 9）。

2. 教育保障情况

从是否需要政府提供教育方面的帮助来看，36.5% 的人认为特别需要，43.2% 的人认为比较需要，只有 20.3% 的人认为不需要。从调查对象家庭 2010 年得到的教育救助来看，平均为 350.4 元，其中城市为 434 元，农村为 270.7 元。

---

① 国家统计局：《2010 年国民经济和社会发展统计公报》。

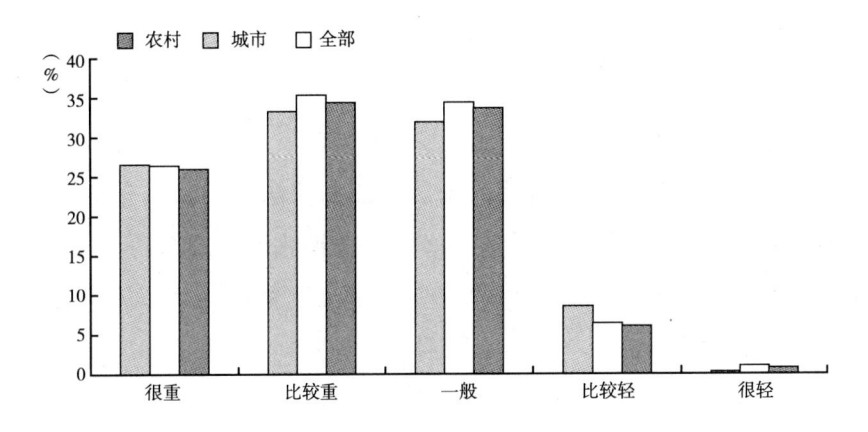

图 9 家庭教育负担情况

从国家提供的教育帮助对缓解家庭教育负担的情况来看，认为很有帮助的占 19.5%，认为有一些帮助的占 63.2%，认为没有帮助的占 17.3%；其中农村调查对象认为很有帮助的占 17.3%，认为有一些帮助的占 71.3%，认为没有帮助的占 11.4%；城市调查对象认为很有帮助的占 21.3%，认为有一些帮助的占 56.9%，认为没有帮助的占 21.8%（见图 10）。可以看出，国家的教育帮助对减轻家庭教育负担是有帮助的，而且农村家庭认为国家提供的教育帮助对缓解家庭教育负担的作用更大。不过，国家提供的教育帮助的数量还比较少，占家庭教育支出的比例非常小。

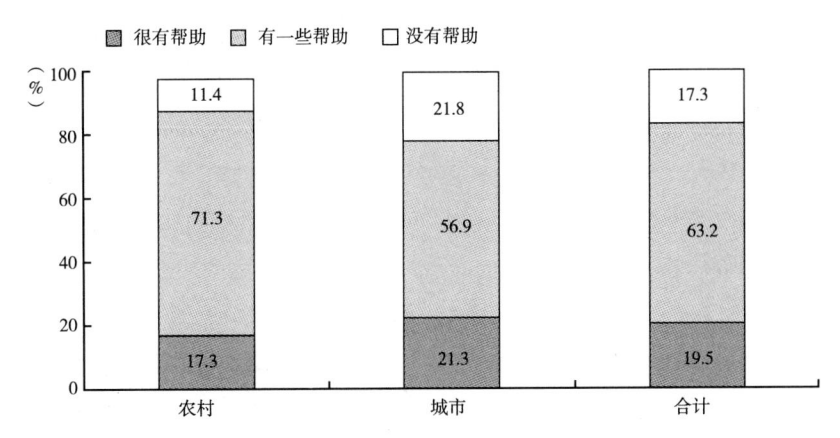

图 10 国家教育帮助对缓解家庭负担的作用

（五）住房保障与收入分配

1. 家庭住房情况

从城乡居民拥有的住房情况来看，拥有住房数的最大值为21套，最小值为0套，差距较大。从第一套房的类型来看，商品房占26.4%，经济适用房占3.2%，两限房占0.2%，单位福利房占20.2%，自建房占36.2%，廉租房占0.8%，公租房占1.5%，自租房占4%，其他占7.5%。农村和城市家庭的住房类型相差较大，农村以自建房为主，占84.8%，城市则以商品房和单位福利房为主，合占69.1%。从享受的保障性住房（包括经济适用房、两限房、廉租房、公租房等）情况来看，享受家庭相对较少，而且主要是城市家庭，农村家庭极少享受。

2. 住房负担情况

从城乡家庭的住房负担情况来看，第一套住房的价格，城市家庭平均为1844.1元/平方米，农村家庭平均为1367.9元/平方米；城市家庭的住房总价为153532.9元，农村为116252.2元；城市家庭购房贷款平均为54030.6元，农村家庭平均为44115.2元；每月要还的房贷，城市家庭为669.4元，农村家庭为586.3元。从对目前房价的评价来看，认为房价特别高的占75.1%（1129人），认为比较高的占19.7%（296人），合计占94.8%，只有极少数的人认为房价低（见图11）。正因为

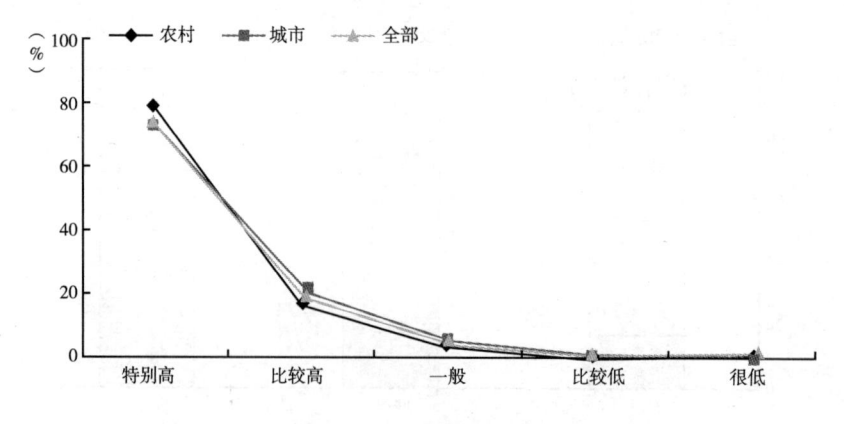

图11　对目前房价的评价

房价较高，购房负担重，因而绝大多数（86.5%）家庭需要政府提供帮助，其中城市中需要住房帮助的家庭占83.5%，农村家庭需要住房帮助的占90.8%，高于城市家庭。随着工业化和城市化进程的加快，农民进城务工越来越多，对住房的需要也将快速增长。

3. 住房保障情况

住房公积金制度是一项重要的住房保障制度。从公积金的缴纳情况来看，平均为28.2%（359户）的调查对象需要缴纳住房公积金，其中城市有35.9%（337户）的家庭需要缴费住房公积金，农村只有6.6%（22户）。从获得的住房公积金贷款来看，有27%的调查对象家庭获得过住房公积金贷款，其中城市有28.3%的家庭获得过，农村只有5.3%。从缴纳住房公积金的调查对象对住房公积金作用的评价来看，认为很有帮助的占20.8%（70户），认为有一些帮助的占54.2%（182户），认为没有帮助的占20.8%（70户），大多数人认为住房公积金对住房有帮助。

从获得住房补贴的情况来看，4%（68户）的调查对象家庭获得过住房补贴，其中城市家庭为6%（65户），农村家庭只有0.5%（3户）。从获得的住房补贴数额来看，平均为36980.7元，其中城市家庭平均为38143.7元，农村家庭平均为500元。无论从获得补贴的家庭数量，还是获得补贴的数额，城乡差距较大。

调查对象对目前保障性住房政策的满意度评价比较低，认为非常满意（12.3%）和比较满意（18.3%）的只占30.6%，其中农村调查对象对保障性住房的评价更低，两项合计为23.7%，而城市为33.8%（见图12）。如何满足城市中农民工和农村家庭的住房需求，是未来政府完善住房保障制度的一项重要任务。

三 社会保障制度调节收入分配存在的问题及建议

（一）社会保障制度在调节收入分配中的作用不理想

中国社会保障制度的发展既为保障国民生活、提高生活水平、促进

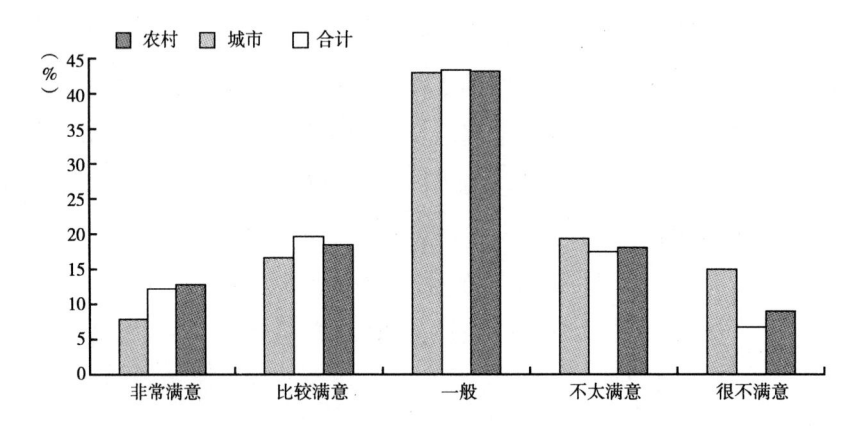

图12 对目前保障性住房政策的评价

经济社会发展发挥了重要作用,也在一定程度上促进了居民之间的收入分配。但是,由于种种原因,社会保障制度调节收入分配作用不理想。从调查对象对目前不同居民之间收入差距大小的评价来看,绝大多数调查对象认为目前居民之间的收入差距大,其中认为很大和比较大的占88%,比较小和很小的仅占1.9%(见图13)。较大的收入差距需要通过各种手段进行调节,其中需要充分发挥社会保障制度的作用。但是,从现实来看,社会保障制度所发挥的收入分配调节作用不理想。从调查对象对社会保障制度在减轻家庭负担的作用的评价来看,认为很大和比较大的占25.6%,比较小和很小的占31.5%。

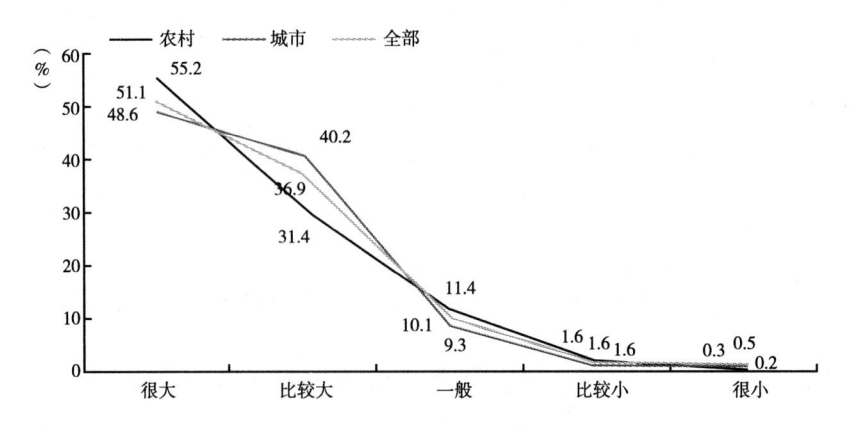

图13 对目前居民收入差距大小的评价

（二）对社会保障制度的收入分配作用及满意度评价不高

从对社会保障制度在缩小居民收入差距中的作用来看，认为很大和比较大的占17.9%，比较小和很小的占44%；其中城市调查对象认为很大和比较大的为19.4%，比较小和很小的为37.3%；农村调查对象分别为15.2%、55.7%（见图14）。可见，调查对象普遍认为社会保障制度在缩小居民收入差距中的作用较小，尤其是农村调查对象认为作用更小。调查对象对目前社会保障制度的总体满意度评价不高，只有25.4%的人认为非常满意和比较满意。尤其是在农村，非常满意和比较满意的占24.6%，不太满意和很不满意的占31.2%（见图15）。

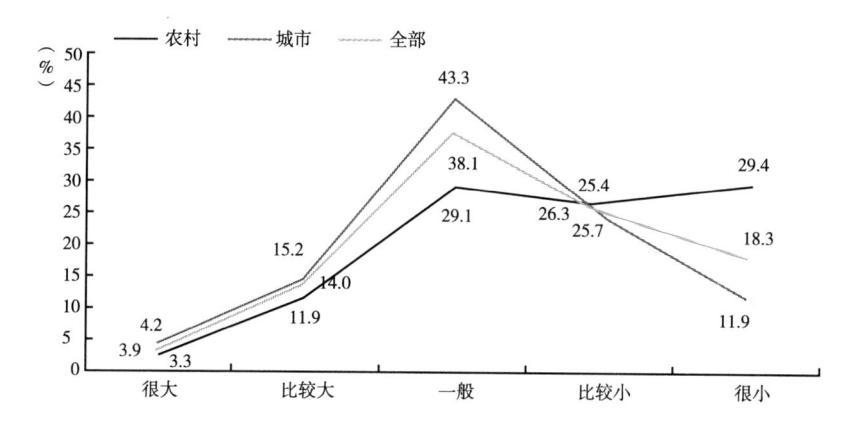

图14 社会保障在缩小居民收入差距中的作用

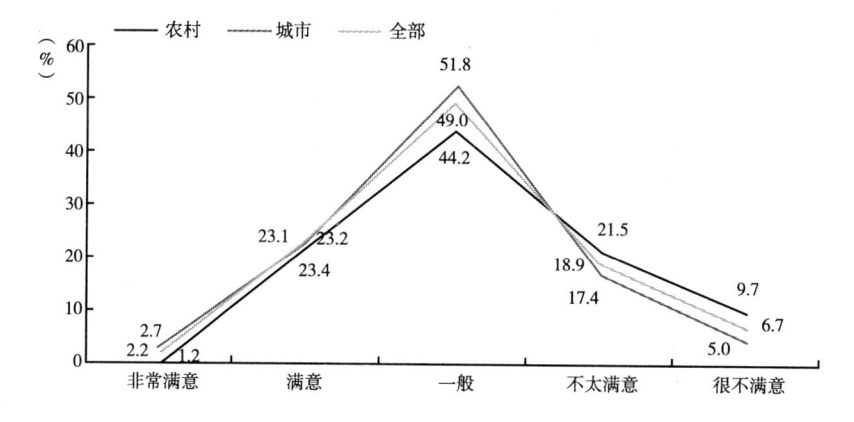

图15 对目前社会保障制度的评价

（三）社会保障制度调节收入分配存在的问题分析

目前，中国社会保障制度在调节收入分配方面存在的问题主要表现在以下几个方面。

第一，社会保障的发展不均衡。一方面，社会保障的城乡发展不均衡。长期以来，我国社会保障制度主要面向城市人口，虽然通过这些年的努力，农村社会保障事业有了比较大的进步，但与城市相比，发展仍然滞后。从前面的调查数据可以看出，农村最低生活保障、养老、医疗等社会保障的待遇水平与城市相差较大。另一方面，不同群体社会保障发展的不均衡。公职人员由于其职业的优越性而获得较高水平的社会保障待遇，一些低收入群体、非正规就业人员、灵活就业人员享受的待遇比较低。不同群体之间社会保障的不均衡充分体现出了社会保障制度的碎片化问题。

第二，社会保障的覆盖面总体不足。从总体上看，我国社会保障制度的覆盖面还不足，相当一部分人还没有参加社会保险，还有部分贫困人口没有被纳入最低生活保障范围中，更有大量的人口没有享受到应得的社会福利。在养老保险方面，还有大量的城乡就业人员和城乡居民没有被纳入进来。失业、工伤、生育保险的覆盖率还比较低。在实践中，一些灵活就业人员、乡镇企业人员、机关事业单位人员还没有被纳入进来。

第三，筹资机制不合理。一是不同群体的筹资责任分担不合理，公职人员几乎无需由个人履行任何缴费义务就可以享受全面、高水平的社会保障待遇；低收入人口需要按要求缴费，否则不能享受待遇。二是财政投入机制不健全，政府在社会保障方面的财政投入总体不足，这是导致一些低收入和贫困人口难以获得较好的社会保障的重要原因；不同层级政府之间也缺乏一个科学的责任分担机制；社会保障的财政投入重点不突出。三是筹资水平过高，容易对一些低收入群体造成压力，目前五项社会保险的费率高达40%以上。四是缴费上限、下限、基数的设计不完善；现行大多数社会保障项目都设定了个人缴费的上限、下限和缴费基数，但在具体设计中并没有完全从制度的公平性和待遇补偿机制上进行整体考虑。

第四，待遇补偿机制不科学。一是目前社会保障的待遇确定以缴费确定的模式为主，待遇享受与缴费的关联性较大，这种待遇确定模式不利于贫困人口提高收入，虽然有社会统筹的因素，但力度还不大，互助共济的作用不足。二是社会保障待遇的计算方法不利于调节收入分配，没有形成"累退"的待遇享受机制；养老保险待遇计算基数的选择不尽合理，城镇职工的基础养老金参照上一年度职工平均工资计算，而城镇居民、农村居民则发给固定较低的基础养老金；在医疗保险方面，往往设定起付线与封顶线，而且门诊大多数不给予报销，不利于中低收入群体减轻医疗负担。以医疗保险为例，2010年调查对象医疗保险的平均报销比例仅为40%，城市为46%，农村为26.7%，报销比例较低。三是待遇调整机制不完善。目前虽然有一些社会保障的调整措施，但大多数是临时性的、随意性的，并没有形成科学的调整机制。

（四）完善社会保障制度调节收入分配作用的相关建议

第一，完善社会保障财政投入机制。未来需要进一步加大对社会保障的财政投入，同时，需要调整财政投入的结构和方向，明确财政投入的重点项目、重点地区与重点人群。财政投入应该向城乡中低收入群体倾斜，满足中低收入群体的社会保障需求，提高中低收入群体的收入水平；应该向农村倾斜，大力发展农村社会保障事业；应该向中、西部地区倾斜，支持中、西部地区的社会保障事业发展。要在明确中央和地方政府社会保障事权的基础上，明确各级政府在不同社会保障项目中的财政投入责任。

第二，扩大社会保障制度的覆盖面。需要采取强制性、自愿性、激励性相结合的原则，加大财政支持力度，将一些长期在社会保障之外的人群纳入进来。应该在《社会保险法》的基础上，将所有城乡就业人员纳入社会保险的范围。在实践中应该通过建立政策支持措施将农民工、乡镇企业就业人员、灵活就业人员、大学生、儿童、城乡居民等群体纳入社会保障的覆盖范围中来。农村社会养老保险、城镇居民养老保险应该尽快实现全覆盖。最低生活保障制度应该将全体贫困人口纳入进来，实现"应保尽保"。

第三，加强社会保障制度的整合与衔接。针对社会保障制度的碎片化与非均衡发展问题，应该进一步加强社会保障制度的整合与衔接，增强社会保障制度的公平性。在养老保险方面，应该加强机关事业单位养老保险制度改革，建立与城镇职工基本养老保险相协调的公职人员养老保险制度，城镇居民社会养老保险与农村居民养老保险可进行整合。在医疗保险方面，应该探索新型农村合作医疗与城镇居民基本医疗保险的整合，应该进行中央机关单位的公费医疗改革。在社会救助方面，需要对不同类型的救助项目进行适度整合，加强社会救助的法制建设。社会保障制度的整合与衔接要求加强社会保障制度的城乡统筹发展。

第四，完善社会保障制度的筹资机制。应该适当调整基本社会保障项目的缴费率，尤其是城镇职工基本养老保险制度；机关事业单位人员应该纳入社会保险的范围中，履行适当的缴费义务；城乡居民养老保险、医疗保险的缴费可适当逐步提高。在筹资模式上，应该加大社会统筹的成分，适当降低个人账户的比例，以增强社会保障制度的互助共济功能。在缴费基数方面，可以选择以个人收入为缴费基数，不设上限（如社会平均工资的300%）与下限（如社会平均工资的60%），有利于低收入群体减轻缴费负担，甚至可以探索"累进"的缴费方式，收入越高，征缴的比例越高。

第五，建立科学的待遇补偿与调整机制。在养老保险制度方面，应该完善现有的固定给付与缴费确定相结合的待遇确定模式，建立待遇享受与待遇适度关联的"累退"型待遇享受机制，探索建立适度的最低待遇担保机制。在医疗保险制度方面，应该增强其互助共济功能，缩小甚至取消个人账户；扩大报销范围，提高报销比例；探索新的支付方式，比如实施后付制、按人头付费；适当放松门诊和慢性病的报销门槛。在失业保险制度方面，应该提高补偿水平，同时缩短补偿时间，注重发挥失业保险基金促进就业的功能。在工伤保险方面，应该坚持预防、补偿、康复相结合的方针，根据伤残程度进行补偿，简化补偿程序，平等对待所有类型的职工。在最低生活保障方面，应该提高保障水平，完善瞄准机制，建立动态调整机制。此外，在坚持总体待遇水平提高的同时，还应该建立差异化的待遇调整机制，重点提高低收入群体和贫困人口的社会保障水平。

中国社会保障制度再分配效应及公平性评价报告（2011）*

王延中　侯慧丽

作为一种防范风险、救助贫困、维护社会安定的制度，社会保障制度实质上是一种收入分配制度。通过再分配，社会保障制度产生了一定的再分配效应。我国的社会保障制度经历了从国家—单位保险向社会保险转变之后，基本建立了城镇职工/居民养老保险、城镇职工/居民基本医疗保险、失业保险、工伤保险等比较完善的城镇社会保险制度，同时近些年在农村也逐步建立了新型农村社会养老保险制度和新型农村合作医疗制度等社会保险制度，在低保、社会救助等方面也形成了一套救助救济保障制度。在目前我国收入差距较大的时期，这些社会保障制度到底发挥了怎样的再分配效应？同时，人们对社会保障制度在调节收入分配中的作用与效应如何看待？基于上述问题，中国社会科学院国情调研重大课题项目组于2011年对内蒙古、河南、重庆、福建（厦门）和陕西（宝鸡）五省区市近2000户城乡居民进行了入户问卷调查。本报告是这次调查的初步结果，这里主要对社会保障制度再分配效应和城乡居民对社会保障制度满意度、公平感的主观感受与评价两部分进行分析。

---

* 本报告数据来源于中国社会科学院2011年国情调研重大课题支持的五省区市（内蒙古、河南、福建厦门、陕西宝鸡、重庆）近2000份问卷调查资料。宋娟、张奎力、高和荣、高文书、刘琴分别组织完成了上述五地的问卷调查，并撰写了调研报告。侯慧丽、龙玉其等对问卷进行了分析处理。在此基础上，由王延中、侯慧丽等完成了问卷分析报告。本报告已收录在《中国社会保障发展报告（2012）》（社会科学文献出版社，2012）一书中。

基于上述分析结果，本报告最后提出了加快社会保障制度建设与深化改革的思考与建议。

一 中国社会保障制度发展中制度分割的形成

我国社会保障制度的建立有其历史背景。由于新中国成立初期，发展重工业和城市偏向的政策，我国的社会保障制度也形成了城乡二元形式，城市居民的保障要比农村居民的保障全面而彻底。在计划经济体制下，城市劳动年龄人口基本上都被纳入就业单位，形成了企业保险、国家兜底的保障制度。市场体制转轨时期，国有企业被赋予自由的用人权力，劳动力的流动促使劳动力市场形成并发展，原来基于企业的保险制度不得不顺应潮流而改革。改革的结果是机关事业单位人群依然享有计划经济体制时期的国家兜底的保障特征，形成了专门的机关事业单位的养老保险制度。企业单位的养老保险制度转变成适应市场体制的社会保险，不再有城乡户籍的限制，进入企业的劳动力都可参保。这样便形成了针对企业就业人员的城镇养老、医疗保险等保障制度。同时，在农村，也开始逐步建立各种保险制度，2003年新型农村合作医疗制度试点，到2008年已经全面覆盖农村地区。[①] 2009年，国家开始在农村试点新型农村社会养老保险制度，计划2020年之前基本实现对适龄农村居民的全覆盖。[②] 根据2012年"两会"审议通过的《政府工作报告》，2012年完善社会保障体系的目标更加明确，即在当年年底前实现新型农村社会养老保险和城镇居民养老保险全覆盖，扩大各项社会保险的覆盖面。除了各种社会保险险种，各地区和城乡也都实行了建立在各地社会平均工资之上的最低生活保障制度等救助救济制度。《政府工作报告》同时提出要进一步加强城乡低保和社会救助工作，加快发展社会福利事业和慈善事业。

---

① 中央政府门户网站，http://www.gov.cn，2009年7月13日。
② 中央政府门户网站，http://www.gov.cn，2009年9月4日。

从制度的形成看，我国社会保障制度是一个分割性、碎片化的制度。各种社会保险制度之间具有对不同身份、职业等的排斥性，如企业人员必须参加城镇职工的社会保险；目前机关事业单位职工正在进行社会保险改革试点，仍然沿用传统的退休金制度等劳动保障制度；而从事农业的农村居民无法参加城镇的任何社会保险。进入城镇的农民工可以在自愿参加新型农村社会养老保险制度的同时，根据务工常住地的有关要求，少量现有的参加当地的职工或个体从业人员的养老保险等社会保险。

二 中国社会保障制度的再分配效应

我国社会保障制度的分割造成了各种保障制度之间严格的界限，不同职业身份的人享受到不同的再分配方式。最有代表性的当属养老保险制度，其再分配方式也是颇为不平等的。从以上对社会保障制度发展中形成的分割性来看，机关事业单位人员养老保险制度、城镇职工养老保险制度、新型农村社会养老保险制度是三种典型的养老保险制度，分别代表着不同的社会群体。从调查的描述性统计来看，不同的职业身份决定了参加养老保险制度的种类。

社会保障制度的分割性将享受社会保障的人群也分割开来，最明显的分割特征是职业身份，根据职业身份决定能够参加到哪一类保险中，从表1中可以看出，城镇职工养老保险的构成主体是企业职工和机关事业单位人员，机关事业单位人员参加城镇职工养老保险是因为企业改制过程中，一部分事业单位企业化，因此也就参加了城镇职工养老保险。新型农村社会养老保险制度的参加主体是农民。机关事业单位养老保险的参加主体是机关事业单位人员。简单地可以通过这三类人群的收入与养老金待遇之间的关系来看养老金的再分配效应。从收入水平来看，这三类人群中，农民最低，机关事业单位人员最高（见图1），而养老金也是农民最低，机关事业单位人员最高，月均收入高的群体，领取的养老金也多。

表1 从业人员参加养老保险制度的类型

单位：人，%

养老保险类型		农民	企业职工	机关事业单位人员	公务员	个体户	私营企业主	自由职业者	其他	村组（社区）干部	合计
城镇职工养老保险	频数	22	344	147	22	19	8	34	176	64	836
	占比	2.60	41.10	17.60	2.60	2.30	1.00	4.10	21.10	7.70	100.00
新型农村社会养老保险	频数	258	26	9	1	38	1	24	46	11	414
	占比	62.30	6.30	2.20	0.20	9.20	0.20	5.80	11.10	2.70	100.00
城镇居民养老保险	频数	19	25	12	5	48	9	38	136	9	301
	占比	6.30	8.30	4.00	1.70	15.90	3.00	12.60	45.20	3.00	100.00
机关事业单位养老保险	频数	5	22	141	63	1	1	1	25	6	265
	占比	1.90	8.30	53.20	23.80	0.40	0.40	0.40	9.40	2.30	100.00
商业养老保险	频数	3	8	4		9	2	2	6		34
	占比	8.80	23.50	11.80		26.50	5.90	5.90	17.60		100.00
其他养老保险制度	频数	5	1	1		2	2	3	25		39
	占比	12.80	2.60	2.60		5.10	5.10	7.70	64.10		100.00
合计	频数	312	426	314	91	117	23	102	414	90	1889
	占比	16.50	22.60	16.60	4.80	6.20	1.20	5.40	21.90	4.80	100.00

资料来源：中国社会科学院2011年度国情调研重大课题"中国社会保障发展与收入分配状况"项目组对全国五省区市的调查数据。

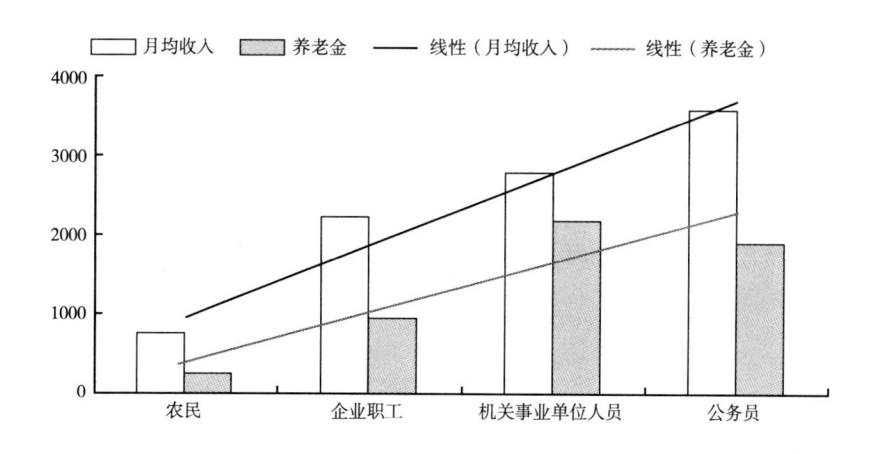

图1 不同职业类型月均收入与养老金

资料来源：中国社会科学院2011年度国情调研重大课题"中国社会保障发展与收入分配状况"项目组对全国五省区市调查数据。

然而养老金的给付存在国家财政的再分配。2010年颁布的《社会保险法》中明确规定，养老保险和新型农村社会养老保险都有政府补贴的部分，但是补贴程度存在很大差别。机关事业单位人员个人不缴纳养老金费用，而给付完全由国家财政再分配，企业职工由于养老基金存在缺口，国家财政补贴的力度逐年加大，2011年，参保离退休人员6299万人[①]，同年社保基金各级财政补贴1954亿元[②]，平均每人每月可获得财政补贴258元，而新农保政策中规定中央对农民基础养老金的补贴为每人每月55元，地方财政不低于每人每年30元[③]，如此悬殊的财政补贴明显表现出不同地位群体间的再分配差异。当然，由于目前国家没有实现基础养老金全国统筹，各地养老金水平并不统一。经济发达地区养老金数额绝对水平更高一些。北京市自2007年开始对符合条件的全市户籍城乡无社会保障老人人均每月发放200元养老金，其他沿海省份也有类似政策。

三 中国社会保障制度的满意度和公平感评价

以上对社会保障制度再分配效应做了一个客观状况的分析。正如有关社会不平等的研究显示，客观的基尼系数的高低并不能说明社会的公平程度，因为还存在人们对不平等状况的主观态度，人们认为不平等是不公平的时候才会产生社会不公平感，而当人们认为一定不平等是合理产生的时候，这种不平等不会使人们产生不公平感。那么不同社会经济地位的人对客观存在的分割性的社会保障制度的主观态度是什么呢，这也是研究社会保障制度再分配的一个重要方面。

满意度和公平感的研究是主观态度的研究，因此，调查中所用的因变量基本都是对态度的描述。对于最大多数人来说，他们对社会保障制

---

① 《国民经济和社会发展统计公报》（2011），http：//www.gov.cn/gzdt/2011 - 02/28/content_ 1812697. htm。
② 《中国老龄事业发展统计公报》（2010），http：//www.cncaprc.gov.cn/info/15042.html。
③ 《国务院关于开展新型农村社会养老保险试点的指导意见》，http：//www.gov.cn/zwgk/2009 - 09/04/content_ 1409216. htm。

度最直接的接触是社会养老保险制度和社会医疗保险制度,对这两种制度的态度也就代表了人们对社会保障制度的基本态度。我们首先介绍被调查对象关于社会保障制度的公平感的描述,进而通过人们对社会保障制度的满意程度,分析人们对社会保障制度的公平性的感受。

(一)人们对养老保险制度的满意度和公平感

对于养老保险制度的满意度首先是对自己所得到的养老金的多少的感受。在领取了养老金的被调查者中,认为养老金完全能够满足生活需要的只占17.4%,而直接回答不能满足的占到39.4%。就养老金的数量来看,近40%的人都认为养老金过少,甚至不能满足生活需要。如果按参加不同类型的养老保险的被调查者来看,参加新型农村社会养老保险的人认为不能满足生活需要的态度最强烈,占到78.9%,其次是城镇居民养老保险的参加者认为不能满足生活需要的占到56%,参加机关事业单位养老保险的人中只有3.8%认为不能满足生活需要,但是却有53.8%的人认为完全能够满足生活需要。从不同养老保险制度的参加者自身对养老金的感受也可以明显的看出养老金待遇的差异(见表2)。

表2 您认为养老金能否满足您的生活需要?

单位:人,%

参保类型		态度			合计
		完全能够满足	勉强能够满足	不能满足	
城镇职工养老保险	频数	39	128	72	239
	占比	16.30	53.60	30.10	100.00
新型农村社会养老保险	频数	1	14	56	71
	占比	1.40	19.70	78.90	100.00
城镇居民养老保险	频数	8	25	42	75
	占比	10.70	33.30	56.00	100.00
机关事业单位养老保险	频数	28	22	2	52
	占比	53.80	42.30	3.80	100.00
合计	频数	76	189	172	437
	占比	17.40	43.20	39.40	100.00

资料来源:中国社会科学院2011年度国情调研重大课题"中国社会保障发展与收入分配状况"项目组对全国五省市调查数据统计。由于参加商业养老保险和其他养老保险人数非常少,这里没有列出。表3、表4同。

如果把"不太公平"和"很不公平"归为"不公平",把认为"很公平""比较公平""一般"的人都认为是"公平",那么结果发现,几乎有36.4%的人认为与周围的人比,自己领取的养老金不公平,这一数字与认为养老金不能满足生活需要的比例比较接近。然而,我们仍能看出来即使除去"说不清楚"的人(8.6%),仍然有55%的人认为自己领取的养老金是公平的。分类来看,参加机关事业单位养老保险的人80%都认为是公平的,但是我们却没有发现养老金待遇最低的新型农村社会养老保险的参加者中认为不公平的比例是最大的,而且有62.50%的参加者认为是公平的,高于城镇职工养老保险和城镇居民养老保险的参加者的态度,相比其他制度参加者,新型农村社会养老保险参加者更愿意用说不清楚来说明自己的态度(见表3)。

表3 与周围人相比,您觉得您领取的养老金是否公平?

单位:人,%

参保类型		态度			合计
		公平	不公平	说不清楚	
城镇职工养老保险	频数	125	103	15	243
	占比	51.40	42.40	6.20	100.00
新型农村社会养老保险	频数	45	14	13	72
	占比	62.50	19.40	18.10	100.00
城镇居民养老保险	频数	33	37	7	77
	占比	42.90	48.10	9.10	100.00
机关事业单位养老保险	频数	40	7	3	50
	占比	80.00	14.00	6.00	100.00
合计	频数	243	161	38	442
	占比	55.00	36.40	8.60	100.00

资料来源:中国社会科学院2011年度国情调研重大课题"中国社会保障发展与收入分配状况"项目组对全国五省区市调查数据。

从对养老金收入所得和对养老金的公平感来看,人们对养老金制度的评价总体上是正面的。在对目前养老保险制度的评价中,再次表现了这一结果。如果将"非常满意""比较满意""一般"归为"满意",

将"不太满意""很不满意"归为"不满意"的话，那么有23.6%的人对目前养老保险制度表示不满意，76.3%的人都认为是满意的。也就是说从养老保险制度总体来看，人们还是比较认可的。分类来看，机关事业单位人员的满意人数占比最高，而参加新型农村社会养老保险的满意人数占比也达到81.90%，相比来看，参加城镇职工养老保险的人群满意比例最低，不满意比例最高（见表4）。

表4 您对目前养老保险制度的评价？

单位：人，%

参保类型		态度		合计
		满意	不满意	
城镇职工养老保险	频数	183	77	260
	占比	70.40	29.60	100.00
新型农村社会养老保险	频数	59	13	72
	占比	81.90	18.10	100.00
城镇居民养老保险	频数	66	14	80
	占比	82.50	17.50	100.00
机关事业单位养老保险	频数	50	7	57
	占比	87.70	12.30	100.00
合计	频数	358	111	469
	占比	76.30	23.70	100.00

资料来源：中国社会科学院2011年度国情调研重大课题"中国社会保障发展与收入分配状况"项目组对全国五省区市调查数据。

在对养老保险制度的主观态度的评价中，由于大多是已经领取了退休金的人，所以对养老保险制度的评价更多的是代表了已经退休人员的态度，但是医疗保险制度由于是即时受益的，即参加就可以受益，所以对医疗保险制度的感受和评价相对来说更能代表不同年龄和社会经济地位的人员的态度。

（二）人们对医疗保险制度的满意度和公平感

对于医疗保险制度的感受首先来自人们对看病时报销比例的程度，对医疗消费的补助能力，也就是医疗负担的减轻作用。从表5可以看出,仅从对医疗费用的报销比例来看,人们的态度大多集中在"适中"和"低"两个选项上,有49.30%的人选择了报销比例适中,有42.30%的人选择了报销比例低,认为很高和很低的选择都比较少,也就是说大部分人对目前医疗费用的报销比例都认为不高,处于中等偏低的报销水平。并且认为保险水平低的状况,不论在何种医疗保险制度中都存在,即使在公费医疗中,仍然有40.3%的人认为报销比例低,这个比例与新型农村合作医疗的保险比例的认同基本一致。

表5 您认为医疗费用的报销比例如何?

单位:人,%

参保类型		态度			合计
		高	适中	低	
公费医疗	频数	19	76	64	159
	占比	11.90	47.80	40.30	100.00
城镇居民基本医疗保险	频数	58	199	240	497
	占比	11.70	40.00	48.30	100.00
城镇职工基本医疗保险	频数	86	240	259	585
	占比	14.70	41.00	44.30	100.00
新型农村合作医疗	频数	66	828	591	1485
	占比	4.40	55.80	39.80	100.00
合计	频数	229	1343	1154	2726
	占比	8.40	49.30	42.30	100.00

资料来源:中国社会科学院2011年度国情调研重大课题"中国社会保障发展与收入分配状况"项目组对全国五省区市调查数据。由于参加商业医疗保险和其他医疗保险人数较少,这里省略。表6、表7同。

虽然人们普遍认为医疗费用报销比例不高,但是对医疗保险可减轻医疗负担作用的认同程度却增加了,有23.30%的人认为很大程度上减轻了医疗负担,认为"适中""比较小""很小"的持中立和否定态度的人的比例比起对医疗费用报销比例的负面态度的人的比例都有所减小。城镇居民基本医疗保险和城镇职工基本医疗保险的参加者中对认为医疗保险在减轻医疗负担方面的作用小的占比最高,公费医疗的占比最小,新农合的占比与公费医疗相差不大(见表6)。

表6 您觉得医疗保险在减轻医疗负担方面的作用如何?

单位:人,%

参保类型		态度			合计
		大	适中	小	
公费医疗	频数	55	58	53	166
	占比	33.10	34.90	31.90	100.00
城镇居民基本医疗保险	频数	121	169	210	500
	占比	24.20	33.80	42.00	100.00
城镇职工基本医疗保险	频数	156	199	241	596
	占比	26.20	33.40	40.40	100.00
新型农村合作医疗	频数	315	675	519	1509
	占比	20.90	44.70	34.40	100.00
合计	频数	647	1101	1023	2771
	占比	23.30	39.70	36.90	100.00

资料来源:中国社会科学院2011年度国情调研重大课题"中国社会保障发展与收入分配状况"项目组对全国五省区市调查数据。

综合以上两个问题的态度,人们对目前自己所参加的医疗保险制度的评价总体上是满意的。人们在对目前医疗保险制度总体评价的问题中,"满意"和"一般"态度的人各占45.50%和39.70%,普遍处于中等偏上的态度认同。这种状况在各种医疗保险制度中都是一致的结果。同样,公费医疗的参加人员和新农合参保人员的不满意比例最低,而城镇居民基本医疗保险和城镇职工基本医疗保险的参加者不满意比例较高(见表7)。

表7 您对目前所参加的医疗保险制度的评价?

单位:人,%

参保类型		态度			合计
		满意	一般	不满意	
公费医疗	频数	83	67	17	167
	占比	49.70	40.10	10.20	100.00
城镇居民基本医疗保险	频数	174	237	98	509
	占比	34.20	46.60	19.30	100.00
城镇职工基本医疗保险	频数	183	294	124	601
	占比	30.40	48.90	20.60	100.00
新型农村合作医疗	频数	824	505	175	1504
	占比	54.80	33.60	11.60	100.00
合计	频数	1264	1103	414	2781
	占比	45.50	39.70	14.90	100.00

资料来源:中国社会科学院2011年度国情调研重大课题"中国社会保障发展与收入分配状况"项目组对全国五省区市调查数据。

虽然在调查中，由于养老和医疗保险制度的分割性，不同的调查者所参加的保险类型可能不一样，对不同制度的满意程度也只是针对自己所参加的保险制度的评价，导致不是对某一项具体保险制度的态度，但是这也恰恰能说明人们对当前的种类繁多的碎片化保险制度的总体认同。

（三）社会保障制度满意度和公平感的群体间差异

一般说来，最底层的人们并不认为自己受到的是最不公平的，农民比城镇居民更容易接受不平等，在对养老保险制度、医疗保险制度的满意度和公平感的描述性分析中，也发现了同样的结果。对社会保障制度不满程度最严重的是城镇职工，养老待遇和医疗保险待遇最低的农民反而更容易接受目前的这种养老保险制度和医疗保险制度。

在描述性分析的基础上，我们在控制一些个人特征相关变量的基础上对群体间是否存在这种差异进行 logistic 的回归分析。

表 8　对社会养老保险制度的公平感的 logistic 回归分析

	B	S. E.	Exp(B)
户口性质（非农业 =0）			
农业户口	2.085 **	0.796	8.041
职业（农民 =0）			
企业职工	-1.212	0.679	0.298
机关事业单位员工	-0.985	0.766	0.373
公务员	6.184	26.002	484.938
个体户	-1.858	1.51	0.156
私营企业者	-1.466	1.151	0.231
其他	-1.083	0.665	0.339
性别			
男性	-0.196	0.271	0.822
年龄	-0.072	0.079	0.93
年龄平方/100	0.06	0.063	1.062
收入的自然对数	0.459 *	0.224	1.582
地区			
河南	-5.792	15.545	0.003

续表

	B	S. E.	Exp(B)
福建(厦门)	-7.167	15.543	0.001
重庆	-7.11	15.542	0.001
受教育程度			
初中	0.558	0.372	1.747
高中	0.548	0.407	1.73
本科	1.463*	0.675	4.318
研究生及以上	0.578	0.574	1.782
常数项	6.389	15.816	594.99
-2 Log likelihood			365.779
Cox & Snell R Square			.202
N			325

说明：*** <.001，** <.01，* <.05；因变量为是否公平。

从表8分析结果来看，在控制了其他相关变量的情况下，农业户籍的人比非农业户籍的人在对养老保险制度的态度上具有公平感的可能性更大，收入水平与对养老保险制度的公平态度也显著相关，但是两者不是线性的关系。不同职业群体的人之间的公平感没有差异，性别之间、年龄之间以及地区之间都没有表现出这种差异。虽然受过初中教育和高中教育的人与只受过小学教育的人之间的态度的差异不显著，但是受过本科教育的人比只受过小学教育的人更能感受到不公平，这一点却比较明显。

在对医疗保险制度的满意程度上，也表现出大致相同的特点。表9显示在控制了相关变量的情况下，农业户籍的人比非农业户籍的人表现出对医疗保险制度的更高的满意程度，虽然收入与满意程度之间没有呈现出显著的相关关系，但是不同职业的人群之间却表现出满意程度的显著不同。公务员比农民有更高的满意程度，而企业员工比农民更不满意于目前的医疗保险制度，在对医疗保险制度的满意度的态度上，没有表现出很强的与收入、性别、年龄和教育程度之间的相关关系。

表 9　对目前社会医疗保险制度的满意程度的 logistic 回归分析

	B	S. E.	Exp(B)
户口性质			
农业户口	0.355*	0.186	1.426
职业			
企业员工	-0.576**	0.211	0.562
事业单位员工	0.089	0.268	1.093
公务员	1.011**	0.493	2.749
个体户	-0.196	0.266	0.822
私营企业主	1.141	1.049	3.13
自由职业者	-0.364	0.305	0.695
学生	-0.531	1.113	0.588
其他	-0.126	0.207	0.882
性别			
男性	0.086	0.126	1.09
年龄	-0.009	0.022	0.991
年龄平方/100	-0.002	0.022	0.998
收入自然对数	0.068	0.085	1.07
地区			
河南	0.774**	0.281	2.17
福建（厦门）	0.196	0.279	1.216
重庆	0.294	0.279	1.342
受教育程度			
初中	-0.177	0.196	0.837
高中	-0.157	0.224	0.854
本科	-0.394	0.27	0.674
研究生及以上	-0.106	0.288	0.9
常数项	1.409	0.862	4.093
-2 Log likelihood			1808.885
Cox & Snell R Square			.036
N			2276

说明：*** <.001，** <.01，* <.05；因变量为是否满意。

从对养老保险制度和医疗保险制度的满意度和公平感的分析中可以看出，对于社会保险制度的态度认同的差异主要存在于不同户籍的人群中,以及不同职业群体和收入水平的人群中。农业户籍的人没有比非农业户籍的人认为养老保险制度更不公平,同样在对医疗保险制度的认同认知中,农业户籍的人比非农户籍的人表现出更满意。公务员的满意程度最高。至于个人的一些性别、年龄等特征方面的态度差异均不显著。

四 中国社会保障制度的再分配效应与公平性的思考与建议

第一,目前我国学术界与社会各界十分关注社会保障制度调节收入分配的功能与作用。但是,对于社会保障制度的再分配效应到底是逆向再分配还是正向再分配的认识并不统一,当然这也不是一个简单概括就可以回答的问题。就目前我国的社会保障制度分割性、碎片化程度严重的状况,需要对再分配做深入全面的分析才能深刻地多角度地认识再分配效应。从进一步缩小群体间收入差距的角度看,我国的社会保障政策要尽量消除制度的碎片化和分割性,缩小群体间的逆向再分配效应。通过社会保障制度来缩小收入差距的着眼点就应首先放在消除制度的分割性上。即使不能建立统一的保险制度,也应该使制度之间的再分配待遇差距缩小。

第二,与现实中的社会保障制度和待遇水平相比,目前我国城乡居民对于社会保障制度的满意度和公平性的评价并不完全一致。从总体上看,城乡居民虽然认为养老金待遇较低,养老金不能够满足生活需要,医疗保险的报销比例较低,但是人们却并没有对当前的养老保险制度和医疗保险制度心怀强烈不满和不公平感。与以往社会不平等研究中的结论一致的是,农民这个处于社会最底层的,在社会保障制度中获益最少的群体,反而不是感到最不公平和最不满意的群体。这也验证了对目前的社会保障制度的公平感是由个人通过与个人自身相比和与自己周围人相比产生的,而不是由客观的社会经济地位决定的。对当前的社会保障制度的满意度和公平感的认知也存在城乡差异,这种城乡差异的结果与客观上的社会保障制度造成的城乡之间的差异结果正好相反。在社会保障制度的改革与发展过程中，农村近年来逐渐建立了新农合与新农保的社会保障制度，但是其待遇距离城市保障的待遇还相差很远，客观上的事实是城乡之间的社会保障仍然存在巨大的不平等。然而，农民却并没有感到自己是最不公平的，相反，他们对社会保障制度的不满意和不公平程度要小于城镇居民和城镇职工。这与直接通过客观状况的不平等来判断是相反的。其中的原因值得进一步研究。

第三，城镇居民和城镇职工是对目前社会保障制度最不满意和认为最不公平的人群。城市一直被认为是社会保障待遇最完善的。但是在市场经济体制改革之后，社会保障制度也发生了很多变化，由原来的国家兜底的"从摇篮到坟墓"式的保障制度逐渐发展成为国家、企业、个人共担责任的"统账结合"的社会保险制度，保障的风险由个人承担起了一部分。同时，医疗保险制度改革过程中，出现了医疗服务市场化的趋势，与改革前的医疗体制相比，利益化的医疗市场使得人们防范医疗风险的能力降低，尤其对于中低收入人群来说，产生了巨大的社会心理压力，因此对改革后的保障体制产生不满。城市中的机关事业单位人员的社会保障体制基本沿用改革前的国家完全再分配的原则，机关事业单位人员的满意度最高，而城镇员工和城镇居民与其相比，就其待遇与再分配利益都较少，所以会产生强烈的不公平感。同时，自20世纪90年代以来，不少企业员工丧失了改革前的国家兜底的养老和医疗保险，因此会产生强烈不满。在城市中，失业、收入差距加大、暴富阶层的出现等都使得城市人口更容易产生不满情绪。由此看来，农民和城市人口对社会保障制度的态度及评价是由个人自身比较和周围环境比较而形成的，因此政府需要在改革和发展过程中全面考虑、统筹协调、平衡好不同群体成员内部及不同群体之间的利益关系。

第四，政府在促进平等和公平方面如何扮演好角色是一个很重要的问题。政府在减少社会不平等中负有重要责任。虽然农民对社会保障制度没有像城市人口那样感到不公平，但并不意味着对于农民可以不用给予太多的保障，而把社会保障的利益倾向于城市人口，这样必将引起收入差距加剧，社会越来越不平等。政府对于减少社会不平等的责任需要从客观的不平等和民众的不平等两个方面来努力。一方面，通过各种手段缩小收入差距，加大社会保障力度，尤其对于农民，实现其社会保障水平与城镇职工和城镇居民接近，缩小基尼系数，努力达到客观上的不平等程度的减小。近些年来，国家和政府在农村实行的新农合、新农保就是对空白的农村地区社会保障制度的弥补，是在努力缩小城乡社会保障制度不平等带来的差距。减少客观不平等，是减少人们不公平感的基础。另一方面，对于主观态度，主要把握的是社会保障制度改革的方式和目标，努力让人们在改革的过程中，与自己以前的状况相比，不会产生强烈的被剥夺感，同时，与周围的其他人群相比，不会产生强烈的落差感。对于城市中不公平感较强的城镇职工和城镇居民，加大他们内部的再分配，缩小他们群体内的养老金待遇的差距，也是减少他们不公平感的途径之一。

中国社会保障与收入分配调查报告（2012）

王延中　宁亚芳

社会保障作为一项重要的社会经济制度，扮演着维护整个社会良性运行的"安全网"角色，在缓解社会问题、消减社会风险、调节社会分配、整合社会有机团结、促进社会成员发展和社会和谐进步等方面发挥着重要的作用。从20世纪90年代开始，中国社会保障改革与发展迅速。在"广覆盖、保基本、多层次、可持续"的原则指导下，社会保障制度的覆盖人群不断增加，社会保障支出投入力度不断增强。在覆盖范围方面，养老保险体系和医疗保险体系正向着全民覆盖的方向发展。以新型农村合作医疗保险为例，2011年，全国参加新农合人数为8.32亿人，参合率超过97%，继续稳定在高位，全年受益13.15亿人次。① 在社会保障支出投入方面，政府对于社会保障事业的财政支出也不断增加。据历年财政社会保障支出情况统计显示，2007~2010年，我国社会保障总支出的年均增速达到18.6%。② 2011年，全国财政支出项目中，医疗卫生支出为6367亿元，同比增长32.5%；社会保障和就业支出为11144亿元，同比增长22%；住房保障

---

① 卫生部办公厅网站：《新农合工作2011年进展和2012年重点》，http://www.moh.gov.cn/publicfiles/business/htmlfiles/mohbgt/s3582/201202/54209.htm，访问时间：2012年9月8日。
② 参见中国资讯行，《财政社会保障支出情况统计》（2007~2010），http://www.bjinfobank.com/IrisBin/Text.dll?db=TJ&no=533096&cs=14264188&str=社会保障支出，访问时间2012年9月8日。

支出为3833亿元,同比增长60.8%。① 可以看到,社会保障在调节国民收入分配方面的力度不断增强。

2012年中国社会科学院"中国社会保障发展与收入分配状况"项目组将有关问题与中国社会科学院"中国经济社会状况调查"课题组调查问卷组合在一起,通过随机抽样方式对城乡居民进行了问卷调查。2012年3~6月,项目组先后在四川、黑龙江、湖南、山西、江苏、海南6省对近3500户居民进行了入户调查,共获得样本3417份,有效样本2786份,有效率为81.5%。其中四川454份,占16.3%;黑龙江493份,占17.7%;湖南659份,占23.7%;江苏491份,占17.6%;山西419份,占15.0%;海南270份,占9.7%。

根据上述数据,我们统计分析并撰写出本报告。本报告分为调查对象基本信息、收入与支出状况、城镇职工养老保险参保情况、城镇居民养老保险参保情况、新型农村居民社会养老保险参保情况、城镇职工基本医疗保险参保情况、城镇居民基本医疗保险参保情况、新型农村合作医疗保险参保情况、工伤保险参保情况、失业保险参保情况、生育保险参保情况十一个部分,并在最后进行了简要评论和总结。

一 调查对象基本信息

(一) 年龄

调查对象的总体平均年龄为44.85岁,中位数为45岁,调查对象的总体年龄分布呈正态分布(见表1)。这说明,本次调查对象主要偏向于中年人,这主要是由于一方面是调查的方便性所致(年轻者大多外出求学或打工),另一方面则是由于中年群体作为家庭收入来源的主要获取者,对于家庭收入及支出的明细更清楚,并且其作为社会保险的

---

① 新华网:2011年全国财政收入逾10.37万亿元,同比增24.8%,http://news.xinhuanet.com/2012-01/20/c_111454617.htm,访问时间:2012年9月8日。

主要缴费人员和待遇享受成员,对于社会保障制度的满意度及评价具有代表性。

分性别来看,女性比男性更符合正态分布趋势。女性的平均年龄为44.15岁,而男性则为45.63岁(见表1)。

分户籍来看,非农户口的调查对象的年龄均值,小于全体对象的均值。农业户口的调查对象的平均年龄比非农户口的平均年龄大2.30岁。而同比中位数、众数和极大值都表明,非农户口的调查对象比农业户口的调查对象整体上更年轻。由于农村青壮年劳动力外出打工,农村老龄化程度更严重。

表1 年龄情况

单位:岁

项目	均值	中值	众数	极小值	极大值
总体	44.85	45	49	15	89
男性	45.63	46	49	16	89
女性	44.15	44	44	15	73
农业户口	45.94	46	49	15	89
非农户口	43.64	43	24	18	80

此外,按照是否退休来看年龄的分布情况,可以发现,男性中退休者所占比重为19.7%,低于女性中的退休者比例28.2%。相反,男性中未退休者的占比80.3%,明显高于女性中的未退休者的比例71.8%。而从各自性别内的退休者和未退休者的占比情况看,均属于未退休者占比大大高于退休者,其中,男性的这一比值达到8:2,女性的这一比值则达到了7:3(见表2)。

表2 按是否退休统计的年龄情况

单位:人,%

项目	频率		有效百分比	
	男	女	男	女
未退休	1288	1289	80.3	71.8
退休	316	507	19.7	28.2

说明:男性按照0~59岁,60岁及以上划分;女性按照0~54岁,55岁及以上划分。

(二) 性别情况

从总体来看，被调查对象中，女性稍多于男性，分占比重为女性52.8%，男性47.2%。这说明本次调查的总体抽样在性别上是较为均衡的（见表3）。

表3 性别统计情况表

单位：%，人

项目		性别	有效百分比	频率
总体		男	47.2	1608
		女	52.8	1801
户籍	农业户口	男	45.9	825
		女	54.1	971
	非农户口	男	48.7	777
		女	51.3	820
教育程度	未上过学	男	23.5	38
		女	76.5	124
	小学	男	41.7	258
		女	58.3	360
	初中	男	50.2	525
		女	49.8	520
	高中或职高	男	46.7	342
		女	53.3	391
	大专及以上	男	52.4	442
		女	47.6	402
地区	四川	男	45.4	227
		女	54.6	273
	黑龙江	男	50.3	252
		女	49.7	249
	湖南	男	44.4	301
		女	55.6	377
	江苏	男	44.3	220
		女	55.7	277
	山西	男	42.9	180
		女	57.1	240
	海南	男	58.7	195
		女	41.3	137

续表

项目		性别	有效百分比	频率
职业类型	脑力劳动者	男	54.8	379
		女	45.2	313
	体力劳动者	男	49.7	882
		女	50.3	891
	离退休人员	男	37.6	160
		女	62.4	265
	其他	男	35.5	160
		女	64.5	291
单位性质	公有制	男	56.3	263
		女	43.7	204
	私有制	男	48.0	264
		女	52.0	286
	务农	男	44.8	399
		女	55.2	491
	其他	男	43.1	149
		女	56.9	197

而按照户籍来分，其中农业户口中女性人数较多，占比为54.1%，比男性高出8.2个百分点。而在非农户口中，仍然是女性人数多于男性，女性占比51.3%，比男性高出2.6个百分点。相比而言，在抽样对象中，非农户口对象中更为平均一些，而农业户口对象中女性远高于男性，主要是因为农村地区中年男性劳动力多外出务工，留在农村的多为妇女劳动力（见表3、图1）。

以教育程度来分，性别差异大。在"未上过学"中，女性的比例高达76.5%，比男性高出53个百分点。"小学"组别中，女性占比为58.3%，也比男性高出16.6个百分点。"高中或职高"组别中，男性占比46.7%，比女性低6.6个百分点。而"大专及以上"组别中，这一差距发生了变化，男性占比52.4%，比女性高4.8个百分点。只有在"初中"组别中，男女性别差异最小，男性为50.2%，女性为49.8%（见表3、图1）。结合上述的年龄分布情况来看，当前处在45岁左右的中年人出生在20世纪的六七十年代，中国在这一时期正处在"文化大革命"特殊时期以及"三年困难"时期，大多数学生因为各种原因在接受完初中教育后，便投入劳动行列中去了，当时男女平等观念深入人心，几乎不存在性别歧视问题。

分省来看，黑龙江的调查对象的男女比例十分接近，男性为50.3%，女性为49.7%。而海南省的抽样中，性别差异是六个省中最大的，男性占比58.7%，比女性高出17.4个百分点。湖南、江苏、山西三省的性别差异也相对较大，并且女性的占比都高出男性10个百分点左右（见表3、图1）。值得说明的是，从全省来看，无法得出由于劳务输出而导致男性劳动力外流造成本次抽样对象多为女性的结论，但是能解释各地区抽样中出现的性别数量上的差异的一个原因是：白天在进行调查时，家庭中年男性劳动力不在家，因而导致随机抽样多为女性。

按职业类型来看，在职群体中，脑力劳动者中的男性比女性占比高出9.6个百分点，男性为54.8%；在体力劳动者中，男性占比低于女性0.6个百分点，女性占50.3%。此外，"其他"是指学生、失业人员及待业人员，我们也可以发现女性在这一组别中的占比明显高于男性，女性占64.5%，高出男性29个百分点。出现这一现象主要跟我国当前的就业现状有关，在社会地位较高的行业中，男性的就业参与率高于女性。而在"离退休人员"组别中，由于女性员工的退休年龄早，因此在本次调查对象的性别构成中的离退休人员中，女性占比高于男性，女性占62.4%（见表3、图1）。

分单位性质来看，调查对象中，分布在公有制单位中的男性人数大大多于女性人数，男性占比为56.3%，高出女性12.6个百分点。而在私有制单位中，女性人数则多于男性，女性占比为52%，男性为48%。这两个组别对比的差异可以这样来解释：在当前就业存在性别歧视的现实下，造成了性别在参与劳动部门中的参与率的差异。由于对女性就业的歧视，使得女性在社会地位相对较高的行业中就业参与率偏低。在"务农"组别中，女性明显高于男性，女性高出男性10.4个百分点。这与农村男性劳动力多外出务工，常年不在农村务农有关，留守在农村的妇女缺乏经济收入来源，只得依靠从事农业生产来满足女性对于就业的需求（见表3、图1）。

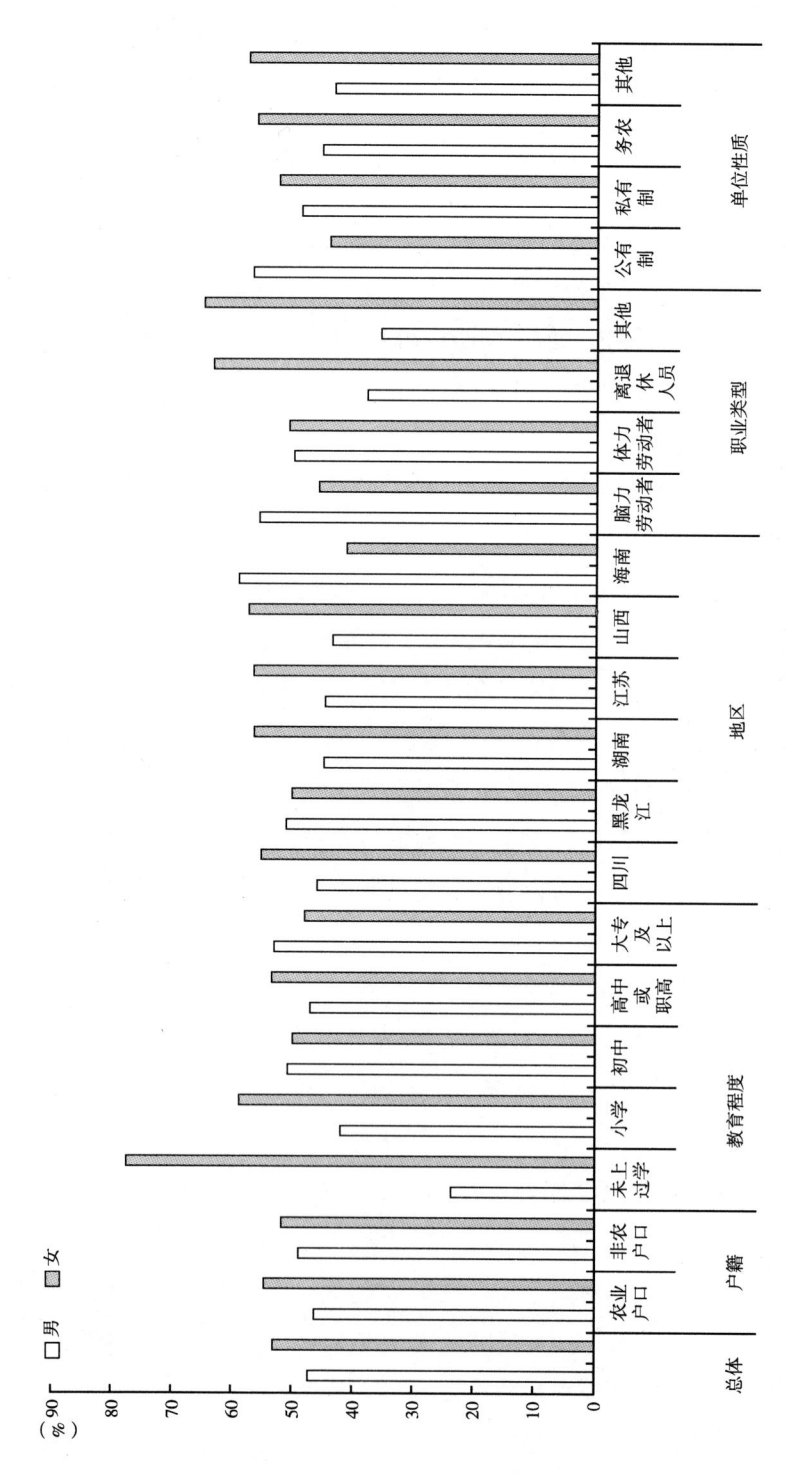

图 1 按照不同分类标准中的性别百分比

（三）受教育程度情况

在关于受教育程度的问卷设计中，设计了九个选项。但是为了便于统计分析，统计时将九个选项合并为"未上过学""小学""初中""高中或职高""大专及以上"五个统计量。统计结果显示，从总体上看，受教育程度中占比最高的为"初中"组别，占比为30.8%，其次为"大专及以上"组别，占24.8%（见表4）。

分户籍状况来看，农业户口中，受教育程度最高的是"初中"组别，占比40.9%，但是拥有高中及以上学历的人并不多，仅占20.2%。在非农户口中，有46%的人拥有大专及以上学历，几乎达到整个调查对象中的半数。相比农业户口的调查对象而言，非农户口中拥有高中及以上学历的人数占75.8%，超过了3/4，而农业户口中只有约1/5的人拥有高中及以上学历。导致这一情况出现的原因，主要还是城乡教育资源分配不均衡、城乡发展水平差距大所致（见表4）。

分单位性质来看，一个显著的结论是：公有制单位中拥有大专及以上学历的人数占比高达65%，远远超过了私有制单位中的相同学历组别的人数比例，高出30个百分点。从趋势上看，公有制单位人员的学历程度主要分布在高中及以上组别，达到了85.9%。并且，公有制单位只有大专及以上学历的人数占比高于私有制单位，而私有制单位的学历分布主要集中在小学至高中组别，占比高达65%。文化程度在单位性质上表现出了显著的差异（见表4）。

表4 受教育程度描述统计

单位：人，%

项目	总体		农业户口		非农户口		公有制单位人员		私有制单位人员	
	频率	百分比	频率	百分比	频率	百分比	频率	百分比	频率	百分比
未上过学	163	4.8	146	8.1	16	1.0			3	0.5
小学	619	18.2	554	30.8	61	3.8	8	1.7	45	8.2

续表

项　目	总体		农业户口		非农户口		公有制单位人员		私有制单位人员	
	频率	百分比	频率	百分比	频率	百分比	频率	百分比	频率	百分比
初中	1048	30.8	736	40.9	309	19.4	58	12.4	141	25.6
高中或职高	733	21.5	255	14.2	475	29.8	98	20.9	169	30.7
大专及以上	845	24.8	108	6.0	734	46.0	304	65.0	193	35.0
合计	3408	100	1799	100.0	1595	100.0	468	100.0	551	100.0

（四）居住地类型和户口状况

在关于目前的居住地类型的调查中，居住类型为城市的比例稍高于农村，当前居住地在城镇的为 53.10%，当前居住在农村的为 46.90%（见表5）。

在关于户口状况的统计中，调查对象为农业户口的比重稍高于非农业户口所占比重。其中，农业户口的有效百分比为 52.7%，非农业户口的比重为 47.3%（见表3）。

进一步考察居住地和户口所在地的一致性情况。其中，农业户口的人员居住在农村的比例是 84.4%，非农业户口居住在城镇的比例为 95.0%。可以看出，户口所在地与目前居住地的一致性很强，且拥有城镇户口的与居住地的一致性要强于拥有农村户口人员的情况。造成农村地区户口所在地与居住地的不一致性强的原因：一方面，农村劳动力需要外出务工才能获取经济收入所致，城市中的大量农民工就是拥有农村户口，但是却居住在城市中参与劳动，这是当期我国城市化发展中出现的劳动力迁移现象所表现出的特点；另一方面，大量的农村劳动力外出务工，使得农村家庭收入增加，生活水平提高，使得部分农民有资本在城镇购置商品房，融入城市生活，这正是我国当前城市化进程的一个重要缩影（见表5）。

表 5 户口与居住地一致性统计

单位：人，%

项目			居住在城镇	居住在农村	合计
目前的户口	农业户口	频次	277	1494	1771
		占比	15.60	84.40	100.00
	非农业户口	频次	1508	80	1588
		占比	95.00	5.00	100.00
合计		频次	1785	1574	3359
		占比	53.10	46.90	100.00

（五）职业类型情况

在职业类型的统计分析中，为了统计便于观察，我们将12个选项合并划分为脑力劳动者、体力劳动者、离退休人员、其他（学生、待业、失业人员等）四个大类。其中，体力劳动者的人数最多，占到了53.1%，其次为脑力劳动者，占比20.7%（见表6）。

在加入性别因素进行考察后发现，在处于就业状态的调查对象中，男性的比例均高于女性。脑力劳动者中，男性的比例为24.0%，女性为17.8%；在体力劳动者中，男性为55.8%，女性为50.6%。处于非就业状态的调查对象中，女性所占比例均高于男性，离退休人员中，女性为15.1%，而同一比值中男性为10.1%；在"其他"一项中，女性的比值为16.5%，男性为10.1%。可以发现，女性的就业情况差于男性（见表6）。

表 6 职业类型与性别交互

单位：人，%

项目			脑力劳动者	体力劳动者	离退休人员	其他（学生、待业、失业人员等）	合计
性别	男	频次	379	882	160	160	1581
		占比	24.00	55.80	10.10	10.10	100.00
	女	频次	313	891	265	291	1760
		占比	17.80	50.60	15.10	16.50	100.00
合计		频次	692	1773	425	451	3341
		占比	20.70	53.10	12.70	13.50	100.00

除了表 7 进行的交互表的分析得出了女性就业状况差于男性的结论之外，上文关于性别统计时进行按职业类型看待抽样对象性别分布的统计中也得出了相同的结论，即男性就业状况好于女性。

（六）所在单位性质情况

为了统计观察的方便，此处按照机关事业单位、公有制企业、非公有制企业、社会团体、自治组织、其他、无单位进行了整合。其中所在单位性质属于农业类的最高，占比达 39.6%；非公有制企业的比例次之，为 21.9%。在加入性别因素进行考察时，发现性别因素在单位性质上并未表现出较强的差异性。所在单位中，女性比例比男性高的，有农业类、社会团体、自治组织、其他以及无单位。而从表中的数据也可看出，男性比女性的就业状况要好（见表 7）。

表 7　单位性质与性别交互表

单位：人，%

项目			农业类	机关事业单位	公有制企业	非公有制企业	社会团体	自治组织	其他	无单位	合计
性别	男	计数	399	125	138	249	2	13	20	129	1075
		占比	37.1	11.6	12.8	23.2	0.20	1.20	1.90	12.0	100.00
	女	计数	491	123	81	243	7	36	38	154	1173
		占比	41.9	10.5	6.90	20.7	0.60	3.10	3.20	13.1	100.00
合计		计数	890	248	219	492	9	49	58	283	2248
		占比	39.6	11.0	9.70	21.9	0.40	2.20	2.60	12.6	100.00

（七）家庭人口数情况

从家庭人口数的统计结果来看，在所有的调查对象家庭中，平均每户家庭的人口数为 3.69 人；农业户口家庭中的平均人口为 4.05 人，高于总体均值；非农业户口家庭的平均人口为 3.24 人，低于农业户口家庭和总体均值（见表 8）。

表8 家庭人口数频率分析

单位：人

项 目	均值	中值	众数	极小值	极大值
总体	3.69	3.00	3	0	14
农业户口	4.05	4.00	4	0	14
非农户口	3.24	3.00	3	1	8

在加入户籍因素进行差异性分析后发现，农业户口和非农户口的差异最大的是家庭人口数为6~8人组，农业户口在该组的占比为14.7%，而非农户口该组别的比重仅为2.9%。此外，非农户口的家庭人口数绝大多数集中为0~5人这一区段，比例为97.1%。同一区段农业户口的占比为84.6%（见表9）。这两组数据的差异性表明：农业户口家庭的规模要大于非农户口的家庭规模。这主要是受农业生产需要的因素和中国农村家族观念因素的影响，农村地区的生育率整体上高于城镇。

表9 不同户籍人口的家庭人口数

单位：人，%

项 目		0~2人	3~5人	6~8人	9~11人	12~14人	合计
户口	农业 计数	244	1062	227	9	1	1543
	户口中占比	15.80	68.80	14.70	0.60	0.10	100.00
	非农业 计数	278	943	37	0	0	1258
	户口中占比	22.10	75.00	2.90	0.00	0.00	100.00
合计	计数	522	2005	264	9	1	2801
	户口中占比	18.60	71.60	9.40	0.30	0.00	100.00

二 收入与支出状况

（一）2011年个人年收入、家庭总收入和家庭总支出状况

从个人年收入来看，所有调查对象的个人年收入均值为32144.68元，高于男性的30410.98元，低于女性的34070.69元。男性的个人年收入低于女性。从家庭总收入来看，所有调查对象的平均家庭总收入为

54716.94元，男性调查对象的平均家庭总收入为58219.04元，高于女性调查对象的平均家庭总收入。从家庭总支出来看，所有调查对象的平均家庭总支出为48405.2元，男性调查对象的平均家庭总支出为46997.02元，女性调查对象的平均家庭总支出为49805.06元（见表10、图2）。

调查数据显示，农村地区的个人年收入、家庭总收入和家庭总支出都相对较低。与各组别的个人年收入的均值进行比较发现，农村的个人年收入均值是最低的，而农村中唯一比较高的家庭总收入均值仅仅稍微高于总体样本中的个人年收入均值。此外，农村的情况与集（镇）和城区相比，都差很多（见表10、图2）。

表10 收入状况的性别差异

单位：元

项 目		均值	极小值	极大值
总体样本	个人年收入	32144.68	98	5555556
	家庭总收入	54716.94	98	6042000
	家庭总支出	48405.20	23	6666665
男性	个人年收入	30410.98	100	1000000
	家庭总收入	58219.04	98	6042000
	家庭总支出	46997.02	98	1500000
女性	个人年收入	34070.69	98	5555556
	家庭总收入	51598.08	98	2000000
	家庭总支出	49805.06	23	6666665
农村	个人年收入	15757.98	98	600000
	家庭总收入	33518.44	500	900000
	家庭总支出	29286.03	23	700000
集（镇）	个人年收入	22623.81	600	100000
	家庭总收入	50657.69	1600	456000
	家庭总支出	38019.74	2000	150000
城区	个人年收入	32554.61	300	886400
	家庭总收入	64277.41	98	700000
	家庭总支出	60821.86	98	800000

除了对个人及家庭的收支状况进行均值的分析，还可以从个人年收入占家庭总收入比重、占家庭总支出比重、家庭收支状况来分析调查对

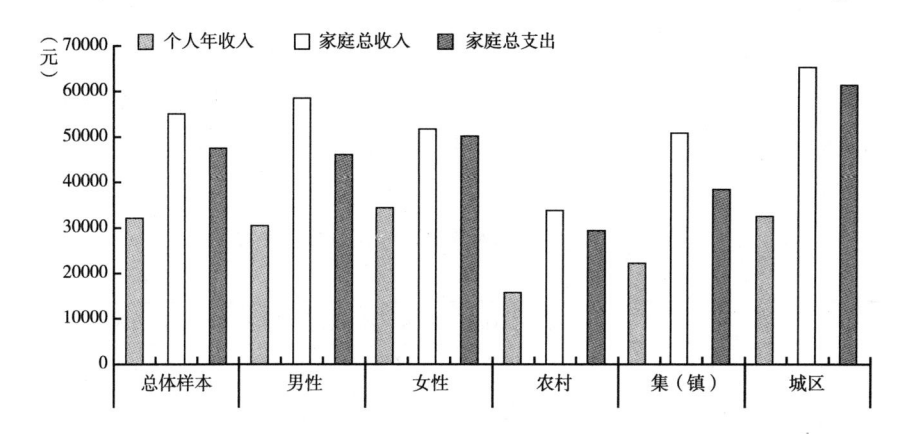

图 2 个人年收入及家庭总收支均值对比

象的收支状况。分性别来看，女性对于家庭的收入贡献度要大于男性。在个人年收入占家庭总收入比重中，女性占到了 66.03%，而男性则刚刚过半，为 52.24%。从个人年收入占家庭总支出比重来看，女性占比 68.41%，也高出男性 3.7 个百分点。从居住地来看，无论是农村还是城区，个人年收入占家庭总收入比重都在 50% 附近波动，城区略超过了 50%，为 50.65%（见表 11）。由于城区的就业机会相对较多，因此个人获取经济收入的机会和数额相比农村多，因此，城区的个人年收入占家庭总收入比重比农村要高，同样也比集（镇）要好。但是，从表 10 来看，集（镇）的各项均值都要高于农村，但是集（镇）个人年收入占家庭总收入的比重却偏低。造成这一现象的原因，本报告认为可以这样解释：集（镇）作为城镇化进程中的半城市化状态，家庭中获取劳动收入的成员相比农村而言要多，家庭总收入数额比农村的大，因此，单个成员的经济收入在家庭总收入中的比重相对较低。

表 11 个人年收入及家庭总收支分性别和居住地对比

单位：%

项 目	调查对象占比	性别		居住地		
		男性	女性	农村	集（镇）	城区
个人年收入/家庭总收入比重	58.75	52.24	66.03	47.01	44.66	50.65
个人年收入/家庭总支出比重	66.41	64.71	68.41	53.81	59.51	53.52

分地区来看，个人年收入占家庭总收入比重最高的是黑龙江，为54.79%；其次是江苏，为52.08%。但是，就个人年收入占家庭总收入比重而言，并没有体现出地区之间的明显差异（见表12）。

表12　个人年收入及家庭总收支分地区对比

单位：%

项目	所有调查对象	四川	黑龙江	湖南	江苏	山西	海南
个人年收入/家庭总收入比重	58.75	48.33	54.79	48.64	52.08	51.69	42.80
个人年收入/家庭总支出比重	66.41	58.16	58.96	52.93	70.13	46.33	60.50

将收入的绝对值分区段处理后，从性别来看，男性和女性的个人年收入主要集中分布在50000元及以下，其中，男性的这一比例为81.3%，女性的对应值则为81.8%。从而也可以看出，在个人年收入方面，性别差异很小（见表13）。

表13　性别与个人年收入区段交互表

单位：人，%

项目			0~10000元	10001~50000元	50001~100000元	100001~500000元	500001元及以上	合计
性别	男	频次	542	753	111	21	165	1592
		占比	34.00	47.30	7.00	1.30	10.40	100.00
	女	频次	763	702	57	13	257	1792
		占比	42.60	39.20	3.20	0.70	14.30	100.00
合计		频次	1305	1455	168	34	422	3384
		占比	38.60	43.00	5.00	1.00	12.50	100.00

从户籍的区别来看，个人年收入差异性也很小，都集中分布在50000元及以下。其中，农业户口的个人年收入分布在50000元及以下的有81%，而非农户口的对应值则为82.4%。但是，值得注意的是，在500001元及以上的区段中，农业户口有一个明显的较高值，为15.5%，高于非农户口的8.90%（见表14）。

表14 户籍与个人年收入区段交互表

单位：人，%

项目			0 ~ 10000元	10001 ~ 50000元	50001 ~ 100000元	100001 ~ 500000元	500001元及以上	合计
户口	农业	频次	978	467	56	7	277	1785
		占比	54.80	26.20	3.10	0.40	15.50	100.00
	非农业	频次	326	983	111	27	142	1589
		占比	20.50	61.90	7.00	1.70	8.90	100.00
合计		频次	1304	1450	167	34	419	3374
		占比	38.60	43.00	4.90	1.00	12.40	100.00

加入受教育程度因素进行差异性统计后发现，受教育程度越高，收入的分布也越向高收入区段集中的规律（见图3）。

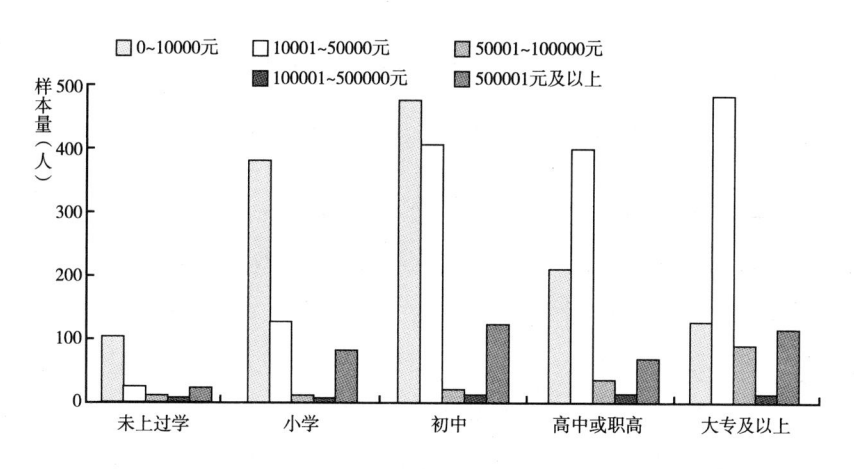

图3 不同受教育程度下的个人年收入分布

在2011年家庭总收入的统计中加入单位性质、性别、户籍、受教育程度等因素进行统计后发现，除了农业类收入主要分布在50000元及以下外，其他行业的调查对象的家庭总收入主要分布在10001~100000元之间（见图4）。在家庭总支出方面的统计数据也显示出与家庭总收入同样的规律。

综合性别、户籍、受教育程度、工作单位性质对家庭总收入和总支出的差异性分析来看，这些因素在家庭总收入中表现出的差异性与在家

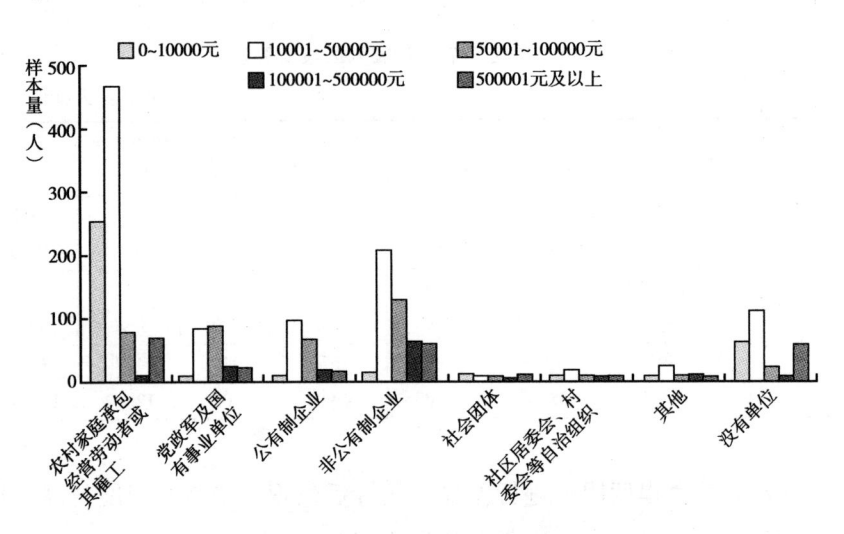

图 4 不同单位性质的家庭总收入分布

庭总支出中表现出的差异性都十分一致，差异性很小。

(二) 医药费用总支出情况

从性别的角度来，男性的平均个人年度医药费支出为 3013.4 元，女性则为 2985.47 元，相差不多。而从个人医疗费总支出占个人年收入的比重来看，男性的医疗费总支出占个人年收入的 9.33%，女性的这一值则占 9.91%，略高于男性。与家庭总支出进行比较发现，男性个人年度医疗费总支出占家庭总支出的 6.41%，而女性的这一值为 5.99%，略低于男性（见表 15）。本报告认为，男性个人医疗费比女性的高，但是男性医疗费总支出占个人年收入比重比女性低，其主要原因在于中年男性一般进医院就诊的频次比女性少，但是一旦进医院就诊多属大病和重病，这类疾病治疗费用十分昂贵。

分户籍来看，农业户口成员的医疗费用均值比非农户口低了 1358.69 元，差异较大。这一结果需要从几个方面找原因：一是农民收入低，获取医疗服务的成本高，患病普遍有"大病拖，小病扛"的心理，因而尽量会避免患病后就诊。二是农村地区的疾病谱和城市的疾病谱存在差异，城市疾病谱更为复杂，导致城市人口本来患病的风险相对

表15　医疗费用总支出

单位：元，%

项目	医疗费用均值	支出占个人年收入比重	支出占家庭总支出比重
样本总体	2997.92	8.76	6.19
男性	3013.40	9.33	6.41
女性	2985.47	9.91	5.99
农业户口	2382.00	12.83	7.43
非农户口	3740.69	12.09	6.31
调查对象全家	8082.96	—	16.70

比农村地区的高。三是医疗资源分布的不均衡。城市各大医院采用了各种先进的医疗设备，在治疗过程中，就医的成本较高；而农村地区，医疗资源较少，CT、核磁共振等高端精密设备在农村分布较少，很多检查都是依靠医生个人的长期从医经验来判断，因此，相比而言，农村地区的人医疗费用相对较低。此外，由于医疗卫生资源分配不均衡，具备良好医疗条件的医院多集中在城市，尤其是大城市。优质医疗服务资源的稀缺和对医疗服务资源的需求的日益增长之间的矛盾，导致了非农户口的城市居民在就医时的成本被迫抬高。因此，应当坚持对基层医疗机构和农村地区的医疗资源配置的倾向和优先原则。同时，还需要进一步扩大农民收入，提高新农合的实际补偿比例。

从医疗费用占个人年收入比重来看，农业户口人群的比重明显大于非农业户口人群，其中，农业户口人群的这一比重为12.83%，而非农户口人群只有12.09%。农民的就医费用负担比城市居民重。同时，这也说明在农村家庭每个劳动力的经济收入中，要每年花去12.83%的个人年收入用于看病就诊。从个人医药费总支出占家庭总支出比重来看，农业户口人群也是最高的。农业户口人群占到7.43%，而非农户口只占6.31%（见表15）。

从调查对象全家来看，全家医疗费用总支出的均值为8082.96元，分别是男性、女性个人医疗费用总支出均值的2.68倍和2.71倍。而全家医疗费用总支出占家庭总支出的16.7%（见表15）。可以看出，医疗费用的支出仍然占家庭支出项目较大比重，因家庭支出在医疗费用方面的负担沉重，应当适当提高医疗保险费用报销比例，并进行医疗保险付费机制改革。

(三) 门诊、住院及医疗报销费用情况

1. 不同性别的门诊支出分析

从表16来看，男性的门诊支出占个人年收入的比重为3.46%，略低于女性的比重4%。再与家庭总支出进行比较后发现，男性和女性的门诊支出分别占家庭总支出的2.24%和2.74%，男性低于女性。从占医疗费用总支出的比重来看，男性和女性的门诊支出分别占医疗费用总支出的比重为35.23%和45.70%，男性低于女性。因此，从门诊支出看，男性相对较少于女性的门诊支出。这一指标可以用门诊支出占医疗费用总支出的比重来测量，男性为35.23%，女性为45.70%。

表16 门诊、住院及医疗报销费用的性别差异

单位：元，%

项 目			医药费均值	占个人年收入比重	占家庭总支出比重	占医疗费用总支出比重
门诊支出	个人	样本总体	1222.03	3.80	2.52	40.55
		男性	1051.74	3.46	2.24	35.23
		女性	1364.42	4.00	2.74	45.70
	全家		2997.70	—	6.19	37.09
住院支出	个人	样本总体	1319.26	4.10	2.73	44.01
		男性	1307.06	4.30	2.78	43.37
		女性	1334.06	3.92	2.68	44.69
	全家		4246.06	—	8.77	52.53
总计报销医疗费用	个人	样本总体	873.00	2.72	1.80	29.12
		男性	848.67	2.79	1.81	28.16
		女性	897.20	2.63	1.80	30.05
	全家		2513.90	—	5.19	31.10

说明：占个人年收入比=门诊支出的均值/个人年收入的均值；占家庭总支出比重=门诊支出的均值/家庭总支出的均值；占医疗费用总支出比重=门诊支出的均值/医疗费用总支出均值。"住院支出""共报销医疗费用"的计算方法依此类推。

2. 不同性别的住院支出分析

表16显示，在住院支出占个人年收入比重方面，男性略高于女性，

分别为4.30%和3.92%。在住院支出占家庭总支出比重上同样为男性略高于女性，分别为2.78%和2.68%。这两组数据的对比可以说明，男性尽管平时较少选择看门诊，但是一旦得病住院时，其花费要多于女性。事实经验告诉我们：男性一般只会在疾病严重影响工作时，才会就诊看病，而这些病往往都是大病或者病情较为严重的病，往往需要住院治疗。但是在住院支出占医疗费用总支出比重方面，女性高于男性，分别为44.69%和43.37%。这同时也说明，住院报销比例女性为44.69%，男性为43.37%。相比门诊实际报销比例（或者叫实际受惠比例），男性有所升高，而女性的有所降低。住院实际报销比例的性别差异很小。

3. 不同性别的总计报销医疗费用比重分析

从绝对值来看，女性的总计报销医疗费用为897.2元，高于男性的848.67元。在总计报销医疗费用占个人年收入的比重方面，男性稍高于女性，分别为2.79%和2.63%。而从总计报销医疗费用占家庭总支出的比重上来看，男性与女性基本持平，分别为1.81%和1.80%。这两个指标越大就表明个人接受医疗服务中自己支付的费用越少。总计报销医疗费用占医疗费用总支出比重中，男性又低于女性，分别为28.16%和30.05%。这一结论与上述男性在门诊和住院方面的医疗支出低于女性是相符的。同时也说明，男性和女性的实际医疗费用报销比例分别只有28.16%和30.05%，报销比例偏低（见表16）。

通过对门诊、住院及总计报销医疗费用的性别差异分析，有如下几个重要的判断：一是女性较男性更倾向于选择门诊的就医方式，男性一旦就医，往往需要接受住院治疗，因为男性只有在疾病严重影响到正常工作时才会选择就医。二是医疗费用的实际报销比例偏低，门诊、住院、总计报销医疗费用三项指标中，实际报销比例基本维持在30%~40%，偏低的报销比例导致家庭，尤其是农村家庭的医疗费用负担并没有得到有效减轻。三是实际报销比例存在性别上的差异。以门诊实际报销比例差异最大，总计报销医疗费用比例的性别差异次之，差异最小的为住院实际报销比例。因此，提升报销比例，增强医疗保险的收入分配力度，缓解居民医疗费用负担是当前医疗保险制度完善的着力点之一。

4. 分户籍对门诊、住院及总计报销医疗费用的分析

由于城镇职工基本医疗保险、城镇居民基本医疗保险和新农合在制度覆盖对象上仍带有浓厚的户籍划分色彩，而且前面已经论证了所有被调查对象的户籍所在地和当前居住地的一致性很强，因此此处将按照户籍来进行差异性分析。

门诊支出方面，从绝对值来看，农业户口人员的支出额均值为948.52元，非农户口为1555.85元，是农业户口的1.64倍。门诊支出占个人年收入的比重、家庭总支出的比重、医疗费用总支出的比重三项指标中，农业户口与非农户口表现出的差异性较小（见表17）。

表17 门诊、住院及医疗报销费用的户籍差异

单位：元，%

项　目		医药费均值	占个人年收入比重	占家庭总支出比重	占医疗费用总支出比重
门诊支出	农业户口	948.52	5.11	2.59	2.96
	非农户口	1555.85	5.03	2.48	2.62
住院支出	农业户口	1136.14	6.12	3.11	3.54
	非农户口	1545.92	5.00	2.46	2.61
总计报销医疗费用	农业户口	438.14	2.36	1.20	1.37
	非农户口	1408.60	4.55	2.24	2.37

住院支出方面，从均值来看，仍然是农业户口低于非农户口，分别为1136.14元和1545.92元，而且住院支出明显是农村家庭就医中的重要负担。从表17来看，农业户口家庭中，住院支出占个人年收入比重、占家庭总支出比重、占医疗费用总支出比重均高出非农户口家庭近1个百分点。这表明，同样选择住院，农业户口家庭自身所要承担的医疗负担比非农户口的要重。在总计报销医疗费用方面，户籍的差异性明显突

出。报销费用均值方面，农业户口仅为438.14元，而非农户口1408.60元，是农业户口人员的3.21倍。反映就医时的医疗费用负担的其他三项指标也是非农户口均高出农业户口1~2.2个百分点。

总的来说，通过加入户籍进行的差异性分析，可以看出医疗保险在收入分配调节方面仍然需要进行有利于低收入者的倾斜。

三 城镇职工养老保险参保情况

（一）城镇职工养老保险参保情况

在控制户籍变量为非农户口以及年龄变量为未退休的条件下，拥有非农户口的适龄劳动（除去学生和离退休人员）女性人数为381人，参加了城镇职工养老保险的人数为264人，女性的城镇职工养老保险参保率为69.3%。而在同样控制变量的情况下，男性人数为465人，参加了城镇职工养老保险的为204人，男性的城镇职工养老保险参保率为43.9%。总体的参保率则为55.3%。

包括自己在内的家庭成员都参加了城镇职工养老保险的人数的最大值是8人，家庭成员在4、5、7、8人中，家庭成员参加城镇职工养老保险的比例为100%。而家庭成员在1、2、3人中，家庭成员参加了城镇职工养老保险的比例分别为52.4%、99.7%、99.4%（见表18）。

（二）城镇职工养老保险缴费与待遇情况

从个人缴费来看，个人年城镇职工养老保险缴费平均额度为2145.58元，占个人总收入的6.67%（见表19）。按照城镇职工基本养老保险制度的规定，个人按照本人工资的8%缴纳养老保险费，而本次调查中计算出的个人年度缴费平均额度占个人年收入平均额度的6.67%，还是较为接近的，但是存在的出入应当是被调查对象个人填答时的计算方法不同所致。

表 18　家庭成员参加城镇职工养老保险情况

单位:人,%

项目			家庭成员是否参加		
			是	否	合计
包括自己在内,有几个人参加	0	频次	0	89	89
		占比	0.00	100.00	100.00
	1	频次	141	128	269
		占比	52.40	47.60	100.00
	2	频次	577	2	579
		占比	99.70	0.30	100.00
	3	频次	163	1	164
		占比	99.40	0.60	100.00
	4	频次	69	0	69
		占比	100.00	0.00	100.00
	5	频次	8	0	8
		占比	100.00	0.00	100.00
	7	频次	2	0	2
		占比	100.00	0.00	100.00
	8	频次	1	0	1
		占比	100.00	0.00	100.00
合计		频次	961	220	1181
		占比	81.40	18.60	100.00

从个人领取的待遇来看,年度个人领取的城镇职工养老保险金占个人年收入的24.94%。这说明,对于劳动者而言,其在退休期间的收入中,来自养老保险金的收入占其个人年收入的1/4左右。相比之下,家庭的缴费水平,年均缴费额为4203.27元,占家庭年收入的7.68%,而家庭年待遇水平为14672.36元,家庭领取的年度待遇的平均值占家庭年收入的平均值的比重为26.82%（见表19）。由于在整个调查对象中,已退休者的样本量太小,所以无法进行退休者和未退休者在养老待遇方面的比较。

表 19　城镇职工养老保险缴费与待遇对比

项目	均值(元)	占年收入比例(%)	有效样本量(个)	标准差(元)
个人年缴费	2145.58	6.67	558	3911.158
个人年待遇	8016.13	24.94	692	11408.34
家庭年缴费	4203.27	7.68	467	6562.916
家庭年待遇	14672.36	26.82	745	19708.58

分地区来看，六个省份中，除山西（13.44%）和海南（15.54%）两省外，其余四省个人年缴费占个人年收入比重基本维持在6%~9%。在个人年待遇占个人年收入比重方面，各省差异较大，占比最高的为四川（62.14%），占比最小的为湖南（13.29%）。尽管存在差异，但是这种差异与地区间经济发展水平的联系并不明显（见图5）。

在家庭年缴费方面，四川、黑龙江、湖南、江苏四省的比重基本维持在7%~10%，山西和海南，分别为13.26%和13.71%。在家庭年待遇方面，各省的差异性也很大，其中以黑龙江的占比为最高，最低的是海南（见图5）。

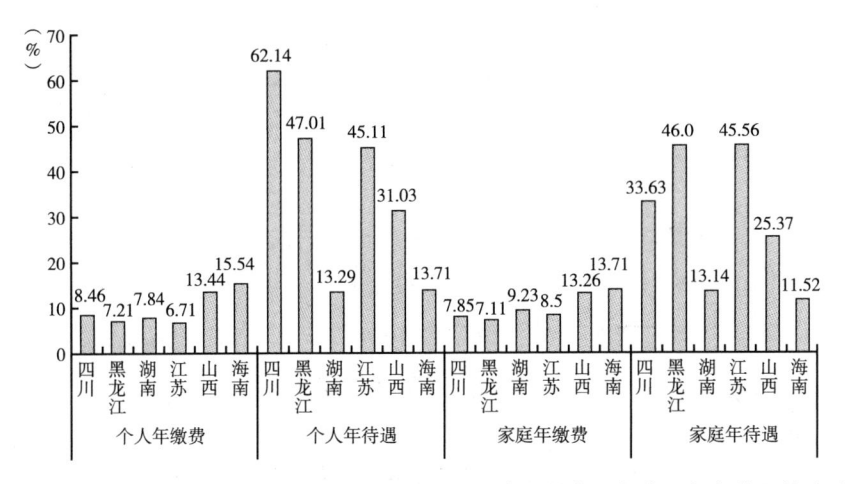

图5 城镇职工养老保险个人年缴费、年待遇和家庭年缴费、年待遇与年收入的比重

总的来讲，城镇职工养老保险的参保率在50%~60%，这离"应保尽保"的目标还有一定差距。从缴费和待遇方面来看，个人年缴费占个人年收入的比重基本符合城镇职工养老保险制度的规定，即个人按照本人工资基数的8%缴纳养老保险费。但是在待遇方面，各省差异明显。

四 城镇居民养老保险参保情况

（一）城镇居民养老保险参保情况

由于城镇居民养老保险制度正处于试点阶段，城镇居民养老保险参保人员并不多。从总体来看，有204人参加了该项保险，占总人数的6.20%。其中，有96名男性参加了城镇居民养老保险，占男性总人数的6.30%；有108名女性参加了该项保险，占女性总人数的6.20%。女性的参保率与总体参保率相同（见表20）。

表20 参加城镇居民养老保险的性别差异

单位：人，%

项目			是	否	合计
性别	男	频次	96	1437	1533
		占比	6.30	93.70	100.00
	女	频次	108	1645	1753
		占比	6.20	93.80	100.00
合计		频次	204	3082	3286
		占比	6.20	93.80	100.00

从家庭成员参与城镇居民养老保险的情况看，回答了"家庭成员参加了该项制度"的占64.8%。从分人数段来看，在有家庭成员参加该项制度的情况下，4、5、7、8人的参保率为100%，2、3人的参保率接近100%。在1人的情况下，仅有56.7%的参保率（见表21）。

表21 家庭成员参加城镇居民养老保险情况

单位：人，%

项目			家庭成员是否参加		
			是	否	合计
包括自己在内，有几个人参加	0	频次	0	427	427
		占比	0.00	100.00	100.00
	1	频次	199	152	351
		占比	56.70	43.30	100.00
	2	频次	619	4	623
		占比	99.40	0.60	100.00
	3	频次	174	1	175
		占比	99.40	0.60	100.00
	4	频次	71	0	71
		占比	100.00	0.00	100.00
	5	频次	8	0	8
		占比	100.00	0.00	100.00

续表

项目			其他家庭成员是否参加		
			是	否	合计
包括自己在内,有几个人参加	7	频次	2	0	2
		占比	100.00	0.00	100.00
	8	频次	1	0	1
		占比	100.00	0.00	100.00
合计		计数	1074	584	1658
		占比	64.80	35.20	100.00

（二）城镇居民养老保险缴费与待遇情况

在城镇居民养老保险制度中，个人年缴费水平的平均值为2296.79元，占个人年收入均值的7.15%；在个人待遇水平方面，个人年待遇水平平均值为2378.55元，占个人年收入均值的7.40%。个人缴费水平与个人待遇的水平相差无几，年缴费额占个人年待遇高达96.6%（见表22）。

从家庭层面来看，家庭的年缴费水平的均值为3892.02元，占家庭年收入的7.11%。而家庭年待遇水平的均值为3614.85元，反而低于年缴费水平的均值，占家庭年收入的6.61%（见表22）。造成这一状况的一部分原因是家庭中缴费的人数多，正在领取待遇的人数少；但另一种情况也值得注意，那就是家庭中的缴费人口数等于领取待遇人口数的话，那么待遇低于缴费水平，容易导致参保对象对制度的参保积极性下降。

表22 城镇居民养老保险缴费与待遇对比

项目	均值（元）	占年收入比例（%）	有效样本量（个）	标准差（元）
个人年缴费	2296.79	7.15	110	2488.772
个人年待遇	2378.55	7.40	97	9460.124
家庭年缴费	3892.02	7.11	142	4873.664
家庭年待遇	3614.85	6.61	134	9478.653

分省来看，除了湖南和海南两省，分别只有5.03%和4.94%，其余四省，个人年缴费占个人年收入的比重基本在9%~12%。从个人年

待遇占比来看,四川最高,达到24.95%,即接近1/4的收入来自城镇居民养老保险,这说明社会保障在四川的收入调节作用较大。黑龙江、湖南、江苏的比重在7%~10%,这三省中,城镇居民养老保险调节老年人收入效果相对较好,接近1/10。从家庭年缴费看,各省差异十分明显,海南和湖南的家庭年缴费占家庭年收入的比重分别为2.74%和3.13%,缴费负担相对较轻,而四川、黑龙江和山西的比重则分布在6%~11%,家庭缴费负担偏重,缴费负担最重的是江苏,为17.81%,但是由于江苏经济发达,城镇居民参加城镇居民养老保险的经济能力较强(见图6)。

从家庭年待遇来看,四川的家庭年待遇占家庭年收入的比重高达15.52%,社会保障调节收入分配的效果较为明显。黑龙江、湖南、江苏三省的占比分别为8.17%、7.47%、9.28%,收入分配调节效果一般。而山西和海南的情况较差,占比仅为0.08%和2.66%,社会保障的收入分配效果不明显(见图6)。

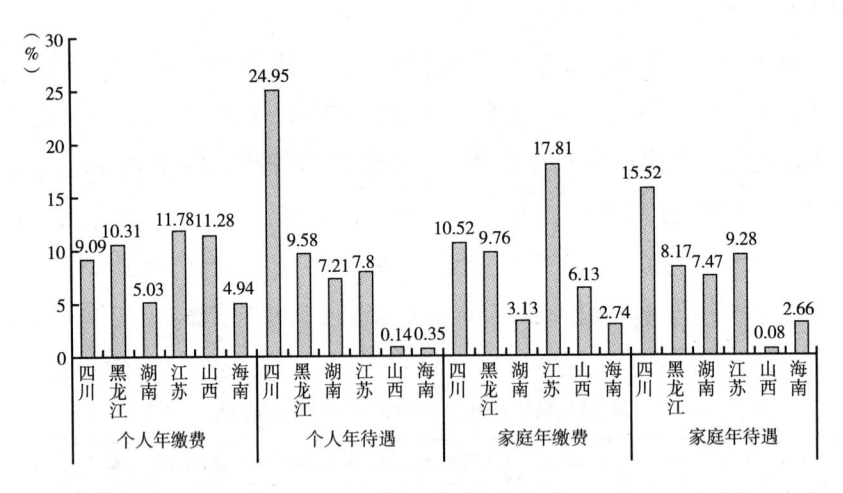

图6 城镇居民养老保险个人年缴费、年待遇和家庭年缴费、年待遇与年收入的比重

总的来说,城镇居民养老保险制度由于当前正处于试点阶段,参保率并不是很高。这从本报告数据分析中可以看出。此外,由于该项制度非三方供款,供款方只有政府和居民本人,因此该项制度的个人年缴费负担在10%左右,比城镇职工养老保险的个人年缴费比例略高。在待遇上,四川、湖南是所得待遇大于所缴费用,其他四省的待遇占收入比均低于缴费占收入比。

五 新型农村居民社会养老保险参保情况

(一) 新型农村居民社会养老保险参保情况

参加新型农村居民社会养老保险的总人数有1039人,占总人数的70.20%。其中,参加了该项制度的男性为509人,占有效样本中男性人数的72.9%;女性参加新型农村居民社会养老保险的人数为530人,占有效样本中女性人数的67.8%。可以看出,男性的参保率要高于女性,而且总体上看,新型农村居民社会养老保险制度的参保率较高,总体上达到了70%(见表23)。

表23 新型农村居民社会养老保险的性别差异

单位:人,%

项目			是否参加新型农村居民社会养老保险		
			是	否	合计
性别	男	频次	509	189	698
		占比	72.90	27.10	100.00
	女	频次	530	252	782
		占比	67.80	32.20	100.00
合计		频次	1039	441	1480
		占比	70.20	29.80	100.00

(二) 新型农村居民社会养老保险缴费与待遇情况

在控制变量户口为农业户口以及变量居住地类型为农村的情况下,计算出了农村地区拥有农业户口的个人年收入和家庭年收入。从个人年缴费来看,个人年缴费平均值为434.6元,占个人年收入的2.81%。在绝对值的比较上,个人年待遇的均值仅占个人年缴费均值的48.1%;个人年待遇的均值水平占个人年收入均值的1.35%。这两个数据说明，新型农村居民社会养老保险制度的待遇太低，仅仅靠这笔资金，无法满足农村老年人的基本生活需要（见表26）。

从家庭的角度来看，家庭年缴费额均值为724.44元，占家庭年收入均值的2.26%；而家庭年待遇水平均值为434.92元，仅占家庭年收入均值的1.36%。这也同样证实了上述的判断（见表26）。

表24 新型农村居民社会养老保险缴费与待遇对比

项　　目	均值（元）	占年收入比例（%）	有效样本量（个）	标准差（元）
个人年缴费	434.60	2.81	1088	2821.811
个人年待遇	209.03	1.35	943	1170.719
家庭年缴费	724.44	2.26	1148	3911.203
家庭年待遇	434.92	1.36	1004	1666.277

分省来看，个人年缴费占个人年收入的比例在0.4%~4%，山西最低，为0.42%；四川最高，为3.37%。个人年待遇占个人年收入的比例分布中，除了海南较高为2.37%外，其余各省的差异性很小。从家庭年缴费来看，四川的家庭年缴费占家庭年收入的比重最高，为1.84%，其次为海南，为1.61%，最低的是湖南，仅有0.60%。这说明，针对家庭而言，新型农村居民社会养老保险制度的缴费负担并不沉重。从家庭年待遇看，黑龙江、湖南、江苏和山西均在0.90%以下，仅有四川和海南两省偏高，分别为1.84%和3.04%。但是尽管如此，总体而言，各省的家庭年待遇水平并不高（见图7）。

通过对新型农村居民社会养老保险制度的数据分析，主要有以下几点判断：一是新型农村居民社会养老保险制度的参保率相对较高，总体在70%左右。二是该项制度的个人年缴费水平较低，个人年缴费和家庭年缴费占个人年收入和家庭年收入的比重并不高。三是新型农村居民社会养老保险制度的待遇水平太低。四是该项制度存在着较严重的"缴费多，待遇少"的情况。从长远看，必须考虑如何提高待遇水平，保持农村居民对该项制度的信心，实现新型农村居民社会养老保险制度的可持续发展。

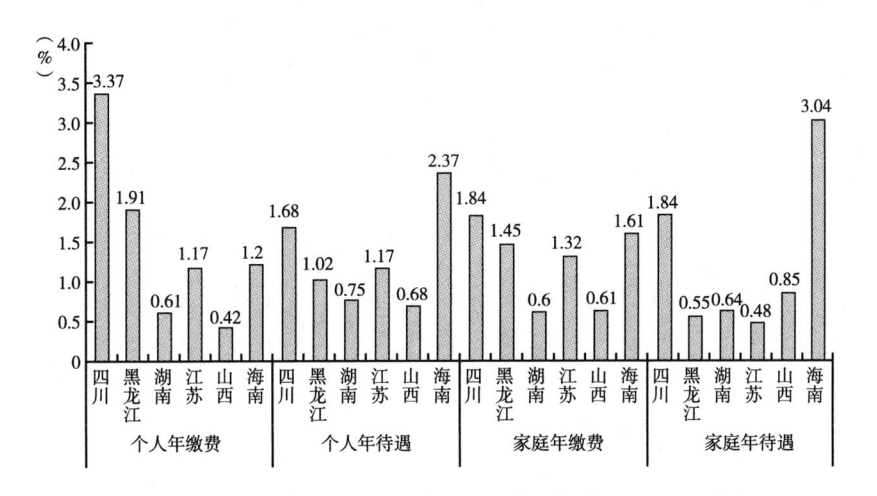

图7 新型农村居民社会养老保险个人年缴费、年待遇和家庭年缴费、年待遇与年收入的比重

六 城镇职工基本医疗保险参保情况

（一）城镇职工基本医疗保险参保情况

城镇职工基本医疗保险的参保人数为966人，占有效样本数的65.90%。其中，男性参与城镇职工基本医疗保险的人数为461人，占有效样本的男性总人数的67%；女性参与城镇职工基本医疗保险的这

表25 参加城镇职工基本医疗保险的性别差异

单位：人，%

项目			是否参加城镇职工基本医疗保险		
			是	否	合计
性别	男	频次	461	227	688
		占比	67.00	33.00	100.00
	女	频次	505	272	777
		占比	65.00	35.00	100.00
合计		频次	966	499	1465
		占比	65.90	34.10	100.00

一比重为65%。城镇职工基本医疗保险的参保率相对较高，男性和女性的参保率均在65%以上，并且差异性较小（见表25）。

（二）城镇职工基本医疗保险缴费与待遇情况

从个人年缴费来看，个人年缴费额的均值为702.06元，占个人年收入的2.24%。按照城镇职工基本医疗保险制度规定，个人按照本人基本工资的2%缴纳医疗保险费。因此，从个人年缴费占个人年收入的比重来看，也证实了这一指标与法定个人年缴费比例较为相符。从个人年待遇来看，个人年待遇均值为1518.82元，是个人年缴费均值的2.16倍。所得待遇明显大于所缴纳的费用，这说明城镇职工基本医疗保险在调节收入分配方面的幅度较大（见表26）。

从家庭年缴费来看，家庭年缴费均值为1251.54元，占家庭年收入的1.98%。而家庭年待遇均值则是家庭年缴费的2.12倍，这也进一步论证了城镇职工基本医疗保险制度调节收入分配的幅度较大（见表26）。

表26 城镇职工基本医疗保险缴费机待遇对比

项目	均值（元）	占年收入比例（%）	有效样本量（个）	标准差（元）
个人年缴费	702.06	2.24	536	255.549
个人年待遇	1518.82	4.84	706	650.552
家庭年缴费	1251.54	1.98	425	688.066
家庭年待遇	2652.00	4.20	683	16673.35

说明：个人年收入均值是指用于非农业户口且居住在城镇的调查对象的个人年收入均值；家庭年总收入均值也为同样人群计算出来的均值。

分省来看，在个人年缴费占个人年收入比重方面，江苏最低，仅为0.51%，海南最高，为7.68%。黑龙江、湖南、山西三省的个人年缴费占个人年收入比重均超过3%。四川的个人年缴费占个人年收入比重为2.83%。个人年缴费占个人年收入比重的分布特点大致反映了地区经济发展水平存在的差异。江苏是经济发达省份，职工实际收入高，因而缴费占收入比很低，负担较轻。而海南经济发展水平偏低，职工实际收入整体水平比江苏等省低,因而缴费占收入的比重偏高,负担较重。而其他中西部省份则处于中间区段,在3%左右(见图8)。

从个人年待遇来看,个人年待遇占个人年收入的比重方面,海南最低,为1.28%,江苏最高,为8.60%。这与上文中的海南缴费占收入比最高,江苏缴费占收入比最低完全相对。这说明各省之间差距十分明显。其他中西部各省的这一比重维持在3%~7%。江苏、四川、黑龙江、山西的个人年待遇占个人年收入比重大于个人年缴费占个人年收入比重。湖南的待遇占收入比重略低于缴费占收入比重,海南则是待遇占收入比重大幅度低于缴费占收入比重。各省之间的差异性十分明显(见图8)。

从家庭年缴费和家庭年待遇来看,比重的分布以及各省之间的差异与个人年缴费和个人年待遇的情况相似。在家庭年缴费占收入比方面,以海南最高,为4.82%;其次为四川,4.23%;最低为江苏,0.63%。其余省的缴费占收入比在3%以下,相差不大。可以发现,缴费占收入比的分布特征与经济发展水平的相关性很高。而在家庭年待遇方面,则刚好出现了反转,即家庭年缴费占家庭年收入最高的两个省,在家庭年待遇占家庭年收入比中是最低的;家庭年缴费占家庭年收入比最低的省,也是家庭年待遇占家庭年收入比最高的省(见图8)。

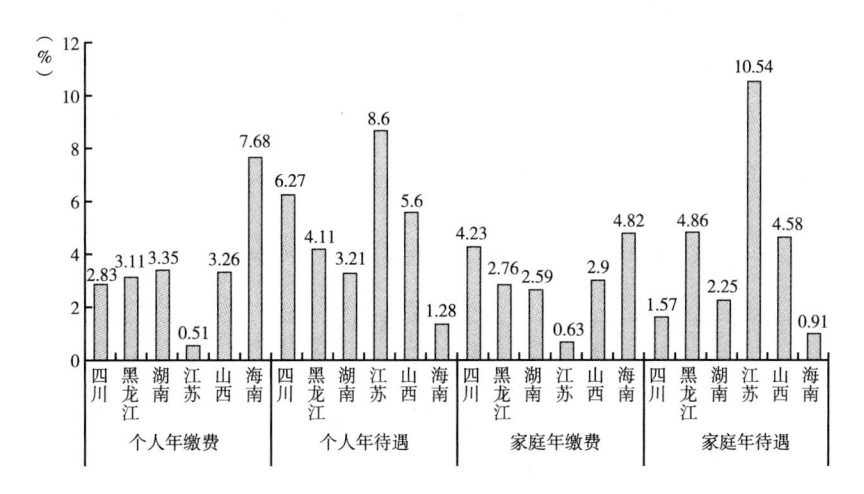

图8　城镇职工基本医疗保险个人年缴费、年待遇和家庭年缴费、年待遇与年收入的比重

通过以上的分析可以发现：一是城镇职工基本医疗保险制度的参保率相对较高。二是从总体缴费和待遇上看，城镇职工基本医疗保险在调节收入分配方面发挥的作用较为明显，六省的情况表明，参保人员享受待遇的水平远远高于缴费水平，无论是个人还是家庭，待遇占收入比是缴费占收入比的2倍以上。三是各省之间的差异大。由于目前城镇职工基本医疗保险的统筹层次偏低，再加上各省的经济发展水平的差异，导致了各省之间的缴费和待遇的差异十分巨大。以江苏和海南的对比最为明显。

从分省的对比发现，经济发展水平高的省，个人年缴费负担轻，但是享受待遇占比个人年收入高；而经济发展水平相对落后的省，个人年缴费负担重，但是享受待遇占比个人年收入低。这种现象体现了医疗保险在地区层面的"逆向选择"，要从全国统筹发展的角度，在社会保障资金等方面给予经济落后地区的居民尤其是低收入群体更多照顾，确保其基本医疗服务需求。

七 城镇居民基本医疗保险参保情况

（一）城镇居民基本医疗保险参保情况

参与了城镇居民基本医疗保险的总人数为280人，占有效样本总人数的19.50%。从性别来看，男性参与该项制度的人数为117人，占有效样本男性总人数的17.4%；而女性则有163人参加了城镇居民基本医疗保险，占有效样本女性总人数的21.2%（见表27）。

表27 参加城镇居民基本医疗保险的性别差异

单位：人，%

项目			是否参加城镇居民基本医疗保险		
			是	否	合计
性别	男	频次	117	554	671
		占比	17.40	82.60	100.00
	女	频次	163	605	768
		占比	21.20	78.80	100.00
合计		频次	280	1159	1439
		占比	19.50	80.50	100.00

从退休与否来看，在女性未退休者中，有 150 人参加了该项制度，占整个未退休人数的 12%；而在退休者中，有 46 人参加了该项制度，占整个退休人员的 9.1%。男性未退休者中参加了该项制度的人数占所有未退休人员的 11.3%；在退休者中，有 14 人参加了该项制度，占全部退休者人员的 4.5%（见图 9）。

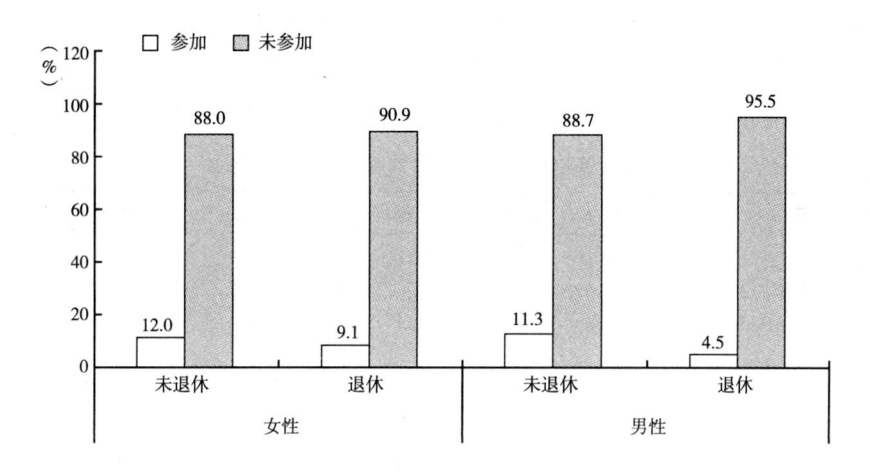

图 9 退休与否下的参加城镇居民基本医疗保险的对比

从图 9 可以发现，无论是男性还是女性，未退休人员参加城镇居民基本医疗保险制度的积极性比较高。造成这种未退休人员比退休人员参保积极性更高的原因之一在于：未退休人员的经济条件要比退休人员好。城镇居民基本医疗保险制度主要是面向城镇非职工成员的，这意味着没有参加城镇职工基本医疗保险的老年人只能依靠城镇居民基本医疗保险和医疗救助来满足其医疗服务的需求。老年人很希望得到医疗服务，城镇居民中的老年人群体由于经济状况不好，参保能力差，导致他们这一群体的实际参加城镇居民基本医疗保险的比例并不高。如何保障城镇老年居民参保并提高其保障待遇，是完善城镇居民基本医疗保险制度的一个主要着力点。

（二）城镇居民基本医疗保险缴费与待遇情况

城镇居民基本医疗保险的个人年缴费平均值为 854.10 元，占个人年收入均值的 2.72%；而个人年待遇水平的均值则为 481.99 元，占个人年收入均值的 1.53%。在家庭年缴费方面，家庭年缴费的平均值为 1509.96 元，占家庭年收入均值的 2.39%。家庭年待遇的平均值为 928.03 元，占家庭年收入均值的 1.47%（见表 28）。可以发现个人年缴费负担和家庭年缴费负担相比城镇职工基本医疗保险的个人年缴费 2% 的比例而言，城镇居民基本医疗保险的个人年缴费负担稍微偏高。

表 28　城镇居民基本医疗保险缴费和待遇对比

项目	均值（元）	占年收入比例（%）	有效样本量（个）	标准差（元）
个人年缴费	854.10	2.72	277	5541.421
个人年待遇	481.99	1.53	241	2748.459
家庭年缴费	1509.96	2.39	367	8501.574
家庭年待遇	928.03	1.47	332	3766.848

分省对比来看，在个人年缴费方面，个人年缴费占个人年收入比重中，江苏是最低的，仅为 0.46%；海南最高，为 6.68%。四川、黑龙江、湖南、山西维持在 1.5%~2.7%，这四个省份相差并不大。从个人年待遇来看，个人年待遇占个人年收入比重最高的是江苏，为 7.79%；最低的为海南，是 1.12%。其余四省比重的差异并不很大。个人年缴费占个人年收入比重的分布特点大致反映了地区经济发展水平存在的差异。江苏是经济发达省份，城镇居民实际收入高，因而缴费占收入比很低，负担较轻。而海南省经济发展水平偏低，城镇居民实际收入整体水平比江苏等省份低，因而缴费占收入的比重偏高，负担较重（见图 10）。

从家庭年缴费来看，家庭年缴费占家庭年收入比最高的为海南，占 4.28%；最低的为江苏，占 0.59%。其余四省分别是：四川（2.31%）、黑龙江（2.32%）、湖南（1.91%）、山西（2.15%），四省的差异较小。而从家庭年待遇来看，家庭年待遇占家庭年收入比重最高的为江苏，为 9.78%；最低的为海南，为 0.80%。其余黑龙江为

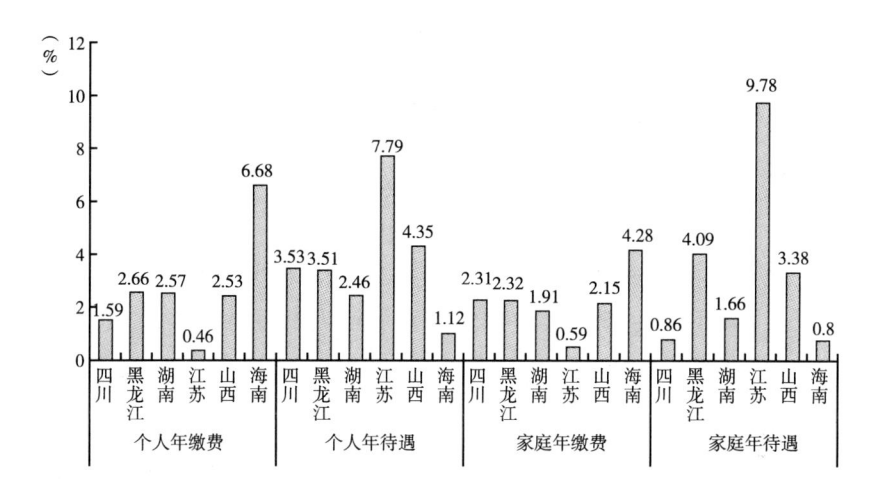

图 10 城镇居民基本医疗保险个人年缴费、年待遇和家庭年缴费、年待遇与年收入的比重

4.09%，湖南为1.66%，山西为3.38%，四川仅为0.86%（见图10）。

通过缴费与待遇的对比可以发现，江苏仍然是缴费占收入比最低，但是待遇占收入比最高的省份；海南省是缴费占收入比最高，但是待遇占收入比最低。其余四省的情况差异不是十分明显。按照医疗保险基金的年度均衡来看，江苏和海南两省的城镇居民基本医疗保险制度在调节收入分配方面都发挥了重大的作用，但是二者作用力的方向完全相反。对于江苏省而言，城镇居民基本医疗保险发挥的是有利于高收入者的收入调节作用。对于海南省而言，城镇居民基本医疗保险发挥的是不利于低收入者的收入调节作用。因为江苏的经济发展水平比海南要高，城镇居民的人均收入要比海南的高，参保能力强；而海南的城镇居民在参加医疗保险时的缴费负担明显高于江苏，这跟海南城镇居民的缴费能力密切相关。因此，从全国层面来看，经济能力越强的省，参加城镇居民基本医疗保险的居民的缴费负担越轻，获得的待遇反而越高；经济能力越差的省，参加城镇居民基本医疗保险的居民的缴费负担越重，获得的待遇越低。这是一种典型的"逆向选择"，意味着社会保障在调节收入分配中的作用没有发挥出来，无法让低收入者获得来自社会保障的转移支付，公平、正义、共享的价值目标难以实现。

八 新型农村合作医疗保险参保情况

(一) 新型农村合作医疗保险参保情况

在 3308 个有效样本中,参加新型农村合作医疗保险的人数为 1623 人,占总人数的 49.1%。其中,男性参加该项制度的人数为 761 人,占有效样本男性总人数的 49.3%;女性参加该项制度的人数为 862 人,占有效样本女性总数的 49.1%。

从退休与否来看,男性未退休人员和退休人员中参加新农合与未参加新农合的比例相差不大。女性未退休者参加新农合的比例略低于未参加新农合的比例,而女性退休者参加新农合的比例高于未参加者的比例。这一规律同样适用于男性退休者和未退休者中(见图 11)。

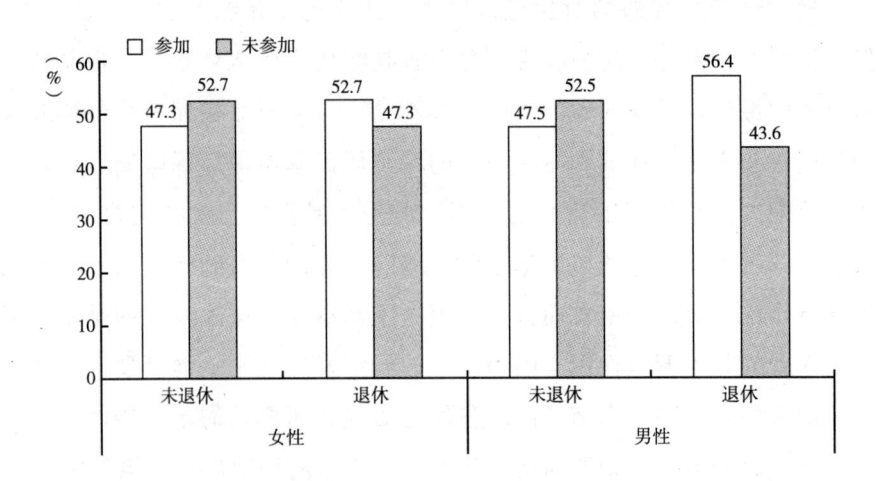

图 11 退休与否在性别差异下参加新农合的对比

由此,可以得出三个判断。一是,在新型农村合作医疗保险中,未退休群体中参加新农合的人相比退休人群要少,青壮年较少参加新农合,因为现在农村地区很多青壮年在城镇工作后,相对更会选择参加当前居住地的医疗保险制度。二是,在退休群体中,农村的老年人参加新农合的人数较多,超过了未参加者。农村老年人由于身体健康服务的需要,更愿意选择参加新农合来获得医疗保险制度提供的医疗服务。三是，性别差异在是否为退休人员的情况下，选择是否参加新农合的差异性很小。

（二）新型农村合作医疗保险缴费与待遇情况

新型农村合作医疗保险的个人年缴费水平均值为51.48元，占个人年收入的0.33%。而个人年待遇的均值为304.15元，占个人年收入均值的1.96%，个人年待遇均值是个人年缴费的5.91倍。从家庭层面看，家庭年缴费水平均值为197.55元，占家庭年收入的0.62%。而家庭年待遇水平均值为760.40元，占家庭年收入的2.37%，家庭年待遇水平均值是家庭年缴费的3.85倍（见表29）。

表29 新型农村合作医疗保险缴费与待遇对比

项目	均值（元）	占年收入比例（%）	有效样本量（个）	标准差（元）
个人年缴费	51.48	0.33	1537	55.959
个人年待遇	304.15	1.96	1266	1796.210
家庭年缴费	197.55	0.62	1598	383.990
家庭年待遇	760.40	2.37	1292	3346.489

分省看，各省的农村居民缴费均值差异不大，最高的为四川，个人年缴费均值为67.41元，最低的为黑龙江，个人年缴费均值为39.09元。但是个人年待遇方面差异较大，最低的为山西，仅为154.77元，而最高的为海南，为1377.84元。其余四省差距并不是很大（见表30）。

表30 六省个人和家庭的新农合参保缴费、待遇领取及收入情况

单位：元

省份	个人年缴费均值	个人年待遇均值	家庭年缴费均值	家庭年待遇均值	个人年收入均值	家庭年收入均值
四川	67.41	198.70	240.72	845.01	12956.27	28469.47
黑龙江	39.09	350.76	128.24	850.84	14439.78	25794.33
湖南	51.91	216.74	248.66	526.53	19325.57	41778.68
江苏	44.61	336.46	164.62	925.81	26292.25	51346.78
山西	49.47	154.77	169.62	1102.06	13438.95	26317.91
海南	56.95	1377.84	259.67	1549.64	17755.39	43038.24

说明：个人年缴费均值为已参加新农合的调查对象的缴费均值，个人年收入是指拥有农业户口的调查对象的个人年收入。家庭年收入指调查对象为农业户口人员所在家庭的年度收入。

从缴费和待遇占收入比来看，在个人年缴费中，各省的差异并不明显，相差不大。个人年缴费占个人年收入比重中，四川最高，为0.52%；江苏最低，为0.17%。从总体来看，新农合的个人缴费负担并不沉重，而且通过江苏和四川两省的对比发现，经济发展水平高的地方，缴费负担越轻（见图12）。

从个人年待遇来看，个人年待遇占个人年收入比重最高的为海南，占7.76%；其余五省的差异性比较小。从家庭年缴费来看，六省的家庭年缴费占家庭年收入比均低于1%，最低的为江苏，只占0.32%。这进一步说明新农合的缴费负担对家庭而言较轻。而从家庭年待遇占家庭年收入比重来看，最高的为山西，占4.19%，最低的为湖南，仅有1.26%（见图12）。

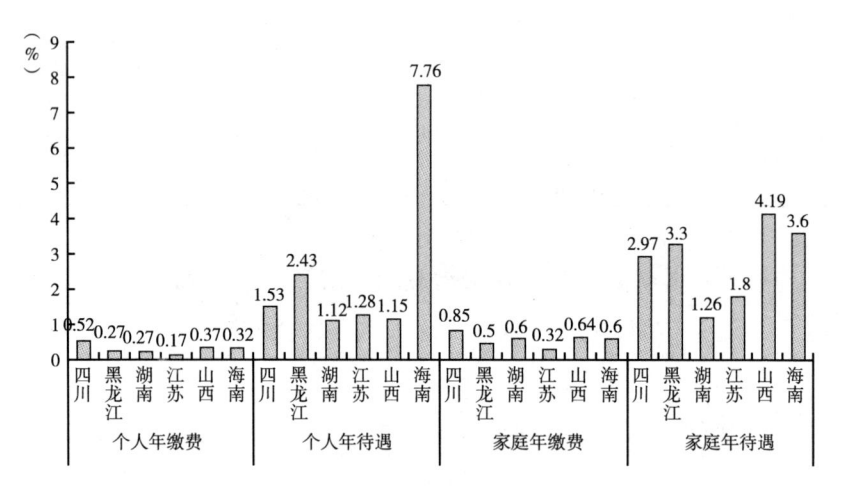

图12 新农合中个人及家庭年缴费、年待遇占年收入百分比

九　工伤保险参保情况

（一）工伤保险参保情况

在1532个有效样本中（控制了户籍变量为非农业户口），工伤保险的参与人数为395人，占总人数的25.8%。其中，男性中参加工伤保

险的人数占有效样本男性总人数的比重为 28.6%，女性中参加工伤保险的人数占有效样本女性总人数的比重为 23.1%。

（二）工伤保险待遇情况

由于工伤保险个人不需要缴费，因此，在此处不讨论个人缴费和家庭缴费。个人年待遇的均值为 329.72 元，占个人年收入的 1.05%。若以最大值的额度来算，这一比例为 28.7%。若以家庭为计算单位，可以发现，家庭年待遇的均值为 36.52 元，占家庭年收入的 0.06%。而同样以最大值的额度来算，这一比例为 14.3%（见表 31）。

表 31　工伤保险待遇水平

项目	均值（元）	占年收入比例（%）	有效样本量（个）	标准差（元）	极大值（元）	极小值（元）
个人年待遇	329.72	1.05	225	638.038	9000	0
家庭年待遇	36.52	0.06	3213	572.653	9000	0

十　失业保险参保情况

（一）失业保险参保情况

从个人参与情况来看，参加失业保险的共有 512 人。具有非农业户口的城镇适龄劳动力（除去学生和离退休人员），参加人口为 431 人。其中，公有制单位的参保率为 54.6%，私有制单位的参保率为 37.3%，下岗、失业、待业人员的参保率为 11.3%。具有农业户口的调查对象分为两类，一是从事家庭承包经营的农民，这类人群没有失业保险制度；二是在城镇从事其他行业的农民工，这类人群参加失业保险的为 22 人，占农民工总数的 9.4%，远低于城镇其他劳动力人群。

从家庭成员的参保情况来看，有 528 位调查对象的家人参加了失业保险，在非农业户口的家庭中，除去离退休人员家庭，有 85.3% 的家庭没有任何人参加失业保险。在参加失业保险的家庭中,有66.3%的家庭至少有2人参加。

(二) 失业保险的缴费和待遇情况

从个人缴费来看,2011年,调查对象的个人月平均缴费为59.2元,占月收入的1.1%;从失业人员来看,失业保险的月平均待遇为103.6元,平均占月收入比重为9.2%(见表32)。

表32 失业保险的缴费和待遇情况

项目	均值(元)	占月收入比例(%)	最小值(元)	最大值(元)	有效样本量(个)
个人月缴费	59.2	1.10	0	1666.7	111
个人月待遇	103.6	9.20	0	1200	13
家庭月缴费	88.91	1.40	0	2000	99

十一 生育保险参保情况

(一) 生育保险参保情况

从个人的参保情况来看,适龄女性生育保险的参保人数是190人,占适龄调查对象的13%。城镇户口的女性生育保险的参保人数为165人,占适龄调查对象的30.5%,其中公有制单位的参保率为38.4%,私有制单位的参保率为39.8%。在农业户口中,只有2.3%的适龄女性参加了生育保险,这部分女性主要是农民工,其占农民工女性的9.8%。

从家庭成员的参保情况来看,有1112位调查对象表示其家庭成员有参加,这表明32.5%的家庭中有女性参加了生育保险。

(二) 生育保险待遇情况

从待遇情况来看,2011年领取生育保险的调查对象平均待遇为

461.5 元，占其年均收入的 1.1%；领取生育保险的家庭年均待遇为 312.33 元，占其年均收入的 0.3%（见表 33）。

表33 生育保险待遇

项目	均值(元)	占年收入比例(%)	最小值(元)	最大值(元)	有效样本量(个)
个人年待遇	461.50	1.10	0	10000	91
家庭年待遇	312.33	0.30	0	80000	73

十二 调查结论与建议

（一）调查结论

通过对整个社会保险制度中的养老保险、医疗保险、工伤保险、失业保险、生育保险五个险种的参保情况、缴费及待遇的分析后，我们发现（见表34、图13）：

第一，个人年待遇占个人年收入比重较高的是养老保险和医疗保险，而养老保险中的待遇占收入比重整体高于医疗保险，意味着参保人员得到来自养老保险制度的转移支付的比重要高于医疗保险。

第二，从具体的社会保险项目来看，城镇职工养老保险调节收入分配的作用最强，养老金占年收入的比重较高，从个人年收入来讲，养老金占个人年收入的近 1/4。而城镇居民养老保险制度的收入调节作用在所有项目中是仅次于城镇职工养老保险制度的，个人年收入中有 7.40% 的收入来自养老金。但是农村居民社会养老保险制度的收入调节作用相对较弱，个人年待遇占个人年收入仅有 1.35%，这也与当前农村居民社会养老保险待遇较低有密切联系。

第三，在整个医疗保险子项目中，以城镇职工基本医疗保险的待遇占年收入比重最高，其次为新型农村合作医疗保险制度，比重最低的是城镇居民基本医疗保险制度。

第四，由于职工遭遇工伤、失业的风险相比年老、疾病的风险概率较小，往往只在遭遇了风险之后，才进行待遇给付，因此在这次调查中，这两项社会保险项目的待遇占个人年收入比较低。而生育保险待遇给付只是面向女性劳动者，由于实际调查中被调查者享受过生育保险的人数较少，因此无法较好的反映生育保险的待遇在构成个人年收入中的比重。但是可以推论的一点是：来自生育保险制度的转移支付在整个社会保险项目中的转移支付的比重不会太高，应当是占较小比重，因为每个女性劳动者的生育次数在整个生命历程中是极其有限的。

表34 社会保险各子项目的缴费机待遇占收入比重比较

单位：元，%

项目		均值	占收入比例
城镇职工养老保险	个人年缴费	2145.58	6.67
	个人年待遇	8016.13	24.94
	家庭年缴费	4203.27	7.68
	家庭年待遇	14672.36	26.82
城镇居民养老保险	个人年缴费	2296.79	7.15
	个人年待遇	2378.55	7.40
	家庭年缴费	3892.02	7.11
	家庭年待遇	3614.85	6.61
农村居民社会养老保险	个人年缴费	434.60	2.81
	个人年待遇	209.03	1.35
	家庭年缴费	724.44	2.26
	家庭年待遇	434.92	1.36
城镇职工基本医疗保险	个人年缴费	702.06	2.24
	个人年待遇	1518.82	4.84
	家庭年缴费	1251.54	1.98
	家庭年待遇	2652.00	4.20
城镇居民基本医疗保险	个人年缴费	854.10	2.72
	个人年待遇	481.99	1.53
	家庭年缴费	1509.96	2.39
	家庭年待遇	928.03	1.47
新型农村合作医疗保险	个人年缴费	51.48	0.33
	个人年待遇	304.15	1.96
	家庭年缴费	197.55	0.62
	家庭年待遇	760.40	2.37

续表

项　目		均值	占收入比例
工伤保险	个人年待遇	329.72	1.05
	家庭年待遇	36.52	0.06
失业保险	个人月缴费	59.20	1.10
	个人月待遇	103.60	9.20
	家庭月缴费	88.91	1.40
生育保险	个人年待遇	461.50	1.10
	家庭年待遇	312.33	0.30

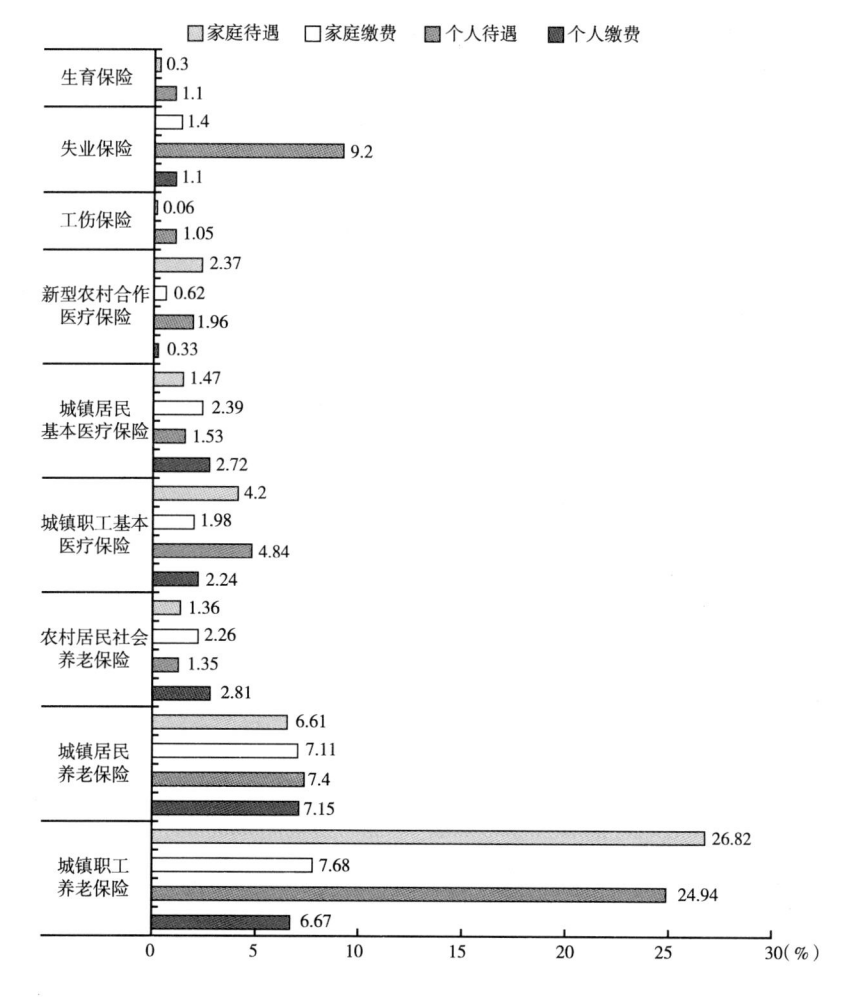

图13　社会保险各子项目的缴费和待遇占收入比重比较

（二）结论与建议

1. 社会保障制度作为民生建设的重点，党的十六大以来快速发展，体系框架基本形成

自改革以来，社会保障制度的改革与发展一直是党和政府高度重视和关注的重点工作。特别是党的十六大以来，中央将社会保障作为以改善民生为重点的社会建设的重要内容，坚持"广覆盖、保基本、多层次、可持续"的方针，出台多项法规、政策和措施。中央各相关部门和地方各级党委政府采取有效措施，认真贯彻落实党中央、国务院的各项方针政策，促进了社会保障事业健康快速发展。2012年中央决定在当年年底基本实现农村居民社会养老保险和城镇居民养老保险的全覆盖。这使党的十七大提出的完善"以社会保险、社会救助和社会福利为基础，以基本养老、基本医疗和最低生活保障制度为重点"的社会保障体系目标基本实现。

2. 社会保险制度覆盖面不断扩大，保障水平不断提高，保障城乡居民基本生活的功能逐步体现

至2011年年底，基本医疗保险实现全覆盖，城镇职工基本医疗保险、城镇居民基本医疗保险和新型农村合作医疗保险（以下简称新农合）制度体系覆盖全国所有县，参保人数合计超过13亿人，覆盖率超过95%。养老保险覆盖面迅速扩大，城镇职工养老保险已覆盖全国所有县，农村居民社会养老保险（以下简称新农保）已覆盖全国81.50%的县，城镇居民养老保险（以下简称城居保）已覆盖全国75.30%的县，2012年年底将基本实现全覆盖。失业、工伤和生育保险与城镇职工养老、城镇职工基本医疗保险同步开展，参保人数分别达到了1.42亿人、1.70亿人和1.22亿人，比以前也有快速提高。社会保险经费占全部社会保障资金的90%以上，社会保险制度运行状况，关系着社会保障制度整体效果。

3. 中国社会保障体系建设是渐进的，符合中国各地区差异大、城乡分割的现实国情

中国的现实国情在一定程度上影响了社会保障制度作用和功能的发

挥。在社会保障制度建设过程中，我国一般采取分人群设计、分部门管理、分地区实施的方式，推动了社会保障制度的从无到有、快速发展。但随着改革的深入和城镇化进程的加快，人口流动规模不断扩大，相关制度衔接不够和分散、交叉等缺陷逐渐显露，有些问题还需要进一步研究，以逐步改进和完善。审计署的审计公报指出，2011年全国112.42万人重复参加城镇职工养老保险、新农保或城居保，1086.11万人重复参加新农合、城镇居民或城镇职工基本医疗保险，造成财政多补贴17.69亿元，9.27万人重复领取养老金6845.29万元，9.57万人重复报销医疗费用1.47亿元；全国共有240.40万人跨省拥有两个以上城镇职工养老保险个人账户。此外，部分地区由于老农保问题复杂，新农保推进工作量大，还存在老农保基金尚未转入新农保的问题。同时，各地实行的保障政策尚不完全统一。全国实际执行的城镇职工养老保险单位缴费比例共有16种，最高为22%，最低为10%。社会保障运行机制有待进一步健全完善，社会保障各项业务由多个部门分别管理，由不同经办机构经办，征收机构也不统一，部门间工作衔接不够，这在一定程度上都影响了政策执行的总体效果。

4. 社会保障资金的公平性问题日益突出

社会保障具有调节收入分配的作用，但由于改革与发展过程中建立的上述社会保障制度尤其是社会保险制度之间不衔接，制约了调节收入分配的作用。根据我们的调查，尽管养老保险资金最多，调节收入分配的作用最大，但是有与没有之间、待遇多少之间差距极大，与基本保障的功能有相当距离。以户籍和职业为划分的养老保险制度、医疗保险制度发挥了一定的收入调节作用，但是城镇的调节力度要大于农村，对职工的收入分配调节作用大于居民和农民。从全国统筹层面来看，经济水平越高的地区，社会保障调节收入分配的作用越大，社会成员参保能力强，参保负担轻，享受来自社会保障制度的转移支付待遇较多；经济不发达地区的社会保障调节收入分配作用较小，社会成员参保能力较差，参保负担较重，享受来自社会保障制度的转移支付待遇较少。这种全国范围内的"逆向选择"现象不利于社会保障制度对公平、正义、共享价值理念的实现，容易进一步扩大社会保障待遇在省际之间的差距。

中国社会保险制度发展社会评价报告（2012）

王延中　江翠萍

社会保险制度作为我国基本社会保障的最重要的组成部分，发挥着保障人民的基本生活需求、抵御社会风险、实现社会公平、维护社会稳定的重要功能。自20世纪90年代以来，我国开始进行一系列的社会保险制度建设和改革，探索建立社会主义市场经济体制下的社会保险体系，改变了过去国家—单位式的保险模式，逐步建立起以国家、企业、个人为主体的适应市场经济的社会保险体系。目前，我国已经建立起了以养老保险、医疗保险、失业保险、工伤保险和生育保险为主要内容的社会保险制度体系，其中，随着城镇居民基本医疗保险、新型农村合作医疗保险（以下简称"新农合"）、新型农村居民社会养老保险（以下简称"新农保"）和城镇居民养老保险的逐步建立，医疗保险制度和养老保险制度已经基本将全体社会成员纳入制度体系。制度建设取得了很大进展，但是老百姓如何看待这一制度，对于今后完善相关政策和制度是至关重要的。延续2011年的社会调查，我们于2012年上半年继续进行了近4000户的城乡居民入户调查，下面是我们此次调查关于社会保险制度评价方面的一些基本情况和结论。

一　调查过程及样本特征

本报告的数据来源于"2012年中国社会经济状况调查"数据，该调查由中国社会科学院调查与数据中心、中国社会科学院中国廉政研究中心和"中国经济社会状况调查"课题组主持。本次调查采取问卷调查的方式，在样本的选取上采用科学随即抽样的方式。根据抽样结果，2012年3～6月，项目组在四川、黑龙江、湖南、山西、江苏、海南六个省进行了入户调查。

本次调查共获得有效样本3417份，表1显示了此次调查样本的基本情况。样本的平均年龄为44.8岁；从性别来看，男性占47.2%，女性占52.8%；从户口来看，农业户口占47%，非农业户口占53.1%，其中包括7.4%的农民工样本；从居住地来看，居住在城市的占49.5%，居住在农村的占46.8%，居住在集（镇）的占3.7%；从受教育程度来看，样本量最大的为初中水平的居民，约占30.8%；从收入来看，去掉极值后，样本的个人平均年收入为24901.4元，家庭平均年收入为67584元。总的来看，此次调查的样本在地区、性别、户口、年龄和居住地上分布比较均衡。虽然样本在受教育程度和收入上差异比较明显，但其中样本量较多的群体正是我国社会保险制度面对的主要群体，因而，对此样本的分析能在一定程度上代表当前中国社会社会保险制度的状况，并可从中看出社会保险制度的实施效果，为今后社会保险制度的完善提供良好的政策建议。

表1 调查样本基本情况

项目			有效样本量（个）	有效百分比（%）	缺失（个）
性别	男性		1608	47.2	8
	女性		1801	52.8	
户口	农业户口（城镇居民）		1597	47	18
	非农业户口	农民	1552	45.7	
		农民工	250	7.4	
居住地	城市		1668	49.5	44
	集（镇）		126	3.7	
	农村		1579	46.8	
职业状态	在职		2922	87.3	70
	退休*		425	12.7	

续表

项目		有效样本量(个)	有效百分比(%)	缺失(个)
受教育程度	小学及以下	782	22.9	9
	初中	1048	30.8	
	高中或职高	733	21.5	
	大专及以上	845	24.8	
地区	四川	502	17.1	481
	黑龙江	501	17.1	
	湖南	682	23.2	
	江苏	499	17.0	
	山西	420	14.3	
	海南	332	11.3	
年龄(均值)		44.8 岁		11
个人年收入(均值)		24901.4 元		835
家庭年收入(均值)		67584.0 元		609

说明：＊没有工作单位的居民以年龄来界定是否退休，根据法定退休年龄规定，男性60岁以上（含60岁），女性55岁以上（含55岁）界定为退休者。

二 社会保险制度评价基本情况描述

（一）数据处理方法

在本次调查中，对社会保险制度的评价主要由对整体（宏观）社会保险制度的评价和对现行的城镇职工养老保险制度、城镇居民养老保险制度、农村居民社会养老保险制度、城镇职工基本医疗保险制度、城镇居民基本医疗保险制度、新型农村合作医疗保险制度、工伤保险制度、失业保险制度、生育保险制度9项基本的社会保险制度的评价构成，其中对整体的社会保险制度和各项具体的社会保险制度都通过对个人缴费评价、待遇水平评价、缓解收入差距效果评价、公平性评价、满意度评价五个指标来体现，并对每一方面主要设置了五个层次的评判标准，例如，对"个人缴费"的评价标准为"太高、较高、合适、较低、太低"五个层次。在分析中，为了便于直观和综合地比较分析社会保险制度的评价状况，本报告在比较分析和相关回归分析中对评判标准从低分到高分分别进行 1~5 分的赋值，将评判标准进行量化，例如，对"个人缴费的评价"标准依次赋值为：太高—1 分，较高—2 分；合适—3 分；较低—4 分；太低—5 分，依次类推，最低分为 1 分，最高分为 5 分。

（二）对社会保险制度"个人缴费"的评价

1. 各项社会保险制度"个人缴费"的总体评价及比较

总的来看，居民对于整体社会保险制度个人缴费评价较高。其中，约 66.6% 的居民认为缴费"合适"，10.9% 的居民认为缴费"较低"，1.2% 的居民认为缴费"太低"，17.3% 的居民认为缴费"较高"，4.1% 的居民认为缴费"太高"。

从对各项社会保险制度"个人缴费"的评价来看，城乡居民对新农保、新农合和失业保险的评价相对较高，得分均达到了 3 分，即对缴费的满意度到达了 60% 以上；对城镇职工养老保险和城镇居民养老保险的评价相对较低，得分分别为 2.73 分和 2.65 分，其中，认为城镇居民养老保险"个人缴费""太高"和"较高"的为 38.6%（见表 2）。

表 2 社会保险制度——个人缴费评价（有效百分比）

单位：分，%

项目		太高	较高	合适	较低	太低	总计	得分（均值）
城镇职工养老保险	得分	119	294	600	152	30	1195	2.73
	占比	10	24.6	50.2	12.7	2.5	100.0	
城镇居民养老保险	得分	72	165	301	55	20	613	2.65
	占比	11.7	26.9	49.1	9.0	3.3	100.0	
新农保	得分	32	134	1040	187	31	1424	3.04
	占比	2.2	9.4	73.0	13.1	2.2	100.0	
城镇职工基本医疗保险	得分	61	192	658	168	26	1105	2.91
	占比	5.5	17.4	59.5	15.2	2.4	100.0	
城镇居民基本医疗保险	得分	45	127	443	92	23	730	2.89
	占比	6.2	17.4	60.7	12.6	3.2	100.0	
新农合	得分	38	222	1345	247	23	1875	3.00
	占比	2.0	11.8	71.7	13.2	1.2	100.0	

续表

项目		太高	较高	合适	较低	太低	总计	得分(均值)
失业保险	得分	38	222	1345	247	23	1875	3.00
	占比	2.0	11.8	71.7	13.2	1.2	100.0	
整体社会保险制度	得分	73	310	1197	195	22	1797	2.88
	占比	4.1	17.3	66.6	10.9	1.2	100.0	

2. 不同特征样本对社会保险制度"个人缴费"的评价比较

表3显示了不同居民对社会保险制度"个人缴费"的评价。

从性别来看,女性对整体社会保险制度的"个人缴费"的评分为2.86分,低于男性。对于各项具体的制度,除了在城镇居民基本医疗保险和失业保险的评价上,女性的评价和男性基本一致外,女性的评价都低于男性。

从居民的户籍身份来看,对于整体社会保险制度,农民的评价最高,为2.95分,农民工的评价次之,为2.87分,城镇居民的评价最低,为2.83分。在各项具体社会保险制度的评价上,农民工对于城镇职工养老保险和新农合的评分分别为2.59分和3.02分,低于农民和城镇居民,在城镇居民养老保险、城镇居民基本医疗保险和失业保险上高于其他居民;城镇居民对于城镇居民养老保险的评分为2.62分,低于其他居民;农民在新农保、城镇职工基本医疗保险、城镇居民基本医疗保险、新农合和失业保险上评价上低于其他居民。

从居住地来看,对于整体社会保险制度,居住在农村的居民评价最高,为2.95分,城区的居民次之,为2.83分,集(镇)的居民评价最低,为2.82分。在各项具体社会保险制度的评价上,城区的居民对于新农保和新农合的评分分别为3.23分和3.21分,高于其他居民;居住在集(镇)的居民对于失业保险的评分为3.13分,高于其他居民,其余各项保险评价都低于其他居民;居住在农村的居民对于城镇职工养老保险、城镇居民养老保险、城镇职工基本医疗保险和城镇居民基本医疗保险的评价都高于其他居民,在失业保险评价上低于其他居民。

从职业状态来看,对于整体社会保险制度的评价,退休者的评价高于在职者。对于各项具体的制度，退休者除了对失业保险的评价低于在职者，对于其他保险制度的评价都高于在职者。

从受教育程度来看，对于整体社会保险制度，总体是受教育水平越高，评价越低，高中或职高水平的居民略低于大专及以上的居民。对于具体的制度，小学及以下的居民在城镇职工基本医疗保险、城镇居民养老保险和城镇职工养老保险的评价上高于其他居民；初中水平的居民在新农保、城镇居民基本医疗保险和新农合评价上低于其他居民；高中或职高的居民在城镇居民养老保险和失业保险评价上低于其他居民；大专及以上的居民在新农保、城镇居民基本医疗保险和新农合的评价上高于其他居民。

表3 社会保险制度"个人缴费"评价比较（均值）

单位：分

项目		城镇职工养老保险	城镇居民养老保险	新农保	城镇职工基本医疗保险	城镇居民基本医疗保险	新农合	失业保险	整体社会保险制度
性别	男	2.78	2.73	3.07	2.93	2.89	3.02	3.03	2.90
	女	2.69	2.57	3.00	2.90	2.89	2.98	3.04	2.86
户籍身份	农民	2.74	2.75	3.00	2.83	2.81	2.96	2.87	2.95
	农民工	2.59	2.84	3.01	2.88	2.92	3.02	3.25	2.87
	城镇居民	2.74	2.62	3.16	2.92	2.90	3.14	3.04	2.83
居住地	城区	2.72	2.62	3.23	2.92	2.90	3.21	3.03	2.83
	集（镇）	2.68	2.57	2.84	2.67	2.81	2.83	3.13	2.82
	农村	2.83	2.89	2.99	2.99	2.92	2.94	3.00	2.95
职业状态	在职	2.66	2.64	3.03	2.88	2.87	2.99	3.03	2.87
	退休	3.06	2.67	3.12	3.10	3.06	3.09	3.00	3.00
受教育程度	小学及以下	2.92	2.90	3.02	2.98	2.92	2.96	3.08	2.97
	初中	2.85	2.65	2.96	2.98	2.79	2.94	3.09	2.89
	高中或职高	2.70	2.53	3.10	2.90	2.85	2.98	2.98	2.84
	大专及以上	2.69	2.72	3.17	2.90	2.96	3.21	3.04	2.85
地区	四川	2.96	2.53	3.09	3.06	2.57	3.11	3.00	2.96
	黑龙江	2.51	1.94	3.00	2.92	2.90	2.91	3.00	2.81
	湖南	2.83	2.92	3.05	3.00	3.07	3.08	3.12	3.01
	江苏	2.92	2.38	3.16	2.96	2.85	3.04	3.02	3.00
	山西	2.78	2.53	2.89	2.87	2.72	2.91	3.06	2.87
	海南	2.82	2.93	3.08	2.88	2.96	2.89	2.99	2.79

从调查地区来看，对于整体社会保险制度，湖南和江苏地区的居民评价相对较高，均在3分以上，海南地区的居民评价最低。具体制度上，四川地区的居民对于城镇职工养老保险、城镇职工基本医疗保险和新农合的评分分别为2.96分、3.06分和3.11分，高于其他地区；黑龙江地区的居民在城镇职工养老保险和城镇居民养老保险的评价上低于其他地区；湖南地区的居民在城镇居民基本医疗保险和失业保险评价上高于其他地区；江苏地区的居民在新农保的评价上高于其他地区；海南地区的居民在失业保险和新农合的评价上低于其他地区。

（三）对社会保险制度"待遇水平"的评价

1. 各项社会保险制度"待遇水平"的总体评价及比较

总的来看，居民对于整体社会保险制度的待遇水平评价较低。其中，约6.2%的居民认为待遇"太低"，37.1%的居民认为待遇"较低"，50.5%的居民认为待遇"合适"，5.8%的居民认为待遇"较高"，0.5%的居民认为待遇"太高"。

从对各项社会保险制度"待遇水平"的评价来看，城乡居民对新农合的评价最高，得分为2.8分，其中认为待遇高和合适的分别占13.3%和56.7%；对城镇职工养老保险的评价最低，得分为2.3分，其中，认为待遇高的仅占6.4%（见表4）。

表4 社会保险制度——待遇水平评价（有效百分比）

单位：分，%

项目		太高	较高	合适	较低	太低	总计	得分(均值)
城镇职工养老保险	得分	16	61	404	540	167	1188	2.3
	占比	1.3	5.1	34.0	45.5	14.1	100	
城镇居民养老保险	得分	3	40	235	213	78	569	2.4
	占比	0.5	7.0	41.3	37.4	13.7	100	
新农保	得分	8	99	656	420	127	1310	2.6
	占比	0.6	7.6	50.1	32.1	9.7	100.0	
城镇职工基本医疗保险	得分	10	65	501	437	132	1145	2.5
	占比	0.9	5.7	43.8	38.2	11.5	100.0	

续表

项目		太高	较高	合适	较低	太低	总计	得分(均值)
城镇居民基本医疗保险	得分	5	38	320	255	71	689	2.5
	占比	0.7	5.5	46.4	37.0	10.3	100.0	
新农合	得分	9	221	978	418	99	1725	2.8
	占比	0.5	12.8	56.7	24.2	5.7	100.0	
工伤保险	得分	3	34	196	147	41	421	2.6
	占比	0.7	8.1	46.6	34.9	9.7	100.0	
失业保险	得分	2	29	185	157	60	433	2.4
	占比	0.5	6.7	42.7	36.3	13.9	100.0	
生育保险	得分	3	31	185	123	38	380	2.6
	占比	0.8	8.2	48.7	32.4	10.0	100.0	
整体社会保险制度	得分	8	101	879	646	108	1742	2.6
	占比	0.5	5.8	50.5	37.1	6.2	100.0	

2. 不同特征样本对社会保险制度"待遇水平"的评价比较

表5显示了不同居民对于社会保险制度"待遇水平"的评价。

从性别来看，对于整体社会保险制度"待遇水平"的评价，女性的评分为2.54分，低于男性的2.61分。对于各项具体的制度，除了新农保和新农合，女性的评价高于男性，其余都低于男性。

从居民户籍身份来看，对于整体社会保险制度"待遇水平"的评价，农民的评价最高，为2.80分，农民工次之，为2.50分，城镇居民的评价最低，为2.42分。在各项社会保险制度的评价上，农民对于城镇职工养老保险的评分为2.70分，低于农民工，其余均高于农民工和城镇居民；农民工对于城镇职工养老保险的评分为2.78分，高于其他居民，在新农保、新农合、工伤保险、失业保险和生育保险的评价上均低于其他居民；城镇居民在城镇职工养老保险、城镇居民养老保险、城镇职工基本医疗保险和城镇居民基本医疗保险的评价上均低于农民和农民工。

从居住地来看，对于整体社会保险制度，居住在农村的居民评价最高，为2.82分，城区居民次之，为2.41分，集（镇）居民评价最低，为2.39分。在各项社会保险制度的评价上，居住在城区的居民在城镇职工养老保险、城镇居民养老保险、新农保和城镇职工基本医疗保险的评价上低于农村和集（镇）的居民；居住在集（镇）的居民在城镇居民基本医疗保险、新农合、工伤保险、失业保险和生育保险的评价上均低于农村和城区的居民；居住在农村的居民在每一项制度的评价上均高于城区和集（镇）的居民。

从职业状态来看，对于整体社会保险制度，在职者的评价为2.61分，高于退休者。对于各项社会保险制度的评价，在职者在城镇居民养老保险、新农保、工伤保险、失业保险和生育保险的评价上低于退休者。

从受教育程度来看，对于整体社会保险制度，受教育程度越高，评价越低。对于各项社会保险制度的评价，小学及以下的居民在每一项社

表5 社会保险制度"待遇水平"评价比较（均值）

单位：分

项目		城镇职工养老保险	城镇居民养老保险	新农保	城镇职工基本医疗保险	城镇居民基本医疗保险
性别	男	2.42	2.46	2.55	2.52	2.51
	女	2.27	2.40	2.60	2.41	2.48
户籍身份	农民	2.70	2.79	2.68	2.83	2.82
	农民工	2.78	2.45	2.23	2.60	2.67
	城镇居民	2.28	2.36	2.33	2.42	2.43
居住地	城区	2.28	2.35	2.29	2.42	2.44
	集（镇）	2.52	2.43	2.43	2.47	2.41
	农村	2.90	2.86	2.67	2.95	2.93
职业状态	在职	2.39	2.43	2.57	2.49	2.50
	退休	2.15	2.45	2.59	2.32	2.40
受教育程度	小学及以下	2.45	2.66	2.74	2.52	2.63
	初中	2.27	2.58	2.67	2.36	2.61
	高中或职高	2.29	2.39	2.40	2.46	2.44
	大专及以上	2.39	2.37	2.25	2.49	2.46
地区	四川	2.51	2.47	2.80	2.61	2.61
	黑龙江	2.26	2.27	2.74	2.58	2.48
	湖南	2.50	2.46	2.29	2.55	2.54
	江苏	2.06	2.24	2.82	2.18	2.30
	山西	2.26	2.41	2.74	2.39	2.45
	海南	2.76	2.68	2.73	2.71	2.61

续表

项目		新农合	工伤保险	失业保险	生育保险	整体社会保险制度
性别	男	2.77	2.64	2.54	2.62	2.61
	女	2.79	2.44	2.31	2.53	2.54
户籍身份	农民	2.83	2.80	2.63	2.70	2.80
	农民工	2.63	2.41	2.22	2.45	2.50
	城镇居民	2.67	2.52	2.42	2.56	2.42
居住地	城区	2.66	2.53	2.42	2.55	2.41
	集(镇)	2.53	2.42	2.28	2.47	2.39
	农村	2.84	2.82	2.63	2.77	2.82
职业状态	在职	2.78	2.53	2.43	2.57	2.61
	退休	2.74	2.59	2.46	2.58	2.37
受教育程度	小学及以下	2.88	2.80	2.71	3.00	2.80
	初中	2.80	2.63	2.50	2.59	2.65
	高中或职高	2.69	2.60	2.49	2.54	2.51
	大专及以上	2.64	2.49	2.38	2.56	2.41
地区	四川	2.88	2.54	2.41	2.81	2.73
	黑龙江	2.99	2.89	2.71	3.17	2.75
	湖南	2.52	2.49	2.43	2.52	2.48
	江苏	3.03	2.61	2.46	2.54	2.61
	山西	2.90	2.80	2.52	2.81	2.64
	海南	2.73	2.62	2.60	2.63	2.70

会保险制度的评价上均高于其他居民；初中的居民对于城镇职工养老保险和城镇职工基本医疗保险的评分为2.27分和2.36分，低于其他居民；高中或职高的居民在城镇居民基本医疗保险和生育保险的评价上低于其他居民；大专及以上的居民在城镇居民养老保险、新农保、新农合、工伤保险和失业保险的评价上低于其他居民。

从调查地区来看，对于整体社会保险制度，黑龙江地区的居民评价最高，为2.75分，湖南地区的居民评价最低，为2.48分。对于各项社会保险制度的评价，四川地区的居民在对城镇居民基本医疗保险的评价上和海南地区一致，为2.61分，在失业保险的评价上低于其他地区；黑龙江地区的居民在新农合、工伤保险、失业保险和生育保险的评价上高于其他地区；湖南地区的居民在新农保、新农合、工伤保险和生育保险的评价上低于其他地区；江苏地区的居民在城镇职工养老保险、城镇居民养老保险、城镇职工基本医疗保险和城镇居民基本医疗的评价上低于其他地区，在新农合的评价上高于其他地区；海南地区的居民在城镇职工养老保险、城镇居民养老保险和城镇职工基本医疗保险的评价上高于其他地区。

（四）对社会保险制度"缓解收入差距效果"的评价

1. 各项社会保险制度"缓解收入差距效果"的总体评价及比较

总的来看，居民对于整体社会保险制度"缓解收入差距效果"的评价较低。其中，约7.2%的居民认为效果"很低"，24.9%的居民认为效果"较低"，53.7%的居民认为效果"一般"，12.1%的居民认为效果"较大"，2.1%的居民认为效果"很大"。

从对各项社会保险制度"缓解收入差距效果"的评价来看，城乡居民对新农合的评价最高，得分为3.0分，其中，认为效果大的占26.6%；失业保险的评价最低，其中，认为效果大的仅占10.3%（见表6）。

表6 社会保险制度——缓解收入差距效果评价

单位：分，%

项目		很大	较大	一般	较低	很低	总计	得分（均值）
城镇职工养老保险	得分	66	129	560	338	133	1226	2.7
	占比	5.4	10.5	45.7	27.6	10.8	100	
城镇居民养老保险	得分	17	86	330	134	52	619	2.8
	占比	2.7	13.9	53.3	21.6	8.4	100	
新农保	得分	33	220	631	306	111	1301	2.8
	占比	2.5	16.9	48.5	23.5	8.5	100.0	
城镇职工基本医疗保险	得分	26	141	562	288	104	1121	2.7
	占比	2.3	12.6	50.1	25.7	9.3	100.0	
城镇居民基本医疗保险	得分	21	88	372	170	60	711	2.8
	占比	3.0	12.4	52.3	23.9	8.4	100.0	
新农合	得分	50	377	764	300	112	1603	3.0
	占比	3.1	23.5	47.7	18.7	7.0	100.0	

续表

项目		很大	较大	一般	较低	很低	总计	得分(均值)
工伤保险	得分	8	61	247	103	44	463	2.8
	占比	1.7	13.2	53.3	22.2	9.5	100.0	
失业保险	得分	3	47	249	112	72	483	2.6
	占比	0.6	9.7	51.6	23.2	14.9	100.0	
生育保险	得分	9	47	225	89	45	415	2.7
	占比	2.2	11.3	54.2	21.4	10.8	100.0	
整体社会保险制度	得分	35	202	896	415	120	1668	2.8
	占比	2.1	12.1	53.7	24.9	7.2	100.0	

2. 不同特征样本对社会保险制度"缓解收入差距效果"的评价比较

表7显示了不同居民对社会保险制度"缓解收入差距效果"的评价。

从性别来看,对于整体社会保险制度,女性的评分为2.76分,低于男性的2.78分。对于各项社会保险制度,除了在城镇居民养老保险和城镇职工基本医疗保险的评价上,女性和男性比较一致,以及在生育保险制度上,女性的评价略高于男性,其余各项制度,女性评价均低于男性。

从户籍身份来看,对于整体社会保险制度,农民的评价最高,为2.90分,农民工次之,为2.78分,城镇居民最低,为2.69分。对于各项社会保险制度,农民对新农保的评价最高,为2.82分,高于农民工和城镇居民,对于城镇居民养老保险、城镇居民基本医疗保险、工伤保险和生育保险则低于其他居民;农民工对城镇职工养老保险、城镇居民养老保险、城镇职工基本医疗保险、城镇居民基本医疗保险和工伤保险的评价均高于农民和城镇居民,但是在失业保险的评价上低于农民和城镇居民;城镇居民在失业保险和生育保险的评价上高于农民和农民工,在新农合的评价上和农民一致,均为2.98分,且高于农民工,但在城镇职工养老保险和城镇职工基本医疗保险的评价上低于农民和农民工。

从居住地来看,对于整体社会保险制度,居住在农村的居民评价最高，为2.91分，城区居民次之，为2.69分，集（镇）居民最低，为2.65分。对于各项社会保险制度，城区居民在城镇职工养老保险、城镇居民养老保险、新农保、城镇职工基本医疗保险和城镇居民基本医疗保险的评价上均低于其他居民，但在失业保险和生育保险的评价上高于其他居民；集（镇）居民在城镇职工养老保险、城镇居民养老保险、新农保、城镇居民基本医疗保险和工伤保险的评价上均高于城区居民和农村居民，但在新农合的评价上低于城区居民和农村居民；农村居民在城镇职工基本医疗保险和新农合的评价上高于城区居民和集（镇）居民，但在工伤保险、失业保险和生育保险的评价上则低于城区居民和集（镇）居民。

从职业状态来看，对于整体社会保险制度，在职者的评价为2.78分，高于退休者。对于各项社会保险制度，在职者在城镇职工养老保险、城镇职工基本医疗保险的评价上高于退休者，对于其余保险制度的评价均低于在职者。

从受教育程度来看，对于整体社会保险制度，小学及以下的居民评价最高，为2.97分，大专及以上的居民评价最低，为2.68分。对于各项社会保险制度的评价，小学及以下居民在城镇职工养老保险和失业保险的评价上低于其他居民，但在城镇居民养老保险、新农保、新农合、工伤保险和生育保险的评价上高于其他居民；初中水平的居民在城镇居民基本医疗保险的评价上高于其他居民，但在生育保险的评价上低于其他居民；高中或职高的居民在城镇职工养老保险的评价上高于其他居民，但在新农保、城镇居民基本医疗保险和新农合的评价上则低于其他居民；大专及以上的居民在城镇职工基本医疗保险的评价上高于其他居民，但在城镇居民养老保险和工伤保险的评价上低于其他居民。

从调查地区来看，对于整体社会保险制度，黑龙江地区的居民评价最高，为3.12分，江苏地区的居民评价最低，为2.62分。对于各项社会保险制度，四川地区的居民在新农合和生育保险的评价上均高于其他地区；黑龙江地区居民在城镇职工养老保险、城镇居民养老保险、城镇职工基本医疗保险、城镇居民基本医疗保险和工伤保险的评价上均高于其他地区；湖南地区的居民在新农合的评价上低于其他地区；江苏地区的居民在城镇职工养老保险、城镇职工基本医疗保险、工伤保险和失业保险的评价上均低于其他地区；山西地区的居民在城镇居民养老保险、新农保和城镇居民基本医疗保险的评价上低于其他地区；海南地区的居民在新农保和失业保险的评价上高于其他地区，但在生育保险的评价上则低于其他地区。

表7 社会保险制度"缓解收入差距效果"评价比较（均值）

单位：分

项目		城镇职工养老保险	城镇居民养老保险	新农保	城镇职工基本医疗保险	城镇居民基本医疗保险
性别	男	2.76	2.81	2.82	2.73	2.80
	女	2.68	2.81	2.81	2.73	2.75
户籍身份	农民	2.74	2.77	2.82	2.82	2.76
	农民工	2.80	2.98	2.77	2.83	2.98
	城镇居民	2.71	2.80	2.81	2.72	2.77
居住地	城区	2.69	2.79	2.80	2.71	2.76
	集（镇）	3.02	2.92	2.94	2.83	2.89
	农村	2.91	2.90	2.81	2.91	2.81
职业状态	在职	2.77	2.79	2.81	2.74	2.77
	退休	2.57	2.91	2.85	2.70	2.81
受教育程度	小学及以下	2.55	2.94	2.91	2.72	2.78
	初中	2.70	2.82	2.82	2.70	2.89
	高中或职高	2.75	2.85	2.72	2.70	2.71
	大专及以上	2.73	2.76	2.76	2.76	2.78
地区	四川	2.81	2.85	2.97	2.88	2.98
	黑龙江	3.09	3.09	3.01	2.99	3.11
	湖南	2.68	2.82	2.66	2.77	2.84
	江苏	2.32	2.74	2.95	2.49	2.67
	山西	2.61	2.66	2.64	2.60	2.54
	海南	2.91	2.89	3.05	2.78	2.74

续表

项目		新农合	工伤保险	失业保险	生育保险	整体社会保险制度
性别	男	2.98	2.78	2.62	2.72	2.78
	女	2.96	2.73	2.54	2.73	2.76
户籍身份	农民	2.98	2.60	2.54	2.58	2.90
	农民工	2.92	2.80	2.38	2.66	2.78
	城镇居民	2.98	2.78	2.61	2.76	2.69
居住地	城区	2.95	2.78	2.60	2.77	2.69
	集(镇)	2.94	3.00	2.57	2.69	2.65
	农村	2.98	2.49	2.40	2.39	2.91
职业状态	在职	2.96	2.72	2.58	2.72	2.78
	退休	3.14	2.93	2.68	2.86	2.73
受教育程度	小学及以下	3.07	2.93	2.47	2.85	2.97
	初中	2.95	2.74	2.60	2.57	2.80
	高中或职高	2.90	2.81	2.61	2.66	2.73
	大专及以上	2.93	2.72	2.57	2.77	2.68
地区	四川	3.35	2.67	2.61	2.88	3.01
	黑龙江	3.17	3.00	2.60	2.78	3.12
	湖南	2.73	2.80	2.56	2.69	2.68
	江苏	3.08	2.60	2.51	2.70	2.62
	山西	2.82	2.81	2.57	2.76	2.75
	海南	2.89	2.78	2.71	2.68	2.74

(五) 对社会保险制度"公平性"的评价

1. 各项社会保险制度"公平性"的总体评价及比较

总的来看，居民对整体社会保险制度"公平性"的评价较高。其中，约3.2%的居民认为"很不公平"，19.4%的居民认为"不公平"，36.9%的居民认为"一般"，35.9%的居民认为"较公平"，4.6%的居民认为"很公平"。

从对各项社会保险制度的"公平性"的评价来看，新农合和新农保的评价最高，得分为3.5分，即对公平性的满意度达到了70%；城镇职工养老保险的评价最低，得分为2.9分，其中认为不公平的占33.8%（见表8）。

表 8　社会保险制度——公平性评价

单位：分，%

项目		很公平	较公平	一般	不公平	很不公平	总计	得分
城镇职工养老保险	得分	40	352	473	359	84	1308	2.9
	占比	3.1	26.9	36.2	27.4	6.4	100.0	
城镇居民养老保险	得分	19	179	277	145	33	653	3.0
	占比	2.9	27.4	42.4	22.2	5.1	100.0	
新农保	得分	127	657	451	193	27	1455	3.5
	占比	8.7	45.2	31.0	13.3	1.9	100.0	
城镇职工基本医疗保险	得分	33	319	497	297	60	1206	3.0
	占比	2.7	26.5	41.2	24.6	5.0	100.0	
城镇居民基本医疗保险	得分	17	208	355	153	27	760	3.0
	占比	2.2	27.4	46.7	20.1	3.6	100.0	
新农合	得分	166	904	515	219	30	1834	3.5
	占比	9.1	49.3	28.1	11.9	1.6	100.0	
工伤保险	得分	17	123	241	97	23	501	3.0
	占比	3.4	24.6	48.1	19.4	4.6	100.0	
失业保险	得分	13	118	252	102	30	515	3.0
	占比	2.5	22.9	48.9	19.8	5.8	100.0	
生育保险	得分	15	126	215	68	21	445	3.1
	占比	3.4	28.3	48.3	15.3	4.7	100.0	
整体社会保险制度	得分	85	667	685	360	59	1856	3.2
	占比	4.6	35.9	36.9	19.4	3.2	100.0	

2. 不同特征样本对社会保险制度"公平性"的评价比较

表 9 显示了不同居民对于社会保险制度"公平性"的评价。

从性别来看，对于整体社会保险制度，女性的评价为 3.16 分，低于男性的 3.23 分。对于各项社会保险制度，女性的评价均低于男性。

从户籍身份来看，对于整体社会保险制度，农民的评价最高，为 3.63 分，农民工的评价次之，为 3.02 分，城镇居民的评价最低，为 2.90 分。对于各项社会保险制度，农民除了在城镇职工养老保险评价上略低于农民工以及在生育保险评价上略低于城镇居民外，对于其他制度评价均高于农民工和城镇居民；农民工在城镇职工养老保险的评价上高于农民和城镇居民，在城镇居民养老保险、新农保、工伤保险、失业保险和生育保险的评价上均低于农民和城镇居民；城镇居民在城镇职工养老保险、城镇职工基本医疗保险、城镇居民基本医疗保险和新农合上低于农民和农民工，但在生育保险的评价上高于农民和农民工。

从居住地来看，对于整体社会保险制度，居住在农村的居民评价最高，为3.66分，集（镇）居民次之，为2.91分，城区居民最低，为2.89分。对于各项社会保险制度，城区居民除了在生育保险制度的评价上高于农村和集（镇）居民以及在新农合和工伤保险上略高于集（镇）居民，其余均低于农村和集（镇）居民；集（镇）居民在城镇居民基本医疗保险和失业保险上高于城区和农村居民，但在新农合和工伤保险上低于城区和农村居民；农村居民除了在城镇居民基本医疗保险、失业保险和生育保险的评价上略低，其余均高于城区和集（镇）居民。

表9 社会保险制度"公平性"评价比较（均值）

单位：分

项目		城镇职工养老保险	城镇居民养老保险	新农保	城镇职工基本医疗保险	城镇居民基本医疗保险
性别	男	2.98	3.09	3.50	3.04	3.09
	女	2.88	2.92	3.42	2.90	3.01
户籍身份	农民	3.24	3.16	3.61	3.10	3.09
	农民工	3.25	2.90	3.10	2.98	3.06
	城镇居民	2.88	2.99	3.12	2.96	3.04
居住地	城区	2.86	2.97	3.06	2.94	3.01
	集（镇）	3.33	2.98	3.09	3.10	3.19
	农村	3.37	3.28	3.62	3.24	3.18
职业状态	在职	3.03	3.03	3.47	3.03	3.07
	退休	2.57	2.92	3.24	2.78	2.88
受教育程度	小学及以下	3.07	3.09	3.67	3.02	3.08
	初中	2.78	2.98	3.55	2.83	3.08
	高中或职高	2.81	2.88	3.24	2.86	2.97
	大专及以上	3.06	3.10	3.12	3.10	3.08
地区	四川	3.12	3.07	3.82	3.05	3.24
	黑龙江	2.75	2.56	3.69	3.03	3.02
	湖南	3.14	3.09	3.25	3.18	3.15
	江苏	2.49	2.80	3.65	2.68	2.99
	山西	2.98	3.00	3.57	2.96	2.85
	海南	3.20	3.13	3.27	2.99	3.01

续表

	项目	新农合	工伤保险	失业保险	生育保险	整体社会保险制度
性别	男	3.55	3.11	3.05	3.17	3.23
	女	3.49	2.94	2.88	3.04	3.16
户籍身份	农民	3.62	3.06	3.03	3.09	3.63
	农民工	3.33	2.81	2.90	2.78	3.02
	城镇居民	3.26	3.05	2.97	3.14	2.90
居住地	城区	3.25	3.03	2.94	3.12	2.89
	集(镇)	3.21	2.90	3.17	3.00	2.91
	农村	3.62	3.11	3.02	3.00	3.66
职业状态	在职	3.54	3.04	2.98	3.14	3.27
	退休	3.29	3.02	2.89	2.90	2.79
受教育程度	小学及以下	3.66	3.00	3.07	3.25	3.69
	初中	3.59	2.99	2.98	2.91	3.30
	高中或职高	3.38	2.96	2.83	2.95	2.98
	大专及以上	3.27	3.06	3.01	3.19	2.96
地区	四川	3.79	3.00	2.91	3.26	3.54
	黑龙江	3.74	3.39	3.20	3.33	3.33
	湖南	3.31	3.02	3.01	3.05	3.22
	江苏	3.76	2.89	2.85	3.08	3.14
	山西	3.63	3.15	3.04	3.30	3.29
	海南	3.17	3.00	3.05	3.10	3.03

从职业状态来看，对于整体社会保险制度，在职者的评价为3.27分，高于退休者。对于各项社会保险制度，在职者的评价均高于退休者。

从调查地区来看，对于整体社会保险制度，四川地区的居民评价最高，为3.54分，海南地区的居民评价最低，为3.03分。从各项社会保险制度来看，四川地区的居民在新农保、城镇居民基本医疗保险和新农合的评价上高于地区其他居民；黑龙江地区的居民在工伤保险、失业保险和生育保险上的评价上高于其他地区；湖南地区的居民在城镇职工医疗保险的评价上高于其他地区，但在新农保和生育保险的评价上低于其他地区；江苏地区的居民在城镇职工养老保险、城镇职工基本医疗保险、工伤保险和失业保险的评价上低于其他地区；山西地区的居民在城镇居民基本医疗保险的评价上低于其他地区;海南居民在城镇职工养老保险、城镇居民养老保险和新农合的评价上高于其他地区。

(六) 对社会保险制度"满意度"的评价

1. 各项社会保险制度"满意度"的总体及评价比较

总的来看,居民对于整体社会保险制度"满意度"的评价较高。其中,3.5%的居民认为"非常满意",40.5%的居民认为"满意",34.7%的居民认为"一般",18.7%的居民认为"不满意",2.5%的居民认为"非常不满意"。

从对各项社会保险制度"满意度"的评价来看,新农合的评价最高,得分为3.6分,约64.0%的居民表示"满意"和"非常满意";城镇职工养老保险、城镇居民养老保险、城镇职工基本医疗保险、失业保险和工伤保险的评价相对较低,得分都为3.0分(见表10)。

表10 社会保险制度——满意度评价

单位:分,%

项目		非常满意	满意	一般	不满意	非常不满意	总计	得分
城镇职工养老保险	得分	23	355	582	329	69	1358	3.0
	占比	1.7	26.1	42.9	24.2	5.1	100	
城镇居民养老保险	得分	18	171	320	156	14	679	3.0
	占比	2.7	25.2	47.1	23.0	2.1	100.0	
新农保	得分	106	794	399	182	19	1500	3.5
	占比	7.1	52.9	26.6	12.1	1.3	100.0	
城镇职工基本医疗保险	得分	18	323	544	293	53	1231	3.0
	占比	1.5	26.2	44.2	23.8	4.3	100.0	
城镇居民基本医疗保险	得分	20	206	370	168	19	783	3.1
	占比	2.6	26.3	47.3	21.5	2.4	100.0	
新农合	得分	152	1058	433	221	26	1890	3.6
	占比	8.0	56.0	22.9	11.7	1.4	100.0	
工伤保险	得分	6	149	228	104	16	503	3.0
	占比	1.2	29.6	45.3	20.7	3.2	100.0	
失业保险	得分	9	125	262	106	23	525	3.0
	占比	1.7	23.8	49.9	20.2	4.4	100.0	

续表

项目		非常满意	满意	一般	不满意	非常不满意	总计	得分
生育保险	得分	8	128	222	81	15	454	3.1
	占比	1.8	28.2	48.9	17.8	3.3	100.0	
整体社会保险制度	得分	68	778	667	360	49	1922	3.2
	占比	3.5	40.5	34.7	18.7	2.5	100.0	

2. 不同特征样本对社会保险制度"满意度"的评价比较

表 11 显示了不同居民对社会保险制度"满意度"的评价。

从性别来看,对于整体社会保险制度,女性居民的满意度评分为 3.19 分,低于男性居民。对于各项社会保险制度,女性的满意度均低于男性。

从户籍身份来看,对于整体社会保险制度,农民的满意度最高,为 3.68 分,农民工次之,为 3.13 分,城镇居民最低,为 2.93 分。对于各项社会保险制度,农民的满意度均高于农民工和城镇居民;农民工在对新农保、城镇居民基本医疗保险、工伤保险、失业保险和生育保险的满意度上低于农民和城镇居民;城镇居民对城镇职工养老保险、城镇居民养老保险、城镇职工基本医疗保险和新农合的满意度低于农民和农民工。

从居住地来看,对于整体社会保险制度,居住在农村的居民满意度最高,为 3.70 分,集(镇)居民次之,为 2.94 分,城区居民最低,为 2.93 分。对于各项社会保险制度,城区居民除了在新农合的满意度上略高于集(镇)居民,其余均低于农村和集(镇)居民;集(镇)居民在新农合的评价上低于农村和城区居民,但在失业保险和生育保险上高于集(镇)和农村居民。

从职业状态来看,对于整体社会保险制度,退休者的满意度评分为 2.90 分,低于在职者的 3.30 分。对于各项社会保险制度,在职者除了对工伤保险、失业保险和生育保险的"满意度"评价上低于退休者,其余均高于退休者。

从受教育程度来看，对于整体的社会保险制度，受教育程度越高，满意度越低。对于各项社会保险制度，小学及以下的居民除了对城镇居民基本医疗保险的满意度略低于初中的居民，对其余各项制度的满意度均高于其他居民；初中的居民对城镇职工养老保险和城镇职工基本医疗保险的满意度和高中或职高的居民一致，分别为2.87分和2.91分，对生育保险的满意度低于其他居民，但对于城镇居民基本医疗保险的满意度高于其他居民；高中或职高的居民对于城镇居民养老保险和失业保险的满意度低于其他居民；大专及以上的居民对于新农保、城镇居民基本医疗保险和新农合的满意度低于其他居民。

表11 社会保险制度"满意度"比较（均值）

单位：分

项目		城镇职工养老保险	城镇居民养老保险	新农保	城镇职工基本医疗保险	城镇居民基本医疗保险
性别	男	2.98	3.09	3.54	3.00	3.07
	女	2.92	2.98	3.51	2.94	3.03
户籍身份	农民	3.20	3.17	3.70	3.18	3.16
	农民工	3.07	3.04	3.09	2.96	2.96
	城镇居民	2.92	3.00	3.14	2.95	3.04
居住地	城区	2.91	3.00	3.08	2.93	3.01
	集（镇）	3.10	3.05	3.17	3.10	3.20
	农村	3.34	3.25	3.69	3.25	3.18
职业状态	在职	3.01	3.05	3.54	3.00	3.06
	退休	2.78	2.93	3.44	2.87	3.02
受教育程度	小学及以下	3.21	3.14	3.80	3.18	3.14
	初中	2.87	3.03	3.63	2.91	3.15
	高中或职高	2.87	2.98	3.31	2.91	3.04
	大专及以上	3.01	3.05	3.05	3.01	3.01
地区	四川	3.17	3.02	3.85	3.12	3.21
	黑龙江	2.87	2.66	3.82	3.06	3.13
	湖南	3.10	3.21	3.29	3.13	3.17
	江苏	2.65	2.78	3.63	2.72	2.96
	山西	3.01	3.03	3.69	2.97	2.86
	海南	3.16	3.15	3.34	3.09	3.10

续表

项目		新农合	工伤保险	失业保险	生育保险	整体社会保险制度
性别	男	3.61	3.11	3.03	3.09	3.28
	女	3.55	2.99	2.94	3.06	3.19
户籍身份	农民	3.70	3.16	3.05	3.10	3.68
	农民工	3.30	2.94	2.87	2.98	3.13
	城镇居民	3.28	3.05	2.99	3.08	2.93
居住地	城区	3.28	3.04	2.96	3.07	2.93
	集（镇）	3.26	3.09	3.11	3.23	2.94
	农村	3.69	3.12	3.02	2.98	3.70
职业状态	在职	3.59	3.04	2.99	3.08	3.30
	退休	3.45	3.19	3.06	3.09	2.90
受教育程度	小学及以下	3.76	3.28	3.13	3.40	3.78
	初中	3.62	3.12	3.06	2.97	3.34
	高中或职高	3.44	3.03	2.95	3.01	3.06
	大专及以上	3.26	3.03	2.97	3.10	2.94
地区	四川	3.81	3.10	3.00	3.26	3.56
	黑龙江	3.84	3.22	3.19	3.22	3.44
	湖南	3.31	3.08	2.99	3.12	3.28
	江苏	3.83	2.96	2.88	2.88	3.21
	山西	3.70	3.23	3.15	3.30	3.31
	海南	3.28	3.04	3.07	3.11	3.12

从调查地区来看，对于整体社会保险制度，四川地区的满意度最高，为 3.56 分，海南地区的满意度最低，为 3.12 分。对于各项社会保险制度，四川地区的居民对城镇职工养老保险、新农保和城镇居民基本医疗保险的满意度高于其他地区；黑龙江地区的居民对城镇居民养老保险的满意度低于其他地区，但是对于新农合和失业保险的满意度高于其他地区；湖南地区的居民对于城镇居民养老保险和城镇职工基本医疗保险的满意度高于其他地区，但是对于新农保的满意度低于其他地区；江苏地区的居民对于城镇职工养老保险、城镇职工基本医疗保险、工伤保险、失业保险和生育保险的满意度低于其他地区；山西地区的居民对于城镇居民基本医疗保险的满意度低于其他地区，但是对于工伤保险和生

育保险的满意度则高于其他地区；海南地区的居民对于新农合的满意度低于其他地区。

三 社会保险制度评价影响因素分析

（一）分析方法

为了进一步分析影响社会保险制度的主要因素，以及比较不同特征人群对社会保险制度评价的差异，本文将社会保险制度各评价指标评价结果（社会保险制度个人缴费、待遇水平、缓解收入差距效果、公平性、满意度评分）作为因变量，性别、职业状态（是否在职）、居住地［城区/农村/集（镇）］、居民身份（农民/农民工/城区居民）、是否参加该制度（参加/未参加）、年龄、受教育程度、个人年收入自然对数作为自变量进行多元回归统计（见表12），前文对样本的基本情况描述和社会保险制度总体评价描述已经包含了自变量和因变量的基本统计信息，这里不再赘述。

表 12 分析框架示意图

自变量			因变量
分类变量	性别	男性（参照）	社会保险制度"个人缴费"评分
		女性	
	居民身份	农民（参照）	社会保险制度"待遇水平"评分
		农民工	
		城镇居民	
	居住地	城区（参照）	社会保险制度"缓解收入差距效果"评分
		集（镇）	
		农村	
	职业状态	在职（参照）	社会保险制度"公平性"评分
		退休	
	是否参加制度	参加	
		未参加	
连续变量	年龄		社会保险制度"满意度"评分
	受教育程度		
	个人年收入对数		

(二) 分析结果

1. 影响社会保险制度"个人缴费"评价的主要因素

按照研究框架对相关变量进行多元回归统计,最终得到 6 个多元回归模型,影响城镇居民基本医疗保险和失业保险"个人缴费"评价的多元回归模型不显著。表 13 显示了分析结果。

表 13 影响社会保险制度"个人缴费"评价的多元回归分析(非标准化回归系数)

自变量		城镇职工养老保险	城镇居民养老保险	新农保	城镇职工基本医疗保险	新农合	整体社会保险制度
参照量	常数项	1.87	2.75	3.26	3.00	2.61	2.34
男性	女性	-0.13*	-0.24**	—	-0.11*	—	—
农民	农民工	—	—	-0.27**	—	-0.13*	—
	城镇居民	—	—	—	—	—	—
城区	农村	0.08*	—	-0.26***	—	-0.27***	0.19***
	集(镇)	—	—	-0.24*	—	-0.43***	—
在职	退休	0.46***	—	—	0.22***	—	0.20***
年龄		—	—	—	—	0.01**	—
受教育程度							
个人年收入对数		0.23*	—	—	—	0.05**	0.04*
F		13.02***	8.76**	11.26***	8.04***	12.59***	9.23***
R^2		0.05	0.02	0.03	0.02	0.05	0.02

说明:***、**、*分别表示 0.1%、1% 和 5% 的显著性水平。以下同。

(1) 显著影响城镇职工养老保险"个人缴费"评价的主要因素有性别、居住地、职业状态和个人年收入,其中,女性的评价低于男性,居住在农村的居民评价高于城区居民,退休者的评价高于在职者,个人收入越高,评价越高。

(2) 显著影响城镇居民养老保险的"个人缴费"评价的因素主要是性别,其中,女性的评价高于男性。

(3) 显著影响新农保"个人缴费"评价的因素主要是居民身份、居住地,其中,农民工的评价低于农民,居住在农村和集(镇)的居民评价低于城区居民,且居住在农村地区的居民评价最低。

(4) 显著影响城镇职工基本医疗保险"个人缴费"评价的主要因素是性别和职业状态，其中，女性的评价低于男性，退休者的评价高于在职者。

(5) 显著影响整体社会保险制度"个人缴费"评价的因素主要有居住地、职业状态和个人年收入，其中，居住在农村的居民评价高于城区居民，退休者的评价高于在职者，个人年收入与评价呈正比。

2. 影响社会保险制度"待遇水平"评价的主要因素

将各项社会保险制度以及整体社会保险制度的"待遇水平"的评价作为因变量纳入多元回归模型，10个模型都通过显著性检验，表14显示了模型结果。

表14 影响社会保险制度"待遇水平"评价的多元回归分析（非标准化回归系数）

自变量		城镇职工养老保险	城镇居民养老保险	新农保	城镇职工基本医疗保险	城镇居民基本医疗保险
参照量	常数项	1.51	2.36	3.00	2.78	2.43
男性	女性	-0.11*			-0.10*	
城区	农村	0.50***	0.55***		0.43***	0.43***
	集（镇）					
在职	退休	-0.12*				
参加制度	未参加	0.13*			0.21**	
年龄					-0.01***	
受教育程度				-0.17***		
个人年收入对数		0.08*				
F		12.48***	26.68***	53.74***	15.96***	33.49***
R^2		0.06	0.06	0.06	0.06	0.06
自变量		新农合	工伤保险	失业保险	生育保险	整体社会保险制度
参照量	常数项	3.00	2.62	2.56	2.60	2.00
男性	女性		-0.20*	-0.22		
城区	农村		0.30*	0.35*	0.32*	0.45***
	集（镇）	-0.30*				
受教育程度		-0.07**				
个人年收入对数						0.04*
F		10.19***	5.09**	6.69**	5.39*	26.10***
R^2		0.02	0.03	0.04	0.02	0.08

(1) 显著影响城镇职工养老保险"待遇水平"评价的主要因素是性别、居住地、职业状态、个人年收入以及是否参加制度，其中，女性的评价低于男性，居住在农村的居民的评价高于城区居民，退休者的评价低于在职者，未参加制度的居民的评价高于参加制度的居民，收入越高，评价越高。

(2) 显著影响城镇居民养老保险"待遇水平"评价的主要因素是居住地，居住在农村的居民评价高于居住在城区的居民。

(3) 显著影响新农保"待遇水平"评价的主要因素是受教育程度，受教育程度越高，评价越低。

(4) 显著影响城镇职工基本医疗保险"待遇水平"评价的主要因素是性别、居住地、是否参加制度以及年龄，其中，女性的评价低于男性，居住在农村的居民的评价高于城区居民，退休者的评价低于在职者，未参加制度的居民评价高于参加制度的居民，年龄越大，评价越低。

(5) 显著影响城镇居民基本医疗保险"待遇水平"评价的主要因素是居住地，居住在农村地区的居民评价高于城区居民。

(6) 显著影响新农合"待遇水平"评价的主要因素是居住地和受教育程度，其中，居住在集（镇）的居民评价高于城区居民，受教育程度越高，评价越低。

(7) 显著影响工伤保险"待遇水平"评价的主要因素是性别和居住地，其中，女性的评价低于男性，居住在农村地区的居民的评价低于城区居民。

(8) 显著影响失业保险"待遇水平"评价的主要因素是居住地，居住在农村地区的居民评价高于城区居民。

(9) 显著影响生育保险"待遇水平"评价的主要因素是居住地，居住在农村地区的居民评价高于城区居民。

(10) 显著影响整体社会保险制度"待遇水平"评价的主要因素是居住地和个人年收入，居住在农村地区的居民评价高于城区居民，收入越高，评价越高。

3. 影响社会保险制度"缓解收入差距效果"评价的主要因素

将各项社会保险制度以及整体社会保险制度的"缓解收入差距效果"的评价作为因变量纳入多元回归模型，最终得到 7 个回归模型，影响城镇职工基本医疗保险、城镇居民基本医疗保险和失业保险"缓解收入差距效果"评价的回归模型未通过显著性检验。表 15 显示了回归分析结果。

表 15　影响社会保险制度"缓解收入差距效果"评价的多元回归分析
（非标准化回归系数）

自变量		城镇职工养老保险	城镇居民养老保险	新农保	新农合	工伤保险	生育保险	整体社会保险制度
参照量	常数项	2.46	2.56	3.22	3.11	2.72	2.81	2.70
城区	农村			-0.17*			-0.32*	0.20
	集（镇）							
在职	退休	-0.33**				0.31*		
参加制度	未参加	0.15*						
年龄		-0.01*	0.01*					
受教育程度				-0.12**	-0.06*			
F		6.02***	5.32*	5.37*	5.20*	4.42*	5.04*	19.37***
R^2		0.02	0.01	0.01	0.01	0.01	0.02	0.01

（1）显著影响城镇职工养老保险制度"缓解收入差距效果"评价的主要因素有职业状态、是否参加制度以及年龄，其中，退休者的评价低于在职者；未参加制度的居民评价高于参加了制度的居民；年龄越大，评价越低。

（2）显著影响城镇居民养老保险制度"缓解收入差距效果"评价的主要因素是年龄，年龄越大，评价越高。

（3）显著影响新农保"缓解收入差距效果"评价的主要因素有居住地和受教育程度，其中，居住在农村地区的居民评价低于城区居民；受教育程度越高，评价越低。

（4）显著影响新农合"缓解收入差距效果"评价的主要因素是受教育程度，受教育程度越高，评价越低。

（5）显著影响工伤保险"缓解收入差距效果"评价的主要因素是职业状态，退休者的评价高于在职者。

（6）显著影响生育保险"缓解收入差距效果"评价的主要因素是居住地，居住在农村地区的居民评价低于城区居民。

（7）显著影响整体社会保险制度"缓解收入差距效果"评价的主要因素是居住地，居住在农村地区的居民评价高于城区居民。

4. 影响社会保险制度"公平性"评价的主要因素

将各项社会保险制度以及整体社会保险制度的"公平性"的评价作为因变量纳入多元回归模型，10个模型都通过显著性检验。表16显示了模型结果。

表16 影响社会保险制度"公平性"评价的多元回归分析（非标准化回归系数）

自变量		城镇职工养老保险	城镇居民养老保险	新农保	城镇职工基本医疗保险	城镇居民基本医疗保险
参照量	常数项	2.14	3.14	3.09	2.82	3.09
男性	女性		-0.21**		-0.16**	
城区	农村	0.40***		0.58***	0.34**	
	集(镇)	0.35*				
在职	退休	-0.40***			-0.17*	-0.20*
参加制度	未参加	0.18*				
受教育程度					0.08*	
个人年收入对数		0.08*				
F		19.07***	7.60**	109.63***	11.73***	4.66*
R^2		0.08	0.01	0.09	0.04	0.01

自变量		新农合	工伤保险	失业保险	生育保险	整体社会保险制度
参照量	常数项	3.13	3.15	3.08	3.18	2.78
男性	女性		-0.20*	-0.20*		
农民	农民工				-0.39*	
	城镇居民					
城区	农村	0.33***				0.68***
	集(镇)					
在职	退休					-0.20***
年龄		0.31*				0.01
受教育程度						
个人年收入对数						
F		28.65***	5.05*	6.00*	4.73*	106.25***
R^2		0.04	0.01	0.01	0.01	0.20

（1）显著影响城镇职工养老保险"公平性"评价的主要因素有居住地、职业状态、是否参加制度以及个人年收入，其中，居住在农村和集（镇）的居民评价高于城区居民；退休者的评价低于在职者；未参加制度的居民评价高于参加制度的居民；同等条件下，个人年收入越高，评价越高。

（2）显著影响城镇居民养老保险"公平性"评价的主要因素是性别，女性的评价低于男性。

（3）显著影响新农保"公平性"评价的主要因素是居住地，居住在农村的居民评价高于城区居民。

（4）显著影响城镇职工基本医疗保险"公平性"评价的主要因素有性别、居住地、职业状态以及受教育程度，其中，女性的评价低于男性；农村居民的评价高于城区居民；退休者的评价低于在职者；受教育程度越高，评价越高。

（5）显著影响城镇居民基本医疗保险"公平性"评价的主要因素是职业状态，退休者的评价低于在职者。

（6）显著影响新农合"公平性"评价的主要因素有居住地和年龄，居住在农村地区的居民评价高于城区居民；年龄越大，评价越高。

（7）显著影响工伤保险"公平性"评价的主要因素是性别，女性的评价低于男性。

（8）显著影响失业保险"公平性"评价的主要因素是性别，女性的评价低于男性。

（9）显著影响生育保险"公平性"评价的主要因素是居民身份，农民工的评价低于农民。

（10）显著影响整体社会保险制度"公平性"评价的主要因素有居住地、职业状态和受教育程度，其中，居住在农村的居民评价高于城区居民；退休者的评价低于在职者；年龄越大，评价越高。

5. 影响社会保险制度"满意度"的主要因素

将各项社会保险制度以及整体社会保险制度的满意度评分作为因变量纳入多元回归模型，最终得到7个回归模型，影响工伤保险、失业保险和生育保险满意度回归模型未通过显著性检验。表 17 显示了回归分析结果。

表 17　影响社会保险制度"满意度"的多元回归分析（非标准化回归系数）

自变量		城镇职工养老保险	城镇居民养老保险	新农保	城镇职工基本医疗保险	城镇居民基本医疗保险	新农合	整体社会保险制度
参照量	常数项	1.98	2.32	3.46	3.00	3.17	3.46	2.98
城区	农村	0.40***	0.31**	0.26**	0.29**		0.22***	0.60***
	集（镇）							
在职	退休	-0.18**			-0.13*			-0.30***
参加制度	未参加	0.19*	-0.19*	-0.17*		-0.16*		
年龄				0.01*			0.01*	0.01**
受教育程度				-0.11***			-0.08**	-0.07**
个人年收入对数		0.10**	0.09*					
F		25.33***	4.95**	42.31***	7.47*	5.17*	25.34***	93.15***
R^2		0.05	0.03	0.13	0.01	0.01	0.05	0.19

（1）显著影响城镇职工养老保险制度"满意度"评价的主要因素有居住地、职业状态、是否参加制度以及个人年收入，其中，居住在农村的居民满意度高于城区居民；退休者的满意度低于在职者；未参加制度的居民满意度高于参加了制度的居民；个人年收入越高，制度满意度越高。

（2）显著影响城镇居民养老保险制度"满意度"评价的主要因素有居住地、是否参加制度以及个人年收入，其中，居住在农村的居民评价高于城区居民；未参加制度的居民评价高于参加制度的居民；个人年收入越高，评价越高。

（3）显著影响新农保"满意度"评价的主要因素有居住地、是否参加制度、年龄以及受教育程度，其中，居住在农村的居民评价高于城区居民；未参加制度的居民评价高于参加制度的居民；年龄越大，评价越高；受教育程度越高，评价越低。

（4）显著影响城镇职工基本医疗保险制度"满意度"评价的主要因素有居住地和职业状态，居住在农村的居民评价高于城区居民；退休者的评价低于在职者。

(5) 显著影响城镇居民基本医疗保险制度"满意度"评价的主要因素是是否参加制度，参加制度的居民满意度高于未参加制度的居民。

(6) 显著影响新农合"满意度"评价的主要因素有居住地、年龄和受教育程度，其中，居住在农村的居民满意度高于城区居民；年龄越大，满意度越高；受教育程度越高，满意度越低。

(7) 显著影响整体社会保险制度"满意度"评价的主要因素有居住地、职业状态、年龄以及受教育程度，其中，居住在农村的居民满意度高于城区居民；退休者的满意度低于在职者；年龄越大，满意度越高；受教育程度越高，满意度越低。

(三) 影响评价的主要因素

前文通过多元回归模型分析了显著影响社会保险制度评价的主要因素，下面对这些主要因素进行进一步讨论。

第一，性别对于社会保险制度评价的显著影响主要体现在对城镇职工养老保险、城镇居民养老保险以及城镇职工基本医疗保险的"个人缴费""待遇水平""公平性"的评价上，女性的评价明显低于男性，这可能与社会保险制度的受益有关。理论上，社会保险制度具有正向分配的功能，即高收入向低收入转移，我国女性的劳动参与率、收入和工龄均低于男性[1]，因而，在社会保险制度中，女性获得的利益应该高于男性，这可能导致女性对社会保险制度过高的期待。同时，由于养老保险待遇与制度参与者的职业、收入的相关性很强，男性的制度利益可能高于女性。例如，在本次调查中，男性和女性从城镇职工养老保险中获得的收入占总收入的比重分别为75.8%和74.6%，女性低于男性。虽然在其他的社会保险制度，女性获得的收益略高于男性[2]，但这种微小的差

---

[1] 潘锦棠：《养老社会保险制度中的性别利益——兼评关于男女退休年龄的讨论》，《中国社会科学》2002年第2期。

[2] 在本次调查中，女性和男性从社会保险制度中获得的总收入占总收入的比重分别为15.8%和13.2%，从城镇基本医疗保险制度中获得的收入占总收入比重分别为30.4%和28.6%。

距远不足以弥补首次分配不公带来的收入差异,因而影响了女性对于社会保险制度的评价。

第二,户籍身份对社会保险制度评价的显著影响主要体现在对新农保和新农合制度的"个人缴费"评价上,农民工的评价明显低于农民。这可能是因为,农民工一般在远离自己的户籍所在地工作,很难享受到新农合的待遇,如果将来留在城镇,也无法确定是否能够享受新农合的待遇,但是却需要缴纳在原户籍地参与的新农保和新农合的参保费用,这种权利和义务的严重不对等,影响了他们对于该制度的评价。

第三,居住地对社会保险制度的影响。总的来看,居住在城区的居民对社会保险制度的评价低于农村居民和集(镇)居民,而农村居民的评价最高。但是,在对新农合和新农保制度"个人缴费"以及对新农保和生育保险制度"缓解收入差距"的评价上,城区居民高于农村居民和集(镇)居民,且在新农保的评价上,集(镇)居民高于农村居民。这有可能是相对于城镇居民的养老和医疗保险制度,新农合和新农保的缴费相对很低,因而导致城区居民的评价较高。但是对于其他评价,居住在农村的居民明显高于城区居民,这有可能是因为:一方面,相对于农村居民,城镇居民虽然享受的社会保险制度待遇高于农村居民,但内部差别较大,导致了城镇居民相对不公平感的增强;另一方面,农村居民长期受到城乡二元体制的影响,没有任何的社会保险制度,已经接受了这种城乡不平等待遇差距,而新农合和新农保制度的建立,使得农村居民的社会保险制度有了一个从"无"到"有"的飞跃,这种变化带来的心理满足感使得农村居民对整体社会保险制度的满意度高于城镇居民。

第四,职业状态与年龄对社会保险制度的影响。除了在"个人缴费"的评价上,退休者的评价高于在职者,其余的评价均低于在职者。这一结果是很容易理解的,退休者不再进行社会保险制度的缴费,而在职者正处于缴费的时期,评价自然比较低。在其他的评价方面,退休者的养老收入低于退休前以及当期的在职者,具有一定的心理落差,而在职者还没有明显感受到这种差异,因而评价相对于在职者更高。这也可以解释年龄与城镇职工基本医疗保险"待遇水平"和城镇职工养老保险"缓解收入差距效果"评价成反比。

第五,受教育水平对社会保险制度评价的显著影响主要体现在新农保和新农合的"待遇水平""缓解收入差距""满意度"评价以及城镇职工基本医疗保险"公平性"评价上,受教育水平与新农保和新农合的"待遇水平""缓解收入差距""满意度"评价成反比,即受教育程度越高,评价越低,而与城镇职工基本医疗保险"公平性"评价正比,即受教育程度越高,评价越高。这可能是因为,受教育程度越高,对各种制度的了解和认识也更理性和全面,相比于城镇的社会保险制度,新农合和新农保的实际待遇较低,对于缓解社会收入差距的效果相对较小。

第六,个人年收入对社会保险制度的显著影响主要体现在对城镇职工养老保险"个人缴费""待遇水平""公平性"评价以及"满意度"上,个人年收入越高,评价越高。这是因为,高收入者是城镇职工养老保险的受益者,从目前城镇职工养老保险制度设计来看,城镇职工养老保险和职业、待遇的相关性很强,收入越高,缴费相对越低,待遇水平也更高,从而使得收入高的居民,对其评价越高。

四 结论与政策建议

(一)社会保险制度建设成就巨大,仍存在诸多矛盾和问题

虽然我国社会保险制度建设和改革已经取得了很大的成绩,但目前我国的社会保险制度离其实现社会公平、适应社会经济发展、满足社会成员需求的目标还有较大的差距。首先,社会保险制度的覆盖面亟待进一步扩大。一方面,社会保险体系中的部分保险项目的保险对象不能覆盖全体社会成员,例如,失业保险、工伤保险和生育保险制度的受益群体基本上局限于城镇职工,城镇居民和农村居民却没有相应的制度保障;另一方面,社会保险制度的总体参与程度还比较低,例如,2010

年,城镇职工养老保险的参保率约为 64%,城镇基本医疗保险的参保率约为 65%[①]。其次,社会保险制度分割的"碎片化",影响了社会保险制度的公平性。虽然养老保险和医疗保险将城乡居民均纳入了制度框架之内,但是不同的养老和医疗保险制度之间待遇差距较大,且制度之间转接困难。例如,我国规定,城镇居民养老保险和新农保的待遇标准每月不低于 55 元,2010 年,试点地区的新农保待遇为月均 58.3 元,而城镇职工养老保险的月均待遇为 1368.7 元[②]。我国正处于城镇化高速发展的时期,越来越多的农村居民通过"农民工"这一中间身份转变为城镇居民,在这一身份的转换过程中,也相应地带来了农村社会保险制度和城镇社会保险制度的转接问题,由于转接困难,有些农民工同时参与了农村和城镇的社会保险制度,而有些则没有享受任何一项社会保险制度,这既不利于制度的优化配置,也损害了农民工的权益。再次,我国的社会保险制度在管理体制上也存在诸多问题,法律法规不完善,统筹层次较低,社会保险基金规范性不强,监督机制不完善等问题也比较突出。我国正在逐步迈入老龄化社会,社会保险制度也将面临越来越多的人口老龄化的挑战,需要作出一系列的调整和变革来保证社会保险制度的持续性。

(二)社会保险制度的总体评价基本客观,但是不同群体评价的差异值得重视

第一,城乡居民对于当前社会保险制度的待遇和缓解收入差距效果(认为效果好的不到 15%)的评价较低,对公平性评价和制度的满意度相对较高。社会保险制度的满意度与社会保险制度的公平性评价以及待遇评价相关性强,评价比较一致,与个人缴费评价相关性较弱。"个人缴费"和"待遇水平"与居民的切身利益相关,相比于公平性和满意度感知,这两类评价是趋于现实的评价,而公平性和满意度则是更加主

---

① 《2011 中国统计年鉴》,http://www.stats.gov.cn/tjsj/ndsj/2011/indexch.htm。
② 《2011 中国统计年鉴》,http://www.stats.gov.cn/tjsj/ndsj/2011/indexch.htm。

观的一种判断，主观判断高于现实的评价，这体现了当前我国城区居民对于社会保险制度本身基本持一种肯定的态度，也表达了其对于制度的一种期待。

第二，从各项制度来看，城乡居民对于新农合和新农保的评价较高，对城镇职工养老保险制度的评价最低。从制度建立的时间来看，城镇职工养老保险制度是建立最早的，但评价却相对最低。新农合和新农保建立最晚，评价却最高，我们在肯定这两项新制度的同时，也要继续维持这两项制度的优势，让其能够顺应居民的需求，防止制度的僵化。

第三，影响社会保险制度评价的因素是多方面的，总的来看，性别、居住地以及是否退休这三个因素的作用比较明显。一般来讲，女性的评价普遍低于男性；居住在农村的居民评价高于集（镇）和城区的居民（但在新农保和新农合的缴费上，集（镇）评价最低，城区居民评价最高）；退休者的评价低于在职者的评价。

第四，社会保险制度的评价能在一定程度上反应出当前社会保险制度取得的成果以及存在的问题，但相对来说，评价仍然是比较主观的。因此，还需要一些更加客观的指标来衡量社会保险制度发挥的作用以及不足，这样才能更加全面地反映出社会保险制度的现状。

（三）以社会保险制度评价为动力，推动社会保险制度的改革发展和完善

社会保险制度评价是测量社会保险制度发展程度和发展水平的重要手段，社会保险制度作为国家的一项基本制度安排，其包含了制度主体、制度对象、制度管理、基金筹集、待遇支付、基金运营等客观内容，因而，很多对社会保险制度的评价都以客观为主，主要是通过一些客观评价指标来反映社会保险制度的现状，例如，通过参与社会保险制度的人数来测量社会保险制度的覆盖面，通过社会保险的支出金额来测量社会保险的水平，等等。社会保险制度的客观评价能够比较准确地反映出社会保险制度本身的发展现状，对照制度预设的客观目标，及时发现问题并做出调整，是保证社会保险制度持续运行以及进行改革的重要

参照。但是，客观评价常常无法了解社会保险制度对象对制度的满意情况，包括对象的意见等。

从根本上来说，社会保险制度的基本目标就是为了保证全体社会成员的基本生活，社会保险制度改革的一个重要原因也是因为无法适应社会成员的需求。因而，从这方面讲，社会保险制度的对象，即社会保险制度的受益人，他们对制度的评价就显得尤为重要。社会保险制度对象的评价可以称之为主观评价，以他们的主观感受为主，是相对于社会保险制度的客观评价而言的，是作为客观评价的补充。自20世纪中叶以来，随着人们对主观心理体验的重视，主观评价、主观满意度已经成为国际上评价生活质量、社会政策评估等的主要工具。社会保险主观评价能够反映出社会保险对象对制度的态度，并反映出他们对制度的一个心理预期和期待，可以为社会保险制度改革和进一步发展指明方向和提供决策依据。由此，建立主观评价指标体系，收集资料数据，并进行有规律的监测就显得非常必要。

首先，社会保险制度主观评价体现了社会保险对象对社会保险客观条件和主观心理感受的有机统一，在相同客观指标下，由于不同的社会文化环境，可能会出现不同的主观评价，只有将客观评价和主观评价结合起来，才能更全面地反映社会保险制度的发展水平；其次，社会保险主观评价还反映出社会保险对象对社会保险制度的心理期待，这对发现当前社会保险现状与理想程度之间的差距，以及制订社会保险制度目标都具有十分重要的意义；再次，主观评价可以实现不同制度群体的相互评价，以及将不同特征人群对社会保险制度的态度进行比较分析，从他们的态度差异中找出制度的矛盾，以此更好地实现制度公平。

（四）近期完善社会保险制度的两点建议

首先，继续增加财政对社会保险制度的投入，提高社会保险制度的待遇水平，尤其是农村居民的社会保险制度待遇。从本次调查来看，居民的社会保险制度整体待遇已经占其收入的14.5%，社会保险制度已经逐步成为我国城乡居民收入的一项重要来源，但是和发达国家相比，我国社会保险制度的待遇水平还有待进一步提高。此外，城乡社会保险待遇还存在较大的差距，城镇户口居民的社会保险待遇占收入的18%，农村户口居民的这一比例为12%，且农村户口内部差异很大，因而，要进一步完善农村的社会保险制度，提高其待遇水平，实现城乡社会保险制度公平。其次，进一步统筹城镇社会保险制度和农村社会保险制度。目前我国正处于城镇化高速发展时期，越来越多的农村居民正逐渐转变为城镇居民，在实现身份转变的同时，也带来了社会保险制度权利和义务转移的问题。由于目前我国实行的是城乡分割的社会保险制度，身份对制度参与的影响很大，许多正处于转型过程中的农村居民面临着从农村社会保险制度向城镇社会保险制度转移的过程，由于城乡社会保险制度在缴费、待遇、支付条件等方面的不一致，导致制度转移困难，这也是农民工对农村社会保险制度评价低于农民的一个重要原因，由此，需要进一步研究城乡社会保险制度的转移模式，维护城镇化过程中的农村居民的利益。

地方调研报告

陕西省宝鸡市社会保障发展与收入分配状况调研报告[*]

高文书

一 引言

经过多年的发展，我国的社会保障取得了重大进展，已经基本建立起与市场经济体制相适应的包括社会保险、社会救助和社会福利等在内的新型社会保障体系。但同时，我国的居民收入分配差距却在不断扩大，并引起了全社会的关注。国际经验表明，社会保障体系具有重要的收入再分配功能，它不仅是社会的"安全网"和"稳定器"，也是收入分配的"调节器"。从主要发达国家的情况看，社会保障是调节居民收入分配最重要的手段，其调节作用远大于税收。因此，这就提出了一个问题，即我国的社会保障对收入分配有多大的调节作用？还存在怎样的问题？

为回答上述问题，并深入探索社会保障对收入分配的具体影响，课题组于 2011 年 5 月，在陕西省宝鸡市抽取了 500 户近 1700 名城乡居民进行了相关问卷调查，获得了丰富的居民社会保障与收入分配的信息。

---

[*] 课题组于 2011 年 5 月赴宝鸡市进行抽样调查和入户访谈，并与宝鸡市人力资源和社会保障局、宝鸡市民政局、国家统计局宝鸡社会经济调查队等部门进行了座谈。本报告有关宝鸡市的社会保障数据除特别说明外，均由上述部门提供，特此说明并致谢！

宝鸡市作为经济中等发达地区，社会保障与收入分配方面的情况在全国有一定的代表性，所面临的主要问题也具有典型性。

调查表明，社会保障在提高居民收入的同时，还具有明显的缩小居民收入分配差距的作用。社会保障转移性收入使宝鸡市城乡居民收入的基尼系数下降了2个基尼点，其中使城镇居民收入差距下降了10个基尼点，使农村居民收入差距下降了1个基尼点。但社会保障在城乡收入差距上出现了"逆调节"，社会保障的收入转移使城乡收入比由原来的1.85倍增长到2.28倍。

我国当前的收入差距已经很大，为抑制收入差距的进一步拉大，应充分重视社会保障的收入再分配效应，把调节收入分配差距的措施重点逐步转到社会保障上来。应进一步增加社会保障的财政性投入，提高社会保障支出占财政支出的比例，并重点关注弱势群体。应尽快扭转社会保障支出的城市偏向问题，加大国家对农村社会保障的财政投入，切实提升农村居民社会保障水平。

二 社会保障的收入分配调节作用

（一）收入再分配是社会保障的一项基本功能

社会保障对居民收入分配的调节，主要体现在社会保障资金的筹集及其发放上。社会保障的资金来源于全社会有收入的广大成员，而社会保障的支出对象或受益群体则主要是低收入者或困难群体。高收入者由于收入水平较高，通常需要为社会保障资金的筹集作出较多的贡献，同时由于其较高的收入及较低的贫困或疾病等风险，因而获得社会保障资金支付的概率比较低。相反，低收入者由于较低的收入，其对社会保障资金筹集作出的贡献通常会较小，但获得社会保障体系资助的机会较高。因此，社会保障的这种普遍征收和有重点的支付，实现了对居民收入再分配和缩小收入差距的作用。尤其是社会保障体系中的社会救助项目，由于受助者并不需要承担任何社会保障缴费义务，只要是陷入贫困状态便可以从社会保障体系中获得救助，因而更直接地体现了社会保障的收入再分配效应。社会保障的收入再分配功能，体现了社会公平原则，形成了社会保障制度缩小贫富差距、促进收入平等分配的作用机制，因而又被称为社会收入分配的"调节器"。

从社会保障的具体项目来看，社会救助的再分配效应最为直接和明显。社会救助是国家通过财政支出救助社会贫困人群的一种行为，不要求受助者承担缴费义务，只要其生活陷入困境或收入低于一定的标准，国家就有义务为其提供经济扶助，使其能维持必要的生活。居民最低生活保障制度，是社会救助的典型内容和最重要的组成部分。社会救助实质上是一种财政转移支付，救助资金主要来自税收，由中央和地方政府通过财政拨款加以解决，不仅直接影响居民收入分配，而且还能有效缓解贫困。

社会福利缩小收入分配差距的作用也很明显。社会福利是国家和地方政府针对特定人群，如老年人、残疾人、孤儿等提供的经济补贴、物质帮助和服务设施等，包括老年补贴、免费义务教育、老人与儿童福利院等。在发达国家，社会福利已经成为覆盖全民的"普惠性"福利性待遇，福利项目更多地向教育、医疗、养老等发展型保障项目拓展。社会福利的资金筹集一般主要来自中央和地方财政，也有部分来自社会团体和民间捐助。社会福利完全根据居民丧失劳动能力、丧失抚养人等的实际状况，以及生活和发展的实际需求进行分配，主要受益对象是老人、儿童和残疾人等群体，很好地体现了居民收入再分配中对弱势群体和低收入群体的倾斜，是社会保障影响居民收入分配的重要渠道之一。

社会保险对收入分配的影响相对比较间接和复杂。由于社会保险是就业关联型保险，其基金的筹集与发放一般都与缴费工资和缴费年限等相联系，一定程度上遵循着多缴多得、少缴少得的原则，调节收入分配的作用并不是十分直接和明显。社会保险体现了个人自助的性质，各国在收缴社会保险费或税时，普遍强调同一工薪所得按比例征收和合理负担相结合的原则，并通过规定法定收缴基数的上限和下限以保护高低收入者不同的利益，力图既不影响高收入者上缴税费的积极性，又可以在一定程度上减轻低收入者的负担。例如，有些国家如瑞典就规定了社会成员缴纳社会保障税或费的起征点，即低于一定收入水平的社会成员可以免缴社会保障税或费（陶纪坤，2010）。从各国的实际情况来看，低收入劳动者往往是社会保险的主要受益者（赵浩然，2010）。

（二）社会保障对收入分配调节的国际经验

从市场收入分配来看，几乎所有国家或经济体都不够平等。一项对42个主要经济体的研究表明，有13个经济体的市场收入基尼系数在0.5以上；其余经济体的市场收入基尼系数基本也都在0.4以上；只有瑞士与荷兰是例外，基尼系数不到0.4，但也相当接近0.4。即使以收入平等著称的瑞典，市场收入的基尼系数也高达0.468。这表明，在市场经济条件下市场收入的不平等很可能是不可避免的。但是，经过社会保障和税收的调节之后，收入分配的不均等状况有很大改观。有17个经济体的再分配力度很强，可以将市场收入的基尼系数消减35%以上。这主要是一些西欧和北欧国家。有10个经济体的再分配力度较强，可以将市场收入的基尼系数消减15%~35%。这主要是一些南欧和盎格鲁撒克逊国家（王绍光，2012）。

在发达国家，社会保障对收入分配的调节作用尤为明显。有研究表明，大约在20世纪90年代，社会保障使瑞典的基尼系数下降了40%左右，使德国的基尼系数下降了30%左右，使美国的基尼系数下降了10%左右（Erivk，1998）；在1980~2000年间，社会保障使瑞典、德国和美国的基尼系数下降的幅度分别为41.14%、28.33%和12.44%（Jesuit & Mahler，2004）。在其他发达国家，社会保障也发挥了类似的重要的收入再分配作用。

各国的经验都表明，社会保障和税收是政府调节收入分配的两个最重要的手段。但是，在收入分配的调节中，到底是社会保障的作用大还是税收的作用大呢？很多学者认为调节收入差距主要靠个人所得税，而很多国家的实践都表明，社会保障调节收入分配差距的作用要远远大于税收（陶纪坤，2010）。

（三）中国社会保障制度对收入分配的调节路径

中国的社会保障制度，由社会保险、社会救助、社会福利和社会优抚四部分组成。社会救助主要为贫困者提供基本生活保障，社会福利主要为老人、儿童和残疾人等弱势群体提供生活援助，社会优抚主要针对军烈属提供物质支持。这三大类社会保障项目是直接的财政性收入转移，不需要待遇享受者承担缴费或其他义务，只要是陷入贫困状态或符合某种条件的都能享受。由于这几类社会保障项目的待遇享受者，都是贫困者和老幼残等弱势群体，其对缓解贫困、缩小居民收入差距的效应是不言而喻的。

社会保险对收入分配的调节作用相对复杂。中国的社会保险项目中，工伤保险和生育保险由单位缴费，劳动者个人不缴费，当劳动者遭遇工伤或生育状况时，可以享受相应待遇，直接体现了社会保险对收入分配的调节。医疗保险实行个人和单位按缴费工资一定比例共同缴费的制度，但医疗保险的支付主要根据劳动者实际的医疗需求进行分配，并不与缴费年限和缴费数额直接相联系，其收入再分配的调节作用也较明显。失业保险需要个人和单位共同缴费，但失业保险金的分配主要根据失业者的基本生活需要确定待遇标准，而跟缴费数额并无直接联系；尽管待遇享受期限与缴费年限有一定联系，但由于收入越高、就业时间越长失业的概率通常越小，因此失业保险金对于收入分配向低收入者、不稳定就业者的倾斜还是比较常明显的。养老保险实行个人账户和社会统筹相结合的方式，基金筹资来源于个人和单位共同缴费。当参保人缴费满一定年限并达到退休年龄，便可以按月领取社会养老保险金。由于养老保险待遇主要取决于参保人的缴费贡献，其对收入分配的调节作用并不明朗，尚需进一步的实证研究提供证据。

需要指出，中国社会保险体系中的养老保险和医疗保险等项目，在缴费方面可能存在"逆调节"的问题，即高收入者缴费负担较轻而低收入者缴费负担反而更重。因为这些社会保险项目的缴费，实行的是按照缴费基数而不是实际工资缴纳的制度。根据规定，职工上年度月平均工资作为缴纳社会保险的月缴费基数；但是，如果职工上年度月平均工资高于当地社会平均工资的3倍，只按当地社会平均工资的3倍作为缴费基数；如果职工上年度月平均工资低于当地社会平均工资的60%，须按照当地社会平均工资的60%作为缴费基数。这意味着，工资超出当地社会平均工资3倍以上的部分，将不需要缴纳社会保险费；而工资低于当地社会平均工资60%的部分，则要承担更重的社会保险缴费负担。也就是说，中国现行的社会保险的缴费费率，不仅不是累进性的，也不是同比例的，而是一种累退性的。

三 陕西省宝鸡市的社会保障体系及其发展

陕西省宝鸡市位于中国西北部，在陕西省是仅次于西安的第二大城市。近年来，宝鸡市把健全和完善社会保障体系作为保障和改善民生、增强本地区的软实力与竞争力、促进经济发展和社会进步的重要途径，积极推进社会保障制度改革探索与创新，不断加大财政投入，全面建设覆盖城乡居民的社会保障体系，取得显著成效。目前，宝鸡市已经建立起以社会保险为主体，以社会救助和社会福利为托底，各个层次相互衔接、相互配套、互为补充的一整套社会保障制度框架体系，在促进经济发展和社会稳定方面取得了显著成效。其中，宝鸡市率先创立的新农保模式在全国广泛推行，成为社会保障领域的先进典型。宝鸡市在被征地农民社保、城镇居民养老保险等方面也进行了积极探索，走在了全国的前列。

(一) 在制度全覆盖的同时，率先基本实现全民老有所养

目前，宝鸡市已经建立城镇职工养老保险、机关事业单位职工退休养老保障制度以及城乡居民社会养老保险制度（在原新型农村社会养老保险制度、城镇居民养老保险制度基础上整合而成），并制定了有关被征地农民、城镇集体所有制企业超过法定退休年龄人员等其他群体的养老保障办法，实现了养老保障制度全覆盖，绝大多数老年人都领取了养老金，实现了老有所养。

城镇职工养老保险参保人数逐年增加。近年来，宝鸡市将城镇职工养老保险覆盖范围扩大到私营企业、个体工商户、农民工和灵活就业人员，参保人数逐年递增。2006～2010年，城镇职工养老保险制度实际参保人数从28.7万人增加到33.5万人，增幅为16.7%。目前基本上实现了全覆盖，做到了应保尽保。

宝鸡市创立的新农保模式取得成功，并在全国推广。宝鸡市于2007年7月首先在全市216个村开展新型农村社会养老保险试点，建立"基础养老金＋个人账户"的"宝鸡模式"。这种新农保模式得到国家有关部门的充分肯定，并作为国家确定的新农保制度向全国推广。2009年，宝鸡全市各县（区）全面推行新农保，成为全国率先实现新农保全覆盖的地区。2010年，全市新农保参保人数为133.1万人，参保率达到87.02%，其中，60岁以上农村老年人享受新农保待遇的人数为30.8万人，占全市农村老年人口的96.6%。

城镇居民养老保险试点先于全国开展。宝鸡市城镇居民养老保险从2008年开始试点，2010年7月1日在全市全面推行。城镇居民养老保险的具体做法类似于新农保，其中基础养老金由政府财政负担，每人每月80元，个人账户养老金由个人选择缴费档次，政府财政给予一定的人口补贴。2010年当年全市就有3.7万人参保，其中享受待遇人数为1.7万人，而这比2011年7月国务院决定在全国60%的地区建立城镇居民养老保险制度提前了约1年的时间。

（二）城乡医保制度体系基本建成，全民医保基本实现

随着2005年和2007年分别进行的新农合、城镇居民医保制度建设工作的启动和开展，标志着一个由城镇职工医保、城镇居民医保和新农合组成的覆盖城乡各类人群的基本医疗保险制度体系已在宝鸡基本建成。从宝鸡市城乡医疗保险制度改革和建设的发展历程看，城乡三项医保制度逐步扩大了覆盖面。特别是2007年以来，随着各级政府对医疗保障的日益重视和财政投入的不断提高，城乡居民医保的覆盖面迅速扩大，很快实现了全民医保。2010年，宝鸡市符合医疗保险参保条件的

人员为350.8万人，三大保险实际参保为334.2万人，参保率达95.3%。其中城镇职工参保48.9万人，参保率为97%；城镇居民参保30.2万人，参保率为95.8%；新农合参合255.1万人，参保率为95.8%。由此可见，三项基本医疗保险都已经基本实现应保尽保。

医保的待遇水平不断提高，城乡医保待遇差距不断缩小，公平性得到提高。医保待遇水平的提高表现在封顶线上调、起付线下调、报销比例提高、门诊慢性病（门诊大病）种类扩大，以及普通门诊统筹的建立上。2010年，宝鸡市职工医保的封顶线从原来的2.4万元大幅度上调到了13万元；居民医保的封顶线从原来的3万元上调到了9万元。居民医保大幅度下调了学生儿童住院费用的起付线，在原来基础上减半。2010年居民医保和新农合的报销比例与2008年相比，都提高了近20个百分点，政策范围内报销比例分别达到了70%和50%左右，与城镇职工医保的待遇水平（85%）的差距大大缩小。

（三）工伤、失业和生育保险等稳定发展

工伤保险制度不断完善，参保人数不断增加。2007年10月，宝鸡市在全省率先实现了工伤保险的市级统筹，并制定了工伤保险的业务规范，实现了工伤保险工作的标准化、制度化和规范化。通过市级统筹，宝鸡市解决了部分区县存在的工伤保险基金缺口问题，有效地化解和平衡了地区与企业间的风险，保障了工伤职工的权益。2006年，宝鸡工伤保险参保人数为24.5万人，2010年增加到30万人，其中，增加的人数主要来自农民工。随着"平安计划"的开展，宝鸡市加大了农民工参保工作力度，特别是针对建筑施工单位出台了工伤保险补贴办法，调动了用人单位的参保积极性。

失业保险实现市级统筹，发展平稳。宝鸡市在先前市县两级失业保险统筹的基础上，全面实施统收统支、统一管理的市级统筹，并在实践中，在参保扩面、基金审核、待遇发放、再就业服务以及内部管理等方面形成了一套操作性比较强的管理运作机制。近几年，宝鸡失业保险参保人数一直稳定在32万~33万人之间，领取待遇人数在1.1万~1.9

万人之间。宝鸡市失业保险在保障失业人员基本生活的同时，利用基金结余对困难企业实行社会保险补贴和岗位补贴。2009年和2010年，宝鸡市失业保险基金对困难企业支付的社保补贴和岗位补贴总额远远超过支付的失业保险金总额，有力地减轻了企业负担，同时在一定程度上也发挥了预防失业的功效，维护了社会的稳定。

生育保险方面，宝鸡市在2010年就已经率先实现生育保险与职工基本医疗保险的并轨。由于生育保险只涉及生育医疗费用和产假津贴，以及生育手术费用，是一个小险种，因而长期以来，从全国范围看，生育保险的推进相对比较慢，覆盖范围也比较窄。2010年，宝鸡市在全国率先实现了生育保险与职工基本医疗保险的并轨，具体做法包括：一是通过捆绑式参保，将所有职工医疗保险参保人纳入生育保险范围，从而扩大了生育保险的覆盖范围，截至2011年9月底，宝鸡市生育保险覆盖范围相对上一年增加了25%；二是通过对这两个险种实施捆绑式参保，合并征缴后再进行分账，简化了企业和经办机构的缴费和征收环节；三是宝鸡市生育保险，因为与职工基本医疗保险并轨，也一同提高了统筹层次，实现了市级统筹，强化了生育保险管理。

（四）社会救助体系健全，有效保障居民基本生活

宝鸡市城镇居民最低生活保障制度，开始于1998年的《宝鸡市城镇居民最低生活保障制度实施办法》。2006年，宝鸡市出台了《宝鸡市人民政府关于进一步加强和规范城镇居民最低生活保障工作的通知》，持有非农业户口的本市居民，凡共同生活的家庭成员人均收入低于当地城镇居民最低生活保障标准的，均可提出保障申请。办理程序按照户主申请、社区初审、街办（乡镇）审核、县（区）民政局审批的工作程序进行。低保标准适时调整，实行动态管理。目前，城市低保标准为：三个城区和高新区为月人均收入322元，九个郊县为月人均收入302元。

宝鸡市农村居民最低生活保障制度开始于2007年。该制度坚持"分类实施，差额救助，动态管理，社会化发放"的原则，确定农村低

保标准为年人均纯收入 800 元，实行差额救助。保障范围是以下具有本市农业户口的三类人群：一是家庭主要成员系智障、残疾等，且无劳动能力，无生活来源，基本生活特别困难的，每人每年补助 600 元；二是家庭收入单一，且家庭成员因病、因灾等特殊原因致使家庭生活难以维持的，每人每年补助 300 元；三是市、县（区）人民政府规定的其他家庭和特殊人员。目前，宝鸡市农村低保标准已经提高到年人均纯收入 1600 元。

2009 年，宝鸡市有城镇低保对象 3.6 万户、8.3 万人，占全市城镇人口的 8.6%，人均月补差 212 元；有 7.5 万户、18.8 万人享受了农村低保，占全市农业人口的 6.8%，人均月补差 100 元。2010 年，宝鸡市发放低保金 4.27 亿元。宝鸡市财政用于居民最低生活保障的支出，已经从 2006 年的 1398 万元，增加到 2010 年的 5199 万元，年均增长 38.9%（见图 1）。

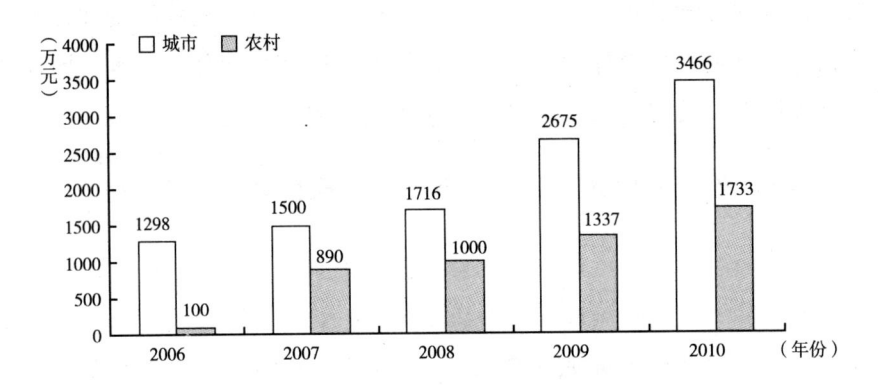

图 1　宝鸡市用于居民最低生活保障的财政支出

在农村五保供养方面，2007 年 4 月发布的《宝鸡市人民政府关于加强和规范农村五保供养工作的实施意见》规定，凡持有宝鸡市农村户口，丧失劳动能力和生活没有依靠的老、弱、孤、寡、残者，均可申请享受保吃、保穿、保住、保医、保葬和保教待遇。农村五保供养分为集中供养和分散供养两种形式。农村五保供养标准要求不低于当地一般居民的生活水平。2009 年，宝鸡市五保供养最低限定标准每人每年

2104元，高于陕西省1856元的平均水平。2010年10月，宝鸡市五保供养最低限定标准，提高到每人每年3200元，是农村低保人均补差的3倍多，相当于宝鸡市上年度农村人均纯收入4189元的76.4%。

医疗救助方面，宝鸡市于2006年制订了《宝鸡市社会医疗救助试行办法》，并于2007年7月全面实施社会医疗救助制度。自2007年实施医疗救助以来，宝鸡市共发放医疗救助金9762万元，救助21.5万人次，人均医疗救助金额453.6元；其中，资助农村人口参加合作医疗16.3万人次，日常救助3.8万人次，医后救助1.4万人次。广受人民群众赞誉的大病救助（即医后救助）共救助14090人次，支出救助资金8636.4万元，人均救助达到6192元。2010年，宝鸡市大病医疗救助63953人，其中资助农村人口参加合作医疗36967人，日常救助17406人，医后救助9580人。此外，宝鸡市还建立并顺利实施了临时救助制度，开展临时救助8655人。

临时救助方面。2010年3月，宝鸡市发布了《宝鸡市城乡居民临时救助暂行办法》，对因各种特殊原因造成基本生活出现暂时困难的城乡居民家庭，给予非定期、非定量的生活救助。并特别指出，那些家庭人均收入在当地低保标准1~1.5倍范围的城乡居民低保边缘户，可以申请临时救助。临时救助以现金救助方式进行，原则上每户资助在2000元以下。2010年，宝鸡市对8655人实施了临时救助。

（五）社会福利快速发展

老年人福利方面。近年来，宝鸡市老年人社会福利工作取得了长足的进步，为应对人口老龄化的挑战，满足老年群体的福利服务要求，维护社会的稳定和谐，发挥了积极的推动作用。宝鸡市对高龄老人每人每月发放生活补贴标准为：80~89岁为50元，90~99岁为100元，100岁以上为200元；资金来源上，对90岁以上老人的补贴全部由省财政负担，80~89岁老人的补贴由省财政负担20%，市、县（区）财政各负担40%，具体可以从本级分成的福利彩票公益金中调剂一部分，也可以从慈善捐款等资金中安排解决。从2007年起，65岁以上老人免费乘坐公交车，为此市财政每年向公交公司补贴 300 万元。

宝鸡市的儿童福利主要包括三部分，一是儿童福利机构建设；二是义务教育阶段的"两免一补"，即免除学杂费、免费提供教科书、补助家庭困难寄宿生生活费；三是"蛋奶工程"，即给义务教育阶段寄宿学校学生每天补助 2 元，每天为学生供应一袋牛奶和一个鸡蛋或营养价值相当的食品。2010 年春季，宝鸡市义务免除学杂费的学生有 38.2 万名，为 2.9 万名农村义务教育阶段家庭经济困难寄宿生发放生活费补助。截至 2010 年 9 月，义务教育阶段"蛋奶工程"受益学生达 11.1 万名，占全市义务教育阶段学生总数的 26.2%。

残疾人福利方面。宝鸡市对残疾人实行的是普惠加特惠的政策。普惠政策主要是为残疾人提供公共服务，着力改善残疾人的生产生活状况，提高其生活质量。这包括积极建立残疾人托养服务中心，大力拓展残疾人康复、教育、就业、扶贫、文化体育等各项活动。特惠政策是指政府对参加人在生活保障、医疗保障、劳动就业、文化教育等方面，给予优待扶助，例如，对城乡贫困残疾人家庭，在原享受低保金的基础上，提高 20% 的保障金比例。

四 宝鸡市社会保障与收入分配的调查分析

（一）调查及数据说明

本调查最终获得的有效问卷包括城镇住户 291 户、842 人，农村住户 198 户、815 人。其中，城镇低保人口 345 人，农村低保人口 154 人。由于获得的调查样本城镇人口比例（50.81%）远高于宝鸡城镇人口实际占比（26%），城镇低保人口比例（40.97%）和农村低保人口比例（18.90%）也远高于各自的实际比例（9% 和 7%），并且由于存在对城镇住户和低保户过度抽样的问题，我们在分析中分别按实际城乡人口比例和低保户在城乡人口的实际比例进行了加权调整，以使计算结果可以较好地代表整个宝鸡市的情况。

对调查数据进行加权计算后表明,被调查者平均年龄为40.37岁,其中男性占50.68%,女性占49.32%;未婚者占30.76%,已婚者占69.24%;农业户口者占69.87%,非农户口者占30.13%。被调查者的人口统计学特征在城乡之间有一定差异,农村被调查者的平均年龄(39.68岁)低于城市(42.07岁),未婚者比例高于城市(见表1)。

表1 调查样本的描述性统计表

项目	农村居民	城镇居民	合计
性别(%)			
男	50.73	50.54	50.68
女	49.27	49.46	49.32
平均年龄(岁)	39.68	42.07	40.37
婚姻状况(%)			
未婚	32.62	26.16	30.76
已婚	67.38	73.84	69.24
户口状况(%)			
农业户口	2.44	98.13	69.87
非农户口	97.56	1.87	30.13

资料来源:中国社会科学院课题组:"宝鸡市社会保障与收入分配状况调查",2011年5月。

(二)宝鸡市社会保障覆盖情况

调查表明,宝鸡市的社会保障事业取得了巨大成绩。社会养老保险和医疗保险已经覆盖适龄人口的90%以上。获得社会救助的人员占到全部人口的12.12%,约有8%的人口获得了最低生活保障。从城乡居民的对比来看,社会养老保险、社会医疗保险、社会救助、最低生活保障和社会优抚的覆盖率在城乡之间没有太大差异;但农村居民参加失业保险、工伤保险、生育保险和享受社会福利的比例,都远远低于城镇居民(见表2)。而且,城镇居民大多数享受到的是待遇较高的城镇职工养老保险和城镇职工基本医疗保险,而农村居民大多数享受的是待遇较低的居民养老保险。因此,城乡居民在社会保障的待遇方面仍存在很大差距。

表 2　宝鸡市城乡居民各项社会保障覆盖情况

单位：%

项目	农村居民	城镇居民	合计
社会养老保险	90.97	90.22	90.61
社会医疗保险	98.30	87.94	95.22
失业保险	0.66	64.65	27.18
工伤保险	0.66	56.41	23.76
生育保险	0.66	15.22	6.56
社会救助	12.59	10.96	12.12
最低生活保障	7.25	9.09	7.78
社会福利	5.38	14.48	8.01
社会优抚	0.21	0.00	0.15

资料来源：中国社会科学院课题组："宝鸡市社会保障与收入分配状况调查"，2011 年 5 月。

（三）宝鸡市居民收入情况

按照国家统计局对城乡居民收入的定义，农村住户总收入指调查期内农村住户和住户成员从各种来源渠道得到的收入总和，按收入的性质划分为工资性收入、家庭经营性收入、财产性收入和转移性收入。农村住户收入计算纯收入，等于家庭总收入减去家庭经营费用支出、税费支出、生产性固定资产折旧以及赠送农村内部亲友的支出；城镇家庭总收入是指家庭成员得到的工资性收入、经营性收入、财产性收入和转移性收入之和，不包括出售财务收入和借贷收入；城镇家庭可支配收入等于城镇家庭总收入减去缴纳的个人所得税和个人缴纳的社会保障支出。调查表明，宝鸡市城镇居民家庭人均可支配年收入为 19669.28 元，农村居民家庭人均年纯收入为 8619.56 元[1]。城乡居民不同来源的人均收入如下表所示（见表 3）。

---

[1]《2010 年宝鸡市国民经济和社会发展统计公报》的数据显示，2010 年宝鸡市城镇居民人均可支配年收入为 18987 元，农民人均纯收入为 5040 元。我们的调查结果高于此数据，是因为本课题组的调查开展于 2011 年 5 月，居民收入理应有所增长；农村居民收入高出较多，是因为我们的调查比较充分地包括了外出务工人员的收入，而统计部门进行的农村住户调查对外出务工人员收入的遗漏是比较严重的。

表3　宝鸡市城乡居民各项收入情况

单位：元/年·人

项目	农村居民	城镇居民	合计
社会养老保险	90.97	90.22	90.61
可支配收入/纯收入	8619.56	19669.28	12446.47
工资性收入	5621.08	12859.49	8127.99
经营性收入	1463.83	861.86	1255.35
财产性收入	242.36	446.02	312.89
转移性收入	1292.29	5501.91	2750.23
社保转移性收入	702.47	5001.3	2191.3

资料来源：中国社会科学院课题组："宝鸡市社会保障与收入分配状况调查"，2011年5月。

（四）社会保障对居民收入分配的调节

从社会保障的各组成部分来看，除社会保险外，其他项目即社会救助、社会优抚和社会福利的享受都不以缴费为条件，因此来自这些社会保障项目的收入完全都是转移性收入。但社会保险由于需要待遇享受者承担一定的缴费义务，因此其收入不能全部计为转移性收入，需要进行仔细区分。

对于社会养老保险，具体有四种形式，即城镇职工养老保险、机关事业单位养老保险、城镇居民养老保险、农村居民社会养老保险（即新农保）。我国城镇职工养老保险改革开始于1997年，之后才开始实行个人账户与社会统筹相结合的收支制度。在1997年之前退休并领取养老金的人，因为个人对养老金没有积累贡献，因此其养老金收入可完全视为转移性收入。1997年之后退休并领取养老金的人，因为个人对养老金有缴费贡献，因此其养老金收入的一部分是来自自己过去的积累。由于城镇职工养老保险个人缴费比例为缴费工资的8%，社会统筹部分为缴费工资的20%，因此养老金收入的28.57%［即8%/（8%+20%）］实际上是个人过去工资的储蓄；因为个人没有付出任何对应物，它来自企业缴费并由国家统筹，因此余下的71.43%才应视为转移性收入。机关事业单位退休人员，因为没有对养老金积累作出贡献，因此其领取的养老金可视为转移性收入。城镇和农村居民养老保险,由于实行完全积累制,只有政府的补贴才视为转移性收入。

对于社会医疗保险,也采取与社会养老保险类似的处理方法,即城镇职工养老保险和城乡居民医疗保险的报销收入,只有扣除个人缴费贡献以后的部分才视为转移性收入。来自失业保险的收入,亦按个人缴费贡献所占比例,分为个人的积累和转移性收入。生育保险和工伤保险的收入,由于劳动者不需要对这两项保险缴费,而由单位缴费并由国家统筹,因此可视为转移性收入。

计算表明,社会保障转移性收入是城乡居民收入的重要来源。调查结果显示,宝鸡市城乡居民人均社会保障转移性年收入达到2191.30元,占城乡人均年收入的17.61%。其中,城镇居民人均社会保障转移性年收入为5001.30元,占城镇居民人均可支配年收入的25.43%;农村居民人均社会保障转移性年收入为702.47元,占农村居民人均年纯收入的8.15%。从各项社会保障转移性收入在城乡居民收入中所占比例看,养老保险转移性收入占比最高,达到14.50%;其次是医疗保险,为1.83%;再次是社会救助,为1.05%;而社会福利和社会优抚所占比例很低,分别只有0.01%和0.22%(见表4)。

表4 宝鸡市城乡居民社会保障转移性收入情况

项目	农村居民	城镇居民	合计
金额(元/人·年)			
可支配收入/纯收入	8619.56	19669.28	12446.47
社保转移性收入	702.47	5001.30	2191.30
养老转移性收入	451.48	4357.65	1804.32
医疗转移性收入	130.31	410.79	227.45
社会救助	94.98	198.56	130.85
低保救助	88.19	172.95	117.54
其他救助	6.79	25.62	13.31
社会福利	1.11	0.00	0.73
社会优抚	24.59	34.29	27.95

续表

项目	农村居民	城镇居民	合计
占可支配收入/纯收入的比例(%)			
社保转移性收入	8.15	25.43	17.61
养老转移性收入	5.24	22.15	14.50
医疗转移性收入	1.51	2.09	1.83
社会救助	1.10	1.01	1.05
低保救助	1.02	0.88	0.94
其他救助	0.08	0.13	0.11
社会福利	0.01	0.00	0.01
社会优抚	0.29	0.17	0.22

资料来源：中国社会科学院课题组："宝鸡市社会保障与收入分配状况调查"，2011年5月。

社会保障转移性收入不仅提高了城乡居民的收入水平，由于其扶贫助弱的导向，还能带来缩小居民收入差距的作用。为测度社会保障转移性收入对收入分配的调节作用，我们对社会保障收入转移前后的收入分配差距状况进行了比较。测度收入分配差距的指标有很多，包括收入比、基尼系数、泰尔指数等，其中以基尼系数应用最广，本文主要采用基尼系数作为测量不收入分配差距的指标。我们首先测算出不包括社会保障转移性收入的基尼系数，然后再测算出加入社会保障转移性收入之后的基尼系数。根据社会保障收入转移前后的基尼系数的变化，便可以得到社会保障转移性收入对收入分配的实际调节作用。即：社会保障转移性收入使基尼系数的下降量＝不含社会保障转移性收入的基尼系数－包括社会保障转移性收入的基尼系数。

对宝鸡市调查数据的计算表明，如果没有社会保障转移性收入，宝鸡市城乡居民人均收入的基尼系数将为0.44，其中城市居民为0.43，农村居民为0.40；而加上社会保障转移性收入之后，城乡居民人均收入的基尼系数下降到0.42，其中城市大幅下降到0.34，农村小幅下降到0.39。也就是说，社会保障转移性收入使城乡居民收入差距下降了2

个基尼点，其中使城镇居民收入差距下降了 10 个基尼点，使农村居民收入差距下降了 1 个基尼点（见表 5）。可见，社会保障转移性收入具有明显的缩小居民收入分配差距的作用，尤其是对缩小城镇居民收入差距具有重要作用。

表 5 社会保障转移性收入对居民收入分配（基尼系数）的影响

项目	不含社保转移性收入的基尼系数	含社保转移性收入的基尼系数	社保转移性收入使基尼系数下降量	社保转移性收入使基尼系数降幅(%)
城市	0.43	0.34	0.10	22.76
农村	0.40	0.39	0.01	1.82
全部	0.44	0.42	0.02	4.53

资料来源：中国社会科学院课题组："宝鸡市社会保障与收入分配状况调查"，2011 年 5 月。

（五）社会保障对城乡收入差距的"逆调节"

虽然社会保障对全体居民的收入差距起到了缩小作用，但不容忽视的是，由于受长期计划经济的影响，中国现行的社会保障制度仍然具有一定的城市偏向的特征。城市地区早已建立起覆盖面广、保障水平高的社会保障体系，而农村地区的社会保障体系才刚刚建立并且保障水平相对较低。上文的数据显示，宝鸡市城镇居民人均社会保障转移性年收入达到了 5001.30 元，而农村居民只有 702.47 元，两者相差 7 倍以上。而且，从社会保障转移性收入的各个组成部分来看，农村居民与城镇居民都存在较大差距（见图 2）。

由于社会保障在城乡间存在巨大差异，这必然会给本已巨大的城乡收入差距带来不利影响。计算表明，不包括社保转移性收入时，城镇居民人均年收入为 14668 元，农村居民人均年收入为 7917 元；经过社会保障收入转移性收入之后，城镇居民人均年收入增加到 19669 元，农村居民人均年收入增加到 8620 元。也就是说，社会保障转移性收入使城乡收入比由原来的 1.85 倍增长到了 2.28 倍，即上升了 23.17%（见图 3）。显然，现行的社会保障制度对城乡收入差距产生了"逆调节"作用。

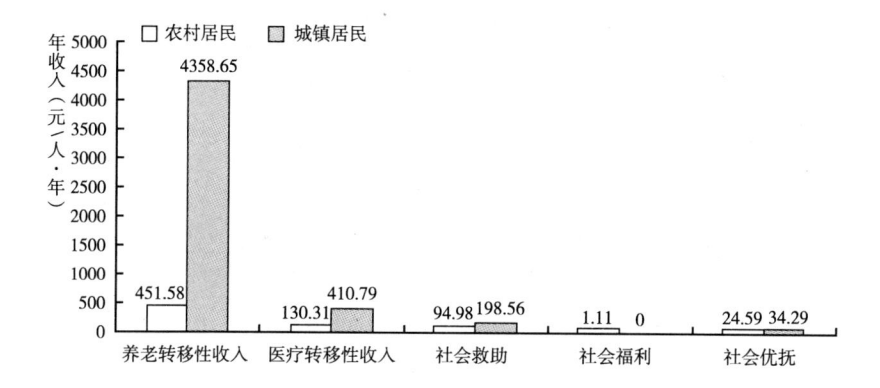

图 2 社会保障转移性收入的城乡差距

资料来源：中国社会科学院课题组："宝鸡市社会保障与收入分配状况调查"，2011 年 5 月。

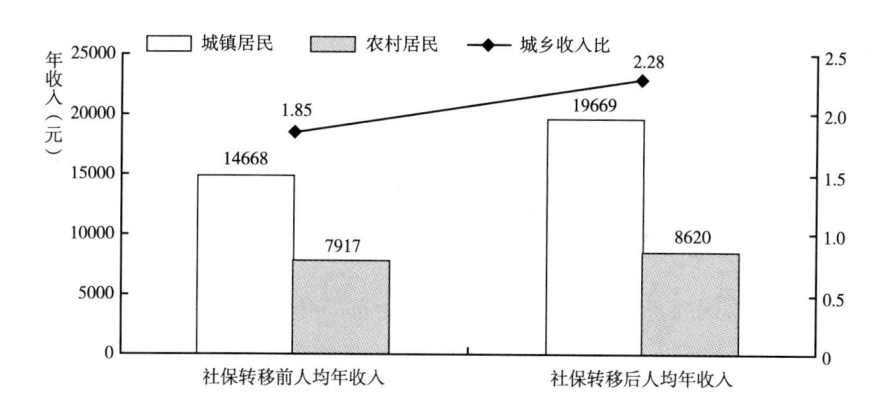

图 3 社会保障转移性收入对城乡差距的影响

资料来源：中国社会科学院课题组："宝鸡市社会保障与收入分配状况调查"，2011 年 5 月。

五 结论和建议

社会保障体系具有重要的收入再分配功能，它不仅是社会的"安全网"和"稳定器"，也是收入分配的"调节器"。对宝鸡市的调查表明，社会保障体系能够很好地覆盖城乡居民，尤其是养老保险和医疗保险，参保率已经在 90% 以上；最低生活保障制度已经救助了 8% 左右的人口；社会保障转移性收入已经占到城乡居民收入的17.61%。社会保障对增加居民收入、保障居民生活尤其是困难群体的基本生活，发挥了非常重要的作用。

社会保障转移性收入在提高居民收入的同时，还具有明显的缩小居民收入分配差距的作用。宝鸡的调查数据显示，社会保障转移性收入使城乡居民收入的基尼系数下降了2个基尼点，其中使城镇居民收入差距下降了10个基尼点，使农村居民收入差距下降了1个基尼点。

但不容忽视的是，社会保障转移性收入在城乡居民之间存在非常大的差距。宝鸡的调查表明，城镇居民人均社会保障转移性收入达到了农村居民的7倍以上，而且在社会保障转移收入的各个项目上农村居民都与城镇居民都存在较大差距。这进一步拉高了本已巨大的城乡收入差距。计算表明，社会保障转移性收入使城乡收入比由原来的1.85倍增长到了2.28倍，即上升了23.17%。

我国当前的收入差距已经很大，为抑制收入差距的进一步拉大，首先应该将社会保障作为调节收入分配差距的最重要手段来对待。国际经验表明，社会保障对收入分配的调节作用最强，并明显高于税收的调节作用。长期以来，我国对收入分配差距的调节重点主要依赖于个人所得税等税收来调节。实践证明，税收对调节收入分配差距的确起了重要作用，但也应该借鉴国际经验，充分重视社会保障的收入再分配效应，把调节收入分配差距的措施重点逐步转向社会保障。

其次，应进一步增加社会保障的财政性投入，提高社会保障支出占财政支出的比例。我国公共财政用于社会保障的只有12%多一些，一些经济发达省份的数据也是如此，这表明我国财政的公共性严重不足，政府在保障民生方面承担的责任不够（郑功成，2010）。我国应该增加社会保障的财政性投入，完善社会保障制度，尽快扩大社会保障的覆盖面，提高待遇水平，并重点关注老人、残疾人、孤寡人员和其他低收入者等弱势群体。我国由于财政支出结构不够合理，财政用于低收入群体的补助、救助等社会保障支出所占比例偏小，从而无法充分起到调节收入分配差距的作用。

再次，应扭转社会保障支出的城市偏向问题，遏制其对城乡收入差距的"逆调节"效应。我国社会保障对城乡收入差距的逆向调节，主要原因在于倾向城市的社会保障支出特征。应认真思考现有社会保障制度的缺陷，更加重视农村社会保障制度的建设，尽快建立完善的农村社会保障体系，尤其要加大国家对农村社会保障的财政投入，提升农村居民社会保障水平。

福建省厦门市社会保障发展与收入分配状况调研报告

高和荣　朱火云

一　引言

社会保障是国家通过立法对国民收入进行分配与再分配，对社会成员的基本生活予以保障的社会制度。它本质上是对收入进行调节以便增进社会公正。因此，社会保障与收入分配问题自然就成为社会各界十分关注的话题。本课题选择福建省厦门市作为城区样本，原因基于以下三点。

首先，经济发展水平较高。2009年厦门市国内生产总值为1737.23亿元，人均GDP为98150元，财政总收入为241亿元，人均财政收入为13852元，2010年分别达到2053.74亿元、113964元、289亿元以及16046元。厦门市经济运行质量良好，人均GDP以及人均财政收入水平远远高于全国其他城市，也处于福建全省首位，具体情况如表1。

从表1可以看出，在人均GDP、财政总收入、人均财政收入、平均工资、人均可支配收入方面，厦门市均处于全省最高水平。这就为厦门开展以社会保障为重点的民生建设提供了良好的经济基础。

表1 2009年福建省主要城市经济指标[①]

城市	人均GDP（元）	财政总收入（亿元）	人均财政收入（元）	平均工资（元）	人均可支配收入（元）
厦门	98150	241	13852	36453	26131
福州	70888	126	6726	33699	20289
泉州	68346	47	4566	26546	22913
漳州	54504	29	5272	28724	16616
三明	65890	32	11282	30507	16500
龙岩	71600	32	6693	30888	16572

说明：统计口径为各城市市辖区范围内户籍人口进行计算，不包括各市所管辖县、市。
资料来源：根据《福建统计年鉴》（2010）数据整理而得。

其次，社会保障制度较为完善。近年来，厦门市积极推进社会保障城乡一体化建设。2010年7月，厦门市政府颁布了《城乡居民养老保险暂行办法》，率先建立城乡统筹的居民养老保险制度。2011年6月，市人力资源和社会保障局颁布了《关于本市农村户籍职工社会保险有关问题的通知》（厦人社〔2011〕135号），规定从2011年7月1日起，厦门市农村户籍职工的医疗与失业保险按照本市城镇职工标准参保。同年7月，厦门市委、市政府发出通知（厦委办发〔2011〕36号），要求建立城乡居民基本医疗保险制度，逐步统一城乡居民基本医疗保险筹资与补偿标准。

再次，社会保障水平相对较高。厦门市注重社会保障与社会经济发展水平相适应，科学发展水平位居全国第一。2010年厦门市养老、医疗、工伤、失业和生育保险参保人数分别为158.61万人、234.69万人、121.8万人、125.6万人以及115.4万人，同比增长17.73%、9.07%、17.16%、19.51%和17.36%。全年各类社会保险基金征收94.09亿元，增长23.7%；基金支出55.91亿元，增长16.9%。

二 样本选择及样本特征

本次调查集中在厦门市思明区的美湖、深田以及坑内三个社区。一方面，这三个社区都位于厦门市中心的老城区，社区居民以厦门本地户籍人口为主，外来暂住人口较少。另一方面，三个社区居民就业单位分散，不具有私营企业、事业单位或国家机关等就业集中化的特点。同时，三个社区居民收入差异显著，高、中、低收入阶层人员较为普遍。截至2011年8月，美湖社区共有居民2301户，其中低保户有16户，低保率为0.7%；坑内社区共有居民2385户，其中低保户有11户，低保率为0.5%；深田社区共有居民2851户，其中低保户有31户，低保率为1.1%。三个社区的调查数据基本上能够反映厦门城市居民的社会保障与收入分配状况。

在确定好调查社区的基础上，调查样本的选取也成为影响问卷信度和效度的重要因素。本次调查样本结构为：(1)社区居委会工作人员；(2)到社区居委会办事的居民；(3)以社区居委会为中心，沿同一个方向、由近及远地步行到社区居民家中进行问卷调查；(4)调查人员在社区偶遇的本社区居民。

在正式调查之前课题组编写了调查手册，集中培训了访员，要求访员一对一地发放问卷并当场回收问卷，因此问卷的回收率较高。本次调查共发放150份问卷，有效回收150份。其中，深田社区51份，美湖社区49份，坑内社区50份，样本区域分布较均匀。被调查者的人口学特征如下（见表2）。

(1) 人口规模及性别特征：本次调查以户为单位，共调查150户，涉及419人。直接受访者150人，其中，男性59人，占39.3%，女性91人，占60.7%。

(2) 年龄特征：被调查者中最低年龄为22岁，最高年龄为85岁，平均年龄为47岁，74.1%为56岁以下。大部分调查对象在劳动年龄范围内，有一部分老人已经领取退休金，能够便于我们了解老年保障制度实施情况。

(3) 婚姻状况：150位调查对象中已婚129人，占总数的86%，未婚21人，占总数的14%。已婚社会成员既可以便于我们了解本人的社会保障情况，还可以了解其配偶等家庭成员的社会保障情况。

(4) 户籍特征：在被调查对象中非农户籍占 97.3%，农业户籍占 2.7%。与 2010 年厦门市非农户籍占总人口的 81% 情况总体符合。①

(5) 文化程度特征：小学及以下占 11.3%，中学占 40.7%，大专及以上占 48%，接近半数，因此，被调查者本人的文化素质总体较高，能够较好地保证对问卷的理解，便于填写问卷，保证了调查的质量。

(6) 职业类型特征：调查对象本人的职业类型较为分散，各种职业类型都有所涉及，其中"其他"占 41.3%②、基层干部占 20.7%、企业职工占 13.3%、事业单位工作人员占 7.3%、个体户占 7.3%、自由职业者占 6.7%，农民占 2%，私营企业主和公务员最少，各占 0.7%。

(7) 单位类型特征：就业单位类型呈现出较为集中态势，"其他"和"社会服务业"，分别占到 50% 和 26.7%，③ 其他各类就业单位类型分布较为分散。

(8) 月收入特征：调查对象本人的总体收入水平偏低，月收入 1000 元以下的占 18%，月收入在 1000～1999 元的占 23.3%，月收入在 2000～2999 元的占 38%，月收入在 3000～3999 元的占 4%，月收入在 4000 元及以上的仅为 16.7%。

表 2 调查对象本人的人口学特征

单位：人，%

项目	特征	频数	占比
性别	男	59	39.3
	女	91	60.7
年龄	16～25 岁	10	6.7
	26～35 岁	31	20.7
	36～45 岁	40	26.7
	46～55 岁	30	20.0
	56 岁以上	39	26.0

① 根据《厦门市国民经济与社会发展统计公报》(2010) 数据计算而得。
② 由于退休人员统一划入"其他"，因此其他类中有很大一部分是退休人员，这不影响后面的分析结果。
③ 与前述的职业类型划分标准一样，退休人员也划入"其他"。

续表

项目	特征	频数	占比
婚姻状况	已婚	129	86.0
	未婚	21	14.0
户籍	农业户口	4	2.7
	非农户口	146	97.3
文化程度	小学及以下	17	11.3
	中学	61	40.7
	大专及以上	72	48.0
职业类型	农民	3	2.0
	企业职工	20	13.3
	事业单位工作人员	11	7.3
	公务员	1	0.7
	个体户	11	7.3
	私营企业主	1	0.7
	自由职业者	10	6.7
	其他	62	41.3
	基层干部	31	20.7
就业单位	农、林、牧、渔业	1	0.7
	采掘业	1	0.7
	制造业	3	2.0
	电力、煤气及水的生产与供应	2	1.3
	交通运输仓储和邮电通信业	1	0.7
	批发零售贸易和餐饮业	4	2.7
	房地产业	1	0.7
	社会服务业	40	26.7
	卫生体育和社会福利业	3	2.0
	教育文化艺术广播电视电影业	7	4.7
	科学研究和综合技术服务业	1	0.7
	国家机关、政党机关和社会团体	11	7.3
	其他	75	50.0
月收入	1000元以下	27	18.0
	1000~1999元	35	23.3
	2000~2999元	57	38.0
	3000~3999元	6	4.0
	4000元及以上	25	16.7

三 厦门市的社会保险与收入分配

我国社会保险项目主要包括养老、医疗、失业、工伤以及生育五大险种。其中,养老保险和医疗保险是社会保险的核心,也是民生事业中矛盾最多、与社会成员利益最为关切的险种。因此本次调查就以养老保险和医疗保险为重点。

(一) 厦门市民的养老保险与收入分配

1. 厦门市养老保险的参加及养老金待遇的获得

本次调查涉及厦门市 150 户、419 人。其中,16 岁以上者 367 人,参保人数为 298 人,参保率为 81.2%。市民参加养老保险项目集中在城镇职工养老保险、城镇居民养老保险以及机关事业单位养老保险,三者分别占总参保人数的 63.5%、20.6% 和 12.3%(见表 3)。①

表 3 养老保险各险种参保人数

单位:人,%

项目	城镇职工养老保险	新型农村社会养老保险	城镇居民养老保险	机关事业单位养老保险	商业养老保险	其他养老保险
人数	191	3	62	37	3	5
比例	63.5	1.0	20.6	12.3	1.0	1.7

社会养老保险的缴费影响着参保人员的缴费能力以及其他消费水平。根据厦门市 2011 年 7 月 1 日实施的养老保险缴费标准,本市户籍职工、事业单位职工、本市个体工商户业主及本市户籍雇工统一按个人上一年度月平均工资的 8% 进行缴费,本市户籍灵活就业人员和下岗失

---

① 2010 年 7 月起,厦门市已经实施了城乡居民养老保险制度,合并了新型农村社会养老保险和城镇居民养老保险制度。

业人员按上一年度全市在岗职工月平均工资的60%~300%的20%进行缴费。本次调查发现，被访者及其家庭成员最近一次（2011年8月）月均缴纳的养老保险费最低为0元①，最高为800元。而2010年厦门市社会月平均工资为3357元，因此，以社会平均工资为分界线将个人收入划分为高、低收入两类，同时以社会平均工资的8%即268.6元为分界线将缴费额分为高缴费类和低缴费两类，建立交叉表获得缴费与收入的关系，体现出参保者的缴费负担水平，具体见表4。

表4 个人收入与缴费负担情况

单位：人，%

项目		低缴费	高缴费	项目		低缴费	高缴费
低收入	人数	185	37	高收入	人数	23	48
	比例	63.1	12.6		比例	7.8	16.4

由表4可以得出此次调查情况。

第一，被调查者及其家庭成员的收入水平总体上不高，而且收入差距较大。222人月收入达不到社会平均水平，占总人数的75.7%，而相对高收入的被访者及其家庭成员仅占24.2%。第二，养老保险缴费负担总体上不重，63.1%的社会成员属于低收入低缴费范围，这与调查对象的感受是一致的。调查显示，47.8%的人认为个人的养老保险缴费适中，17.2%的人认为缴费较低，10.2%的人认为缴费很低，只有10.8%的人认为缴费很高（见表5）。第三，不同人群的养老保险缴费负担不合理，在高收入的被访者及其家庭成员中，7.8%的社会成员属于高收入、低缴费范围，12.6%的人属于低收入、高缴费范围，也就是说，超过20%的被访者及其家庭成员的收入与缴费存在着逆向关系。

---

① 根据《厦门市城乡居民养老保险暂行办法》第2章第6条规定："残疾人员、最低生活保障对象、农村计生对象中独生子女残疾或死亡、计生手术并发症的人员，政府每年为其缴交最低缴费标准的养老保险费。"

表5 居民对养老保险个人缴费负担的评价

单位：人，%

项目	很高	比较高	适中	比较低	很低
人数	20	26	89	32	19
比例	10.8	14.0	47.8	17.2	10.2

养老金给付水平的高低决定了老年人的基本生活来源。在领取养老金的老年人之中，最近一次（2011年8月）领取的养老金最低数额为200元，最高数额为10000元，后者是前者的50倍。其中，养老金为2000元的退休人员数量最多，占领取养老金总人数的26.7%，养老金2000元以下的占总数的36%，领取2000元以上的占37%。38.2%的被访者认为现有的养老金水平完全能够满足基本生活需求，30.2%的被访者认为勉强能够满足基本生活需求，两者合计为68.4%（见表6）。

表6 养老金能否满足基本生活需求

单位：%

项目	完全能够满足	勉强能够满足	不能满足
比例	38.2	30.2	31.6

2011年8月厦门市月平均养老金为2615元，比上一年同期平均增长298元，增长率为12.9%。2010年厦门市养老金替代率为69%[1]，高于全国平均水平（65%）[2]。然而月养老金低于2615元的退休人数占总领取人数的77.3%，意味着3/4以上的退休人员养老金替代率达不到厦门市平均替代率水平，较高的平均替代率仅是少数人员高额退休金的拉动所致。因此，被访者认为，不同社会成员之间的养

---

[1] 养老金替代率=月养老金额/月社会平均工资。据厦门市统计局数据显示，2010年厦门市月平均养老金为2317元，月社平工资为3357元，计算出养老金替代率为69%。

[2] 郑秉文：《养老金调待机制存在的问题与建议——基于2008年养老上调的案例分析》，《宏观研究》2009年第1期。

老金水平是不公平的（见表7），超过50%以上的受访者认为"不太公平"或"很不公平"。

表7　领取的养老金的公平程度

单位：%

项目	很公平	比较公平	一般	不太公平	很不公平	不清楚
比例	9.2	18.4	18.4	25.0	26.0	2.6

综合保障水平与公平性两方面的考虑，被访者对目前的养老保险制度评价一般，既有25%的被访者对现有的养老保险制度持满意态度，也有43.5%的被访者不太满意（见表8）。

表8　居民对厦门市养老保险制度的满意度

单位：%

项目	非常满意	比较满意	一般	不太满意	很不满意
比例	1.3	23.7	31.6	30.3	13.2

在其他老年保障待遇方面，2005年《世界银行报告》提出养老金制度五支柱模式[①]，企业年金则是其中的第三支柱。但是，我国企业年金发展较为缓慢，到2010年年底，全国企业年金基金规模为2809.24亿元[②]。本课题调查发现，被访者参加企业年金的人数较少，本次调查中共有75位退休人员，其中只有1人领取了企业年金，领取的金额也只有41元。

厦门市政府为了提高民众的福利水平，着力民生事业，不仅向全市老年人提供免费乘坐公交、免费游览公园等福利项目，而且实施了高龄津贴、老年贫困补助等政策。调查显示，55.3%的退休人员至少享受到一种老年福利项目（见表9）。

---

① 罗伯特·霍尔茨曼、理查德·欣茨等：《21世纪的老年收入保障：养老金制度改革国际比较》，中国劳动社会保障出版社，2006，第1~2页。

② 中国养老金网，http://www.cnpension.net/zhuanti/2010/2010qynjndbg.html。

表9　退休人员享受老年福利情况

单位：%

项目	高龄津贴	老年贫困补助	免费乘坐公交	免费游览公园	老年保健品	免费老年护理	免费使用社区老年活动设施	其他
比例	10.2	2.0	25.5	33.7	5.1	11.2	11.2	1.0

在上述这些福利项目中，免费游览公园和免费乘坐公交是政府为老年人提供的比较常见的福利项目。按照规定，凡厦门市常住人口，年满60周岁的老年人持"敬老优待证"均可免费游览公园、风景点、博物馆，年满70周岁的老年人，均可办理老年人专用一通卡，免费乘坐公交车。这两项福利项目利用得最好，分别达到33.7%和25.5%。厦门市规定，70岁以上老年人可获得高龄津贴。其中，70~79周岁老人每人每月80元；80~89周岁老人每人每月100元；90~99周岁老人每人每月200元；100周岁以上老人每人每月300元。同时，这些人员如果有鳏寡孤独者，他们在介护或住院期间，每人每月增发100元。本次调查有10.2%的老年人获得了高龄津贴。其他福利项目，如免费老年护理、免费使用社区老年活动设施、老年保健品等，使用率不高。

总体来说，被访者对厦门市的老年福利制度还是比较满意的，43.6%的老年人表示"非常满意"及"比较满意"，他们认为，政府免费为老年人提供福利项目，体现着对老年人的关怀，使老年人有一个非常好的锻炼活动场所；43.6%的老年人认为老年福利制度"一般"，原因是老龄津贴标准较低、免费乘公交年龄限制较大等（见表10）。

表10　老年人对老年福利制度的评价

单位：%

	非常满意	比较满意	一般	不太满意	很不满意
比例	12.8	30.8	43.6	12.8	0.0

2. 厦门市养老保险制度的特点

（1）养老保险制度城乡一体化趋势加快。2010年7月，厦门市建立城乡一体化居民养老保险制度，取消了居民城乡户籍差别，整合了农村居民以及城镇居民养老保险制度。调查发现，被调查者及其家庭成员主要参加了机关事业单位、城镇职工以及城乡居民养老保险，参保人数占总参保人数的比例分别为12.3%、63.5%以及20.6%，提前完成了养老保险制度改革三步走战略的第一步[1]，建立了有序组合的多元养老保障制度体系，实现了养老保险制度的全覆盖。

（2）不同养老保险制度之间出现融合趋势。早在2004年，厦门市就颁布了《厦门市事业单位职工基本养老保险试行办法》（厦府〔2004〕178号）（以下简称《试行办法》），规定对财政补助以及经费自给的事业单位及其在编职工、离退休（职）建立社会养老保险制度。[2] 在缴费标准上，各类参保人员的缴费标准逐渐统一。例如，本市户籍职工、本市个体工商户业主及本市户籍雇工和事业单位职工，统一按个人上一年度月平均工资的8%缴纳养老保险费；外来人员按最低工资的8%缴费。在待遇计发办法上，《试行办法》实行基础养老金和个人账户养老金相结合，不再补差；《试行办法》实施前在编的退休人员实行社会化养老金与单位补差的办法。缴费标准与计发办法统一，从而逐步实现了城镇职工与事业单位职工的养老保险制度的融合。当然，属于财政全额拨款的事业单位并未纳入改革范畴中，机关事业单位人员的养老保险制度尚未改革。

（3）城乡居民养老金水平有所提高。本次调查显示，2011年8月，厦门市退休老人月平均养老金为2615元。但是，不同险种之间的养老金待遇差别较大。其中，机关事业单位退休人员月平均养老金达到

---

[1] 郑功成主编的《中国社会保障与发展战略·养老保险卷》（2011年）提出我国养老保险三步走战略：第一步（2008~2012年），建立有序组合的多元养老保障制度体系，实现制度层面的全覆盖；第二步（2013~2020年），以缴费型养老保险为主体的养老保障体系全面定型、稳定，实现了人人较公平地享有养老金及相关服务；第三步（2021~2049年），进一步推进制度整合，建成以国民养老保险为主体的多层次养老保障体系，实现人人享有体面的老年生活。

[2] 《试行办法》规定以下人员不纳入事业单位养老保险范围：参照公务员管理事业单位的离退休（职）人员、在编职工；财政核拨经费事业单位的离退休（职）人员、本办法实施前在编的职工；财政核拨经费事业单位调入本市机关的在编职工；财政核拨经费事业单位调入的在本办法实施前本市事业单位（不含企业化管理的事业单位）的在编职工。

5669.3元，其他类人员如军人的养老保险金月平均额为2900元，企业退休职工为1964元，低于厦门市平均水平，而城镇居民的养老金月平均额只有1233.3元。首先，与全国平均水平比较来看，厦门市总体水平高于全国的平均水平，绝对增加额及增长率也高于全国。但是，调查发现，厦门市城乡居民对养老金水平还是持满意态度。近七层的被访者认为现有的养老金能够满足基本生活，其中38.2%认为完全能够满足基本生活需求，30.2%认为勉强能够满足基本生活需求。

3. 厦门市养老保险制度存在的问题

（1）碎片化程度仍然较为严重。碎片化是养老保险制度普遍存在的问题。厦门市现有公务员养老保险、事业单位职工养老保险、城镇职工养老保险、城乡居民养老保险、被征地人员养老保险等。尽管厦门市开始尝试统一不同群体间的缴费比例，但各个险种在制度设计上始终没有打破身份界限。养老保险制度的过度分割将破坏社会公平，影响社会和谐，不利于劳动力合理流动，制约着劳动力合理配置，而且造成了管理混乱，浪费了行政管理资源。

（2）养老金待遇差别较大。被访者2011年8月领取的养老金最低为200元，最高为10000元，后者是前者的50倍。而且月养老金低于平均水平（2615元）的被访者占总人数的77.3%。加入"参保险种"这个变量后发现，造成养老金待遇悬殊的原因在于不同养老保险制度的使然，两者的相关系数达到了0.86。

表11 参保险种与养老金水平的关系

单位：人，%

项目		养老金水平		
		2000元及以下	2001~3999元	4000元及以上
城镇职工养老保险	人数	43	13	1
	占比	75.4	22.8	1.8
城镇居民养老保险	人数	3	0	0
	占比	100	0.0	0.0
机关事业单位养老保险	人数	0	1	12
	占比	0.0	7.7	92.3
其他养老保险	人数	1	0	2
	占比	33.3	0.0	66.7

表 11 中可以看到，在参加城镇职工养老保险的退休人员中，75.4%的老人的养老金仅有 2000 元甚至更低，最低的只有 200 元，仅有 1 个城镇职工的养老金高于 4000 元，仅占城镇企业退休职工的 1.8%，与此相似，参加城镇居民养老保险的 3 位老年人领取的养老金均低于 2000 元；而 92.3% 的机关事业单位退休老人领取的养老金高于 4000 元，并且没有一个低于 2000 元的。因此，25% 和 26% 的调查对象认为自己领取的养老金与其他阶层人员领取的养老金"不太公平"和"很不公平"。将参加"养老保险险种"和"养老金公平性评价"做交叉分析发现，企业退休职工普遍反映养老金水平不公平，占总数的 59.6%，而机关事业单位退休人员普遍认为相对公平，占总数的 53.9%（见表 12）。

表 12 养老保险险种差别对养老金水平公平性评价差异的影响

单位：人，%

项目		很公平	比较公平	一般	不太公平	很不公平	不清楚
城镇职工养老保险	人数	6	8	9	15	19	0
	占比	10.5	14.0	15.8	26.3	33.3	0.0
城镇居民养老保险	人数	0	0	2	1	0	0
	占比	0.0	0.0	66.7	33.3	0.0	0.0
机关事业单位养老保险	人数	1	6	1	2	1	2
	占比	7.7	46.2	7.7	15.4	7.7	15.4
其他养老保险	人数	0	0	2	1	0	0
	占比	0.0	0.0	66.7	33.3	0.0	0.0

（3）养老保险制度整合缺乏动力。由于机关事业单位人员退休养老改革的目标是与企业职工养老保险制度靠拢，一些人据此以为改革后的机关事业单位人员退休金会明显降低，便由此产生了抵触心理。在调查中甚至有事业单位人员问，"因企业退休金低，就要让事业单位向企业靠拢，为什么不能让企业由低就高，逐步向事业单位靠拢呢？"加上机关与事业单位养老保险制度出现分离式改革趋势，这种"歧视性"改革思路形成了机关与事业单位的差别，导致事业单位工作人员的不公平感和抵触行为。因此，推动养老保险改革的政府部门不仅面临着较大

的压力，而且自身也缺乏改革的动力。

（4）其他补充老年保险制度滞后。本次调查中，仅有1人参加并领取了企业年金，占退休人员的1.3%，其他老年福利项目同样较为滞后，如老年护理及老年活动设施项目的免费使用率均仅为11.2%，远远低于免费乘坐公交和免费游览公园的使用率。

（二）厦门市的医疗保险与收入分配

1. 厦门市医疗保险制度的实施

厦门市现有公费医疗保险、城镇职工基本医疗保险、城乡居民基本医疗保险等社会医疗保险制度。据调查，2011年厦门市各类医疗保险参保率为89.4%，失业、工伤以及生育保险的参保率分别为37.9%、32.8%和32.9%，因而是参保率最高的险种。另外，有56.8%的人员参加了城镇职工基本医疗保险，36.6%的人参加了城乡居民基本医疗保险（见表13）。另外，有10人参加了军人等特殊性的医疗保险，占参保人数的2.7%，也有21个被访者及家庭成员还参加了商业医疗保险，占调查总人数的5%。

表13 医疗保险各险种参保人数

单位：人，%

项目	公费医疗	城镇居民基本医疗保险	城镇职工基本医疗保险	新型农村合作医疗	其他
参保人数	11	138	214	4	10
比例	2.9	36.6	56.8	1.1	2.7

在医疗保险缴费方面，厦门市2011年度的医疗保险缴费标准差异较大：本市户籍企业职工和事业单位职工按个人上一年度月平均工资的2%缴纳，本市户籍灵活就业和下岗失业人员按上一年度全市在岗职工月平均工资60%~300%的10%缴纳，本市个体工商户业主按上一年度全市在岗职工月平均工资的10%缴纳，雇员个人按2%缴纳；公务员、参公事业单位职工及其退休人员，个人不缴费。据调查，厦门市医疗保

险月均缴费额最高为600元，最低为0元①，平均为45.7元，低于按上一年度社会平均工资的2%的缴费水平（3357×2% =67.1元）。其中缴费较为集中的分别是0元、6.7元及40元，主要是因为0元缴费额涉及对象包括城市低保户、残疾人、老年人和公务员及参公事业单位工作人员；6.7元的缴费额涉及对象为城乡居民②；40元缴费额涉及对象包括本市户籍灵活就业人员及下岗失业人员③。

表14　2011年各类医疗保险缴费水平

单位：人，%

项目	缴费数额		
	45.7元及以下	45.8~67.0元	67.1元及以上
人数	283	37	43
比例	78.0	10.2	11.8

表14表明，78.0%的参保人员月平均缴纳医疗保险费低于全市平均缴费水平，10.2%的参保人员月平均缴费介于全市平均缴费水平与按社会平均工资的2%计缴水平之间，11.8%的参保人员缴费高于按社会平均工资2%计缴的缴费水平。

从医疗保险险种来看，公费医疗、城镇居民基本医疗保险和新型农村合作医疗保险缴费都属于最低层次，月均缴费额低于全市平均缴费；城镇职工基本医疗保险缴费额依上一年度个人工资水平而定，因此缴费额较为分散，但一半以上的职工缴费仍然低于平均额，这主要是受个人工资水平普遍较低以及灵活就业人员、下岗失业人员缴费两方面因素的

---

① 根据厦门市相关医疗保险政策规定，低保户、残疾人、老年人、公务员等特殊群体的个人不缴费，如《厦门市城镇居民医疗保险暂行办法》（厦府办〔2006〕281号）第八条规定，厦门市低保户及残疾人个人免缴医疗保险费，免费部分别由市、区两级财政承担和残疾人就业保障金全额承担。
② 根据《厦门市人民政府关于调整城乡居民基本医疗保险筹资标准的通知》（厦府〔2011〕129号）规定，全市城乡居民基本医疗保险各类参保对象，从2011年7月起，不再区别城镇居民、农村居民、未成年人及大学生参保身份，筹资标准统一调整为每人每年380元，个人纳费80元/人·年。
③ 在调查中发现，厦门市灵活就业人员、下岗失业人员及部分中小企业职工统一按上一年度社会平均工资60%的2%进行计缴，即3357×60%×2% =40元。

影响;其他类医疗保险(如军人医疗保险)参保人数较少,缴费档次也较灵活(见表15)。

表15 医疗保险分险种缴费差别

单位:人,%

项目		缴费数额		
		45.7元及以下	45.8~67.0元	67.1元及以上
公费医疗	人数	10	0	0
	占比	100	0.0	0.0
城镇居民基本医疗保险	人数	134	0	0
	占比	100	0.0	0.0
新型农村合作医疗保险	人数	4	0	0
	占比	100	0.0	0.0
城镇职工基本医疗保险	人数	131	37	42
	占比	62.4	17.6	20
其他	人数	4	0	1
	占比	80.0	0.0	20.0

说明:由于问卷是全国通用的问卷格式,所以在具体调查过程中,仍然会出现城镇居民基本医疗保险以及新型农村合作医疗保险,而没有出现城乡居民基本医疗保险。

总体来说,厦门市各类医疗保险缴费水平适度,没有给被保险人造成经济负担,而且不同群体之间的缴费负担相对较为公平。问卷调查也证明了这一结论,超过半数调查对象认为厦门市医疗保险个人缴费负担适中,甚至还有24%和9.4%的人认为"比较低"、"很低"(见表16)。

表16 居民对医疗保险个人缴费负担的评价

单位:%

项目	很高	比较高	适中	比较低	很低
比例	5.6	8.6	52.4	24.0	9.4

我国人均卫生费用的增长更多地体现为个人费用的上涨。[①] 因此,医疗保险待遇就成了衡量医疗保险制度能否得到民众认同的重要方面。

---

① 陈佳贵、王延中主编《中国社会保障发展报告》(2007),社会科学文献出版社,2007,第19页。

问卷调查显示，89.4%的被访者反映看病费用高，有8.9%的受访者认为收费比较"适中"，仅有1.7%的受访者认为医疗收费"偏低"（见表17）。调查发现，2010年调查对象个人自付医疗费用最低为400元，最高为50000元，平均医疗花费为5712元，占当年人均可支配收入的19.5%，占人均消费支出的28.6%。

表17 居民对目前看病收费的评价

单位：%

项目	高	适中	低
比例	89.4	8.9	1.7

本报告采用两个指标测量医疗保险待遇水平：一是医疗报销额与个人自付额之间的比例关系①，二是个人自负医疗费用支出占个人总收入的比重。调查显示，医疗报销额与个人自付额的比例最低为8.3%，最高为91%，平均比例为52.8%。将医疗报销额与个人自付额比例进行分组计算频数，报销额与个人自付额比集中在25%~75%的，占总人数的73.6%，报销额与个人自付额比例低于25%或高75%的比例都比较小，分别为15.8%和10.5%（见表18）。另外，表19表明，分别有47.7%和31.2%的被访者认为医疗保险报销比例"适中"和"比较低"。

表18 居民医疗保险报销额与个人自付额的比例

单位：%

项目	报销额/个人自付额			
	25%及以下	25%~50%	50%~75%	75%以上
比例	15.8	36.8	36.8	10.5

---

① 由于厦门市各类医疗保险的医疗费用不需要患者先行垫付全部医疗费用，而是采用现场直接报销的方式，患者只需付个人自付部分的医疗费用，因此在调查中许多被访者并不知道自己的医疗费用报销额，同时调查获得的医疗费用是个人自付部分的费用，故采用这个指标，而不是医疗费用报销比例指标（报销额/医疗费用总额）。

表19 居民对医疗保险报销比例的评价

单位：%

项目	很高	比较高	适中	比较低	很低
比例	3.7	10.7	47.7	31.2	6.7

从医疗费用支出占个人总收入比重来看，调查显示，医疗费用支出占个人总收入比重分布较为分散，最低为1.8%，最高为206.6%，平均为27.9%。同样的，我们将所调查的数据进行分组计算，医疗费用支出占个人总收入的比重仍然表现离散趋势，37.5%的调查对象的医疗费用支出占个人总收入的10%以下，同时有29.1%的调查对象的个人医疗费用支出占个人总收入30%以上。这主要是因为社会成员个人疾病风险不一样，年轻人或身体健康的人患病风险小，医疗费用就低，占个人总收入比重也就低，而老年人或身体健康状况不太好的人患病风险大，医疗费用高，占个人总收入比重也就高（见表20）。

表20 居民个人医疗费用支出占个人总收入的比重

单位：%

项目	个人医疗费/个人总收入			
	10%以下	10%~20%	20%~30%	30%以上
比例	37.5	25.0	8.3	29.1

也就是说，调查结果表明，现行的医疗保险在发挥其功能方面处于中间状态。38%的受访者认为现有的医疗保险制度在减轻医疗负担中"适中"，26%的受访者认为现行的医疗保险制度能够"比较大"的减轻患者的医疗费用负担，25.1%的受访者认为减轻负担的功能"比较小"（见表21）。低保家庭普遍反映由于经济收入有限，即使政府为他们代缴个人医疗保险费，将他们纳入医疗保险范围，但是在高昂的医疗费面前，医疗保险的作用仍然较为有限。低保家庭中，50%的被访者认为医疗保险在减轻医疗负担方面作用"比较小"，当然，在非低保家庭中40.1%的人认为作用"适中"（见表22）。

表 21　居民对医疗保险制度在减轻医疗负担的作用的评价

单位：%

项目	很大	比较大	适中	比较小	很小
比例	7.1	26.0	38.0	25.1	3.7

表 22　医疗保险对减轻不同群体医疗负担的作用差别

单位：人，%

项目		很大	比较大	适中	比较小	很小
低保家庭	人数	2	7	4	14	1
	占比	7.1	25.0	14.3	50.0	3.6
非低保家庭	人数	23	84	129	74	12
	占比	7.1	26.1	40.1	23.0	3.7

2. 厦门市医疗保险制度的特点

根据厦门市医疗保险制度的实施情况，结合本次调查，厦门市医疗保险制度存在以下三个特点。

一是形成了全民覆盖、参保费用整合的医疗保障体系。一方面，公费医疗、城镇职工基本医疗保险以及城乡居民基本医疗保险的参保人数最多，三大险种的参保人数之和超过总参保人数的90%。另一方面，对部分群体的参保费用进行了改革，不再区别城镇居民、农村居民、未成年人及大学生参保身份，筹资标准统一调整为每人每年380元，其中政府每人补助300元，个人缴纳80元；城镇职工基本医疗保险缴费比统一调整为2%，公费医疗保险参保对象不缴纳保险费。

二是引导城乡居民到基层医疗卫生服务中心就医。政府调整医疗保险门诊补偿待遇，参保人员就近到基层医疗机构就医。根据规定，参保人员在社区卫生服务中心和乡镇卫生院所发生的、门诊起付标准以内的国家基本药物费用，不超过500元部分的予以全额报销，而在其他定点医疗机构就医的门诊费用由个人账户支付。在住院报销方面，起付标准以上部分，若参保人员是在三级医院治疗的，需要个人负担费用的20%，而在一级医院治疗的仅需担负费用的5%，退休人员的自付比例是在职职工的1/2。

三是采用实时报销。在医疗费用补偿方式上，厦门市采取即使报销制度。参保人员在定点医疗机构看病就医，只需用医保卡支付个人自付部分的费用，其余费用各定点医院的清算系统当场结算，从而实现了一次就医、实时结算。这样既可以有效地减轻患者的医疗负担，也大大简化报销程序。当然，调查发现，由于采取即时报销制度，被访者很少关注医疗总费用以及报销额、报销比例等问题，他们在回答这类问题时缺省值较多，即使回答了医疗总费用，也仅是个人自付部分。

3. 厦门市医疗保险制度存在的问题

第一，参保者所获得的医疗保险实际待遇整体偏低。受起付线、个人自付比例、封顶线、药品目录范围等多种因素共同影响，参保人员实际医疗费用自付水平仍然偏高。例如，2011年厦门市城乡居民医疗门诊起付线为1000元，城镇职为201.43~1611.36元，参保人员的门诊费用很少超过起付线以上，因而，参保者门诊治疗往往需要自费。本次调查发现，2010年厦门市医疗报销额与个人自付额的比例平均为52.8%，个人自付医疗费用平均为5712元，占个人总收入的比重平均为19.5%，有29.1%的调查对象个人医疗费用支出超过个人总收入的30%以上。

第二，不同群体的医疗保险待遇差别显著。根据《厦门市国家公务员医疗补助暂行办法》（厦府办〔2004〕99号）的规定，公务员及参公事业单位工作人员享受公费医疗，基本医疗保险支付范围内的医疗费用由个人承担10%；城镇在职职工门诊起付线为1611.36元，起付线以上报销比例为72%~98%；住院起付线为201.43~1611.36元，报销比例为84%~98%；城乡居民的门诊起付线为1000元，报销比例为30%~80%；住院起付线为201.43~1611.36元，报销比例为60%~90%（见表23）。不同险种待遇差别较大。

表23 厦门市不同群体医疗保险待遇

保障对象	门诊		住院	
	起付线	报销比例	起付线	报销比例
公务员及参公事业单位职工	无	报销90%,自付累积超过上一年度全市平均工资12%以上的部分,另补助80%	无	报销90%,自付累积超过上一年度全市平均工资12%以上的部分,另补助80%
城镇职工	在职:1611.36元 退休:805.68元	在职:72%~98% 退休:86%~99% 年度最高报销10万元	在职:201.43~1611.36元 退休:100.71~805.68元	在职:84%~98%,退休:92%~99%,年度最高报销10万元
城乡居民	1000元	30%~80%	201.43~1611.36元	60%~90%
大学生及未成年人	无	35%~65%	无	60%~90%,年度最高报销10万元

资料来源:根据厦门市人力资源和社会保障局网站的相关资料整理而得。

本次调查也得出类似的结论:医疗保险报销比与个人缴费无关(pearson系数为-0.009),与医疗保险险种高度相关。城镇职工基本医疗保险超过一半以上的参保者的医疗费用报销比在60%以下,而公费医疗报销比绝对大部分在60%以上(见表24)。[①]

表24 医疗保险险种差异对医疗费用报销比差别的影响

单位:人,%

项目		医疗费报销比例		
		30%以下	30%~60%	60%以上
公费医疗	人数	0	0	1
	占比	0.0	0.0	100.0
城镇职工基本医疗保险	人数	1	2	2
	占比	20.0	40.0	40.0
城镇居民基本医疗保险	人数	7	13	32
	占比	13.5	25.0	61.5

---

① 调查发现,公费医疗的被访者其医疗费由财政报销,自己垫付非常少。另据厦府办[2004]99号文件规定,公费医疗参保对象自付比很低,因此,尽管本调查只有1位参加公费医疗的被访者填写此项问题,但结论仍是肯定的。

第三，居民医疗负担较重，存在着逆分配效应。调查显示，2010年被访者人均医疗费为5711.9元，占人均可支配收入的19.5%，占人均消费支出的28.6%，比重较高。对数据进行分组分析后发现，37.5%的被访者的医疗费用支出占个人总收入的10%以下，33.3%的受访者这一比例在10%~30%，29.1%的受访者这一比例超过30%。也就是说，医疗费用支出占居民可支配收入的比重较高。同时，从报销额与个人自付额的比例来看，报销额远远低于个人自付额，平均仅为个人自付额的一半左右，报销额对于减轻参保者的医疗负担作用仍然有限。

加入收入变量后发现，不同收入群体对医疗保险减轻医疗负担作用的评价存在着负相关关系（pearson系数为-0.19）。收入越高，医疗保险对患者医疗负担的减轻作用越强。其中，在月收入低于2000元以下的居民中，33.1%的被访者认为医疗保险在减轻医疗负担方面作用较小；相反，月收入在2000~4000元的被访者中有27%的人认为作用"比较大"；月收入在4000元以上的被访者认为作用"比较大"的比例为29.2%，超过月收入为2000~4000元的居民的这一比例（见表25）。这意味着医疗保险在调节收入分配差距方面没有发挥其应有的作用。对被调查家庭进行组别分析后也发现，50%的低保户家庭认为医疗保险在减轻医疗负担方面作用较小，而非低保家庭则认为适中。

表25 居民收入差异与医保制度减轻医疗负担作用的相关性

单位：人，%

项目		很大	比较大	适中	比较小	很小
2000元以下	人数	10	38	50	53	9
	占比	6.3	23.8	31.3	33.1	5.6
2000~4000元	人数	11	33	55	22	1
	占比	9.0	27.0	45.1	18.0	0.8
4000元以上	人数	4	19	27	12	3
	占比	6.2	29.2	41.5	18.5	4.6

4. 厦门市医疗保险制度存在问题的原因分析

一是人口老龄化与慢性病导致医疗费用负担加重。2010年厦门市60岁以上老人为23.4万人，占全市户籍总人口数的13.17%，人口老龄化较为严重。老年人由于生理机能的衰退，身体健康素质较差，患病率高，60岁以上老年人的患病率是年轻人的6.5倍[①]。此外，老年人主要患慢性疾病，如恶性肿瘤、心脏病、脑血管病和呼吸系病等疾病。这些疾病治疗周期长，花费较多。由此，他们对现行的医保制度难以产生满足感。

二是医疗保险制度碎片化，再分配机制被抑制。包括厦门在内的全国绝大多数城市的医疗保险制度都是被分割成不同板块独立核算、封闭运行，这就导致有的医疗保险项目缺乏效率，抗风险能力较弱。加上高收入群体与低收入群体之间缺乏财富转移的通道，再分配功能被抑制，必然导致各群体的保障待遇差别悬殊，医疗保险制度收入再分配能力极为有限。

四 厦门市的社会救助与收入分配

社会救助是政府与社会面向困难群体提供的物质或精神帮助，以保障其基本生活，主要包括城乡最低生活保障、农村五保、临时救助、灾害救助以及各类专项救助项目等。其中，城乡最低生活保障是社会救助的核心，也是本次调查的重点。

1. 厦门市社会救助制度实施情况

根据《厦门市最低生活保障办法》规定，2009年厦门市共有低保户13802户、33097人。其中，城市9824户，共22227人；农村3978户，共10870人。与2008年相比，总户数增加了167户，但总人数却减少了252人，下降率为0.7%；农村在户数以及人数等方面都有所增长，其中户数增长率较高，达到2.5%（见表26）。

---

① 陈佳贵、王延中主编《中国社会保障发展报告》（2007），社会科学文献出版社，2007，第23页。

表26　2008~2009年厦门市低保人数变化情况

项目	全市		城市		农村	
	户数(户)	人数(人)	户数(户)	人数(人)	户数(户)	人数(人)
2008年	13635	33349	9755	22518	3880	10831
2009年	13802	33097	9824	22227	3978	10870
绝对变化	167	-252	69	-291	98	39
相对变化(%)	1.2	-0.7	0.7	-1.3	2.5	0.4

资料来源：根据《2010年厦门经济特区年鉴》数据整理而成。

低保人数占总人口的比重也是衡量一个国家或地区低保水平的重要指标。2009年，厦门市低保人数占全市总人数的1.87%，比2008年下降了0.05%，其中城市下降了0.33%，而农村增长了1.14%（见表27）。

表27　2008~2009年全国及厦门市的低保覆盖率

单位：%

项目	厦门市	城市	农村
2008年厦门市	1.92	1.90	1.97
2009年厦门市	1.87	1.57	3.11
2009年全国	5.3	3.8	6.7

资料来源：根据《2010年中国统计年鉴》和《2010年厦门经济特区年鉴》数据整理而成。

本次调查了14户低保家庭，占调查总数的9.7%，涉及40人。在直接受访的14名低保户中，他们都属于那种职业不稳定的低收入者。其中，企业职工、个体户以及自由职业者各1人，无业或灵活就业人员11人。14人当中有5人是小学及以下文化程度、5人为初中文化程度、2人为高中或中专文化程度，另有2人获得了大学本科文凭。

从社会救助水平来看，厦门市是我国第二个实行最低生活保障制度的城市，因为最低生活保障制度实施时间比较长，积累的经验也较为丰富，因而成为全国其他城市学习的模板。2011年，厦门市统一了城乡低保标准，打破了原有的岛内外分割情况。岛内外的低保标准统一调整为：1人户为350元/人·月，2人户为325元/人·月，3人及以上户为

300元/人·月；农村低保标准统一为250元/人·月；此外农村五保户基本生活标准为350元/人·月。

在调查家庭中，2011年8月最高领取额为1400元，平均个人为350元，即全额领取。本次调查的14户低保家庭，平均每人每月低保补差为179.6元。事实上，人均每月350元的标准难以满足低保家庭最基本的生活需要，在所调查的14户低保家庭中没有一户选择"完全能够满足"这一选项的，60%以上的低保户认为"不能满足"（见表28）。依据厦门市现有的生活消费水平，他们认为要维持一家最基本的生活，平均每人每月至少需要521元，而现在的水平仅是期望值的67.2%。

表28 低保金能否满足最基本生活需要

单位：人，%

项目	完全能够满足	一般	不能满足
人数	0	5	9
比例	0.0	35.7	64.3

当然，我们应该看到，城乡低保制度仅仅是社会救助的一部分，其他社会救助项目对城乡居民的生活也提供着直接或间接的帮助。本次调查中有50%的低保家庭享受过医疗救助、教育救助等救助项目，其中14.3%的低保家庭享受过医疗救助、28.6%的低保家庭享受过教育救助、7.1%的低保家庭享受过住房救助或补助、21.4%的低保家庭享受过临时困难救助。同时，有些非低保家庭在过去一年内也享受过诸如医疗、教育、住房等专项救助（见表29）。

表29 2010年居民享受专项社会救助情况

单位：人，%

项目	医疗救助	教育救助	自然灾害救助	住房救助或补助	临时困难救助	优抚安置	至少享受一项救助
总人数	3	6	0	2	3	0	10
其中低保户	2	4	0	1	3	0	7
占低保户比	14.3	28.6	0.0	7.1	21.4	0.0	50.0

被访者认为，社会救助对于保障最低收入群体的基本生活起到了重要作用。77%的低保家庭认为"有很大帮助"和"有些帮助"（见表30）。安全网作用明显地体现了出来。

表30 低保制度对于生活困难群体的帮助程度

单位：人，%

项目	有很大帮助	有些帮助	没有什么帮助	不太清楚	总计
人数	5	5	2	1	13
比例	38.5	38.5	15.4	7.7	100

说明：本次调查共有14户低保户，但只有13户调查对象回答了这一问题，所以"总计"为13。

就最低生活保障制度的管理而言，《厦门市最低生活保障办法》对低保户的申请规定了资格审查细则，不符合要求或违反规定者不予批准或停保。调查表明，76.9%的被访户（也是低保户）认为厦门市现行的低保户资格审查比较合理。但是，只有其中38.5%的被访者认为他所了解到的低保户完全符合低保资格（见表31）。从享受低保时间来看，在14名低保家庭中领取期限最长的为12年，最短的才1年，平均为4.9年。其中，有3户家庭中途退出又重新获得低保资格（见表32）。

表31 低保户是否符合低保资格要求

单位：人，%

项目	完全符合	部分符合	都不符合	不太清楚	总计
调查人数	5	4	0	4	13
比例	38.5	30.8	0.0	30.8	100

说明：本次调查共有14户低保户，但只有13户调查对象回答了这一问题，所以"总计"为13。

表32 低保家庭累计享受低保时间

时间（年）	1	2	3	4	4.5	7.5	9	10	12
家庭数（户）	1	1	6	1	1	1	1	1	1

2. 厦门市社会救助存在的问题

一是城市低保标准较低，不能保障城市居民最低生活需要。厦门市城镇居民最低生活保障标准远低于东部其他经济发达地市，还低于内蒙古等部分中西部城市；与全市平均水平比较来看，2010年厦门市城镇人均可支配收入与消费性支出分别为29253元、19961.97元，最低生活保障线标准占两者的比重仅为13.3%和19.5%，难以保障城镇居民的基本生活需要。① 调查对象没有一个选择"完全能够满足"基本生活这一选项，60%以上的被访者认为"不能满足"。被访者认为，要维持一个家庭最基本的生活，每人每月至少需要521元，而现在的低保标准仅是期望值的67%。当然，厦门市农村居民最低生活保障标准为250元/人·月，分别占人均纯收入和消费性支出的29.9%和39.9%，保障能力稍高于城镇。

二是退出机制运行不畅。尽管厦门市政府规定对低保对象实行动态管理，但是，低保户的退出机制尚未真正建立起来。低保户累计领取时间及中途有无退保记录是衡量动态管理机制优劣的重要指标。国外的研究表明，平均每人接受援助的时间大约为21个月。② 本次调查的14个低保家庭平均领取低保时间为4.9年，约59个月，最低为12个月，最高为144个月，且只有3户家庭中途退出过。一些已经享受低保待遇的家庭，总是试图延续其低保待遇，努力采用各种手段隐瞒其收入，阻挠甚至威胁管理工作人员，因而给低保工作带来较大困难。

厦门市最低生活保障制度之所以存在这些问题，原因主要就在于现行的救助采取捆绑式救助模式，如医疗救助、教育救助、住房补贴以及其他各种优惠等项目也简单地叠加在最低生活保障制度之上，增加了最低生活保障待遇的含金量。调查的150户家庭中，享受过医疗救助、教

---

① 由于缺乏2011年厦门市城市人均可支配收入及人均消费性支出数据，但可以肯定的是，2011年的数据比2010年求要高，因此这一比例实际上更低。农村的情况也是如此。
② 杨立雄：《中国城镇居民最低生活保障制度的回顾、问题及政策选择》，《中国人口科学》2004年第3期。

育救助、住房救助等专项社会救助的家庭基本都是低保家庭。这种捆绑式救助被其他学者称之为"低保救助的贫困陷阱"。①

五 厦门市的其他社会福利制度与收入分配

除了养老、医疗、最低生活保障等福利制度外,课题组还调查了厦门市的住房、教育等福利制度。它们对于被访者的收入增进问题究竟起到何种作用,值得我们关注。

(一) 厦门市民的住房福利制度与收入分配

1. 厦门市住房保障制度的发展状况

本次调查的厦门市 150 户居民家庭中,住房保有量最小值为 0 套,最大值为 3 套,户均值保有量为 1.14 套,其中 86% 的家庭拥有 1 套住房,12.7% 的家庭拥有 2 套及以上住房(见表 33)。

表 33 居民住房保有量情况

单位:户,%

项目	0 套	1 套	2 套	3 套
户数	2	129	15	4
比例	1.3	86.0	10.0	2.7

将住房保有量与职业类型做交叉分析后发现,② 不同职业群体的住房保有量存在着一定差别。其中,机关事业单位就业人员的户均住房保有量最高,18.6% 的机关事业单位人员户均为 2 套及以上,总体平均保

---

① 2006 年和 2007 年,郑功成在上海等调研时发现,一些低保对象出于需要政府的住房补贴而不愿意放弃低保户资格。当其劳动所得达到或者超过低保线时,丧失的不仅是低保待遇,还包括住房补贴。因此,他们就会选择保持自己的低保户资格,形成无法自拔的贫困陷阱。因此,他认为这种现象并非低保养懒惰,而是低保制度自身的缺陷。

② 此处将问卷中的职业类型分为三大类:第一类为机关事业单位,包括事业单位工作人员、公务员、村组(社区)干部;第二类为个体户及私营企业主;第三类为企业职工及其他,包括农民、企业职工、自由职业者、其他。

有量为1.23套,比个体户及私营企业主、企业职工及其他这类群体高出0.15和0.12;而企业职工及其他、个体户及私营企业主不仅户均保有量相对较少,而且两者的差别也仅为0.03(见表34)。

表34 不同职业类型的居民住房保有量分布情况

单位:户,%

项目		住房保有量				户均保有量套数
		0套	1套	2套	3套	
机关事业单位	户数	1	34	5	3	1.23
	占比	2.3	79.1	11.6	7.0	
个体户及私营企业主	户数	0	11	1	0	1.08
	占比	0.0	91.7	8.3	0.0	
企业职工及其他	户数	1	84	9	1	1.11
	占比	1.1	88.4	9.5	1.1	

以住房保有类型角度看,被访者以商品房与单位福利房为最多,分别为51套和47套,两者合计占住房总数的59.8%(见表35)。其中,第一套住房是单位福利房的最多,为43套,占住房总数的29.5%,而第二套住房中商品房则占主体,占总数一半以上。

表35 居民住房保有类型情况

单位:套,%

项目	商品房	经济适用房	单位福利房	自建房	廉租房	公租房	自租房	其他
套数	51	7	47	14	4	10	16	15
比例	31.1	4.3	28.7	8.5	2.4	6.1	9.8	9.1

从住房产权情况看,由于政府在不同历史时期的住房政策有所不同,居民拥有住房产权的类型存在着时间上的差异性。[①] 以1998年及

---

① 20世纪90年代以前,我国以全价售房和补贴售房为主;1994年,国务院发布《关于深化城镇住房制度改革的决定》,鼓励发展商品房,提出建立经济适用房与商品房两种住房供应体系。2006年,厦门市政府颁布《厦门市社会保障性住房建设与管理暂行规定》(厦府〔2006〕379号),提出建设廉租房、保障性租赁房、经济适用房、保障性商品房,2009年实施了《厦门市社会保障性住房管理条例》。

2007年作为分界点。1998年以前，商品房拥有量非常少，仅占商品房总量的17.1%，1998年以后商品房拥有量日益增多，并呈现出快速增长态势；与此相反，单位福利房却呈现出下降态势，2007年以后，单位福利房私有化现象基本消除（见表36）。

表36 居民住房类型与购买时间分布

单位：套，%

项目		1998年以前	1999~2007年	2008年以后
商品房	数量	7	23	11
	比例	17.1	56.1	26.8
经济适用房	数量	3	2	2
	比例	42.9	28.6	28.6
单位福利房	数量	20	8	0
	比例	71.4	28.6	0.0
其他	数量	1	2	0
	比例	33.3	66.7	0.0

说明：由于廉租房、公租房、自租房等住房类型的居住者不具有住房产权，因此不纳入考察范围；另外，单位福利房包括被居民买断产权（如全价售房和补贴售房）和未买断产权（产权仍归企业、集体或国家）两种类型，本次调查只考察前一种类型。

住房类型不同，居民获得的住房产权的成本差别就十分明显。根据调查，商品房平均每平方米4461元，经济适用房平均每平米2315元，买断的单位福利房价格最低，平均每平方米仅为978元（见表37）。

表37 不同住房类型的购房成本

单位：元

项目	最低价	最高价	平均价
商品房	700	17000	4461
经济适用房	900	4300	2315
单位福利房	50	4800	978

说明：尽管其他类的住房也属于拥有产权类，由于住房类别差别较大，所购得的平均成本不具有统计意义，故不做特别比较。

在住房贷款方面，被访者购置商品房贷款概率与数额明显高于购买经济适用房，而购买经济适用房的贷款概率与数额又明显高于购买单位福利房。被访者购买商品房的贷款额度最低约为 3 万元，最高约为 140 万元，平均约为 31 万元；而购买单位福利房的贷款概率小，贷款额度最低约为 2 万元，最高约为 7 万元，平均约为 4 万元（见表 38、表 39）。

表 38　居民购置不同住房类型的贷款率

单位：%

项目	商品房	经济适用房	单位福利房
贷款率	45.7	33.3	20.8

表 39　居民购置不同住房类型的平均贷款额及月还贷额

单位：元

项目	商品房	经济适用房	单位福利房
平均贷款总额	305688	25310	41400
平均月还贷额	2531	1800	594

就租房而言，调查发现，自租房的每月租金最高，廉租房次之，公租房最低，最高是最低的 7.2 倍，具体值分别为 1210.5 元、216.7 元、167.2 元。

在住房公积金方面，本次调查发现仅有 56 人缴纳住房公积金，占被调查户总人数的 37.3%。其中，2011 年 8 月个人平均缴纳住房公积数额为 325 元，占 2010 年厦门市社会平均工资的 9.7%，超过了最低标准的 5%，但远低于 12% 的上限。① 最低为 168 元，超过规定的下限（110 元），最高为 960 元，远低于缴存上限（4024 元）。因此，调查对象普遍认为缴纳的额度不是很大（见表 40）。

表 40　职工认为个人缴纳的住房公积金数额情况

单位：人，%

项目	很多	比较多	一般	比较少	很少
人数	0	5	23	13	15
比例	0.0	8.9	41.1	23.2	26.8

---

① 由于所对应的 2011 年 8 月的厦门市社会平均工资数据缺失，采用 2010 年的数据，实际比例比之还要低。

住房公积金制度建立的目的是通过个人与企业的缴费以满足职工的购房需求，实现居者有其屋这个社会目标。但是，调查数据显示，81.8%的受访者认为房价特别高，14.2%认为比较高，所以住房公积金对购买住房作用不大（见表41）。例如，56名缴纳住房公积金中仅有8名调查对象申请了住房公积金贷款，占总数人的14.3%，额度最低的为2100元，最高为16.6万元，平均贷款额为10万元。

表41 职工认为住房公积金对购房的帮助情况

单位：人，%

项目	很有帮助	有一些帮助	没有帮助	不清楚
人数	12	24	18	2
比例	21.4	42.9	32.1	3.6

2. 厦门市住房保障政策对于收入影响的评价

近年来，厦门市建立了多层次住房供应体系，为不同收入群体提供多样化的住房需求。2006年以来，厦门市出台相关政策，提出建设廉租房、保障性租赁房、经济适用房、保障性商品房等多种住房类型。对于居民家庭收入低于某种水平的家庭提供经济适用房或保障性商品房，而对于家庭收入极低、无力购买这两类住房的家庭，政府为其提供了廉租房以及其他租房补贴等，以缓解他们住房困难的问题，使他们不因为住房问题而导致收入状况更加恶化。本次调查有5.4%受访者获得了政府的住房补贴，最近一次（2011年8月）获得的住房补贴最低为50元。

尽管厦门市早在1992年就建立了住房公积金制度，2008年还出台了《厦门市住房公积金管理规定》。但是，不同群体所获得的住房公积金待遇不平衡。一方面，住房公积金参与率偏低。在所有调查对象中仅有56人缴纳了住房公积金，占被调查总人数的37.3%，而且这56人中只有8人申请了住房公积金贷款，住房公积金制度所具有的减少购房者贷款利息支出等功能尚未完全发挥出来。另一方面，公积金在不同职工群体之间的发展不平衡。表42显示，不同职业类型人员缴纳公积金情况存在差异。其中，村组（社区）干部、事业单位工作人员的参加人数最多，参加率达到80%以上，① 企业职工参加率为36.4%，自由职业者的参加率只有10%，而个体户及私营企业主则没有参加。也就是说，收入高、收入最为稳定的机关事业单位人员的缴纳率明显高于其他群体，他们所获得的住房公积金待遇自然就会多于收入相对较低且收入不太稳定的其他群体。由此可以看出，住房公积金制度不能很好地调节不同群体的收入差距。

表42 不同职业类型的职工参加住房公积金情况

单位：人，%

项目		参加	不参加
企业职工	人数	8	14
	比例	36.4	63.6
事业单位工作人员	人数	9	2
	比例	81.8	18.2
公务员	人数	1	0
	比例	100.0	0.0
个体户及私营企业主	人数	0	12
	比例	0.0	100.0
自由职业者	人数	1	9
	比例	10.0	90.0
村组（社区）干部	人数	28	3
	比例	90.3	9.7
其他	人数	10	51
	比例	16.4	83.6

（二）厦门市民的教育福利制度与收入分配

教育是社会发展与社会进步的必要条件与根本保证，也是提高社会人口素质、促进经济社会快速发展的必由之路。近年来，厦门市大力完善义务教育制度，促进教育福利均等化发展，教育水平与教学质量在福建省处于领先水平。

---

① 数据显示公务员参加率为0%，因为只有一个调查对象是公务员，所以并不能真正反映公务员的参与情况。

1. 厦门市教育福利的实施

据厦门市统计局公布的数据显示,2009年厦门市人均教育支出为951.6元,占消费支出的5.3%,超过文化娱乐、医疗保健等项目的支出。本次调查的150个家庭中64个家庭有子女在上学,其中61个家庭只有一个子女上学,占95.3%,3个家庭有2个子女上学,占4.7%,基本能够反映我国独生子女政策下家庭教育负担状况。据调查,2010年厦门市家庭教育总支出(包括非义务教育阶段的学费与住宿费,家教、辅导班等自愿性费用以及交通、生活费等)平均为12278.8元,其中向学校缴纳的费用为3085.9元、自愿性的教育支出(如家教、辅导班、培训班等)为2903.4元,两者之和占教育总支出的48.7%(见表43)。

表43 2010年厦门市家庭教育负担情况

单位:元,%

项目	学校缴费	自愿性支出 (家教、辅导班等)	其他支出 (交通费、生活费等)	总支出
费用	3085.9	2903.4	6289.5	12278.8
比例	25.1	23.6	51.2	100.0

调查显示,在全社会高度重视子女教育、加大子女教育投入力度的情况下,59.4%的受访者认为教育负担"很重"和"比较重"(见表44),而且不同阶段负担差别较大,尤其是非义务教育阶段的费用支出比较高。

表44 居民对教育负担的评价

单位:%

项目	很重	比较重	一般	比较轻	很轻
比例	29.7	29.7	32.8	7.8	0.0

这表明,厦门市的家庭教育费用支出水平总体上还是偏高的,这给中低收入家庭带来了沉重负担,26.6%和37.5%的被访者表示"特别

需要"和"比较需要"政府提供教育方面的帮助，如减免学费（高中及以上）、大学生贷款、残疾学生补助等福利，保障适龄学生享有公平的受教育机会。本次调查中有10个家庭享受了两免一补，占总数的16.9%，3个家庭享受了贫困学生补助，占5.1%，另外有39个家庭没有享受任何教育补助，占66.1%（见表45）。当然，绝大部分家庭仅享受了其中的一项，仅有2个家庭既享受了两免一补，又享受了减免学费（高中及以上），占3.5%。

表45 被访者享受政府教育补助情况

单位：人次，%

项目	两免一补	减免学费（高中及以上）	奖学金	贫困学生补助	免费就业技能培训	其他	以上都没有
人次	10	3	1	3	1	2	39
比例	16.9	5.1	1.7	5.1	1.7	3.4	66.1

2. 厦门市教育福利的评价

调查表明，厦门市教育福利项目较多，但享受人数较少。厦门市对中小学实行了免费的义务教育，免除全市公办小学、初中和特教学校在校生的课本费和簿籍费，但是，总体上看，厦门市教育福利支出水平仍然偏低，2010年全市教育支出42.64亿元，占当年GDP的2.1%，远未达到国家规定4%的目标，同时，仅有5个家庭获得了教育救助，占8.3%，户均获得救助金额为113.3元，占教育支出的0.9%，这样的教育福利供给水平总体偏低。

从促进教育公平角度看，被访者对于厦门市促进教育公平所做的工作持肯定态度。他们认为，政府加快实现岛内外公共教育服务均等化和义务教育高质量均衡发展，试行包含学前一年的十年义务教育，实现城乡义务教育完全免费，提高进城务工人员随迁子女就读公办义务教育学校的比例，所有符合条件的进城务工人员子女接受免费义务教育，统一城乡义务教育学校的办学经费、设备配置和质量评价标准，力争到"十二五"末期全面实行中等职业教育免学费制度，推进残疾人高中阶段教育免费制度，健全中等职业教育助学金制度奖学金制度等，这些举措对于增进民众收入都具有积极的意义。

六 结论与思考

改革开放以来，厦门市的经济社会获得了快速发展，但是城乡居民以及不同阶层居民之间的收入分配差距也持续扩大。厦门大学 2005 年对厦门市居民进行抽样调查，计算出厦门市的基尼系数为 0.464。[①] 本次调查中 55.4% 的被访者认为不同居民之间的收入差距"非常大"，40.5% 的被访者认为"比较大"，两者之和达到 95.9%。因此，本次调查中 44.0% 和 18.0% 的被访者表示对个人收入"不太满意"和"非常不满意"，37.6% 和 12.8% 的被访者表示对家庭收入"不太满意"和"非常不满意"（见表 46）。被访者认为，在影响民众收入差距过大的各类因素中，"腐败"是最主要的因素，占总数的 15.4%，其次是"个人能力差距"以及"文化程度不同"，分别占 15.2% 和 11.8%。而"税收政策不合理"这个因素的影响较小，仅占 3.7%。但是，应当看到，有 10.1% 的被访者认为社会保障制度不完善也是引发城乡居民收入差距过大的重要因素，其重要性在所给出的 11 个项目中并列第四（见表 47）。

表 46 居民对个人及家庭收入的满意度

单位：%

	非常满意	比较满意	一般	不太满意	非常不满意
个人收入	0.0	6.0	32.0	44.0	18.0
家庭收入	0.7	7.4	41.6	37.6	12.8

---

① 张义桢：《厦门居民收入基尼系数研究》，《中共福建省党校学报》2005 年第 11 期。

表 47 居民认为影响收入差距过大的原因

单位：次，%

影响因素	频数	比例	影响因素	频数	比例
文化程度不同	42	11.8	不同地区的资源差距	16	4.5
个人能力差距	54	15.2	地区经济发展不平衡	31	8.7
个人身体状况	16	4.5	税收政策不合理	13	3.7
腐败问题	55	15.4	社会保障制度不完善	36	10.1
灰色收入	36	10.1	其他	24	6.7
行业垄断	33	9.3			

理论上，社会保障本身应该发挥调节初次分配中收入差距过大问题这个功能，以促进社会公平。但是，一些学者如杨震林、王晓军、谷成等人研究发现，社会保障调节收入差距的作用不明显，甚至存在"逆向调节"的现象，侯明喜认为，我国在二元社会保障体制、社会保障转移支付、社会保障目标瞄准机制等方面的偏差使得社会保障制度在一些层面上存在着财富逆向转移的情况。厦门市的调查同样验证了这个观点。

首先，目前的社会保障制度对收入分配的调节能力有限，各个群体之间在养老、医疗、住房等方面待遇差距悬殊。参加城镇职工养老保险的退休人员中75.4%的老人养老金仅有2000元甚至更低，而92.3%的机关事业单位退休人员的养老金高于4000元；在医疗方面，待遇水平最高的是公费医疗，而城乡居民的基本医疗保险待遇最低；在住房保障方面，机关事业单位职工参加住房公积金的比例很高，而其他群体的住房公积金覆盖面窄、使用率低。30.0%和8.7%的被访者认为厦门市社会保障制度在缩小居民之间收入差距的"作用较小"和"很少"，36.7%的被访者认为"作用一般"。

其次，社会保障制度分割是造成它无法缩小居民收入差距的主要原因。由于不同群体被划分进入不同的保障制度，其缴费负担、保障待遇存在巨大差别。机关事业单位工作人员的负担最低、待遇水平最高，而企业职工、城乡居民的缴费负担高，待遇水平却低。这种按群体特点将社会保障制度划分为不同的保障项目的现象，严重降低了社会保障制度调节收入分配差距的作用。当然，随着厦门市岛内外一体化建设的推进，社会保障对收入分配的调节将越来越显现其强大的功能，居民之间的收入差距将得到有效缓解，从而维护社会公平。为此，我们提出如下两点建议。

第一，加快社会保障制度一体化建设，实现基本公共服务均等化。为此，要改革机关事业单位养老保险制度，理顺机关事业单位人员、城镇职工以及城乡居民的养老保险关系，逐步建立筹资标准统一、管理机制畅通、待遇水平合理的养老保险体系，以提高城乡居民养老保险待遇。要进一步完善城乡居民基本医疗保险筹资标准、补偿水平。建立岛内外一体、城乡统一的最低生活保障制度以及医疗救助制度，统一低保与救助标准。同时，加快建设保障性住房，形成廉租房、保障性租赁房、经济适用房、保障性商品房等在内的多层次住房供应体系，加快农村危旧房改造。另外，进一步发展老年福利、妇女儿童福利、残疾人福利等事业，增进各个群体的福利水平。

第二，加大政府转移支付力度，调节收入分配差距，防止逆向再分配。要切实提高社会保障支出占财政支出的比重，优化社会保障财政支出结构，调整缴费比例，扩大低保覆盖面，提高城乡最低生活保障标准，保障低收入群体的基本生活。

福建省连城县社会保障发展与收入分配状况调研报告

高和荣　夏会琴

一　引言

党的十六大以来，我国农村社会保障建设步伐明显加快，新型农村合作医疗稳步推进、新型农村养老保险试点范围逐渐扩大、农村最低生活保障不断发展，这对于构建社会主义和谐社会具有重要意义。然而，需要我们探讨的是农村社会保障制度的建立、农村社会保障体系的完善对于增加农民收入有无积极影响？为此，本课题选取福建省龙岩市连城县作为样本，探讨农村社会保障与收入分配的关系。选择连城县作为农村样本主要是基于以下几点。

首先，连城县物产丰富，经济发展势头良好。连城县地处闽西北部，被誉为"红心地瓜干之乡""白鸭（白鹜鸭）之乡"，该县多次被评为"中国优秀旅游县""中国文化旅游大县""全国双拥模范县"，更享有"全国武术之乡""中国客家美食名城"等美誉。2010年，全县生产总值达到79.48亿元，增长13.3%；农林牧渔业总产值27.4亿元，增长5.0%；工业总产值89.4亿元，增长31%；全社会固定资产投资50.3亿元，增长44.6%；地方财政收入达26239万元，增长27.7%；社会消费品零售总额27.5亿元，增长31.4%①。

---

① 中国连城县门户网站，http://www.fjlylc.gov.cn/。

2010年全县城镇居民人均可支配收入超过1.4万元，较上年增长10.5%；农民人均纯收入6359元，增长10.4%，经济增长速度高于全省平均水平，位居龙岩地区其他县市前列。2005年、2010年该县两度入选全省县域经济发展十佳县。①

当然，与龙岩其他县市相比，连城县的经济发展总量、人均GDP、农民人均纯收入等方面还存在着一定差距（见表1）。因此，研究社会保障与农民增收问题十分重要。

表1　2010年龙岩市各县市主要经济指标

城市	地区生产总值（亿元）	地方财政收入（万元）	人均GDP（元）	城镇职工平均工资（元）	农村人均纯收入（元）
龙岩市辖区	409.73	381399	61855	34473	9538
漳平市	101.60	42141	42298	32551	7000
长汀县	88.30	32139	22445	22257	5966
永定县	110.97	71525	30595	31892	7536
上杭县	126.66	85087	33866	32823	6213
武平县	74.16	28951	26657	27924	6404
连城县	79.48	26239	31971	24599	6359

说明：由于本部分是城市居民社会保障及收入分配情况，因此，指标的统计口径为按各城市市辖区范围内的户籍人口进行计算，不包括城市所管辖的各县。

资料来源：根据《2011年福建统计年鉴》数据整理而得。

其次，农村人口接近城镇人口的4倍，便于我们比较便捷地了解农民的日常生活。连城县处于福建省内陆，交通不便，农村人口占总人口的66.6%，城镇化水平相对较低，是一个典型的农业县。从表2中可以看出，连城县城镇化水平为19.88%，明显低于龙岩市69.5%的平均水平。这便于我们调查农村社会保障制度建设情况。

---

① 中国连城县门户网站，http://www.fjlylc.gov.cn/。

表2　2010年龙岩市各县市人口指标

地区	常住人口(万人)	城镇人口(万人)	农村人口(万人)	城镇化水平(%)
龙岩市辖区	66.24	46.01	20.23	69.50
漳平市	24.02	11.37	12.65	47.34
长汀县	39.34	16.18	23.16	41.13
永定县	36.27	13.65	22.62	37.63
上杭县	37.40	11.48	25.92	30.70
武平县	27.82	8.23	19.59	29.58
连城县	32.95	6.55	26.54	19.88

资料来源：根据《2011年福建统计年鉴》中第六次人口普查数据整理而成。

再次，各项农村社会保障制度已经在连城县得到了实施，有助于我们开展农村社会保障调查。近年来，连城县在大力发展经济的同时着力改善民生，加快农村社会养老保障制度试点。2006年，该县开展了新型农村合作医疗制度的试点，颁布了《连城县开展新型农村合作医疗试点工作实施办法》，努力解决农民看病贵问题，增进其健康水平。2010年，该县颁布实施了《连城县开展新型农村社会养老保险试点工作实施办法》。加上已经实施的最低生活保障制度，连城县农村社会保障体系基本形成。截至2010年年底，全县参加新型农村合作医疗的人数达到26.92万人，[1] 享有农村居民最低生活保障人数为1.7万人，占农村人口总数的10.26%，此外，2010年该县新农保参保率达到75.49%。[2]

二　样本选择与样本特征

在前期资料查询基础上，本课题选择了连城县文亨镇文陂、田心、文岗、黄屋、文楼五个村作为调研点。一方面，这五个村处于连城县中

---

[1] 数据来源：《2011年福建统计年鉴》。
[2] 中国龙岩市人民政府网，http://www.longyan.gov.cn/snpd/zt/xnb/201101/t20110110_164056.htm。

部平原，气候温和、雨量充沛，适宜耕作，是典型的农业村。另一方面，这五个村近年来也发展了养殖业、加工业以及农村小型企业。此外，这五个村居民以本地农村户籍人口为主，外来人口极少。因此，便于我们调查农村社会保障的实施以及农民的收入状况。

在进行问卷调查之前，课题组统一编写了调查手册，集中培训了调查员，要求调查员一对一当场发放问卷、当场回收问卷，从而保证了问卷的高回收性和有效性。本次调研共发放151份问卷，回收151份，回收率为100%。为保证样本均匀分布，我们在文陂村、龙岗村、田心村、黄屋村分别选择30户，在文楼村选择31户。被调查者本人的人口学特征如下（见表3）。

（1）人口规模及性别特征：本次调查以户为单位，共调查151户，涉及614人。直接受访者151人，其中男性135人占89.4%，女性16人占10.6%。在农村，男性一般是一家之主，因此调查中男性受访者居多。

（2）年龄特征：最低年龄为24岁，高年龄为87岁，平均年龄为44岁，60岁以下（不包含60岁）者占90%。大部分调查对象本人属于劳动年龄范围内，有一部分属于已领取新型农村社会养老保险金的老年人，能够体现老年保障制度的基本情况。

（3）婚姻状况：151位调查对象本人中，已婚143人，占总数94.7%，未婚8人，占总数5.3%。调查中已婚者居多，他们对家庭成员的社会保障情况比较了解，可以保证问卷的完整性。

（4）户籍特征：151位调查对象本人中，非农业户口8户，占5.3%，农业户口143户，占94.7%。由于本次调研的主要对象为农村居民，较多农业户籍能保证信息准确。

（5）文化特征：151位调查对象本人中，小学及以下学历者占21.2%，初中学历者占54.3%，高中（中专）及以上学历者占24.5%。调查对象本人的总体文化水平尚可，能够较好地理解问卷，同时对家庭成员的社会保障情况有所了解，从而保证了问卷的有效性。

（6）职业类型特征：调查对象本人的职业类型较为集中，其中有104人为农民，占68.9%；村组（社区）干部占总数的4.6%；企业职工占总数的4%；事业单位工作人员（主要是农村中小学老师）占总数的4%；个体户占总数的12.6%；自由职业者占总数的3.3%；其他职业为2.6%。

（7）就业单位类型：调查对象本人的单位类型较为集中，主要从事农、林、牧、渔业，占总数的68.2%。

（8）收入特征：调查对象本人月均收入在1000元以下的占14.6%，月均收入在1000~1999元的占56.3%，月均收入在2000~2999元的占25.2%，月均收入在3000元以上的占4%。

表3 调查对象本人的人口学特征

单位：人，%

项目	特征	人数	占比
性别	男	135	89.4
	女	16	10.6
年龄	20~29岁	24	15.9
	30~39岁	31	20.5
	40~49岁	50	33.1
	50~59岁	31	20.5
	60岁以上	15	10.0
婚姻状况	已婚	143	94.7
	未婚	8	5.3
户籍	农业户口	143	94.7
	非农户口	8	5.3
文化程度	小学及以下	32	21.2
	初中	82	54.3
	高中（中专）及以上	37	24.5
职业类型	农民	104	68.9
	企业职工	6	4.0
	事业单位工作人员	6	4.0
	公务员	0	0.0
	个体户	19	12.6
	私营企业主	0	0.0
	自由职业者	5	3.3
	其他	4	2.6
	村组（社区）干部	7	4.6

续表

项目	特征	人数	比例
就业单位类型	农、林、牧、渔业	103	68.2
	采掘业	0	0.0
	制造业	0	0.0
	电力、煤气及水的生产与供应	2	1.3
	交通运输仓储和邮电通信业	10	6.6
	批发零售贸易和餐饮业	8	5.3
	金融保险业	1	0.7
	社会服务业	6	4.0
	卫生体育和社会福利业	2	1.3
	教育文化艺术广播电视电影业	4	2.6
	科学研究和综合技术服务业	1	0.7
	机关和社会团体	2	1.3
	其他	12	7.9
月均收入	1000 元以下	22	14.6
	1000~1999 元	85	56.3
	2000~2999 元	38	25.2
	3000 元以上	6	4.0

三 连城县农村社会保障与收入分配

新型农村社会养老保险与新型农村合作医疗是连城县农村社会保障制度的建设重点，它们关乎农民的切身利益。

（一）新型农村社会养老保险制度的实施及收入分配

1. 连城县新型农村社会养老保险制度的实施

为了响应国务院、福建省以及龙岩市关于开展新型农村社会养老保险试点的意见，连城县于 2010 年 9 月制定了《连城县开展新型农村社会养老保险试点工作实施办法》，规定本县户籍年满 16 周岁（不含在校学生）、未参加其他类型的社会养老保险的农村居民，可以在户籍所在地自愿参加新农保。根据这个条例，截至 2011 年 7 月，本次调查所涉及的 614 人中有 474 人属于应保人员，其中有 276 人参加了各类养老保险制度，占应保人员的 58.2%，198 人没有参加养老保险制度，占 41.8%。

此次调查发现，被访者参加养老保险的种类呈现出多元化态势，242 人参加了新农保①，占所有参保人数的 87.7%；21 人参加了城镇职工养老保险，占所有参保人数的 7.6%；12 人参加了机关事业单位养老保险，占所有参保人数的 4.3%；还有 1 人购买了商业养老保险，占所有参保人数的 0.4%（见表 4）。也就是说，随着城市化进程的加快，城镇就业的农民可以参加城镇职工养老保险，农民养老保险与户籍有所剥离，这体现了该县农村养老保障制度的进步。

表 4　连城县农村居民参加养老保险情况

单位：人，%

养老保险类型	人数	有效百分比
新型农村社会养老保险	242	87.7
城镇职工养老保险	21	7.6
机关事业单位养老保险	12	4.3
商业养老保险	1	0.4

按照龙岩市的规定，参加城镇职工养老保险、机关事业单位养老保险的被访者按照其个人工资的 8% 缴纳养老保险费，如果个人工资低于社会平均工资的 60%，则按社平工资的 60% 缴纳，当然，最高缴费则按社平工资的 3 倍标准进行，个人缴费全部进入个人账户。

本次调查在剔除缺失值以及部分因年满 60 周岁而不需要缴纳新型农村社会养老保险费用的老人之后②，整理出被访者及其家人缴纳新农保费用情况及其自我评价情况（见表 5、表 6）。

---

① 60 周岁及以上的农民不需要缴纳养老保险金，自动计入参保人员。
② 根据新型农村社会养老保险制度，凡年满 60 周岁的老人都可领取基础养老金，但其子女必须参保。

表 5　新农保缴费档次及缴费人数

个人缴费(元/年)	人数(人)	比例(%)	个人缴费(元/年)	人数(人)	比例(%)
50	2	0.9	200	3	1.4
100	206	97.2	500	1	0.5

由于农民人均纯收入不高，因此农民一般更愿意选择较低的参保费用。本次调查显示，97.2%的农民选择了100元/年的缴费标准，只有1.4%的被访者选择了200元/年的缴费标准，0.5%的被访者选择了500元/年的缴费标准，还有0.9%的被访者每年缴纳50元。因此，比较低廉的缴费额度对被访者基本上没有构成负担，89.4%的参保者认为个人缴费负担适中，甚至还有1%的被访者认为缴费额度较低，只有9.6%的被访者认为这样的缴费负担"比较高"及"很高"（见表6）。

表 6　被访者对新农保缴费负担的评价

单位：人，%

对个人缴费负担的评价	很高	比较高	适中	比较低
人数	5	15	185	2
比例	2.4	7.2	89.4	1.0

新农保规定，参加新型农村社会养老保险的农民可以自由选择档次，个人账户主要由个人缴费、政府补贴和集体补助构成，其中集体补助要依赖于集体经济实力，而个人缴费和政府补贴则是联动机制，参保人选择不同的档次，政府给予相应的补贴。个人缴费按年计算分为十二档，从100元到1200元，每100元为一个缴费档次。政府对参保人缴费给予补贴，补贴标准每人每年30元，对选择较高档次标准缴费的，政府补贴也会提高。例如，农民选择缴费档次100元的，政府补贴标准为每人每年30元；每提高一个缴费档次，政府补贴标准增加5元；缴费档次达500元及以上的，政府补贴标准均为每人每年50元。具体缴费档次和政府补贴如下表7所示。

表7 个人缴费和政府补贴对照表

档次	个人缴费(元/年)	政府补贴(元/年)	档次	个人缴费(元/年)	政府补贴(元/年)
第一档	100	30	第七档	700	50
第二档	200	35	第八档	800	50
第三档	300	40	第九档	900	50
第四档	400	45	第十档	1000	50
第五档	500	50	第十一档	1100	50
第六档	600	50	第十二档	1200	50

但是本次调查发现有2位参保农民每年只缴纳了50元。这是由于市、县两级政府为了加强对弱势群体的保护，而为农村重度残疾人代缴了100元的养老保险参保费用，这些人可以免费参加最低标准的养老保险；同时政府还为农村低保户、计生对象中独生子女死亡或伤残、手术并发症人员等群体代缴了50%的最低标准养老保险费，因而这些人每年只需缴纳50元。

此外，政府规定参加新农保的45~59岁且生育两个女孩或生育一个子女的农村夫妻，在每人每年30~50元缴费补贴基础上，省财政再增加20元的补贴，县财政每人每年增加10元的缴费补贴。这就使得所调查的缴费标准呈现出多样化趋势。

新农保由基础养老金和个人账户养老金组成。对于在新农保实施时不足45岁、可以缴满15年的"新人"，其养老金由基础养老金和个人账户养老金组成，且支付终身。基础养老金标准为每人每月55元，个人账户养老金月计发标准为个人账户全部储存额除以系数139。对于在新农保实施前已年满45岁，距领取年龄不足15年的"中人"，允许其在60岁办理养老金领取手续前，一次性补缴不足15年的部分费用，补缴的部分财政给予相应补贴。养老金的计发办法与"新人"一样。对于在新农保办法实施时已经年满60岁的"老人"，连城县规定，所有老人都可以领取55元/月的基础养老金，但其符合缴费条件的子女必须参保缴费。如果"老人"没有子女或其子女没有参加新农保，则其需要补缴一定年限的保费。

此次调查期间，领取养老金的被访者都是60岁以上老人，他们基本上没有个人账户积累，因此得到的绝大多数是基础养老金。调查显示，94.9%的老人每月领取的养老金为55元，只有5.1%的老人每月领取的养老金为100元（见表8）。97.4%的老人认为现行的养老金不能满足基本生活，只有2.6%的老人认为勉强满足。

表8 农村居民养老保险领取情况

每月领取的养老金（元）	人数（人）	比例（%）
55	37	94.9
100	2	5.1

2. 连城县新型农村社会养老保险的实施特点

本次调查发现，连城县新型农村社会养老保险制度在实施过程中有以下三个特点。

第一，缴费比较灵活。全县为新农保设置了12个缴费档次供农民自由选择。为了鼓励农民多缴，政府还出台政策或者给予参保人补贴，或者给予参保者费用减免，甚至调低缴费金额。

第二，实行家庭捆绑缴费。与其他农村地区一样，连城县规定年满60周岁的"老人"可按月领取55元的基础养老金，但其符合条件的子女必须参保，这种家庭成员捆绑式缴费办法一方面拓宽了养老保险金的来源，另一方面也体现了权利与义务相一致的原则，此外也弘扬了家庭养老文化。

第三，明确政府的财政补贴责任。调查发现，连城县的基础养老金由中央、省、市以及县级政府共同承担，个人缴费补贴则来自省、市、县三级政府的补贴。政府财政补贴到位，不仅能够减轻农民的缴费负担，增加农民受益，而且反过来也能够促进新农保工作的顺利开展。

3. 连城县新型农村社会养老保险与收入分配的关系

新农保通过财政补贴解决农民的养老问题，努力减轻农民的养老负担，因而也可以说是增加农民收入、缩小收入差距的一项举措。

根据规定，政府对于参保农民的养老补贴分为四个层次。首先，连城县享受到中央政府给予的东部地区贫困县参保人员的50%基础养老金补助。其次，福建省规定中央财政与省财政安排的补助资金捆绑使用，分别以80%、60%、50%、50%的比例对试点县（市、区）进行分档补助，其中连城县获得的补助按80%档计算，即省政府对基础养老金提供30%的补贴；对于个人缴费部分的补贴，省级财政按每人每年30元的补贴标准，分别以80%、60%、40%、20%的比例对试点县（市、区）进行分档补助，其中连城县获得了80%档的补贴，其余部分由试点县（市、区）分担；对参加新农保的45～59岁生育两个女孩或生育一个子女的夫妻，在每人每年不低于30元缴费补贴的基础上，省财政再增加每人每年20元缴费补贴。市县财政负责上级财政补贴以外的剩余基础养老金补贴和个人缴费的补贴；同时为农村重度残疾人代缴最低标准养老保险费100元；为农村低保户，农村计生对象中独生子女死亡或伤残、手术并发症人员等缴费困难群体代缴50%的最低标准养老保险费。县财政给予45～59岁生育两个女孩或生育一个子女的参保夫妻额外增加每人每年10元的补贴。

通过四级财政补贴，保证了新农保基础养老金的发放，增加了参保农民的收入。例如，仅基础养老金补贴这一项，每个老人每年能获得660元的现金补贴，是该县农民人均纯收入的10%，这有助于缩小城乡之间的收入差距。从参保者个人角度来看，在"不患寡而患不均"的思想影响下，基础养老金的均等化，提高了农民对新农保制度的认同感，使得所有参保人的结果公平。被访者获得了养老金收入就会容易认同该项制度的公平性。调查数据显示，45.9%的老人觉得自己领取的养老金比较公平，24.3%的老人认为一般，两者累计达到70.2%；24.3%的老人说不清楚，只有5.4%的老人认为养老金收入比较不公平。

理论上讲，农民获得养老金有助于他们对养老金的积极评价，养老金收入的高低影响着他们的评价程度，二者之间应该存在着相关关系。

我们把"满意度"作为因子,把"最近一个月获得的养老金"作为因变量进行单因素方差分析,方差齐性检验没通过(见表9)。

表9　评价与养老金的一元线性回归分析结果

R	R Square	F	Sig.
0.118	0.014	0.490	0.489

4. 连城县新型农村社会养老保险存在的问题

此次调查发现,连城县新型农村社会养老保险在试点中还存在着三个突出问题。

第一,养老保障水平总体偏低,还不能解决农民的基本生活。97.4%的老人认为,在个人账户收入为0元的情况下,55元的基础养老金还不能满足基本生活需求,只有2.6%的老人认为能够"勉强满足"。从缴费情况来看,由于94.6%的参保农民选择了最低档100元/年,15年以后他们的个人账户养老金仍然非常低,届时加上基础养老金合计也不会超过1000元。

第二,统筹层次低,制约着新农保基金的保值增值。按照新农保的规定,新农保基金纳入社会保障基金财政专户,实行收支两条线单独记账、核算,任何部门不得挤占、挪用。本次调查发现,龙岩实行了市级统筹,2009年全市各区(县、市)农村人口累计只有140.73万人,随着城市化进程的推进,符合参保条件的农民还会减少,因而无法体现社会保险最基本的"大数法则",无法应对人口老龄化所带来的养老金支付风险。同时,统筹层次低以及政府对新农保资金投资渠道的管制使得该项资金难以很好地保值增值,未来的实际收益率会比较低。

第三,未参加新农保的人员呈现家庭集中化现象。未参加任何养老保险的192个人集中在80个家庭,平均每个家庭中有2.4个人未参加。在80个家庭中,有60个家庭包括2个及以上未参加人员,这60个家庭的未参加人员占未参合总人数的89.58%(见表10)。由此可见,未参加养老保险人员出现家庭集中化现象,这与农村的传统文化密不可分。

在农村，家庭是基本的决策单位，一般而言，长辈或当家人是决策者，其意愿影响整个家庭的意愿。因此，未参保人员出现家庭集中化现象也是预料之中。

表10 未参加任何养老保险人员与家庭关系

单位：人，%

家庭中未参加新农保人数	未参加新农保家庭数	未参加新农保总人数	未参加人员占比
1	20	20	10.42
2	26	52	27.08
3	21	63	32.81
4	9	36	18.75
5	3	15	7.81
6	1	6	3.13
合计	80	192	100.00

说明："家庭中未参加新农保人数"是指以家庭为单位没有参加新农保的人数，"未参加新农保家庭数"是指对在前者进行分类的基础上统计而成，"未参加新农保总人数"是前两者的乘积。

（二）连城县新型农村合作医疗制度

1. 连城县新型农村合作医疗制度实施情况

连城县新型农村合作医疗保险制度采取住院统筹与门诊统筹相结合的模式，根据《连城县人民政府关于做好2011年新型农村合作医疗工作的通知》的要求，凡没有参加其他社会医疗保险的农民都可以参加新农合。连城县农村户口的中小学生、儿童（包括2011年1月1日零时以前出生的新生儿）必须随父母以户为单位参加新农合，由此使得连城县的新农合几乎覆盖所有农民。

根据抽样调查，除去缺失值，在598个有效值当中，561人参加了各项医疗保险，参保率达到93.8%。其中参加新农合的人数达到521人，占总参保人数的92.9%，远远高于参加其他社会保险的人数；参加公费医疗、城镇居民基本医疗、城镇职工基本医疗的人数相当，分别占总参保人数的2.1%、2.3%和2.7%。

表 11　连城县农村居民参加医疗保险情况

单位：人，%

项目		参加医疗保险的种类			
		公费医疗	城镇居民基本医疗保险	城镇职工基本医疗保险	新型农村合作医疗
农业户口	人数	2	5	7	511
	占比	0.40	0.90	1.20	91.10
非农业户口	人数	10	8	8	10
	占比	1.80	1.40	1.40	1.80
总体	人数	12	13	15	521
	占比	2.10	2.30	2.70	92.90

调查表明，连城县新农合普及率较高的原因：一方面，随着医疗费用的上涨，农民抵御医疗风险的压力逐渐加大，农民选择参加新农合可以减轻医疗费用支付压力；另一方面，政府逐渐重视新农合制度的实施，加大新农合的宣传力度，并且在资金上给予支持，从而吸引农民的参加。同时，对于农民而言，新型农村合作医疗制度是他们唯一可以选择的参保制度，这在一定程度上也提高了参合率。

调查发现，农村补充医疗保险，如商业医疗保险，发展较为滞后。被访者中没有人购买商业医疗保险，原因主要在于农民对商业保险的认知与接收能力比较弱，对商业保险公司缺乏足够的了解与信任，不太认同通过购买商业医疗保险来抵御疾病风险的方式。

从缴费方面来看，由于公费医疗、城镇居民基本医疗、城镇职工基本医疗以及新型农村合作医疗的缴费标准并不相同，其中，参加公费医疗和城镇职工基本医疗保险是按个人上一年度月平均工资的2%缴纳；参加城镇居民基本医疗保险以及新型农村合作医疗是按每人每年缴费30元（见表12）。

表 12　各医疗保险的平均缴费水平

医疗保险种类	缴费周期	平均缴费（元）	医疗保险种类	缴费周期	平均缴费（元）
公费医疗	1个月	43.1	城镇居民基本医疗保险	1年	57.5
城镇职工基本医疗保险	1个月	46.3	新型农村合作医疗	1年	30.1

从医疗保险缴费与享受待遇角度看，本次调查发现，医疗保险的待遇享受即"去年报销的医疗费用"与个人缴费无关（pearson 相关系数为 0.012，R 为 0.12，P 值为 0.971，弱相关性也不显著，因此不能说明二者的不相关性。散点图的分布可以看出二者没有必然联系。这应当引起我们关注（见图 1、表 13）。

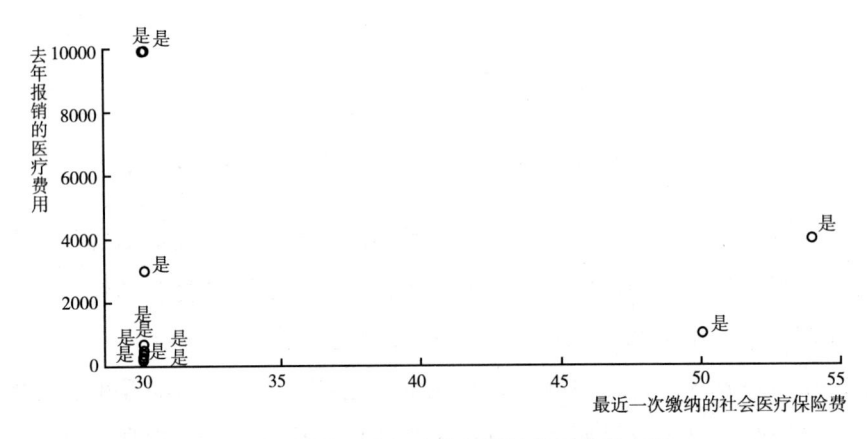

图 1　缴纳的医疗保险费与报销费用的散点图

表 13　缴纳的医疗保险费与报销费用相关系数计算结果

项　目		最近一次缴纳的社会医疗保险费	去年报销的医疗费
最近一次缴纳社会医疗保险费	Pearson Correlation	1	.012
	Sig. (2－tailed)		.971
去年报销医疗费	Pearson Correlation	.012	1
	Sig. (2－tailed)	.971	

医疗保险待遇主要根据参保人的医疗需求来配置，即大病所需医疗费用多，得到的补偿相对多，而患小病所需医疗费用少，得到的补偿相对就少。根据连城县《新型农村合作医疗实施意见》以及《关于调整新型农村合作医疗补偿标准的通知》，参合农民的自付金额逐渐减少，补偿金额逐渐增多。

2. 连城县新型农村合作医疗实施特点

通过对这 5 个村的调查，我们发现连城县新型农村合作医疗制度在实施过程中呈现出两个特点。

第一，新农合筹资水平以及补偿标准逐渐提高。筹资水平的提高使得新农合基金总量增加以及补偿水平提高，它是新农合得以顺利开展的基础。2006年连城县新农合实施之初，筹资水平人均仅为30元，其中，各级政府补助为每人每年20元，个人缴费为每年10元。2011年新农合筹资水平达到人均230元，各级政府补助标准提高到每人每年200元，个人缴费提高到每年30元。

补偿标准的提高直观地反映了参保人医疗费用的减少以及个人收益的增加。根据2011年连城县人民政府《关于调整新型农村合作医疗补偿标准的通知》，在门诊补偿方面，乡（镇）新农合定点医疗机构的普通门诊补偿比例由40%提高到50%，普通门诊单次就诊补偿封顶线由20元提高到25元，普通门诊参合年度内封顶线由每人每年30元提高到每人每年40元，家庭成员可调剂使用。住院补偿起付线、封顶线、补偿比例以及其他特殊情况也进行了相应的调整。其中，在县级医院住院的起付线由400元降低为300元，县外医院住院治疗的起付线则由800元降低为600元，乡级医院起付线仍然为100元；在封顶线上，连城县将参合年度封顶线上调为8万元；在补偿比例上，本县范围内乡级新农合定点医疗机构住院补偿比例由原来的80%提高到90%，县级定点医疗机构住院补偿比例由原来的65%提高到80%，县外定点医疗机构住院的则由原来的45%提高到55%。此外，在重大疾病住院所发生的大额医疗费用补充补偿方面均有所调整。

第二，医疗保险制度与户籍逐渐剥离。调查显示，农业户口与非农业户口在选择医疗保险险种时出现交叉融合现象，农业户口的人除了可以参加新农合，还可以参加公费医疗、城镇职工基本医疗保险、城镇居民医疗保险，同时非农业户口的人也可以参加新农合，表中可以看出非农业户口中参加四种医疗保险的人数相当。医疗保险的享受与户籍制度剥离，是制度上的一大进步，对于城乡一体化具有重要意义。

第三，新农合与城镇居民医疗保险在筹资模式与筹资机制、补偿标准与补偿比例、病种补偿范围等方面出现了整合态势。在模式选择上，连城县实行了门诊统筹与住院统筹相结合模式，在筹资机制上，二者都采取个人缴费与政府补助相结合，且筹资水平相同。在补偿标准、补偿比例、病种补偿范围等方面两者也逐步实现了统一。

3. 新型农村合作医疗与收入分配的关系

新农合通过财政补贴补充统筹基金，减轻农民的医疗负担，间接地增加农民收入、缩小收入差距。

新农合对参保者收入分配的影响体现在两个层面。在宏观层面，政府通过转移支付将财政转化为对参保对象的补助，从而增加参合农民的收益。早在2003年1月，国家有关部委联合颁发《关于建立新型农村合作医疗制度的意见》，福建省以及龙岩市随后也出台相关文件试点新型农村合作医疗。连城县于2006年试点新农合，由原来的个人筹资总额30元逐渐上升到2011年的230元，各级政府转移支付给农民的费用由最初的每人每年20元上升到2011年的200元。这样，政府通过财政等方式将富人群体的部分财产转移到农民手中，这在一定程度上调节了收入分配，增加了参保者的收入。尤其是连城县加强对弱势群体的个人缴费补助，农村五保户、五老人员、优抚对象、一二级残疾、独女户、二女户、计生奖励扶助人员等七类人员的个人缴费全部由县财政负担。在微观层面，不同的参保个体根据医疗需求获得了不同的补偿额度。调查发现，被访者及其家庭成员的医疗保险收益是根据自身的医疗保险需求进行的，与参保人的缴费年限、工资水平没有关系，它通过住院补偿起付线、封顶线、补偿比例的设置达到防范道德风险、开展医疗费用进行合理补偿。

4. 连城县新型农村合作医疗存在的问题

第一，自愿参保强制力不够，易患病群体游离于制度之外。新农合以自愿参保为原则，强制力不足会变相增加新农合筹资的行政成本。在推进新农合试点工作上，国家一直强调新农合以自愿参保为原则。

2011年福建省新农合参合率的目标是稳定在98%左右,连城县的调查显示连城县医疗保险的参保率为93.8%,其中参加新农合的人数占总人数的92.9%。尽管新农合的参保率很高,但是调查发现没有参加任何医疗保险的人群特征呈现多样化趋势。没有参加任何医疗保险的37人当中,包括男女老少、农村与非农村、不同文化程度、不同职业的人。其中最低年龄为2岁,最高年龄为87岁,16岁以下和60岁以上人员接近30%,而这两类人群是易患病人群,是医疗保险的重点保护对象。

表14 未参保人群的人口学特征

	特征	人数(人)	百分比(%)
性别	男	18	48.6
	女	19	51.4
年龄①	16岁以下	8	22.9
	17~59岁	25	71.3
	60岁以上	2	5.8
婚姻状况	已婚	10	27.0
	未婚	27	73.0
户籍	农业户口	35	94.6
	非农户口	2	5.4
文化程度②	小学及以下	14	38.9
	中学	4	11.1
	高中及以上	18	24.5
职业类型③	农民	10	27.8
	企业职工	6	16.7
	学生	17	47.2
	其他	2	5.6
	村组(社区)干部	1	2.8

说明:①在年龄变量中有效值为35个,缺失值2个。②在文化程度变量中有效值为36个,缺失值1个。③职业类型变量中有效值为36个,缺失值1个。

第二,新农合资金的使用效率不高。调查数据显示,在参加医疗保险的561人当中只有13人去年报销过医疗费,报销的费用总计30520元。而按照最新规定,新农合筹资水平为230元,其中个人30元,政府补贴 200 元，561 人的缴费一共是 129030 元，资金利用率仅为 23.7%，还有 76.3% 的资金沉淀。按照福建省《2011 年新型农村合作医疗统筹补偿方案指导意见》，新农合基金包括住院统筹基金、门诊统筹基金和风险基金三部分，风险基金按资金总额的 10% 提取，统筹基金和门诊基金按 95∶35 分配，即基金使用率在 90% 左右，这与现实中的 23.7% 相去甚远。因此可以看出新型农村合作医疗资金的利用率不高。

资金的使用率不高，一方面，导致医疗保险基金沉淀，沉淀的医疗保险基金面临保值增值，挤占挪用的风险。在新农合管理运行中，较为薄弱的一个环节是监管。基金的使用情况、投资情况、结余状况基本都是暗箱操作，农村居民自交完钱之后，除了报销时会涉及新农合，其他时间基本不会关注新农合，也没有渠道关注新农合。作为新农合的受益主体，农村居民有权参与新农合资金的使用，这样可以防止资金被挤占挪用，同时还可以增加农村居民对新农合的认可度。新农保缺乏让农村居民参与新农合基金管理与监督的制度，使得农村居民缺少参与新农合管理与监督的渠道。

另一方面，农民医疗状况没有得到很好地改善。新农合建立的目的是化解农民潜在医疗风险，减轻医疗负担，在基金结余甚多的情况下，大多数农民并没有利用新农合，没有获得补偿。如果按照以收定支、收支平衡、略有结余的原则，下一年度的目标是提高补偿标准、扩大受益面。

第三，未参加任何医疗保险的人出现家庭集中化现象。未参加任何医疗保险的 37 人集中在 17 个家庭，平均每个家庭中有 2.2 人未参加。在 17 个家庭中，有 10 个家庭包括 2 人及 2 人以上未参加人员，这 10 个家庭的未参加人员达占总未参合人数的 81.08%。由此可见，未参加医疗保险人员出现家庭集聚现象，一方面这与新农合以家庭为单位参保密不可分，新农合规定农民以户为单位参合，同时门诊补偿以户为单位设立封顶线，户内成员可统筹使用。另一方面，在农村，家庭是基本的决策单位，一般而言，长辈或者当家人是决策者，其意愿影响整个家庭的意愿。因此，未参保人员出现家庭集中化现象也是情理之中（见表15）。

表15 未参加任何医疗保险人员与家庭的关系

一个家庭中未参加新农合的人数(人)	未参加新农合的家庭数量(个)	合计(人)	比例(%)
1	7	7	18.92
2	5	10	27.03
3	1	3	8.11
4	3	12	32.43
5	1	5	13.51

（三）被访者的其他社会保险制度

调查表明，被访者的生育保险、工伤保险以及失业保险制度建设相对滞后。这是由于我国失业保险的参保对象是城镇职工，因而与农民的关系不大，其他两个险种是以工作单位为前提，而农民大多数没有工作单位。另外，相对于养老和医疗，这几个险种的紧迫性较低，很多农民对此认识不够。此次调查发现，连城县没有针对农民设立的工伤保险、生育保险和失业保险政策，因此，在474名应参保人当中，只有20名参加工伤保险，20名参加失业保险，19名参加生育保险，这些参保者主要是非农业户口，是企业、事业单位的员工（见表16、表17）。

表16 参加工伤保险、失业保险、生育保险居民的户口类型

单位：人,%

项　目		参加医疗保险的种类		
		工伤保险	失业保险	生育保险
农业户口	人数	5	5	4
	比例	25	25	21
非农业户口	人数	15	15	15
	比例	75	75	79
合　计	人数	20	20	19

表17 参加工伤保险、失业保险、生育保险居民的职业类型

单位：人，%

项目			参加医疗保险的种类		
			工伤保险	失业保险	生育保险
职业类型	农民	人数	2	2	1
		比例	10	10	5.35
	企业职工	人数	4	4	4
		比例	20	20	21.1
	事业单位人员	人数	9	9	9
		比例	45	45	47.4
	公务员	人数	1	1	1
		比例	5	5	5.3
	自由职业者	人数	1	1	1
		比例	5	5	5.3
	其他	人数	3	3	3
		比例	15	15	15.8
	合计	人数	20	20	19

四 连城县社会救助与收入分配

农村社会救助项目包括农村最低生活保障制度、农村五保、临时救助、灾害救助、专项救助（教育救助、医疗救助、住房救助等）等。其中，农村最低生活保障制度是农村社会救助制度的核心，也是本次调查的重点。

1. 连城县社会救助制度实施情况

连城县农村低保对象包括家庭成员年人均收入低于连城县农村低保标准的本县农民；夫妻一方为本县人，其配偶及子女为外省市或本县外的农村居民，在本县定居一年以上，其家庭人均收入低于农村低保标准的人员；在连城县农村定居的城镇居民与农村居民混合的家庭，符合连城县农村低保条件的人员。

根据连城县民政局数据，截至2010年年底，连城县农村低保人数为1.7万人。本次调查中有10户是低保户，共33人。被调查的10位低保户

主的文化程度相对较低，具有初中文化7人，小学文化2人，文盲1人。

连城县农村低保补助金常采用全额和差额发放相结合形式。其中，农村五保对象按照当地农村低保标准给予全额发给，对有一定收入、但因各种原因而致贫的家庭，其家庭成员人均收入达不到当地农村低保标准，按其家庭人均收入与农村低保标准的差额部分给付。计算方法为家庭成员人均月发放金额＝当月低保标准－（家庭成员年人均收入÷12）。

2007年以来，连城县对低保标准进行了调整，其中五保人员由原来每人每月83元提高到100元。一档低保户由原来每人每月50元提高到66元，二档低保户由原来每人每月42元提高到58元，三档低保户由原来每人每月34元提高到50元，四档低保户由原来每人每月26元提高到42元。

调查显示，10户低保户中获得最高的人均补贴额为100元，最低的则不到10元，平均人均补偿额为33.8元。所有低保户均表示，现行的低保补助不能满足他们最基本的生活需要，他们认为，要维持家里最基本的生活一个月最少需要200元，甚至认为要1700元，每户平均最少需要510元，人均所需至少为154.5元（见表18）。显然低保补助金远低于农民的期望，仅为农民期望的21.9%。

表18 维持家里最基本的生活一个月最少需要钱

最少需要(元)	户数(户)	比例(%)	最少需要(元)	户数(户)	比例(%)
200	1	10	600	1	30
300	3	30	1700	1	30
400	3	30	每户平均510	10	—
500	1	10	—	—	—

2. 连城县社会救助制度实施特点

第一，救助水平较低。从全省范围来看，福建省农村低保水平最高的是泉州市，农村低保月人均差额补助104元，农村五保户月人均补助标准为442元。连城县五保户月人均补助标准为100元，仅为泉州市的22.6%。调查发现，被访户最近获得的低保补助最低为月人均40元，这点补助费用对于低保户农民来说很低。低保的目的是消除贫困，过低的水平起不到消除贫困目的，反而会加剧弱势群体的不满情绪。

第二，低保救助与其他配套救助相结合。除了低保救助之外，被访者还获得了其他救助项目，如教育、医疗、道路交通事故救助等。这些配套救助项目有助于被救助者缓解生存风险，避免陷入持续贫困境地，因而是低保的补充。调查显示，在 10 户低保户当中，有 4 户获得过配套救助，救助总额达到 7000 元，其中获得的一次性临时困难救助最高为 2400 元，最低为 300 元。

表 19　低保户所获得的救助类型及金额

救助类型	户数（户）	救助金（元）
教育救助	3	4600
临时困难救助	1	2400
合　计	4	7000

另外，救助政策与新农保以及新农合制度相结合，农村低保户，市、县政府为其代缴 50% 的养老保险费，农村低保户参保的新农合费用则由政府财政补助。这些政策体现了政府对弱势群体的关怀，在一定程度上减轻了低保户困难，实现了社会救助与农村养老保险以及新农合制度的结合。

第三，针对不同家庭体现出差别救助原则。不同的家庭人口数量和家庭结构所需要的生活成本不同，随着家庭人口的增多，边际生活成本降低，同时，家庭中老人、病人、学生、残疾人等人员的存在也会增加生活开支，如果仅仅按人口数量来发放低保金显然不合理。调查发现，连城县根据不同家庭给予不同的救助，在保证公平的基础上，更重视困难群体的救助。例如，调查发现，凡是家庭收入低且家中有老人或大中专及以上学历学生的低保户，其获得的低保救助金均高于 100 元/月·人，而其他家庭收入较高没有老人的低保户获得的救助金在 50 元/月·人左右。

3. 连城县社会救助与收入分配关系问题

农村社会救助制度是为保障农村居民生存权利而建立的一项单项给

予性制度，不强调权利与义务的对等性，只要农民的收入低于当地政府规定的最低生活保障线就可以获得救助。资金来源主要是通过各级政府的财政拨款建立社会救助专项基金，很显然具有收入再分配功能明显。

在基金筹集方面，连城县的社会救助金主要由县、乡两级财政按比例分担，具体分担比例由县人民政府规定。在待遇给付上，农村低保户可以无偿获得低保救助金，最高标准是每人每月100元，最低标准是每人每月26元，此外，低保户还可以获得与低保制度捆绑的专项救助，如教育救助、临时困难救助等。通过低保户的看法可以间接反映低保制度在待遇给付中的作用，调查显示，20%的低保户表示低保制度对生活困难群体有"很大帮助"，80%认为有"部分帮助"，同时30%的低保户对低保制度的评价是"满意"和"非常满意"，只有20%认为"不满意"。

4. 连城县社会救助制度存在的问题

（1）补偿标准问题

连城县的低保制度主要参照福建省和龙岩市的规定制定，在低保标准上，自福建省发布《关于做好农村居民最低生活保障工作的补充通知》后，连城县农村低保标准由原来家庭年人均收入1000元提高到家庭年人均收入1200元，补助标准相应提高，具体档次分为五保户由原来每人每月83元提高到100元；一档低保户由原来每人每月50元提高到66元；二档低保户由原来每人每月42元提高到58元；三档低保户由原来每人每月34元提高到50元；四档低保户由原来每人每月26元提高到42元。① 根据低保户的实际情况分类补助，在某种程度上具有先进性，但是低保标准最低为26元，最高为100元，这些低保金能否满足低保户的基本生活水平，是一个值得探讨的问题。调查显示，低保户的人均救助金为31.8元，而2010年连城县农民人均月可支配收入为538元，人均低保救助金仅占人均可支配收入的6%。同时，所有低保户表示目前的低保金不能满足基本生活需求。因此，政府制定低保标

---

① 连城县人民政府办公室《关于进一步做好提高农村居民最低生活保障标准工作的通知》。

准,参照上级指示或其他地区标准的同时,还应该结合实际情况,保证低保户的基本生活需求,以做到底线公平。

(2) 资格确定问题

农村低保资格主要是通过收入核实来确定。但是在农村,收入核实面临较大的困难。一方面,由于大多农村居民工作性质限制,其收入很难核实。连城县低保制度中的家庭收入是指共同生活的家庭成员所获得的货币收入和实物收入的总和,主要包括家庭经营收入、工资性收入、财产性收入与转移性收入四大项。其中,家庭经营收入有很大的不确定性,且很难统计;财产性收入、转移性收入则带有很强的隐蔽性,因此收入核实很困难。另一方面,村委会作为受理低保申请的机构,其调查能力、核实手段有限,再加上农村社会囿于人情世故,收入核实的准确性也受到较大影响。调查显示,22.2%的低保户认为低保资格获得方式不合理,同时只有40%的低保户表示其所知道的低保户都符合低保资格,30%的人表示"部分符合",30%的人表示"不太清楚"。

(3) 缺乏让低保户脱离贫困的配套机制

连城县对于退出低保的人群没有相应的奖励,对于低保户只是消极的救助,缺乏让低保户脱贫致富的配套机制,这就使得低保户很难脱离低保。调查显示,70%的低保户表示从来没有退出低保,获得低保年限最短的为1年,最长的为13年,平均年限为4.4年。由此可见,低保户对低保制度已形成依赖。由于连城县的低保制度采取捆绑救助模式,低保户除了能获得低保救助金,还可以获得医疗、临时困难、教育等专项救助,低保户在新农保和新农合政策中还可以享有优惠,因此,尽管低保救助金的标准很低,然而他们仍然乐此不疲,陷入了"低保救助的贫困陷阱"。

五 连城县其他社会福利制度

本次问卷还调查了住房、教育等方面的福利制度实施情况,由于住房保障制度主要是针对城镇居民,而农村主要涉及危房改造补贴等,被访户都没涉及这类福利项目。因此本部分重点分析被访者的教育福利制度。

在本次调查的151个家庭中，有89个家庭有子女在上学。其中，54个家庭只有一个子女上学，占61.4%，33个家庭有2个子女上学，占37.5%，1个家庭有3个子女在上学，占1.1%。平均在学的子女数为1.4人，基本能够反映我国农村计划生育政策下家庭教育负担状况。

据调查，2010年连城县农村居民家庭教育总支出（包括学费、住宿费、生活费、交通费、学习用品、资料等）平均为9080元，其中向学校缴纳的费用为4857元、自愿性的教育支出（如家教、辅导班、培训班）为252元，两者之和占教育总支出的56.3%。2010年连城县农村人均可支配收入为6359元，以4口之家为例，家庭可支配收入为25436元，那么2010年连城县农村居民平均教育支出占家庭可支配收入的35.7%，其各项目的负担情况如表20所示。

表20　2010年被访者家庭教育负担情况

单位：元,%

项目	学校缴费 （学费、住宿费等）	自愿性支出 （家教、辅导班等）	其他支出 （交通费、生活费等）	总支出
费用	4857	252	3971	9080
比例	53.5	2.8	43.7	100

调查显示，连城县农村居民家庭教育总体比较沉重，47.1%的受访者认为教育负担"很重"和"比较重"（见表21），尤其是非义务教育支出比较高。

表21　农民对教育负担的评价

单位:%

项目	很重	比较重	一般	比较轻	很轻
比例	11.8	35.3	40.0	11.8	1.2

数据表明，连城县农村居民家庭教育负担普遍偏重，16.5%和的被访者表示"特别需要"和"比较需要"政府提供教育方面的救助，如两免一补、减免学费、贫困学生补助等帮助。本次调研中有10个低保户家庭享受两免一补，占总数的14.1%，4个家庭享受贫困学生补助，

占总数的 5.6%，11 个家庭享受免费就业技能培训，占总数的 15.5%，没有享受任何教育补助的 59.2%。大多数家庭只享受了一项教育帮助，只有 3 个家庭享受了 2 项（见表 22）。

表 22　农民获得教育救助情况

单位：人，%

项目	两免一补	减免学费	奖学金	贫困学生补助	免费就业技能培训	其他	以上都没有
人次	10	2	1	4	11	1	42
比例	14.1	2.8	1.4	5.6	15.5	1.4	59.2

事实上，连城县教育福利项目并不少，但享受的人却不足 50%。调查显示，仅有 11 个家庭获得了教育救助，占 14.7%，平均每户获得的救助金额为 176 元。

表 23　教育福利对缓解家庭负担的作用

单位：人，%

项目	很有帮助	有一些帮助	没有帮助
人数	9	23	0
比例	21.9	78.1	0

大多数农民认为，教育福利对缓解家庭负担有一定的帮助。近年来，连称县除了关注贫困学生的教育救助，同时还重视普遍教育福利的推广，连城县根据《福建省县域义务教育初步均衡发展评估标准》的要求，在实现"双高普九"的基础上，为进一步合理、均衡配置教育资源，实现义务教育的均衡发展，连城县发布《连城县推进义务教育均衡发展规划》的通知。

六　结论与思考

本次调查显示，62.9% 的农民认为不同居民之间的收入差距非常大，

33.8%的农民认为差距很大，二者之和达到96.7%。对于个人收入，44.7%和13.3%的受访者表示"不太满意"和"非常不满意"；对于家庭收入，41.7%和10.6%的受访者表示"不太满意"和"非常不满意"（见表24）。可见，财富分配不合理，收入差距过大问题仍然比较突出。

表24 农民对个人收入和家庭收入的满意度

单位：%

	非常满意	比较满意	一般	不太满意	非常不满意
个人收入	0	9.3	32.7	44.7	13.3
家庭收入	0	14.0	33.3	41.7	10.6

调查发现，社会保障调节农民收入分配的作用较为有限，社会保障对收入分配甚至存在着逆向调节作用，① 这与一些学者的研究不谋而合。

一方面，社会保障调节收入分配的作用有限。调查发现，只有28%的被访者认为社会保障制度在缩小居民之间收入差距方面的作用"很大"和"比较大"，72%的被访者认为作用"一般"、"很小"和"比较小"（见表25）。社会保障对收入分配的调节能力有限主要有两个原因：一是社会保障总体支出水平不高，2010年，社会保障支出（包括社会保险、社会救助、社会福利、优抚安置以及就业支出）占全国财政支出的15.5%，② 而发达国家的社会保障支出占全国财政支出的比例在35%~45%③；二是农村社会保障支出水平不高，在全国社会保障支出中农村社会保障支出只占很少的一部分。以福建省2010年城乡养老保险支出为例，2010年福建省养老保险支出总额为18.13万元，其中用于支持33个县开展新型农村养老保险试点的支出为4.05亿元，占总额的22.3%。而用于解决无力参保的县以上集体所有制企业退休人员生活保障问题和提高企业退休职工月人均养老金的支出额为13.38亿元，占

---

① 陈建宁：《社会保障对收入差距调节的困境与对策》，《保险研究》2010年第12期。
② 中华人民共和国财政部：《2010年全国公共财政支出基本情况》，http://www.mof.gov.cn/zhengwuxinxi/caizhengshuju/201108/t20110803_583781.html。
③ 陈建宁：《社会保障对收入差距调节的困境与对策》，《保险研究》2010年第12期。

总额的 73.8%。在新农保实施之前，农村养老保险支出更加少。

另一方面，分割的社会保障制度加剧收入分配的不平等，导致收入差距增大。社会保障制度的分割表现为区域分割、城乡分割、体制分割。不同区域、城市与农村、不同体制下的社会保障制度呈现差异，使得社会保障制度没有很好地起到调节收入分配的作用，反而加剧了收入差距。

郑功成认为，造成收入差距过大的根本原因是结构问题，主要是结构失衡和体制改革不到位。结构失衡包括以下四个方面：投资、出口和消费之间的比例失衡；一、二、三产业之间的失衡；城乡之间的结构失衡；区域发展的失衡。而体制改革不到位包括：社会保障体制改革滞后；财政体制改革不到位；行政体制改革不到位。① 由此可见，社会保障制度不完善是导致收入差距过的大原因之一。调查发现，在导致收入差距过大的原因中，居于首位的是"个人能力差距"，占 17.6%；其次是"地区经济发展不平衡"，占 16.7%；"社会保障制度不完善"在列出来的 11 个原因当中排第七，占 8.0%（见表 25、表 26）。

表 25 社会保障制度在收入分配中的作用

单位：%

	很大	比较大	一般	比较小	很小
对缩小收入差距的作用	5.3	22.7	29.3	18.0	24.7
对减轻家庭负担的作用	7.9	23.2	33.8	31.8	3.3

表 26 导致收入差距过大原因

单位：次，%

因素	频数	比例	因素	频数	比例
文化程度不同	44	10.3	不同地区的资源差距	45	10.6
个人能力差距	75	17.6	地区经济发展不平衡	71	16.7
个人身体状况	36	8.5	税收政策不合理	20	4.7
腐败问题	38	8.9	社会保障制度不完善	34	8.0
灰色收入	26	6.1	其他	9	2.1
行业垄断	28	6.6			

---

① 郑功成：《论收入分配与社会保障》，《黑龙江社会科学》2010 年第 5 期。

总之，连城县社会保障制度已经建立起来，在某种程度上增加了农民的福利，但是，社会保障制度的实施对增加连城县农民收入、缩小城乡收入分配的作用不太明显。因此，应当着重做好以下四个方面的工作。

第一，切实加强新型农村社会养老保险制度的建设与管理。既要扩大新型农村养老保险制度的覆盖面，努力做到应保尽保，也要加大新型农村社会养老保险基础养老金发放工作的管理，切实保障每个60岁以上的农村老人以及其他符合条件的人员及时领取到基础养老金。还要引导参保农民根据自身经济条件适当提高缴费标准，以便获得更多的养老金待遇。另外，还要加强新型农村社会养老保险制度的统筹建设，适时将农民以及城镇居民的养老保险制度加以整合，进而与本市乃至本省其他区（县、市）的新农保与城镇居民的养老保险制度加以整合，从而提高城乡居民养老保险金的统筹能力。

第二，加强新型农村合作医疗制度建设以便减轻参合农民看病贵问题。一方面，要加强新型农村合作医疗制度的强制性建设，努力做到应保尽保，另一方面，在适当提高缴费基础上积极开展门诊补偿与住院补偿相结合，提高现行的各类门诊与住院补偿比例，真正解决参合农民的看病贵问题。同时，要将新农合与农村医疗救助制度整合起来，将新型农村合作医疗与城镇居民医疗保险制度整合起来，促进各个制度的整合与衔接，便于提高城乡居民基本医疗保险制度抗击疾病风险的能力。

第三，适当增加财政支出，不断优化财政支出结构，实现财政支出向低收入群体倾斜，努力保证财政转移的公平性。政府要有意识地将财政增收的一部分追加到改善民生事业中去，尤其要用于农民的养老、医疗以及其他社会保障项目的建设，以便增加农民的社会保障收入，缩小农民与其他阶层的社会保障收入差距，促进社会各阶层之间的和谐发展。

第四，加强农村其他社会福利项目的建设与完善。一方面，要加大农村低保户以及低保边缘户的救助力度，在实行货币与实物救助的基础上千方百计地开展免费的就业技能培训,把就业援助当成脱贫致富、提高农村低保户以及低保边缘户收入的重要载体。另一方面,要积极开展农村危房改造补贴计划,减轻农民住房支出负担。同时,也要进一步完善农村老年福利项目,积极开展农村社区康复与社区照顾,开展农村养老服务项目的建设,进而增进农民的社会福利水平。

内蒙古社会保障发展与收入分配状况调研报告

宋 娟[*]

一 引言

2011年6月,我们对内蒙古城乡社会保障发展和收入分配情况进行了为期两个月的调研。主要选取了呼和浩特、包头、鄂尔多斯市作为初步调研的城市样本,调研内容包括内蒙古经济社会发展整体情况,最低生活保障、养老保险和医疗保险和住房保障的整体发展状况以及城乡居民对制度的认知和评价情况。本次调研综合采用了问卷调查、座谈和深度访谈的方法,尽量获得样本的最完整的和最真实的信息。

内蒙古自治区位于中国北部边疆,由东北向西南斜伸,呈狭长形。全区总面积118.3万平方公里,占全国土地面积的12.3%,是中国第三大省区。东、南、西依次与黑龙江、吉林、辽宁、河北、山西、陕西、宁夏和甘肃8省区毗邻,跨越三北(东北、华北、西北),靠近京津;北部同蒙古国和俄罗斯联邦接壤,国境线长4200公里。

---

[*] 本报告作者为内蒙古农业大学管理学院宋娟。调研参与者有高洁、范三国、王俊霞和王宇和。

内蒙古自治区居民以蒙古族和汉族为主,另外还有朝鲜、回、满、达斡尔、鄂温克、鄂伦春等民族。根据第六次人口普查的数据,2010年内蒙古全区人口24706321人,全区常住人口中,汉族人口为19650687人,占79.54%;蒙古族人口为4226093人,占17.11%;其他少数民族人口为829541人,占3.36%。同2000年第五次全国人口普查相比,汉族人口增加826729人,增长4.39%;蒙古族人口增加196943人,增长4.89%;其他少数民族人口减少72778人,减少了8.07%。自治区分设9个辖地级市,3个盟;其下又辖旗52个、县17个、盟(市)辖县级市11个、区21个。包头市、赤峰、乌兰浩特、乌兰察布、乌海、呼伦贝尔、通辽、鄂尔多斯等为自治区主要城市。

2010年全区实现生产总值11655亿元,首次超过万亿元,按可比价格计算,比上年增长14.9%。内蒙古GDP在全国各省区市的位次也由第24位增长到第16位。2010年全区人均GDP达到47174元,位居全国第六位,连续六年保持西部第1位①。近年来,内蒙古利用自身的优势,发展特色产业,经济发展取得了卓越的成就。

2010年内蒙古城镇居民人均可支配收入17698元,比上年增加1849元,增长11.7%,扣除价格因素实际增长8.4%。从收入构成看,人均工资性收入为12614元,增长12%;人均财产性和转移性收入4386元,增长11.2%。城镇居民人均消费性支出13995元,增长13.1%。城镇居民家庭恩格尔系数为30.1%,比上年下降0.4个百分点。在城镇居民生活状况得到改善的同时,农村居民的生活水准也在稳健增长。2010年农牧民人均纯收入5530元,比上年增加591元,增长12%,扣除价格因素实际增长9%。从收入构成看,人均家庭经营性收入3670元,增长12%;人均转移性和财产性收入823元,增长8.3%。农牧民人均生活消费支出4461元,增长12.4%。农村牧区居民家庭恩格尔系数为37.5%,比上年下降2.3

---

① 2011年内蒙古自治区政府工作报告。

个百分点①。

经过多年的发展，城镇居民以及农村农牧民的生活状况都得到了明显的改善，但是从整体情况看，内蒙古仍属于西部经济社会发展相对落后的地区。首先由于自然、经济、社会等因素的影响，内蒙古经济区域发展很不平衡，中东部盟市明显高于西部盟市，资源富集的盟市明显高于资源相对贫瘠的盟市。

其次，除地域差距之外，城乡差距同样存在。2010年恩格尔系数城镇居民为30.1%，农村牧区居民为37.5%，两者相差7.4个百分点，城乡居民生活质量差距仍然很大。广大农牧民的收入仍然低于城镇居民，根据最新统计数据，2011年第一季度（1～3月），城镇居民的人均可支配收入是5492元，而农牧民人均现金收入是2346元，前者是后者的2.34倍。同期城镇居民人均消费支出是4066元，农牧民人均生活消费性支出仅1384元（见表1、表2）。

表1 调查对象家庭成员的职业状况

单位：人，%

		频率	比例	有效比例	累积比例
有效	农民	108	11.3	13.1	13.1
	企业职工	151	15.8	18.3	31.4
	事业单位	159	16.6	19.3	50.7
	公务员	126	13.2	15.3	65.9
	个体户	59	6.2	7.2	73.1
	私营企业主	11	1.2	1.3	74.4
	自由职业者	65	6.8	7.9	82.3
	学生	97	10.1	11.8	94.1
	其他	47	4.9	5.7	99.8
	村组（社区）干部	2	.2	.2	99.9
	合计	825	86.3	100.0	—
缺失		131	13.7	—	—
合计		956	100.0	—	—

---

① 内蒙古自治区2010年国民经济社会发展统计公报。

表2 内蒙古城镇居民最低生活保障开展情况

时间	低保人数（人）	城市低保户数（户）	当月低保支出（万元）	当月人均低保金(元)①	当月户均低保金(元)②
2010年1月	873591	448972	18747.7	214	418
2010年2月	872054	449298	16103.1	184	358
2010年3月	871746	449356	18114.1	207	403
2010年4月	859580	445248	21457.1	250	482
2010年5月	853702	443118	22141.9	259	500
2010年6月	850255	442273	19623.4	231	444
2010年7月	845208	440494	18193.5	215	413
2010年8月	844065	441764	19893.4	236	450
2010年9月	842922	437631	19077.7	226	436
2010年10月	844977	438560	23816.7	282	543
2010年11月	849207	440596	20864.3	246	474
2010年12月	853690	445057	46193.7	541	1038
2010年整体情况	853690	445057	264226.6	258	497
2011年1月	851177	449129	28730.5	338	640
2011年2月	851071	449121	19738.8	232	440
2011年3月	847447	447379	19970.2	236	446
2011年4月	845861	445345	24123.9	285	542
2011年5月	843750	445466	23396.7	277	525
2011年6月	840116	445379	23463.1	279	527

说明：①根据内蒙古民政厅，民政事业统计表数据计算得出。②根据内蒙古民政厅，民政事业统计表数据计算得出。

资料来源：内蒙古民政厅，内蒙古民政事业统计表。

再次，贫困问题仍然很严峻。内蒙古全区101个旗县中国家级重点扶贫开发县31个，自治区级重点扶贫开发县29个，这些贫困大部分集中在内蒙古中西部。经过多年扶贫攻坚的努力，内蒙古城乡贫困人口在逐步减少，一些曾经贫困地区正在逐步富裕起来。但同时仍有一部分城镇居民和农牧民还处在贫困境地。2009年，内蒙古自主划定的贫困人口标准为农区人均年收入低于1560元、牧区低于1800元，比国家标准分别高出360元和604元，以此标准2009年全区贫困人口55万人。

总之，近年来，内蒙古在改革开放、西部大开发和振兴东北老工业基等发展战略中得到发展机会，经济社会发展取得很大成就，但由于基础条件的差异、农村牧区地域广大等原因,在今后的发展中仍存在基础设施建设滞后、生态环境脆弱、产业结构单一、区域发展不平衡、公共服务能力不强等突出问题。

二 调查情况与样本分布

2010年6~9月,关于内蒙古社会保障和收入分配情况的调研。总共发放问卷400份,有效回收395份。调研共收集956份个人样本信息和395份家庭样本信息。从样本的民族构成来看,汉族的有效百分比为85.4%,少数民族为14.6%。这和内蒙古实际的民族分布情况趋同,根据2010年第六次人口普查的数据,内蒙古汉族所占比重为79.5%,其他少数民族的比重为21.5%。从调研对象的户籍类型看,农业户口的有效百分比达到26.8%,非农业户口的有效百分比达到73.2%。这主要是因为调研主要在呼包鄂三市展开,城市化率相对比较高,调研中又重点采集了城市居民的样本信息。因为内蒙古处于西部地区,经济社会发展相对落后,社会保障的开展,城乡差异比较大。重点了解城市目的是为了详细的追踪了解在中国社会保障改革和完善的各个阶段下内蒙古地区的实际落实以及开展情况,从政策的完整性看城镇更具有代表性。受地方经济实力发展的限制,农村的社会保障从水平和规模上还有限,当然我们也收集了一定的农村居民的样本,共228份,以期管中窥豹,除了解内蒙古社会保障发展概况之外,希求能探掘出些许问题,成为我们今后进一步研究的引子。

三 内蒙古的社会保障体系

(一) 内蒙古的最低生活保障制度

1. 制度发展历程

内蒙古从1997年开始实施城市居民最低生活保障制度,1998

年，根据国家的有关政策，结合自治区的实际情况，制定了《内蒙古自治区城镇居民最低生活保障暂行办法》。到1999年6月底，全区21个城市和所有的旗县所在地的镇全部建立并实施了城市居民最低保障制度。2001年自治区根据国务院颁发的《城市居民最低生活保障条例》，制定了《内蒙古自治区城市居民最低生活保障条例实施办法》，之后根据实施办法制定了《内蒙古自治区城市居民最低生活保障制度实施细则》，2005年又颁布了《内蒙古自治区城市居民最低生活保障工作规程》，以此作为制度实施的标准沿用至今。

2005年自治区开始实施农村牧区居民最低生活保障制度建设，并且首先在呼和浩特市进行试点，将制度起始的低保标准定为农区家庭年人均纯收入低于625元（含625元），牧区低于825元（含825元），以此为标准首次将将2.1万名农民纳入了最低生活保障范围，当时每人每年补助水平不低于360元。2006年在试点的基础之上正式建立农村低保，并颁发了《内蒙古自治区人民政府关于建立农村牧区最低生活保障制度的通知》（内政字［2006］17号）文件。至此覆盖城乡的低保制度在制度层面上充分构建起来。截止到2010年年底，共有853690城镇贫困人口纳入低保，农牧区则共有1156278万人贫困人口纳入低保的保障范围[①]（见表3）。

在不断扩大覆盖面的同时，最低生活保障待遇也在逐年提高。2011年6月内蒙古城镇居民低保标准的平均水平已经达到325.54元，其中呼和浩特市的城镇居民低保标准达到326.67元，包头370.00元，鄂尔多斯444.44元。农村居民低保标准的平均水平也已经达到185.51元，呼包鄂分别是183.13、206.60和307.00元。但是从全国的平均水平来看，内蒙古地区的城乡低保标准仍处于比较低的水平，与国内平均水仍有差距（见表4）。

---

① 内蒙古民政厅网站，民政事业统计表。

表3 内蒙古农村居民最低生活保障开展情况

时间	低保人数（人）	低保户数（户）	当月低保支出（万元）	当月人均低保金(元)①	当月户均低保金(元)②
2010年1月	1195973	850452	5755.0	48	67
2010年2月	1195907	847823	3237.8	27	38
2010年3月	1210762	850217	12191.9	100	143
2010年4月	1210354	850655	3575.7	30	42
2010年5月	1177070	834114	4887.0	42	59
2010年6月	1182793	823920	26966.3	228	327
2010年7月	1181857	824761	4961.6	42	60
2010年8月	1181569	824208	3912.8	33	47
2010年9月	1185701	832805	15841.5	134	190
2010年10月	1187618	833390	3735.4	31	45
2010年11月	1187966	833999	5360.5	45	64
2010年12月	1156278	839489	63443.6	549	756
2010年整体情况	1156278	839489	153869.1	109	153
2011年1月	1155894	830719	10565.8	91	127
2011年2月	1155774	831500	5079.3	44	61
2011年3月	1147583	825480	11620.2	101	141
2011年4月	1141452	813216	6195.8	54	76
2011年5月	1159875	827398	9007.7	78	109
2011年6月	1148752	823787	31394.2	273	381

说明：①根据内蒙古民政厅，民政事业统计表数据计算得出。②根据内蒙古民政厅，民政事业统计表数据计算得出。

资料来源：内蒙古民政厅，内蒙古民政事业统计表。

表4 内蒙古城乡低保标准

单位：元/人·月

年份	城镇居民低保标准	城镇低保全国平均水平	农村居民低保标准	农村低保全国平均水平
2006	147.00	169.60	60.00	—
2007	172.46	182.00	—	70.00
2008	195.04	205.34	74.65	82.30
2009	241.35	227.75	121.13	117.26
2010	300.29	251.26	162.38	134.62
2011年第二季度	325.54	270.50	175.09	150.24

资料来源：民政部网站。

此外，同全国其他地区出现的情况的情况相似，内蒙古城乡低保标准存在很大的差距。2011年城市低保保准各盟市的平均水平是329.3元，而农村只达到185.5元（见表5、表6）。

表5　内蒙古12盟市2011年6月城市低保标准

单位：元/人·月

呼和浩特市	326.67	呼伦贝尔市	285.23
包头市	370.00	巴彦淖尔市	309.86
乌海市	360.00	乌兰察布市	274.12
赤峰市	294.09	兴安盟	275.33
通辽市	317.50	锡林郭勒盟	356.83
鄂尔多斯市	444.44	阿拉善盟	337.00
平均值	329.3		

资料来源：民政部网站。

表6　内蒙古11盟市2011年6月农村低保标准[①]

单位：元/人·月

呼和浩特市	183.13	巴彦淖尔市	150.71
包头市	206.60	乌兰察布市	108.90
赤峰市	132.83	兴安盟	101.00
通辽市	153.34	锡林郭勒盟	200.73
鄂尔多斯市	307.00	阿拉善盟	337.00
呼伦贝尔市	159.40	平均值	185.50

说明：①开展农村低保的盟市中没有乌海市，原因在于乌海市的户籍改革和城乡一体的社保制度。2004年，内蒙古乌海市以农村户籍管理制度改革和启动实施农区最低生活保障制度等为标志，在全国地级市中率先启动实施了城乡一体化改革。户籍改革的具体举措是在全市范围内改变现行的非农业户口和农业户口并存的城乡二元户籍管理模式，建立统一的"乌海市居民户口"管理制度，给全市持有农业户口的17898户56701人换发了居民户口，使全市居民在就业、社会保障、居住、子女就学和参军入伍等方面享受同等待遇。2009年6月，乌海市又进一步制定出台城乡一体化居民就业安置、住房、社保、低保、对口帮扶、土地流转办法等6个相关配套政策，编制了城乡一体化农业农区发展规划，在就业、医疗、上学、养老、培训等方面给农区居民带来了更多实惠。目前乌海市城镇化率达到94%，比我国平均城市化率45.7%高出一倍多。

资料来源：民政部网站。

2. 最低生活保障制度的实施情况

自治区城乡居民最低生活保障制度实施以来，在保障贫困群众基本生活，建立和完善城乡社会保障体系，促进社会公平与和谐稳定方面发挥了十分重要的作用。根据自治区民政厅主要文件，现就自治区低保制度的相关举措作简要介绍。

(1) 低保标准的制定。

自治区最低生活保障标准以旗县为单位确定并执行。设区的市所辖各区是否确定不同标准，由市人民政府决定；同一旗县所辖各苏木乡镇、街道办事处原则上执行同一标准。在确定保障标准时遵循下列公式。

$$P = \sqrt[3]{K} \times (P_0 + \Delta Y_0 \times EN_0) \pm R$$

其中：P 为要测算年度的保障标准；P_0 为上一年度全区的平均保障标准；ΔY_0 为上一年全区农村牧区人均纯收入或城镇人均可支配收入的增长量；EN_0 为上一年全区的农村牧区或城镇的恩格尔系数；K 为调整系数；R 为调整项。

另外关于公式还有几点说明。

首先，计算公式所使用的人均纯收入、人均可支配收入及恩格尔系数均指上一年度的调查统计数据。其次，当计算全区保障标准时，调整系数 k=1；计算各地农村牧区保障标准时，调整系数 k =［（当地人均纯收入÷全区人均纯收入）+（当地农村牧区人均生活消费支出÷全区农村牧区人均生活消费支出）］÷2；计算各地城镇保障标准时：调整系数 k =［（当地人均可支配收入÷全区人均可支配收入）+（当地城镇人均生活消费支出÷全区城镇人均生活消费支出）］÷2。可见，制定低保标准时在按公式测算保障标准的基础上，各盟市还要重点考虑两个因素对测算结果进行适当调节：一是收入比例，根据区内外近几年实际保障情况，城镇保障标准一般占人均可支配收入的 20% 左右，农村牧区保障标准一般占人均纯收入的 28% 左右。各地具体比例原则与经济发展水平成反比。二是基本生活消费支出，包括最基本的食物、非食物商品和服务方面的消费支出，主要是食品、衣着、医疗、交通、取暖、水电气等因素，同时考虑地区差异。基本生活消费支出占上一年度人均消费支出的比例原则控制在 25% ~ 40%。再次，调整项 R 通过综合考虑地区居民生活消费品物价指数、财政承受能力等因素得出，根据各地实际情况，自治区把各盟市大致划分为三个类区。调整项 $R \leq \sqrt[3]{K} \times (P_0 + \Delta Y_0 \times EN_0) \times 5\%$，原则上一类地区为 -5% 左右；二类地区为 0；三类地区为 5% 左右，特殊情况另行确定。

目前自治区的低保标准制定和调整充分考虑到了收入、物价、财政等各方面的因素，实践中也充分遵循每年年初一次调整的原则，民政部门会同财政、发改（物价）、统计等部门制定和调整，并报同级人民政府审批上报，确保低保金能够很好得满足低保家庭的实际生活需要。

（2）低保对象的认定。

确定是否为低保户是以每户城乡居民的实际家庭收入和财产为准，其中关于家庭收入农村牧区低保家庭收入的核算需要考虑共同生活的家庭成员在规定期限内的全部纯收入。主要包括工资性收入、经营性收入、财产性收入、转移性收入[①]。城镇居民的家庭收入的核算需要考察共同生活的家庭成员在规定期限内的全部可支配收入。主要包括工资性收入、经营性收入、财产性收入、转移性收入[②]。为了保证对家庭收入核查的真实性，有鉴于直接考察家庭收入的难度比较大，自治区各盟市还探索出了由消费倒推收入的做法，由社区对申请对象家庭的消费情况进行跟踪，及时了解其实际消费水平，进而辅助准确获知家庭真实收入水平。

---

① 农牧民：工资性收入包含在非企业组织中劳动收入、在本乡地域内劳动收入、外出从业收入。家庭经营收入包含第一产业纯收入，即农业、林业、牧业和渔业收入；第二产业纯收入；第三产业纯收入。财产性收入包含存款及有价证券利息、集体分配股息和红利、房屋和机械租金、出让无形资产净收入、土地征用补偿收入、土地草原流转收入、其他投资收益等。转移性收入包含家庭非常住人口寄回和带回的款物、城市亲友赠送的款物、离退休金、养老金、城市亲友支付赡养费、农村亲友支付赡养费、救济金、救灾款、退税、退耕还林还草补贴、粮食直接补贴、购置和更新大型农机具补贴收入、良种补贴收入、无偿扶贫或扶持款、得到赔款等。

② 城镇居民：工资性收入工资及补贴收入、其他劳动收入。经营性收入包括各种实体经营和商业性活动收入。财产性收入包含利息收入、股息与红利收入、保险收益、其他投资收入、出租房屋收入、知识产权收入、其他财产性收入等。转移性收入包含养老金或离退休金、社会救济收入、辞退金、补偿收入、失业保险金、赡养收入、捐赠收入、提取住房公积金、记账补贴、其他转移性收入等。

在充分的收入核查的同时，另一方面，自治区在审核低保资格时还要求将家庭财产作为认定低保对象的重要依据。对拥有大额存款、有价证券、多套房产、机动车、经营性资产等财产的家庭，不得享受最低生活保障待遇。具体认定办法由盟市和旗县制定。可见内蒙古自治区在认定低保资格方面已经做到了收入和资产两条线。

（3）按户施保、分类施保、按标施保。

目前内蒙古建立了以家庭实际收入为基本依据，对低保对象实行按户施保、分类施保、动态管理的制度。根据低保对象的实际收入水平和生活困难程度，原则上按三类五档进行分类施保，即 A 类、B1 类、B2 类、C1 类、C2 类。A 类为重点保障对象，实行全额补助；B 类为特殊保障对象，实行重点补助；以上两种因特殊因素导致家庭按实际测算的低保补助标准已不能维持其最低生活水平的，可适当提高其补助水平；C 类为基本保障对象，应严格执行差额补助，以促使其早日就业。

分类施保的前提是严格的收入核查。对新申请最低生活保障的家庭，审批前要 100% 全部入户核实收入和财产情况，对原有低保家庭抽样调查每年不低于 20%。重点对低保对象的家庭人员、年龄结构、致贫原因、家庭经济状况、家庭收支和开支情况进行详细了解。对原有低保家庭和拟申请低保资格的家庭，采取入户走访和抽样调查两种形式定期进行经济和家庭情况核查。根据走访调查结果按照三类五档分类施保，同时对家庭实际收入水平超过保障标准的低保对象要使其及时退出，对家庭实际收入水平发生较大变化的要及时调整保障类别并进行公示。

按标施保是对低保户中不同贫困程度和不同致贫原因的家庭实施有针对性的保障，同时也是通过对低保家庭实际收入和财产进行摸底而实施的彻查，及时取消收入和财产超过低保标准的家庭的低保资格，建立和完善低保的准出机制。

（4）动态管理。

城乡低保工作开展以来，对于保障城乡困难群众基本生活，维护社会和谐稳定发挥了积极作用。但是在工作中还存在着操作不够规范，管理不够到位等问题，存在着人情保、关系保等现象，致使一些地方不断出现群众上访,这些问题如果不能妥善解决,将会引发社会矛盾。为了进一步加强和规范城乡低保工作,建立低保的动态管理机制,2010年自治区各盟市开展了城乡低保清理整顿试点工作,2010年2月26日,自治区民政厅颁发了《关于开展城乡低保清理整顿工作的通知》。根据这一文件,全区各盟市旗县在2010年上半年均开展了比较彻底的城乡低保对象的清理整顿工作。重点对C类对象进行清查,A类、B类侧重于分类管理。其中对城乡低保C类保障对象进行普遍清查,必须做到100%的入户调查,凡不符合保障条件的一律清理出保障范围。在入户时,基层工作人员也严格遵循"入户见人"、"谁入户、谁签字、谁负责"等原则,力争将清理整顿工作落到实处。2010年,共清理、取消不符合标准的城乡低保对象56825名。在低保制度建设上,自治区争取实现动态管理机制下的"应保尽保、应退尽退",同时杜绝"关系保"、"人情保",做到不错保、不漏保。

(二) 内蒙古的养老保障制度

据统计数据显示,2007年,内蒙古65岁以上老年人口占全区总人口的比重达到7.11%,标志着自治区从这一年开始正式迈入老龄化的社会。截止到2010年区内65岁以上老年人口数量达到186.82万人,与占全区总人口的比例达到7.56%。对经济欠发达,且地区发展差异较大的内蒙古地区来说,满足城镇居民和农牧民的养老需求,做好全区养老工作来说是一项艰巨的挑战(见表7)。

表7 内蒙古65岁以上老年人口数量和比例情况

年份	数量(万人)	比例(%)	年份	数量(万人)	比例(%)
2000	127.13	5.35	2006	164.35	6.87
2001	134.90	5.68	2007	171.00	7.11
2002	142.24	5.98	2008	176.68	7.32
2003	149.41	6.28	2009	180.20	7.40
2004	155.22	6.50	2010	186.82	7.56
2005	160.37	6.72			

资料来源:内蒙古经济与社会发展统计公报,历年。

近年来,自治区在养老保障方面大力加强法规制度建设,完善养老保障体系,扩大覆盖范围。在建立和完善了城镇职工基本养老保险制度之后,自治区还积极响应国家试点新农保和城镇居民基本养老保险的新号召,努力构建职工基本养老保险、居民基本养老保险和新农保三项制度平台,为全区居民提供全面的基本的养老保障。目前自治区在养老保障三项制度建设上取得了突出的成绩,已经初步实现了在制度层面上对城市居民和农村居民,就业人员和非就业人员的养老保障全面覆盖。

1. 城镇职工基本养老保险制度

内蒙古社会保障制度的改革起步于1985年。社会保障制度的改革最初从养老保险制度改革开始。为适应市场经济需要,从1985年起,内蒙古开始实行了养老金的社会统筹。经过多年的发展,以1999年11月自自治区政府颁发的《内蒙古自治区城镇职工基本养老保险条例》为标志,新的社会养老保险制度得以初步形成。之后逐步将基本养老保险由各类企业及其职工扩大到企业化管理的事业单位及其职工、城镇个体工商户和非正规就业人员。

多年来,自治区城镇职工基本养老保险制度建设取得了突出的进展和成绩。

第一,基本养老保险覆盖面逐步扩大,参保人数逐年增加,均按时足额发放了企业离退人员基本养老金(见表8)。

表8 内蒙古城镇职工基本养老保险综合情况

年份	企业在职职工参统人数(万人)	参统企业离退休人数(万人)	企业职工基本养老保险基金收入(亿元)	企业职工基本养老保险基金支出(亿元)	累计结余(亿元)	企业退休人员人均退休金(元/月)
2000	189.79	62.00	—	—	—	486.40
2001	178.80	65.30	43.37	42.09	16.39	490.80
2002	167.00	70.80	53.62	50.20	19.90	543.00
2003	197.50	73.00	60.10	53.10	26.80	580.00
2004	209.93	82.00	74.20	64.50	36.70	604.00

续表

年份	企业在职职工参统人数(万人)	参统企业离退休人数(万人)	企业职工基本养老保险基金收入(亿元)	企业职工基本养老保险基金支出(亿元)	累计结余(亿元)	企业退休人员人均退休金(元/月)
2005	224.58	86.00	89.10	79.28	46.67	631.00
2006	238.10	91.00	125.80	96.20	76.30	753.00
2007	251.29	96.60	152.60	117.40	112.20	996.00
2008	267.31	103.00	189.40	145.40	156.20	1049.00
2009	279.10	113.00	218.90	171.90	203.20	1215.00
2010	286.38	—	—	—	—	1402.00
2011年7月	293.96	119.70	—	—	—	1622.00

资料来源：历年《中国劳动与社会保障统计年鉴》。

第二，已基本实现了资金筹集多渠道。养老保险基金已遵循社会化原则通过职工个人、企业单位缴纳和国家适度补助的方式进行筹集。并且在老龄化和养老保险存在潜在支付缺口的形势下，各级政府加强对养老保险制度的财政支持，进一步明确了基本养老保险制度中的政府责任。

第三，提高统筹层次，目前已经实现省级统筹。2000年自治区基本养老保险实现盟市级统筹，2009年又进一步实现自治区一级的统筹。根据2009年《内蒙古自治区企业职工基本养老保险自治区级统筹办法（试行）》，自2009年10月1日起，自治区在全区的范围内实现统一企业职工基本养老保险制度和政策，包括统一缴费基数；统一缴费比例；统一个人账户；统一待遇标准；统一企业职工基本养老保险业务经办规程和信息系统以及基本养老保险基金由自治区级统筹管理和使用。这意味着内蒙古已经实现了基本养老保险的省级统筹。这将更有利于消除地方政府财政支持力度的差异，实现养老保险基金在各盟市的平衡。同时对于流动性比较强的就业群体来说养老保险的转移接续更方便，参保人员在自治区范围内流动，只转移养老保险关系和个人账户档案，不转移基本养老保险基金，更好的保障了参保人的权益。

第四，连续多次调待，提高企业退休职工的养老金水平，缩小其与事业单位退休人员和公务员养老金差距，进一步实现公平和更好的保障退休人员的晚年生活。自1999年开始至2011年期间，多次调整企业退休人员的退休金待遇。退休人员的养老金逐年上升，具体趋势见图1所示。

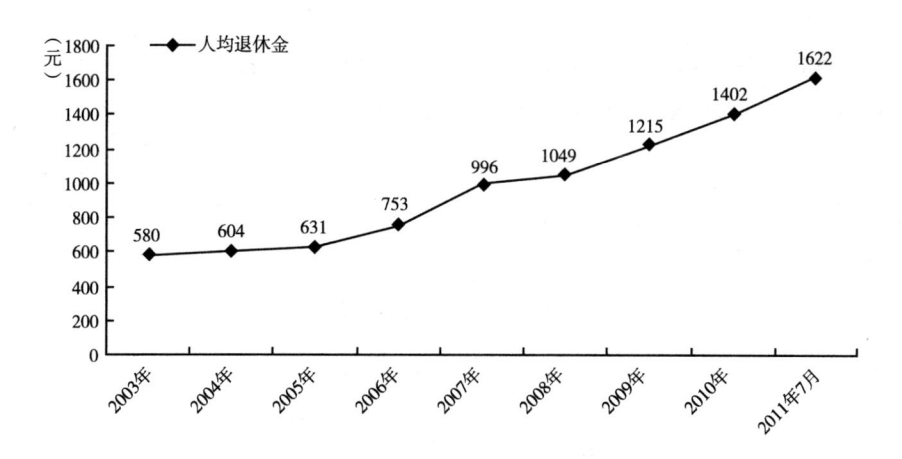

图1 内蒙古企业退休人员人均退休金水平

资料来源：历年《中国劳动与社会保障统计年鉴》。

根据2011年内人社发34号文件，即《关于内蒙古自治区2011年调整企业退休人员基本养老金的通知》的要求，决定从2011年1月起，按人均220元标准全面提高企业退休人员基本养老金。调整后的内蒙古自治区企业退休人员基本养老金标准可以达到1622元/月。

第五，养老保险的社会化管理水平不断提高，养老保险经办机构通过银行、邮政储汇等金融机构直接向离退休人员发放养老金，防止了企业等其他中间机构截留，保证了离退休人员按时足额领取，并且降低了养老保险的管理成本，提高了效率。

2. 新农保

在2009年开展新农保试点以前，内蒙古农村牧区养老保障制度建设的探索已有近20多年的历史。1992年开始农村牧区社会养老保险工作试点，1998年全区10个盟市（乌海市因为当时没有农业人员，乌兰察布市因农村贫困人口比较多没有开展工作），63个旗、977个乡镇，7919个嘎查开展了农村牧区社会养老保险工作，共有近100万农村牧区居民参加了养老保险，约占农村牧区人口的7.1%，积累基金1.16亿元。农牧区养老一直遵循以家庭为基础，辅之以集体供养、群众帮助和国家救济的原则，使农村牧区各类老年人都能得到最基本的生活保障。

2000年根据国务院有关意见停办了农村牧区社会养老保险工作。2004年我区开始试点新型农牧民基本养老保险工作，对于恢复重建的农村养老保险，农牧民对制度是支持的，但是当根据自己的支付能力选择参加与否时大多数农牧民会因为经济能力低而选择放弃。新型农牧民基本养老保险的覆盖范围并不理想。截至2008年年底，全区有88.4万人参加农村牧区社会养老保险，占全区乡村牧区人口的6.68%，还不到7%。而90%以上农村牧区人口的老年保障，几乎全部依靠家庭保障。同时，2008年领取养老金的农牧民人数仅为1.1万人。

2009年9月1日，国务院印发《关于开展新型农村社会养老保险试点的指导意见》，针对农村养老保险的基本原则、任务目标、参保范围等15个方面提出规划，明确了现阶段农村社会养老保险制度构建的方向和框架。内蒙古根据国务院《指导意见》起草了《内蒙古自治区新型农村牧区社会养老保险试点办法》。确定了10个首批国家级试点县。分别是呼和浩特市武川县、包头市固阳县、兴安盟突泉县、通辽市开鲁县、赤峰市敖汉旗、锡林郭勒盟正蓝旗、乌兰察布市察哈尔右翼后旗、巴彦淖尔市临河区、呼伦贝尔市莫力达瓦达斡尔族自治旗、鄂尔多斯市杭锦旗。

2010年，进一步扩大试点范围，国家第二批新型农村社会养老保险试点县名单中，内蒙古有11个旗县在列，分别是呼和浩特市土默特左旗、包头市土默特右旗、赤峰市喀喇沁旗、通辽市扎鲁特旗、呼伦贝尔市阿荣旗、鄂尔多斯市乌审旗、巴彦淖尔市乌拉特中旗、兴安盟科尔沁右翼前旗、锡林郭勒盟太仆寺旗、阿拉善盟阿拉善右旗、额济纳旗。

截止到目前，内蒙古 101 个旗县中目前国家级的新型农村牧区基本养老保险试点有 21 个，自治区级新农保试点旗县区 3 个。其中，第一批 10 个试点旗县中，通过一年的拓展，参保人数已达 132.8 万人，参保率为 86.7%，享受养老保险待遇的人数有 25.2 万人，发放率达 76.5%。第二批 11 个"新农保"试点的开展工作也已经开始，截至目前，参保人数有 57 万人，参保率为 44%；享受养老保险待遇的人数为 20.5 万人，发放率为 93.9%。

（1）资金筹集。

新型农村牧区社会养老保险基金由个人缴费、集体补助、政府补贴构成。其中，"个人缴费"要求参加新型农村牧区社会养老保险的农村牧区居民应按年缴纳养老保险费。年缴费标准目前设为 100 元、200 元、300 元、400 元、500 元 5 个档次，参保人员自主选择档次缴费。参保人员也可以超过 500 元的档次自愿选择多缴费，多缴多得。"集体补助"要求有条件的嘎查村集体应当对参保人员缴费给予补助，补助标准由嘎查村委会民主确定。鼓励其他社会经济组织、社会公益组织、个人为参保人缴费提供资助。"政府补贴"要求政府对参保人员缴费及领取的基础养老金给予补贴，分别列入各级财政预算。对参保人员缴费实行缴费补贴标准是缴费金额为 100 元的，补贴标准为 30 元；缴费金额为 200 元的，补贴标准为 35 元；缴费金额为 300 元的，补贴标准为 40 元；缴费金额为 400 元的，补贴标准为 45 元；缴费金额为 500 元及其以上的，补贴标准为 50 元。对符合领取养老金条件的参保人员政府全额支付基础养老金。

（2）个人账户。

旗县（市、区）新型农村牧区社会养老保险经办机构按照国家规定负责为参保人员建立终身记录的新型农村牧区社会养老保险个人账户。个人缴费、集体补助及其他经济组织、社会公益组织、个人对参保人员缴费的资助，地方政府对参保人员的缴费补贴，全部记入个人账户，分别记账。个人账户储存额每年暂按中国人民银行公布的金融机构人民币一年期同期存款利率计息。参保人员跨统筹区域转移养老保险关系的，个人账户中的资金全部转移。

（3）待遇和领取条件。

养老金待遇由基础养老金和个人账户养老金组成，支付终身。基础养老金最低标准由自治区依据国家规定统一确定并适时调整。基础养老金最低标准为每人每月55元，对年满70～79岁的另加10元，年满80岁及以上的另加20元。在上款规定标准基础上，盟市、旗县（市、区）可以根据财力状况适当提高基础养老金标准，提高部分的资金由当地政府补贴。

凡年满60岁、未享受城镇职工基本养老保险待遇的农村牧区有户籍的老年人，可以按月领取养老金。新型农村牧区社会养老保险制度实施时，已年满60岁的人员，不用缴费，可以按月领取基础养老金，但其符合参保条件的子女应当参保缴费；距领取年龄不足15年的，应按年缴费，也允许补缴，累计缴费年限不超过15年；距领取年龄超过15年的，应按年缴费，累计缴费年限不少于15年。

3. 城镇居民社会养老保险制度

内蒙古城镇居民社会养老保险制度试点工作开始于2011年7月。2011年6月7日，国务院颁发了《关于开展城镇居民社会养老保险试点的指导意见》，决定从2011年起开展城镇居民社会养老保险（以下简称城镇居民养老保险）试点。7月，自治区开始部署城镇居民养老保险的试点工作。7月7日，根据人力资源和社会保障部《关于批复内蒙古自治区2011年新型农村和城镇居民社会养老保险试点县名单的通知》批准将内蒙古锡盟苏尼特右旗等11个旗县市（区）列入国家级试点地区，锡盟13个旗县市（区）一次性列入国家级城镇居民社会养老保险试点地区。国家新农保制度和国家城镇居民社会养老保险制度这两项重大惠民政策逐步落实对我区建设覆盖城乡居民社会保障体系，实现广大城乡居民"老有所养"将起到重要的推进作用。2011年8月，我区城镇居民养老保险拟与新农保合并。

（三）内蒙古的医疗保障制度

目前内蒙古的医疗保障体系由三部分构成：一是城镇基本医疗保险，包括职工基本医疗保险、居民基本医疗保险和补充医疗保险（大额医疗保险、公务员医疗补助、企业补充医疗保险）；二是新型农村牧区合作医疗制度，三是医疗救助，包括城镇居民的医疗救助和农牧民的医疗救助。四是福利性的医疗保障，如福利医院、贫民医院、慈善性质的义诊和巡诊等。我们主要针对医疗保障体系中的三项主要制度城镇职工基本医疗保险、城镇居民基本医疗保险和新农合作简要介绍。

1. 城镇职工基本医疗保险

（1）发展过程。

内蒙古城镇职工基本医疗保险制度的建立始于1999年。根据《国务院关于建立城镇职工基本医疗保险制度的决定》（国发［1998］44号），1999年，内蒙古人民政府颁发了《内蒙古自治区建立城镇职工基本医疗保险制度实施意见》，建立保障职工基本医疗需求的社会医疗保险制度。

为推进职工基本医疗保险的改革，根据国发［1998］44号文件和内政发［1999］74号文件，2001年自治区建立了区本级职工医疗保险体系，在基本医疗保险之外还建立了补充医疗保险、大额医疗保险和公务员医疗补助。

随着职工基本医疗保险的建立和完善，2003年开始建立"以基本医疗保险制度为主体，以公务员医疗补助、大额医疗费用补助、企业补充医疗保险为补充，以社会救助为保底线"的多层次医疗保险体系。相继出台公务员医疗补助政策，大额医疗保险、困难群体和灵活就业人员参加医疗保险的政策。

2009年根据国家新医改方案，自治区深化医疗卫生体制改革。自治区政府《关于进一步做好城镇基本医疗保险工作的通知》明确了医保工作的方向和重点。"推进扩面，提高待遇，完善体制"成为目前内蒙古基本医疗保险工作的重点。

表9 内蒙古自治区城镇职工基本医疗保险发展情况（2000~2010）

时间	基本医疗保险参保人数（万人）	基金收入（亿元）	基金支出（亿元）	累计结余（亿元）
2000年	120.76	—	—	—
2001年	196.90	5.90	3.20	3.90
2002年	221.70	8.07	5.33	6.43
2003年	252.30	11.49	8.60	9.50
2004年	274.20	15.20	11.80	12.80
2005年	292.00	21.58	15.76	18.81
2006年	316.14	27.10	20.00	25.40
2007年	451.60	35.10	24.70	35.80
2008年	612.50	49.30	33.10	52.00
2009年	410.36	60.10	44.60	67.50
2010年	433.54	—	—	—
2011年7月	438.20	—	—	—

资料来源：历年《内蒙古经济社会发展统计年鉴》；历年《中国劳动和社会保障统计年鉴》。

自治区在城镇职工基本医疗保障体系建设十多年的探索中取得了突出的成绩。2011年，全区基本实现医疗保险盟市级统筹。基本医疗保险的覆盖范围不断扩大，在将企业职工纳入之后，将灵活就业人员和个体从业者，以及国有、集体破产企业退休人员和困难企业职工纳入职工基本医疗保险范围，已经初步形成多次层次的综合保障体系。截止2011年7月，自治区共有438.2万人参加职工基本医疗保险。自治区医保基金的规模越来越庞大，基金收入持续增长，基金收支平衡。为提高待遇，将资金结余率控制在15%以内，使参保人员得到更多实惠，增强参保群众的积极性。参保人员的保障待遇逐渐提高，封顶线提高为当地职工年平均工资的6倍左右，职工医保住院医疗费用支付平均比例也要提高到75%以上（见表9）。

（2）制度特色。

自治区职工基本医疗保险制度设计的特色之处。

首先，个人账户根据参保职工年龄的不同采取不同的划入比例，灵活划入。自治区对参保职工的个人缴费全部划入个人账户，企业缴费部分具体划入比例由统筹地区根据个人账户的支付范围和职工年龄等因素确定,一般分为 45 岁以下(含 45 岁)、45 岁以上至退休及退休人员 3 个档次划分。以内蒙古本级职工参保办法(2010)为例,个人账户单位缴费的划入比例是以本人上年度工资收入为基数,年龄在 45 岁以下(含 45 岁)的职工,按 1%比例计入个人账户;年龄在 45 岁以上至退休的职工,按 1.2%的比例计入个人账户;退休人员按退休金总额 3.4%的比例计入个人账户。

其次,统筹基金在支付时对退休和在职职工实行不同的报销比例,同时针对参保人员在不同级别的医院就医,报销比例也会不同,三甲医院的报销比例明显低于三乙和其他医院。对于引导人员就医,缓解三级医院过度拥挤发挥了一定的作用。以目前自治区本级职工为例,2010 年政策具体情况见表 10。

表 10 自治区本级职工基本医疗保险统筹基金支付比例

单位:%

住院医疗费用	在职人员统筹基金支付比例			退休人员统筹基金支付比例		
	三甲医院	三乙医院	其他医院	三甲医院	三乙医院	其他医院
起付线——3.5 万元	85	90	95	88	93	98
3.5 万元以上	95	96	97	96	97	98

再次,医疗保险费用结算方式采取总额控制和单位住院人次的平均定额管理相结合的办法。自治区医保中心区别不同级别的定点医疗机构,参照以前年度或季度每人次住院发生的平均医疗费用,剔除不合理因素,合理制定总量指标和每人次住院平均定额管理标准。定额标准随基本医疗保险基金筹集比例的变化作相应调整。定点医疗机构住院医疗费用定额标准可上下浮动 10%,定点医疗机构实际发生的费用超过定额标准 10%～15%的,定点医疗机构和自治区医保中心各自承担超标部分的 50%;超过定额标准 15%以上的部分,全部由定点医疗机构承担。定点医疗机构实际发生的费用低于定额标准 10%～15%的结余费用,将其结余部分的 50%奖给定点医疗机构;实际发生的费

用低于定额标准15%以下的，自治区医保中心按实际发生的医疗费用结算。

定点医疗机构每月将参保患者的出院结算单、住院病历资料等汇总上报自治区医保中心，审查合格后，自治区医保中心先支付其费用的90%。这种费用结算方法对于控制医院的不合理医疗行为、激励医院节省医疗资源有一定的积极作用。

最后，积极探索多种费用控制方式的改革，目前正在探索实行总额预付、按病种付费、按人头付费等能够鼓励医疗机构主动降低成本的费用结算办法，提高医疗保险基金对医疗费用偿付的科学性和合理性。

2. 内蒙古新型农村牧区合作医疗

（1）发展历程。

2003年12月，内蒙古党委、政府印发《关于贯彻〈中共中央国务院关于进一步加强农村卫生工作的决定〉的实施意见》，明确提出要在全区建设新农合。同时由内蒙古政府办公厅印发《内蒙古自治区新型农村牧区合作医疗管理暂行办法》，明确了试点有关事宜。

2003年，全区开始建立新型农村牧区合作医疗制度，2004年正式推广实施，首批试点旗县7个。自治区的新农合试点经历了2004~2005年的试点探索；2006年的试点推广和2007年至今的试点全面推进三个阶段。截止到2010年，覆盖旗县98个，参合农牧民1214.63万人，参合率达到92.8%。扩面的同时逐年提高筹资标准，2004年最初人均30元，其中中央和地方各级政府的财政补贴为20元。到2011年，各级政府对新农合补助水平已经提高到200元，新增部分中央财政补助80%，即124元；其余76元，按照原有比例标准落实，而参合农牧民的缴费也已经从2004年的10元增长到2011年的50元。自治区从2006年开始对农牧业人口在6万人以下的21个牧区旗县人均增加补助5元，2009年又将这一增加标准提高到20元。

在进行新农合探索的同时自治区还建立了农牧区的医疗救助制度。2004年10月，内蒙古民政厅、卫生厅、财政厅印发《内蒙古自治区农村牧区医疗救助工作实施方案》，开始建设农村牧区医疗救助制度，面对农村牧区五保户和贫困农牧民家庭，主要措施是资助他们参加新农合，再给予适当的医疗救助。

表11 内蒙古新型农村牧区合作医疗发展情况

年份	覆盖旗县（个人）	覆盖农村牧区数（万人）	参合人数（万人）	参合率（%）	年度筹资总额（亿元）	参合农牧民报销医药费共计（亿元）
2004	7	109.00	76.60	70.30	—	—
2005	12	204.75	162.00	79.10	—	—
2006	39	662.89	545.60	82.30	—	—
2007	95	1335.00	1108.00	82.90	6.10	4.84
2008	98	1434.40	1180.40	82.30	10.85	9.90
2009	101	1435.70	1165.70	81.20	12.90	3.39
2010	101	1309.37	1214.63	92.80		

资料来源：历年《内蒙古卫生统计公报》。

（2）制度特色。

因为地处西部，又是民族自治地区，经济社会发展有其特殊性，内蒙古的新型农村牧区合作医疗制度设计也有其深厚的地方特色的土壤，在多年的探索中自治区根据新农合运行情况，多次对实施方案、管理制度进行调整，摸索出一些有效的管理办法。现就针对内蒙古新农合制度设计的成绩和特色作简要的介绍。

首先，大力推行盟市级统筹，不断提高新农合保障能力。目前内蒙古参合人数在10万以下的旗县有43个，参合人数最少的是额济纳旗只有4000多人，最多是敖汉旗有47万人，平均每旗县只有12万人，平均每旗县基金不足1500万元。由于参合的人口基数小，导致基金统筹规模小，抗风险能力低。另外旗县级统筹导致新农合制度设计和待遇标准碎片化严重，不利于公平也不利于增强农牧民的参合积极性，有鉴于此，2010年年底，在全区深化新医改，启动实施"十二五"规划的背景下，新农合制度发展也有新的重点，其中之一便是就是要将目前以旗县为单位统筹提高到以盟市为单位统筹，并且确保2011年50%以上的盟市实现盟市统筹。事实上内蒙古包头市在2010年1月就率先在全区乃至全国实施新农合市级统筹的尝试。整合了全市分散在各旗县区的新农合基金，增强了全市新农合基金抗风险能力，消除了各旗县区补偿水平差异过大的问题，统一了全市新农合基金的补偿标准，确保了新农合政策保障的公平性，实现了全市"参合农牧民平等受益，新农合保障制度均等化"的目标。盟市级统筹让参合农牧民得到了更多的实惠。包头市率先实行市级统筹，为自治区进一步推行盟市级统筹积累了经验。目前，呼和浩特市、兴安盟、通辽市、锡林郭勒盟、乌兰察布市、阿拉善盟六个盟市已经开始实施盟市级统筹。计划到2011年12月底前，呼伦贝尔市、赤峰市、巴彦淖尔市、鄂尔多斯市也要出台市级统筹方案，力争2012年全区实行盟市级统筹。

其次，开展新农合费用支付方式改革。目前自治区的医疗保险费用支付方式普遍还在沿用按服务项目付费的后付制，对医疗费用的控制效果不明显，而因为后付制而导致的医疗机构"诱导需求"的失德行为却比较常见。在新农合制度中也同样如此，导致了医疗费的上涨和农民负担的加重。2010年12月内蒙古卫生厅印发了《内蒙古自治区新型农村牧区合作医疗支付方式改革试点指导意见》，要求请盟市结合实际，制定具体实施方案，积极开展新农合费用支付方式改革的试点工作。从以往按项目付费为主体的医疗费用后付制，逐步实行总额预付、按单元、按病种、按人头支付等医疗费用预付制。2011年，各盟市要选择2~3个旗县开展支付方式改革试点工作，其中在50%以上的试点旗县开展按病种付费试点，有条件的地区可以扩大试点范围。力争在2~3年内，在全区90%以上的统筹地区开展新农合支付方式改革。

再次，开展新农合门诊统筹试点，门诊统筹取代家庭账户。自治区的新农合试点之初除了遵循大病统筹之外还设立了家庭账户。筹集上来的合作医疗基金由大病统筹基金和家庭账户基金两部分构成，其中个人缴纳部分全部计入家庭账户，财政补助部分按一定比例划入家庭账户。家庭账户基金主要用于在定点村卫生室、苏木乡镇卫生院就医的门诊医药费用，超支不补，结余转下年继续使用。随着新农合的发展，为进一步提高新农合受益水平，引导农牧民合理就医，扩大受益面，2010年7月自治区卫生厅颁发了《关于推进新农合门诊统筹工作的通知》，全区开始新型农村牧区合作医疗门诊统筹。2010年每个盟市选择2/3的旗县（市、区）开展门诊统筹试点。试点地区不再新提取家庭账户基金，原家庭账户剩余资金可在规定时限内继续使用完毕。门诊统筹资金可按照统筹地区当年筹集基金总量的15%~25%提取，只能用于参合患者在旗县级以下定点医疗机构就医发生的普通门诊费用。普通门诊费用补偿不设起付线，单次门诊费用补偿比例苏木乡镇或社区服务中心可定在25%左右，嘎查村或社区服务站可定30%左右，封顶线可定在每人每年个人缴费额（50元）左右，家庭成员可共用。目前，呼和浩特市的9个旗县区已经在全区率先启动了新农合门诊试点统筹工作。

3. 城镇居民基本医疗保险制度

2007年8月，根据《国务院关于开展城镇居民基本医疗保险试点的指导意见》（国发〔2007〕20号）精神，内蒙古人民政府颁发了《内蒙古自治区城镇居民基本医疗保险试点工作的实施意见》，标志着自治区在城镇职工基本养老保险和新型农村牧区合作医疗保险制度之外，又开始了全区400万城镇非从业居民的医保参保试点工作，争取实现全区居民医疗保险的真正全面覆盖。

2007年在国家试点的基础上，同步启动自治区试点。呼和浩特市、包头市和乌海市三盟市为国家试点城市，同时确定鄂尔多斯市、阿拉善盟为自治区试点城市，其他盟市选择1~2个旗县统筹区开始试点。截至2008年12月底，全区12个盟市已全部启动实施城镇居民医疗保险制度，全区101个旗县市区全部纳入国家和自治区试点范围。自治区城镇居民基本医疗保险制度以大病统筹为主，筹集资金不设个人账户，所筹集的资金全部用于社会统筹。

2009年，内蒙古重点围绕大学生和国有关闭破产企业退休人员参保工作，制定下发《关于进一步做好城镇基本医疗保险工作的通知》，从工作目标、保障范围、资金筹集、待遇水平以及管理服务等方面对现行的医疗保险制度进行细化和拓展。

目前,内蒙古已将城镇居民基本医疗保险的最高支付限额提高到居民可支配收入的 6 倍左右,城镇居民基本医疗保险住院报销比例达到 60% 以上。

表 12 内蒙古城镇居民基本医疗保险开展情况

年份	参保人数(万人)	基金收入(亿元)	基金支出(亿元)	累计结余(亿元)
2007	98.90	0.90	0.10	0.70
2008	238.80	3.50	0.90	3.30
2009	395.00	5.30	2.80	5.90

表 13 呼和浩特市城镇居民基本医疗保险统筹基金综合报销比例

单位:%

住院医疗费用	住院统筹基金支付比例				个人自付比例			
	三甲医院	三乙医院	二级及同等社区卫生服务机构	一级及同等社区卫生服务机构	三甲医院	三乙医院	二级及同等社区卫生服务机构	一级及同等社区卫生服务机构
起付线——10000 元	57	60	80	85	43	40	20	15
10001~30000 元	60	65	85	90	40	35	15	10
30001 元以上	65	70	90	95	35	30	10	5

四 内蒙古的最低生活保障与收入分配

在 395 份家庭样本中,有 23 户低保户,所占比重为 4.1%。近 69.3% 的低保家庭领取的低保金每月在 300 元以下。大部分家庭认为目前的低保金不够满足其基本生活需要,比例达到 63.6%。现将调研问卷中"您觉得目前的低保金能够满足您家的基本生活需要吗"一题的统计结果提供如图 2 所示。

完全能够 2.3%

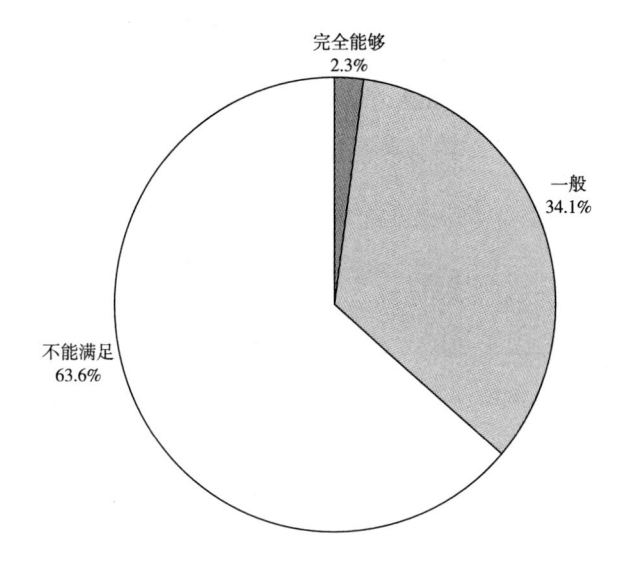

一般 34.1%

不能满足 63.6%

图 2　您认为目前的低保金满足家庭基本生活需要的程度

另外从低保户自身以及非低保户的观察来看，64.6%的人认为低保金对生活有一些帮助，认为有很大帮助的只占21.5%。可见，内蒙古地区的实际消费水平所决定的满足基本生活需要的最低保障金与低保金之间还是有一定的差距。在低保户的动态管理方面，调研中发现23户低保户自从获得低保资格开始从没有推出过。获得低保资格的年限分布在1~5年不等。可见对低保户的救助更应该将重点放在如何提高能力和实现脱贫上。在建立低保准入制度的同时也要完善准出制度，并努力将动态管理制度落在实处。总体上看，大部分样本对低保制度的安排还是比较满意的，对于低保资格获得的方式也认为比较合理和公平。有63.9%的人认为目前的低保户都符合低保户的认定标准。另外有31.1%的人回答了不太清楚（见图3）。

可见低保制度在管理过程中的信息公开还不到位，由此可能会缺乏监督而出现问题。在实际调研中我们也现这个问题主要是因为低保制度的基层工作人员在落实具体政策的时候可能会出现的贯彻不到位的情况，低保资格在农村通常是村委会讨论通过，在城镇基本上是街道工作人员讨论决定，虽然在实际操作过程中赋予低保资格之前也有一段时间的公示期，但是社区成员在这方面的监督作用非常有限，关于入户的收

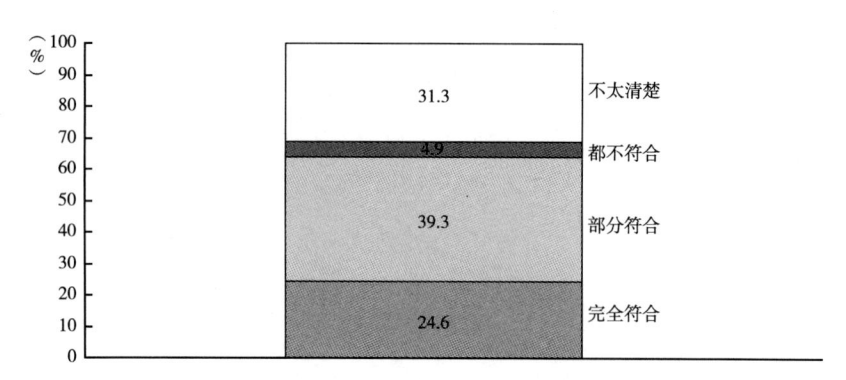

图 3　你所知道的低保户符合资格的情况

入和资产调查,有些地区并没有落到实处。建议要加强基层工作人员队伍的建设,完善劳动保障协理员队伍,提高人员素质。

五　内蒙古的养老保障与收入分配

在956份个人样本中参加养老保险的有效百分比达到48%,近一半的被调查对象具有不同形式的养老保障(见图4)。

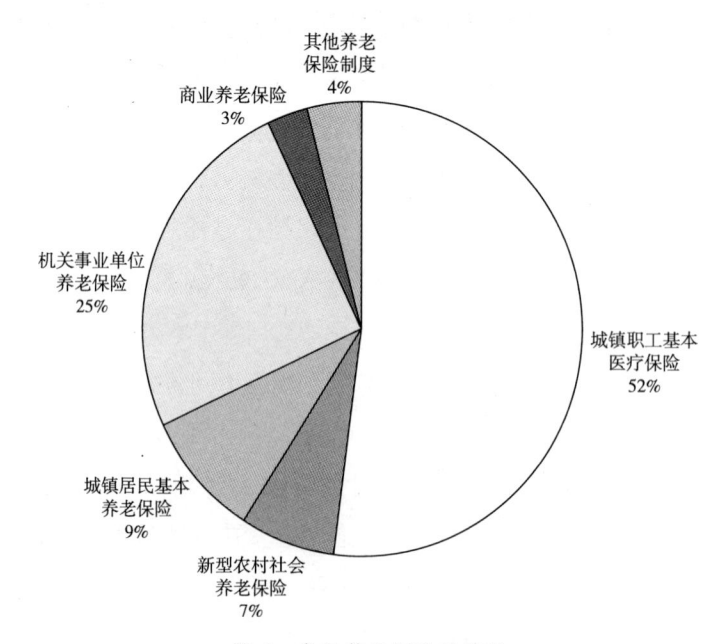

图 4　参加养老保险的情况

在调研样本中，有12.6%的居民已经开始领取养老金，领取养老金的金额相对比较低，有75%的样本最近一个月领取的养老金金额在1800元以下。调研中发现为了维持家庭基本的生活需要月收入平均值为3827元，而目前的养老金水平与这一目标仍有很大的差距（见图5）。

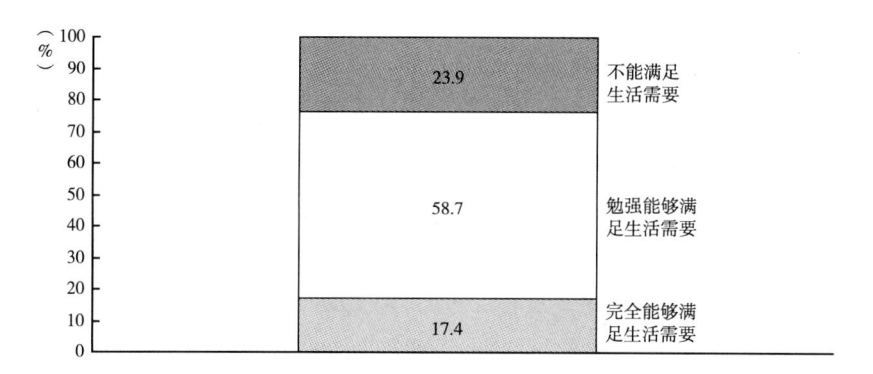

图5 目前养老金满足基本生活需要的程度

关于养老金的公平性考量，大部分被调查对象（51.9%）认为公平性一般甚至不公平，分析这一原因，当一定程度上源于956份样本中大约52%是城镇职工基本养老保险的参保人，与公务员和事业单位的

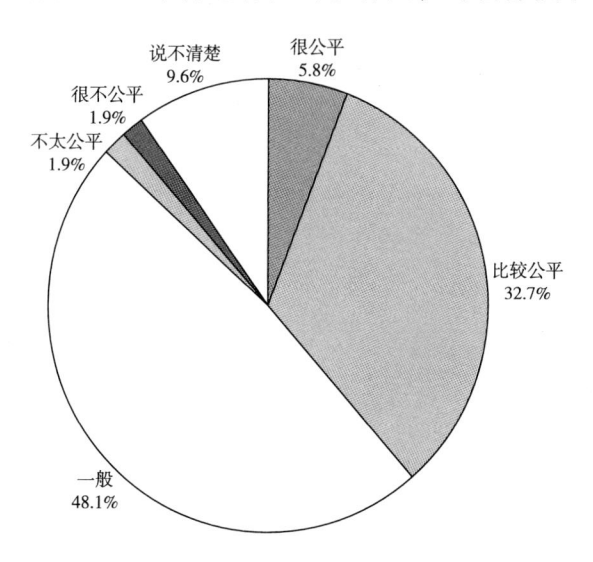

图6 养老金的公平程度

养老金相比，这部分群体的落差比较大。因此对于现行的养老保险制度体系的满意度，仍有56.1%的人回答一般甚至是不满意（见图6）。

与养老保险制度密切相关的老年福利体系，目前在内蒙古地区的发展相对滞后。只有4.5%的人员享受到过政府提供的各种形式的老年福利。老年福利的具体项目诸如老年公交、老年保健、免费老年护理、免费使用社区老年活动设施等调研结果同样并不乐观。今后进一步加强综合老年福利体系的建设将是一个可以探索的方向。

六 内蒙古的医疗保障与收入分配

调研样本中74%的人参加了不同类型的医疗保险。从覆盖面看，医疗保险要好于养老保险，这于近年来国家加强新农合和城镇居民基本医疗保险的试点扩面分不开。内蒙古地区的推进也取得了明显的成果。样本中所反应出的社会成员参加不同类型医疗保险的具体情况见图7。

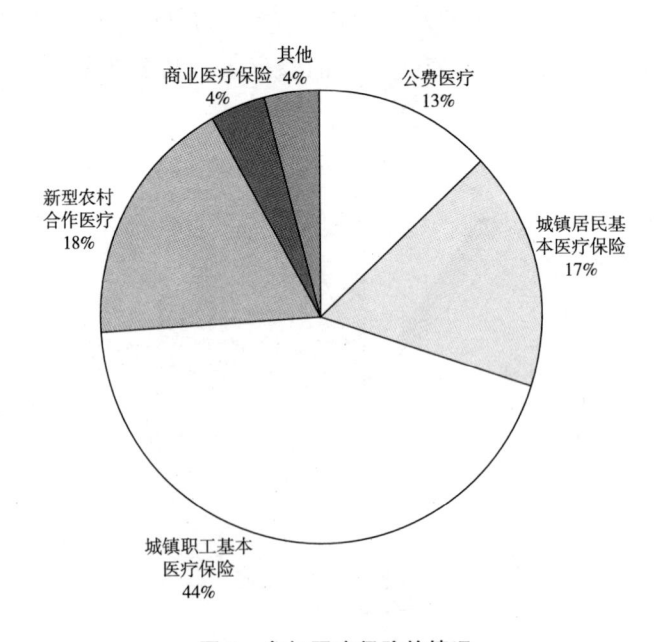

图7 参加医疗保险的情况

尽管有医疗保险制度的保障，但是大部分的社会成员仍然认为目前看病收费是非常高的，有92.6%的人认为医疗收费非常高。可见看病难、看病贵的问题仍很严峻，社会成员对此的反响仍然很强烈。对于医疗保险制度到底在多大程度上缓解了群众看病贵的问题，有44.3%的人认为目前自己参加的医疗保险在降低医疗费用方面的作用比较小或很小。

表14 医疗保险制度在减轻医疗负担方面的作用

单位：人,%

		频率	比例	有效比例	累积比例
有效	很大	26	2.70	6.70	6.70
	比较大	80	8.40	20.60	27.30
	适中	110	11.50	28.40	55.70
	比较小	78	8.20	20.10	75.80
	很小	94	9.80	24.20	100.00
	合计	388	40.60	100.00	
缺失		568	59.40		
总计		956	100.00		

这体现出，城镇职工基本医疗、新农合、居民医保在待遇上还与社会成员的实际需要有很大的差距。在访谈过程中发现问题还聚焦在门诊阶段的自付和起付线的设置上。可以看出参保人的基本医疗需求的界定与国家基本医疗保险保障的基本医疗需求之间有些是不重合的，致使医保基金一方面出现基金结余，另一方面又存在着受益面窄的问题。而且这一问题在居民医保和新农合中更为明显。那么今后进一步完善的方向应该是探索医保的门诊统筹，城乡统筹，适时适当的提高参保人员的待遇。

另一个比较典型的问题是制度的公平性。基本医疗保险虽然在制度层面上实现了社会成员的普遍覆盖，但是制度的碎片化比较严重，目前公费医疗、职工基本医保、新农合和居民医保同时存在，各制度之间的缴费、待遇相差很大。例如，我们在调研中发现，内蒙古自治区本级职工的医保待遇和区本级以外的职工医保待遇存在差距。以住院医疗费用报销比例为例，自治区本级职工在三甲医院的报销比例平均能达到91%，而呼和浩特市职工的标准是85.2%。另外自治区本级职工医保封顶线提高到职工年平均工资的 6 倍时为 20.5 万元，而呼和浩特市的标准为 11 万元左右。

此外，缺乏对医疗机构有效的费用控制机制。根据卫生经济学的理论，在经济利益的驱动下，医疗机构和医生作为医疗卫生服务的提供者可能具有利用自身信息优势诱导医疗服务的需求者（患者）过度消耗医疗服务的现象，即"供方诱导的过度需求"。如果政府缺乏相关的监督约束机制将会导致医疗费用增长和医疗成本不断上升，这既是对国家有限的医疗资源的浪费，同时也给患者造成了更大的经济负担。今年来，自治区的医疗卫生费用持续上涨，医疗费用居高不下，政府虽然采取药品统一招标的方式，大大降低药品的价格，但医疗服务项目收费调价很多，在利益的驱动下，采取变相的手段（如"红包"、"回扣"），抵销药品降价带来的影响，总体医疗费成本还是增加。而内蒙古的医疗保险制度设计还缺乏有效的费用控制机制。费用支付方式是控制费用的关键纽带，但目前大部分的盟市还是沿用按服务项目分类付费的方法。医保经办机构也尚未承担起有效的医疗服务第三方购买者和监督者的角色，对医院违规行为的约束力有限。

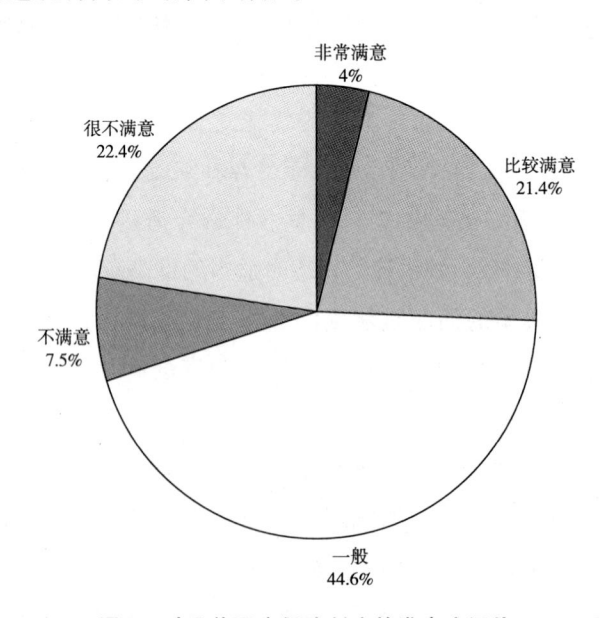

图 8　对目前医疗保险制度的满意度评价

基于以上几个方面的问题，从总体上看，社会成员对医疗保险的满意度并不高，只有25.4%的受访者回答满意（见图8）。

七 结论与思考

（一）内蒙古社会保障与收入分配的整体情况

1. 社会保障整体情况

在956份个人样本中，社会保险方面的覆盖情况为：获得任何一种养老保险的占48%，参加医疗保险的占74%，拥有失业保险的占27.1%，拥有生育保险的达到22.8%，参加工伤保险的占23.5%。在社会救助方面获得低保救助的占4.1%，获得住房救助的占5.8%，获得医疗救助的占8.2%，获得教育救助的为5.8%。在社会福利方面，我们重点了解了获得老年福利的情况，诸如老年免费公交、老年护理服务、老年津贴等项目，但得到的数据是仅有4.5%的人获得过政府提供的老年福利。

从总体上看社会成员对于社会保障的认知还是持肯定的态度，对于社会保障在规避风险，平衡收入分配方面的作用具有一定的期待。有72.1%的人认为社会保障在减轻家庭负担方面的作用比较明显，有66.1%的人认同社会保障在缓解收入分配差距中承担重要的角色，只是鉴于目前内蒙古地区的社会保障发展的综合情况，只有27.2%的人对现行的制度安排持满意的态度。今后社会保障的发展课题将是围绕如何满足社会成员的实际需求，结合地方经济发展水平，将社会保障的作用最大化。

2. 收入分配整体情况

样本的月人均收入数据比较分散，跨度为100～10000元。分散中也有集中，其中比例最大的是月人均收入4000元，有效百分比16.4%，其次为月人均收入3000元，占到10.2%，第三位的是2000元，有效百分比9.5%。从累计百分比看，月人均收入4000元以下的占到 79.9%。

2010 年所采集家庭样本的年总收入均值为 81319 元，样本标准差很大，反应数据的离散程度非常大，一定程度体现出收入之间的差距。在家庭总收入中，工资收入仍占主要部分。回答拥有投资收入只有 93 户家庭，所占比例为 24%，拥有房租收入的只有 78 户，所占比例约为 20%。可见大部分家庭还没有资产性的收入。

2010 年家庭总支出均值为 46883 元，其中食品消费支出为 20035 元，调查得出的恩格尔系数均值为 43%。

大部分受访对象对于目前的收入状况并不满意（见图 9）。

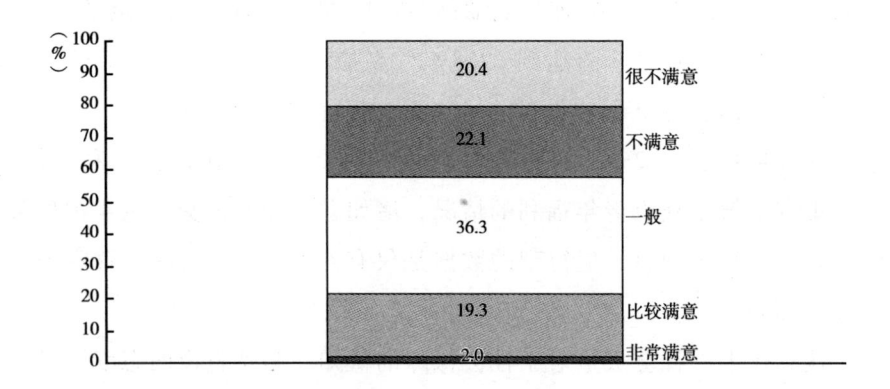

(%)	
20.4	很不满意
22.1	不满意
36.3	一般
19.3	比较满意
2.0	非常满意

图 9 对目前家庭收入的满意程度

大部分受访者认为目前的收入分配差距比较大，这方面的数据结果非常的突出，只有 2.6% 的人认为当前的收入分配很小，另外 97.4% 的人都认为不同程度的存在着收入差距，其中仅有 11.1% 的人认为收入差距一般，并不显现，而达到 86.1% 的人认为收入差距已经到了比较大的程度。这一点已经体现出收入分配的差距就已经在民意中形成深刻的印象，在内蒙古这个西部相对落后地区，收入分配的差距并没有因为经济社会发展的滞后而缓和，受各地区资源拥有程度的不同，这种收入的差距甚至可能超过中部东部发达地区。这种收入分配的差距一定程度上正在影响和重构着社会的格局，对于社会的稳定和谐构成了非常大的潜在影响。

接下来我们的调研有进一步分析了影响收入差距的因素，我们提供了如下选项：文化程度、个人能力差异、个人身体状况、腐败问题、灰色收入、行业垄断、不同地区的资源差异、地区经济发展不平衡、税收政策不合理以及社会保障制度不完善。对于收入差距主要源于以下个方面，我们给出调研的结果（见表15）。

表15　收入差距扩大的原因

单位：%

	是	否		是	否
1. 文化程度	27.3	72.3	6. 行业垄断	35.5	64.5
2. 个人能力差异	37.0	63.0	7. 不同地区的资源差异	41.0	59.0
3. 个人身体状况	11.3	88.7	8. 地区经济发展不平衡	50.9	49.1
4. 腐败问题	37.0	63.0	9. 税收政策不合理	24.3	75.7
5. 灰色收入	34.1	65.9	10. 社会保障制度不完善	31.2	68.8

其中排在前三位的主导因素是地区经济发展不平衡、不同地区的资源差异和腐败问题。另外个人能力差异与腐败问题两个因素并列第三位。

（二）几点思考

通过调研，我们发现内蒙古地区的收入分配和社会保障存在一些需要完善的问题，这些问题是在对社会成员的实际调研中发现的，对于今后开展工作具有一定的切实的指导性。

第一，内蒙古城乡居民的收入分配差距比较大，根源在于内蒙古东中西部不同地域因为资源禀赋和自然环境的不同而导致的地区经济发展差异，这点在内蒙古鄂尔多斯市体现的更为突出，但是资源毕竟是有限的，内蒙古同样面临资源枯竭的审视，如何寻找新的经济增长点，如何实现经济的持续发展，并且将经济发展的成果更好的惠及社会成员，将是一个重要的命题。内蒙古地区的公共服务能力相对薄弱，仅老年福利一项就与国内其他省市的发展水平有很大的差距，即使与其他西部地区相比，也有很多欠缺之处。

第二，社会保障的开展取得了突出的成绩，社会保险的覆盖范围逐步扩大，社会救助工作的开展也很规范，特别是在国家级和自治区级重点扶贫旗县，社会救助发挥了重要的作用。当然社会保障的各个领域还是存在着期待继续完善和提高的方面。首先从社会保险制度的公平性看，受访人员大部分对养老和医疗保险制度满意度一般。这两项制度的碎片化都比较严重，不同人群，不同职业，不同地区的参保人员获得的待遇区别很大。公务员、事业单位工作人员的退休金远高于企业职工退休金水平，大部分受访对象认为目前的养老金水平还不能够满足实际的基本生活需要。其次，社会保险制度效果来看，社会成员对各项社会保险制度还是寄予很强的期待，有着十分肯定的评价，在参保方面也是非常积极的，这体现出社会成员对社会保险的需求，出于避险的心理和对商业保险的缺乏认知，大部分人会优先选择参加社会保险。但是参保之后，大部分受访者对社会保险待遇的满意度一般，这体现出现行的保障制度所提供的基本保障和社会成员实际生活的基本生活需要之间相脱节。进一步的研究方向应该是各项基本社会保险项目的保障定位问题。

第三，在社会保障制度设计的具体环节还有许多需要改进之处。在最低生活保障制度方面的重点是切实做好低保资格的动态管理，完善准出制度，在低保制度之中加强就业促进和能力建设，争取脱贫，避免形成贫困陷阱。在养老保险制度方面要促进制度的公平性，对于开展不就得新农保制度要注意新旧制度的衔接问题以及贫困地区地方财政筹资难和贫困农牧民参保难的问题。另外新农保采取统账结合的模式，个人账户作为基金积累的载体，随着参保人数的增加和缴费年限的延长其规模势必会越来越大，同城镇职工基本养老保险制度一样，基金的安全性值得我们思考。笔者从自治区有关部门了解到新农保的资金目前还没有特别有效的保值增值办法，这对于试点规模不断扩大，基金数量不断增加的新农保来说是不小的挑战。在医疗保险制度方面要适当探索门诊统筹、城乡统筹，探索医疗保险费用支付方式改革。但目前内蒙古大部分的盟市还是沿用按服务项目分类付费的方法。医保经办机构也尚未承担起有效的医疗服务第三方购买者和监督者的角色，对医院违规行为的约束力有限。

河南省社会保障发展与收入分配状况调研报告

张奎力 李 伟 赵意焕[*]

一 导言

近些年来，我国地区、城乡、行业、群体间的收入差距有所加大，分配格局失衡导致部分社会财富向少数人集中。对我国的基尼系数目前各机构认识不一，被学界普遍认可的是世界银行测算的 0.47，这意味着我国收入差距已经超过基尼系数标志的警戒"红线"（0.4）。适度的收入分配差距，有利于提高劳动者的积极性，而过度的收入分配差距必然形成社会不公、贫富悬殊，危害社会稳定和发展。"社会保障制度作为对社会财富的一种再分配方式，通过收入补偿、互助互济，使竞争中处于劣势的个体不至于与其他社会成员相差太远，在一定程度上调节经济资源在不同地区、不同社会阶层之间的分配，从而事实上弥补着初次分配效率有余、公平不足的缺陷。"[①] 完善的社会保障制度，有助于合理调节劳资之间、不同收入阶层之间及不同地区之间的收入差距，弥补初次分配的不足，实现让全体国民合理分享国家经济发展成果和促使整个社会和谐发展的目标。各国社会保障实践已经证明，社会保障制度越

---

[*] 本报告作者为河南农业大学张奎力、李伟、赵意焕。调研参与者：张奎力、李伟、赵意焕、郭志发以及河南农业大学文法学院社会工作专业部分学生。

[①] 郑功成：《社会保障学》，中国劳动社会保障出版社，2005，第 131~132 页。

健全，保障水平越高，国家利用社会保障进行收入再分配的规模越大，对收入分配的干预越强，社会收入越接近公平；反之，社会保障制度越不健全，保障水平越低，国家干预收入分配的力度就越小，收入分配不公的现象也越严重。因此，建立健全我国社会保障制度，强化社会保障再分配功能应该成为调节收入分配的重要方面。

然而，我国现行的社会保障制度体系仍残缺不全，且有效性不高，相关制度配套改革不能同步。在此情况下，中国社会科学院"中国社会保障发展与收入分配状况研究"课题组选取河南省郑州市和新乡市获嘉县作为该课题的城市和农村地区的代表进行调研，不仅具有重大理论意义，而且具有强烈的现实价值和意义。本次调研的主要目的是，希望通过实地调查以全面了解河南省社会保障发展与收入分配的现状和主要问题，为未来中国社会保障的发展与促进居民收入的合理分配提出相关建议。

河南省域面积16.7万平方公里，位居全国第17位，占全国土地面积的1.73%。河南是全国人口第一大省，2009年年底总人口9967万人，其中居住在城镇的人口3758万人，占总人口的37.7%；居住在乡村的人口6209万人，占总人口的62.3%。2009年底全省常住人口9487万人。全省辖17个省辖市、1个省直管市，21个县级市、88个县、50个市辖区，1889个乡镇。2010年河南省全年生产总值22942.68亿元，继续保持全国第5位、中西部地区首位；比上年增长12.2%，高于全国平均水平1.9个百分点。河南是全国第一农业大省，第一粮食大省。2010年全年粮食种植面积9740.17千公顷，比上年增长0.6%。全年粮食产量5437.10万吨，比上年增长0.9%，连续五年超过千亿斤。2010年全省地方财政总收入2293.37亿元，增长19.3%。地方财政一般预算收入1381.01亿元、增长22.6%，地方财政一般预算支出3413.22亿元、增长17.5%。全省108个县（市）中，有5个县（市）地方财政一般预算收入超15亿元，有14个县（市）超10亿元。2010年全省城镇居民人均可支配收入15930.26元，比上年实际增长7.2%；城镇居民人均消费支出10838.49元，实际增长9.6%。2010年农村居民人均纯收入5523.73元，扣除价格因素，比上年实际增长11.0%；农村居民人均生活消费支出3682.21元,实际增长4.7%。农村居民家庭恩格尔系数为37.2%,城镇居民家庭恩格尔系数为33.0%。2010年,城镇居民人均可支配收入比农村居民人均纯收入多10406.53元。而2009年这一差距是9564.61元,2010年比2009年差距增加841.92元。由此可见,河南省城乡居民的收入差距呈现持续拉大的趋势。

二 调查情况与样本特征

1. 城市部分调查情况介绍

本次问卷调查分为城市部分和农村部分。城市部分主要选取郑州作为调查地点。郑州位于河南省中部偏北,黄河下游。现辖6区4县级市1县,建成区面积329平方公里,全市总面积7446.2平方公里。至2010年,市区户籍人口301万人,市区外来人口306万人,全市常住人口860多万。2010年全市完成生产总值(GDP)4002.91亿元,位列全国大中城市第22位,中部六省第3位;比上年同比增长13.0%。全年全市完成财政总收入643.0亿元,比上年增长23.2%;地方财政一般预算收入386.8亿元,增长28.1%。全年地方财政一般预算支出426.8亿元,比上年增长20.9%。在郑州市,我们主要选取了金水区文化路、东风路、花园路和北林四个街道办所辖地区作为调查地点,我们采用随机抽样方法在每个调查点随机抽取大约50户家庭进行问卷调查,最后我们得到了一个由202个家户构成的样本。城市部分调查一共发放问卷202份,回收问卷202份,全部为有效问卷,问卷回收率和有效问卷回收率均为100%。

除了问卷调查以外,本次调查还采用了访谈法和观察法等社会学研究方法来收集资料。在对调查对象进行问卷调查时,我们注意观察并了解被调查对象所处的社区在经济、资源、文化、环境等方面的状况以及被调查者的家庭生活情况,以便更深入地了解他们对我国社会保障发展和收入分配状况的认识、评价以及相关需求情况。

2. 农村部分调查情况介绍

农村部分主要选取新乡市获嘉县作为调查地点。获嘉,位于河南省新乡市西部,获嘉县辖 8 个镇,共 215 个行政村,总人口 382688 人。其中男性 193344 人,占总人口 50.52%,女性 189344 人,占总人口 49.48%。男女性别比为 102.9∶100。人口自然增长率为 3.56‰。城镇人口 47357 人,占全县总人口的 12%。2010 年,全县 GDP 完成 53.6 亿元,增长 13%,高于计划 3 个百分点,其中第一、二、三产业增加值分别增长 4%、16%、13%;全县工业总产值达到 123 亿元;地方财政一般预算收入完成 15808 万元,增长 14.3%,高于计划九个百分点,增收 1972 万元;全社会固定资产投资完成 46.6 亿元,增长 17.9%;社会消费品零售总额完成 18.9 亿元,增长 19%;城镇居民人均可支配收入达 10558 元,增长 9%,农民人均纯收入 6238 元,增长 9%。

新乡市获嘉县调研时,我们采用随机抽样方法抽取了一个由 253 个农户构成的样本,然后采用问卷法对其进行调查,一共发放问卷 253 份,回收问卷 253 份,全部为有效问卷,问卷回收率和有效问卷回收率均为 100%。这样,本课题组在河南城市和农村地区一共发放问卷 455 份。除了运用上述问卷调查方法以外,调查小组的人员还根据本次调查内容需要,从县政府、县财政局、县人力资源和社会保障局、县民政局、县卫生局、县教育局、县房产管理中心等部门搜集了大量相关文献资料,并通过对这些资料的查阅、分析和整理,客观全面地了解了河南省农村社会保障发展与收入分配状况。上述一手资料和文献资料的收集,为这次调查研究打下了坚实的基础。

3. 样本构成情况

(1) 性别。在城市调查部分被访的 202 人中,男性人数为 106 人,占被访者总数的 52.5%;女性人数为 96 人,占总数的 47.5%。在农村调查部分被访的 253 人中,男性人数为 96 人,占被访者总数的 37.9%;女性人数为 157 人,占总数的 62.1%。

(2) 年龄。在城市调查部分被访的 202 人中,年龄在 35 岁及以下的青年人数 72 人,占被访者总数的 35.6%;年龄在 36~54 岁的中年人数 83 人,占总数的 41.1%;年龄在 55 岁及以上的老年人数 47 人,占总数的 23.3%。在农村调查部分被访的 253 人中,年龄在 35 岁及以下的青年人数36人，占被访者总数的14.2%；年龄在36～54岁的中年人数132人，占总数的52.2%；年龄在55岁及以上的老年人数85人，占总数的33.6%。

（3）民族。在城市调查部分被访的202人中，汉族196人，占被访者总数的97.0%；少数民族6人，占总数的3.0%。在农村调查部分被访的253人中全部为汉族，占被访者总数的100.0%。

（4）婚姻状况。在城市调查部分被访的202人中，未婚的25人，占被访者总数的12.4%；已婚的177人，占总数的87.6%。在农村调查部分被访的253人中，未婚的7人，占被访者总数的2.8%；已婚的246人，占总数的97.2%。

（5）户口类型。在城市调查部分被访的202人中，农业户口8人，占被访者总数的4.0%；非农业户口194人，占总数的96.0%。在农村调查部分被访的253人中，农业户口232人，占被访者总数的91.7%；非农业户口21人，占总数的8.3%。

（6）文化程度。在城市调查部分被访的202人中，文盲3人，占被访者总数的1.4%；小学文化17人，占总数的8.4%；初中文化27人，占总数的13.4%；高中或中专50人，占总数的24.8%；大专48人，占总数的23.8%；本科40人，占总数的19.8%；硕士13人，占总数的6.4%；博士4人，占总数的2.0%。在农村调查部分被访的253人中，文盲30人，占被访者总数的11.9%；小学文化55人，占总数的21.7%；初中文化121人，占总数的47.8%；高中或中专38人，占总数的15.0%；大专7人，占总数的2.8%；本科1人，占总数的0.4%；硕士1人，占总数的0.4%；博士没有。

（7）职业类型。在城市调查部分被访的202人中，农民6人，占被访者总数的3.0%；企业职工47人，占总数的23.3%；事业单位54人，占总数的26.7%；公务员11人，占总数的5.4%；个体户23人，占总数的11.4%；私营企业主3人，占总数的1.5%；自由职业者15人，占总数的7.4%；学生8人，占总数的4.0%；村组（社区）干部4人，占总数的2.0%；其他31人，占总数的15.3%。在农村调查部分被访的253人中，农民169人，占被访者总数的66.8%；企业职工6人，占总数的

2.4%；事业单位6人，占总数的2.4%；公务员1人，占总数的0.4%；个体户28人，占总数的11.1%；自由职业者3人，占总数的1.2%；学生2人，占总数的0.8%；其他38人，占总数的15.0%。

（8）就业单位类型。在城市调查部分被访的202人中，农、林、牧、渔业6人，占被访者总数的3.0%；制造业8人，占总数的4.0%；电力、煤气及水的生产与供应业7人，占总数的3.5%；交通运输仓储和邮电通信业3人，占总数的1.5%；批发零售贸易和餐饮业11人，占总数的5.4%；金融保险业6人，占总数的3.0%；房地产业4人，占总数的2.0%；社会服务业21人，占总数的10.4%；卫生体育和社会福利业12人，占总数的6.0%；教育文化艺术广播电视电影业31人，占总数的15.3%；科学研究和综合技术服务业1人，占总数的0.5%；国家机关，党政机关和社会团体22人，占总数的10.9%；其他70人，占总数的34.5%。在农村调查部分被访的253人中，农、林、牧、渔业146人，占被访者总数的57.7%；制造业7人，占总数的2.8%；交通运输仓储和邮电通信业2人，占总数的0.8%；批发零售贸易和餐饮业17人，占总数的6.7%；房地产业5人，占总数的2.0%；社会服务业10人，占总数的4.0%；卫生体育和社会福利业6人，占总数的2.4%；教育文化艺术广播电视电影业2人，占总数的0.8%；其他58人，占总数的22.9%。

（9）月均收入。在城市调查部分被访的202人中，月均收入在1000元及以下者25人，占被访者总数的12.4%；1001~2500元者62人，占总数的30.7%；2501~4000元者57人，占总数的28.2%；4001~5500元者14人，占总数的6.9%；5501~7000元者3人，占总数的1.5%；7000元以上者6人，占总数的3.0%；缺失值35，占总数的17.3%。在农村调查部分被访的253人中，月均收入在1000元及以下者185人，占被访者总数的73.1%；1001~2000元者41人，占总数的16.2%；2001~3000元者11人，占总数的4.3%；3001~4000元者没有；4001~5000元者2人，占总数的0.8%；5000元以上者2人，占总数的0.8%；缺失值12，占总数的4.7%。从上面数据可以发现，目前河南省城乡居民月均收入差距仍比较大，农村大多数居民的月均收入在1000元以下,而城市月均收入在1000元以下的居民仅占12.4%,城市绝大多数居民月均收入在1000元以上,其中月均收入在2500元以上的接近40%。不仅如此,即使在城市或者农村,居民之间在月均收入方面也存在较大差距。

三 河南省基本生活保障与收入分配

1. 低保户对低保金的评价

"所谓的最低生活保障,是指国家和社会为生活在最低生活保障线之下的社会成员提供满足最低生活需要的物质帮助的一种社会救助制度安排。最低生活保障的根本目标,就是运用国家财力帮助那些低于当地最低生活保障线的贫困人口摆脱生活困境,使其达到最基本的生活水平。"[①] 保基本是我国实施最低生活保障制度的初衷。目前,河南省实施的最低生活保障制度是否满足了居民的基本需要呢?城市部分调查显示,有50%的被调查者认为目前的低保金不能满足其家庭最基本的生活需要,有33%的被调查者认为一般,选择完全能够满足最基本生活需要的仅占17%(见图1)。由此可见,多数被调查者认为目前城市最低生活保障金太低,不能满足其基本生活需要。那么,要维持家庭最基本生活,一个城市家庭每月最少需要多少钱呢?实地调查结果显示,认为需要1000元及以下者占到被访者总数的18%,认为需要1001~2500元者占到41%,认为需要2501~4000元者占到24%,认为需要4001~5000元者占到12%,认为需要5000元以上者占到6%(见图2)。农村部分调查显示,有90%的被调查者认为目前的低保金不能满足其家庭最基本的生活需要,有10%的被调查者认为一般,选择完全能够满足最基本生活需要的没有(见图1)。进一步调查显示,认为需要500元及以下者占到被访者总数的63%,认为需要500~1000元者占到23%,认为需要1000元以上的占到13%(见图3)。

[①] 郑功成:《社会保障学》,中国劳动社会保障出版社,2005,第274页。

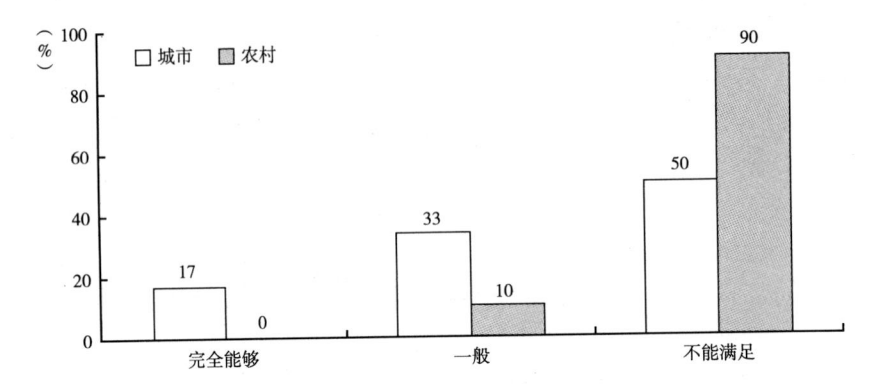

图 1　目前的低保金能否满足居民家庭最基本的生活需要

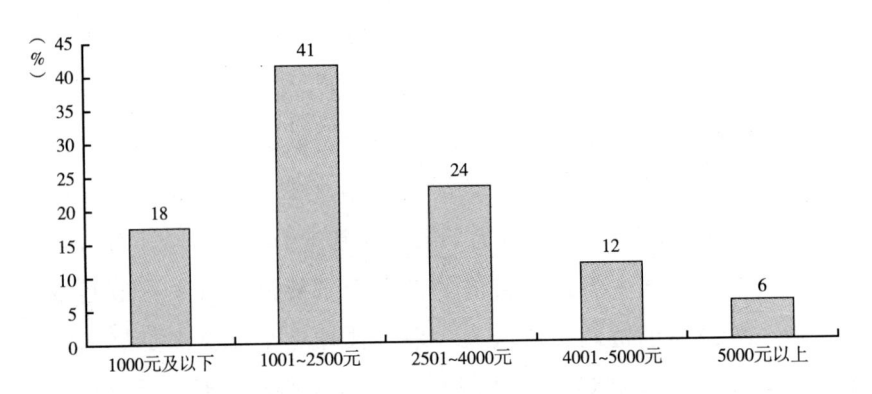

城市：完全能够 17，一般 33，不能满足 50
农村：完全能够 0，一般 10，不能满足 90

图 2　维持城市居民家庭基本生活需要的费用

1000元及以下 18；1001~2500元 41；2501~4000元 24；4001~5000元 12；5000元以上 6

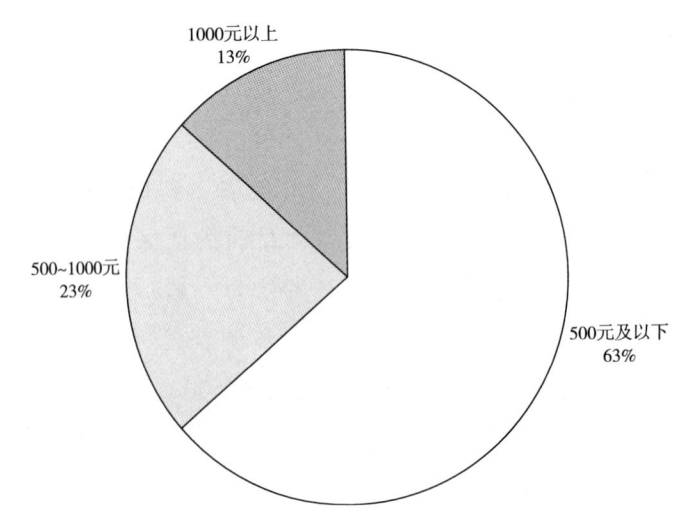

图 3　维持农村居民家庭基本生活需要的费用

500元及以下 63%；500~1000元 23%；1000元以上 13%

2. 居民对低保资格的评价

根据国家低保政策，只有符合低保资格的居民才能享受低保待遇。那么，目前享受低保待遇的居民是否都达到了资格要求呢？城市部分调查结果，有6%的被调查者认为完全符合，有53%的被调查者认为部分符合，认为都不符合的占到6%，还有35%的被调查者不太清楚（见图4）。上述调查数据显示，在城市有少数低保护并不符合享受低保待遇的资格。农村部分调查结果，认为完全符合的占到23%，认为部分符合的占到63%，认为都不符合的没有，不太清楚的占到13%（见图4）。调查结果显示，低保户不符合低保资格的现象在农村几乎不存在。

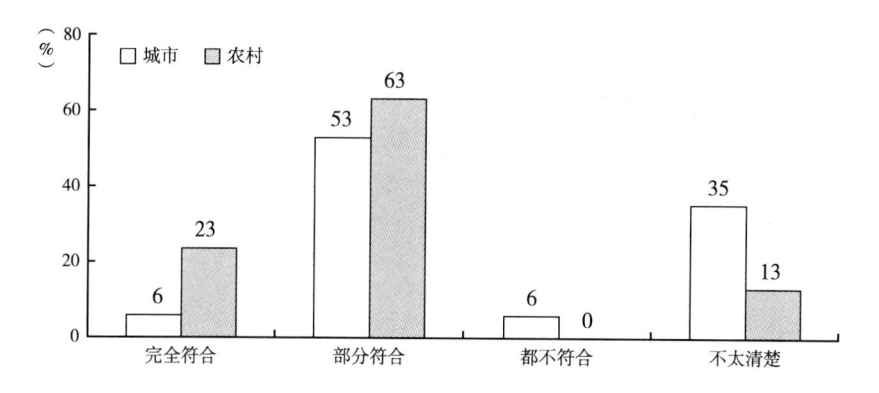

图4 居民对低保户低保资格的看法

一般而言，社会成员享受最低生活保障待遇时需要经过如下程序：申请—调查—审核与批准—发放保障金。民众如何看待低保资格这一获得方式呢？城市部分调查结果，有56%的被调查者认为现行的低保资格获得方式合理，认为不合理的占到44%（见图5）。农村部分调查结果，有77%的被调查者认为现行的低保资格获得方式合理，认为不合理的占到23%（见图5）。农村与城市调查的比较可以发现，农村居民对目前低保资格获得方式的认可度较高。

3. 居民对低保制度的总体评价

我国目前实施的低保制度是否发挥了应有的作用，真正帮助了那些

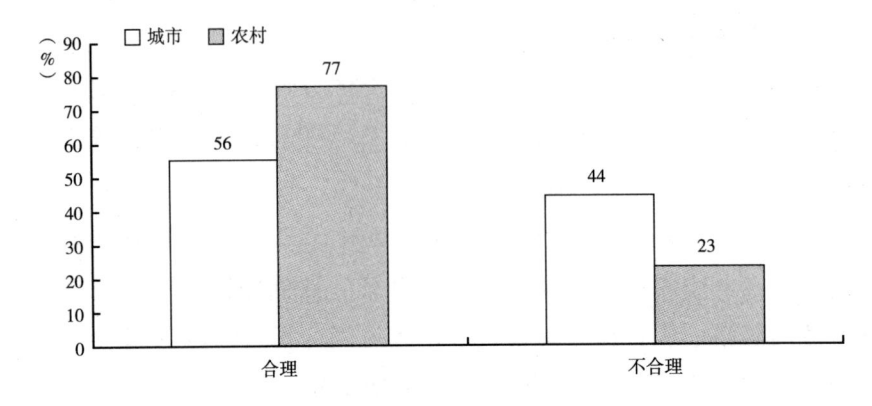

图 5　居民对低保资格获得方式的评价

生活困难的人呢？城市部分调查结果，有7%的被调查者认为目前的低保制度对那些生活困难人群的确有很大帮助，有53%的被调查者认为有些帮助，认为没有什么帮助和不太清楚的都占到20%（见图6）。农村部分调查结果，有13%的被调查者认为目前的低保制度对那些生活困难人群的确有很大帮助，有57%的被调查者认为有些帮助，认为没有什么帮助的占到30%（见图6）。

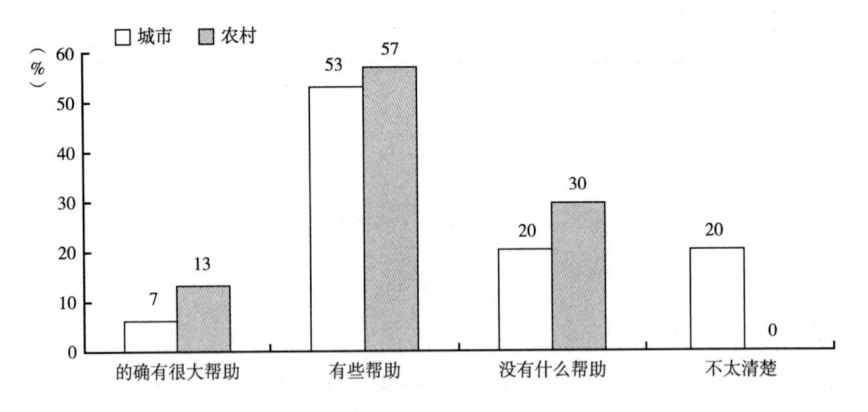

图 6　居民对低保制度功能的认识

那么，民众对低保制度的总体评价怎样呢？城市部分调查结果，认为非常满意的占到10%，认为满意的没有，认为一般的占到70%，有20%的被调查者表示不满（见图7）。

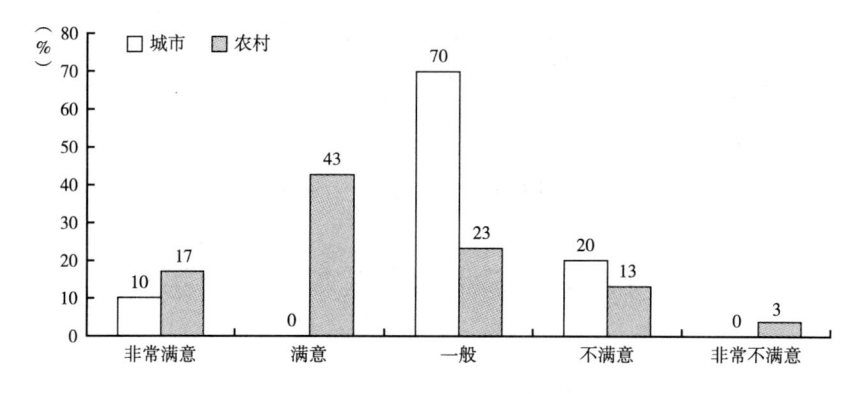

图7 居民对低保制度的评价

农村部分调查结果，认为非常满意的占到17%，认为满意的占到43%，认为一般的占到23%，认为不满意的占到13%，认为非常不满意的占到3%（见图7）。上述数据显示，无论是城市还是农村都有相当数量的居民对低保制度不满意，相比较而言，农村居民对最低生活保障制度的满意度比城市居民高。

4. 小结

社会救助是现代社会保障体系的第一块基石，在我国社会保障体系建设中，社会救助体系建设是应当占据优先地位的基础性制度安。"在我国，经过多年的探索和发展，以城乡居民最低生活保障制度为主体，初步形成了包括长期生活类救助、临时应急类救助和分类专向救助等多项具体社会救助项目在内的救助体系框架，如生活救助、教育救助、住房救助、医疗救助、流浪乞讨人员救助及一些特殊救助项目，它们共同构成了我国社会救助体系的基本框架。"① 但是，在这一框架中，只有最低生活保障制度上升到了法规规范层次，整个社会救助体系还很不完善。我国当前的社会救助体系还面临着城乡救助差距大、救助标准偏低、覆盖面窄、经费保障与责任分担机制不规范、就业激励机制不健全、"贫困陷阱"与"福利依赖"并存、社会救助服务的非专业化导致

---

① 郑功成主编《中国社会保障改革与发展战略》（救助与福利卷），人民出版社，2011，第3页。

效率偏低等问题。当务之急是要加快以最低生活保障制度为核心的社会救助体系的建设，为此，我们需要明确并强化社会救助中的政府责任、科学测量贫困线、规范家计调查方法、完善与促进就业相关联的管理机制、加快法制建设的步伐并广泛动员社会力量参与社会救助工作。

四 河南省养老保障及其收入分配状况

1. 养老保险制度调查情况

（1）居民参保情况。

在随机抽取的 202 名城市居民中，参加了养老保险的占到 66.1%，未参加的占到 33.9%。在参保人群中，参加城镇职工基本养老保险的占到 54%，参加新型农村社会养老保险的占到 2%，参加城镇居民基本养老保险的占到 14%，参加机关事业单位养老保险的占到 22%，参加商业养老保险的占到 5%，参加其他养老保险制度的占到 2%（见图 8）。

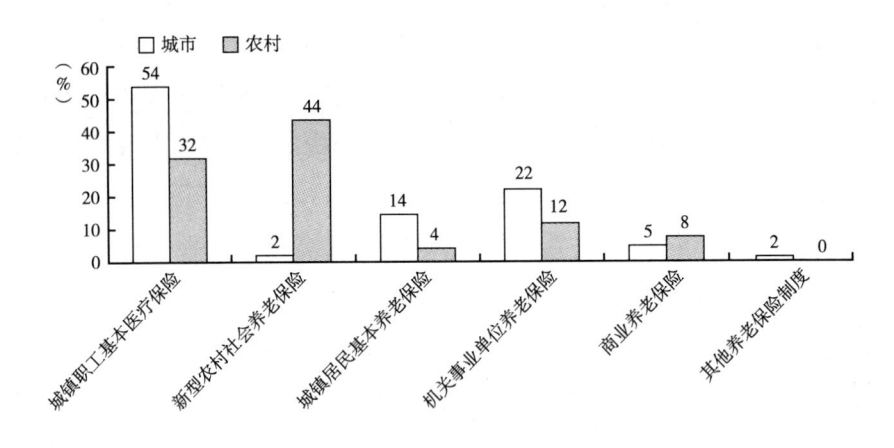

图 8 居民参加养老保险制度的类型

在随机抽取的 253 名农村居民中，参加了养老保险的占到 10.8%，未参加的占到 89.2%。在参保人群中，参加城镇职工基本养老保险的占到 32%，参加新型农村社会养老保险的占到 44%，参加城镇居民基本养老保险的占到 4%，参加机关事业单位养老保险的占到 12%，参加商业养老保险的占到8%，参加其他养老保险制度的没有（见图8）。

（2）居民对缴费标准的评价。

城市部分调查结果，在最近一次缴纳的养老保险费中，100元及以下的占到18%，101～500元的占到40%，501～1000元的占到17%，1001～3000元的占到14%，3001～5000元的占到8%，5000元以上的占到2%（见图9）。农村部分调查结果，100元及以下的占到12%，101～500元的占到12%，501～1000元的没有，1001～3000元的占到50%，3001～5000元的占到8%，5000元以上的占到19%（见图9）。通过对城市与农村调查数据的比较可知，在1000元及以下三个缴费档次中，城市均高于农村，然而随着缴费档次的提高，农村反而高于城市。

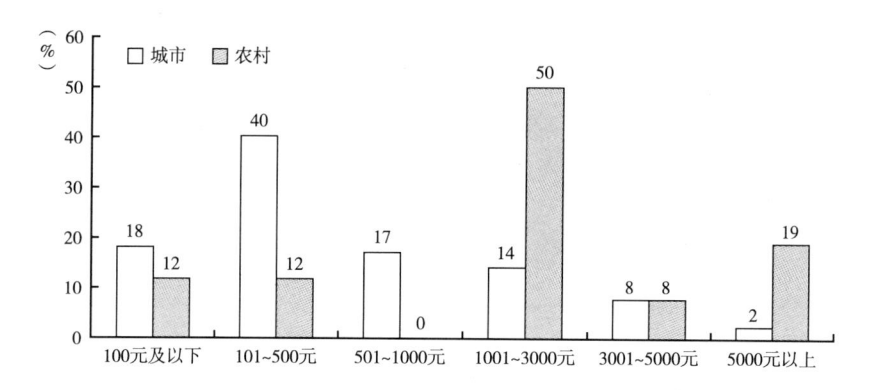

图9　居民最近一次缴纳的养老保险费

居民如何看待当前的缴费标准呢？城市部分调查结果，认为个人缴纳的养老保险费很高的占到7%，认为比较高的占到13%，认为适中的占到70%，认为比较低的占到9%，认为很低的占到2%（见图10）。农村部分调查结果，认为个人缴纳的养老保险费很高的没有，认为比较高的占到40%，认为适中的占到56%，认为比较低的占到4%，认为很低的没有（见图10）。城市与农村的数据比较可以发现，由于农村经济水平低于城市，因此，认为缴费标准偏高的农村居民要远远多于城市居民。

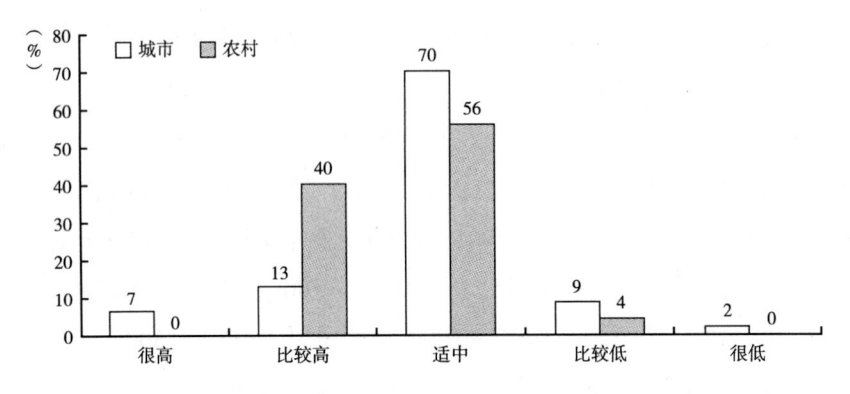

图10 城市居民对缴费标准的看法

（3）居民对养老金水平的看法。

城市部分调查结果，认为领取的养老金完全能够满足自己基本生活需要的被调查者占到32%，认为勉强能够满足的占到36%，认为不能满足的占到32%（见图11）。农村部分调查结果比较平均，认为完全能够满足、勉强能够满足和不能满足的被调查者分别为33%、33%、32%（见图11）。

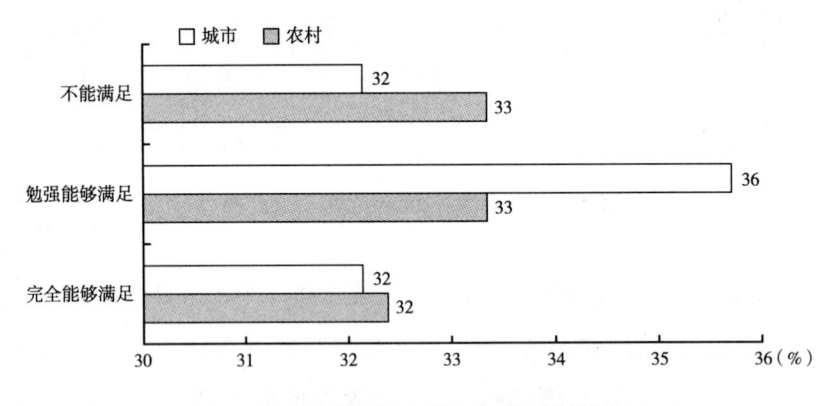

图11 养老金满足居民基本生活需要的程度

与周围人领取的养老金数额相比，居民觉得领取的养老金是否公平呢？城市部分调查结果，认为很公平的占到4%，认为比较公平的占到25%，认为一般的占到29%，认为不太公平的占到18%，认为很不公平的占到7%，另外还有18%的被调查者说不清楚（见图12）。农村部分调查结果，认为很公平的没有，认为比较公平的占到11%，认为一般的占到44%，认为不太公平的占到33%，认为很不公平的占到11%，说不清楚的没有（见图12）。通过城市和农村的数据比较可知，农村居民对领取的养老金的公平感低于城市。

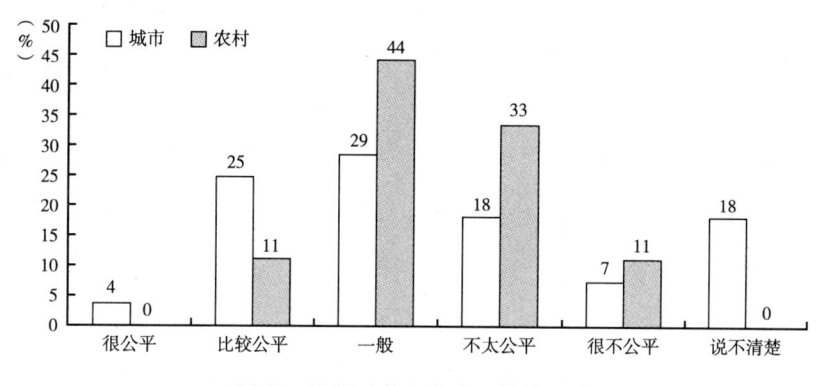

图12 居民对养老金公平性的评价

（4）居民对养老保险制度的评价。

城市居民对所参加的养老保险制度感到非常满意的占到7%，比较满意的占到28%，一般的占到45%，不太满意的占到17%，很不满意的占到3%（见图13）。农村居民对所参加的养老保险制度感到非常满意的占到20%，比较满意的占到30%，一般的占到50%，不太满意和很不满意的没有（见图13）。城市与农村调查数据的比较可以看出，农村居民对养老保险制度的总体满意度高于城市。

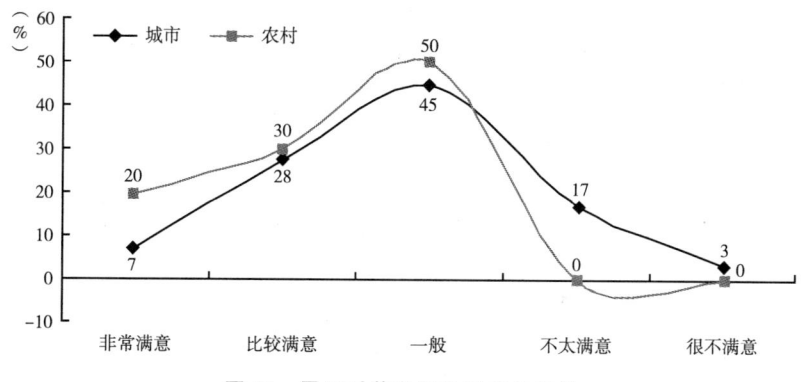

图13 居民对养老保险制度的评价

2. 居民享受老年福利制度情况

（1）居民享受老年福利制度的比例。

在对城市的202名被访者的调查中，有12人回答享受过政府提供的老年福利，占被调查者总数的5.9%；没有享受过的111人，占总数的55.0%；缺失值为79，占总数的39.1%。在对农村的253名被访者的调查中，有8人回答享受过政府提供的老年福利，占被调查者总数的3.2%；没有享受过的57人，占总数的22.5%；缺失值为188，占总数的74.3%。

（2）居民享受老年福利的内容。

城市部分调查结果，享受老年津贴的被调查者占到被访者总数的11.4%，享受老年贫困补助的占到5.7%，享受免费公交的占到40.0%，享受免费游览公园的占到5.7%，享受免费使用社区老年活动设施的占到20.0%，享受其他的占到17.1%。农村部分调查结果，享受老年津贴的被调查者占到被访者总数的72.7%，享受老年贫困补助的、免费使用社区老年活动设施的和其他的均占到9.1%，没有享受免费公交、免费游览公园、老年保健用品和免费老年护理的。城市与农村的数据比较显示，城市居民享受的老年福利项目要远远多于农村居民，城乡居民在享受老年福利制度方面存在较大差距。

（3）居民对老年福利制度的评价。

城市部分调查结果，被调查者中对老年福利制度表示非常满意的没有，认为比较满意的占到24%，认为一般的占到51%，认为不太满意的占到14%，认为很不满意的占到11%（见图14）。农村部分调查结果，被调查者中对老年福利制度表示非常满意的没有，认为比较满意的占到29%，认为一般的占到29%，认为不太满意的没有，认为很不满意的占到43%（见图14）。城市与农村的数据比较可以发现，农村中表示很不满意的人数所占的比例要远远高于城市，这反映了农村居民对现行的老年福利制度更加不满。

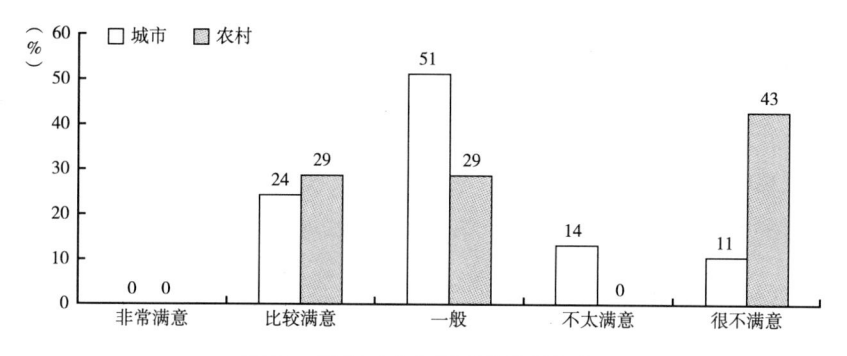

图 14 居民对老年福利制度的评价

3. 小结

养老是每一个人都必须面对的问题,养老保障制度则是世界各国社会保障体系的核心内容,并往往决定着一国社会保障体系建设的成败。经过20多年的改革,我国的养老保障制度建设取得了很大成就。以养老保险制度为例。我国在原有的机关事业单位养老保险、城镇职工基本养老保险等基础上,2009年又实施了新型农村社会养老保险,2011年《国务院关于开展城镇居民社会养老保险试点的指导意见》也正式颁布并于7月1日正式实施,而且两项工作要同步推进,年内覆盖面都达到60%,在本届政府任期内基本实现制度全覆盖。在肯定养老保障制度建设取得成就的同时,毋庸讳言,这一制度离市场经济与社会发展要求和广大城乡居民的期望都还有很大的距离,我们的实地调查结果也印证了这一点。当前我国养老保障体系还存在待遇水平低、覆盖面窄、城乡居民差距大、制度体系残缺、核心制度不健全等问题。解决老年人的养老问题是一个系统工程,它需要整个养老保障体系包括养老保险制度、老年津贴制度和老年服务体系的完善与发展。当前,最为紧迫的是加快覆盖城乡居民的养老保障体系的建设,这已经成为我国社会保障体系建设中的一项紧迫任务。

五 河南省医疗保障及其收入分配状况

1. 参保情况

在对202名城市居民的调查中,参加医疗保险的有182名,占到

90.1%；没有参加的有 14 人，占到 6.9%；缺失 6 人，占到 3.0%。其中，在对 182 位参加医疗保险的被访者的进一步调查中，参加公费医疗的占到 11%，参加城镇居民基本医疗保险的占到 37%，参加城镇职工基本医疗保险的占到 39%，参加新型农村合作医疗的占到 4%，参加商业医疗保险的占到 6%，参加其他的占到 2%（见图 15）。

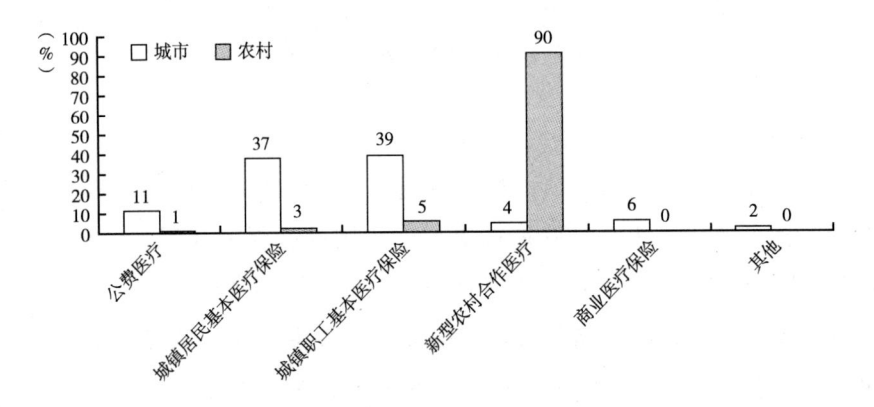

图 15　居民参加医疗保险的种类

在对 253 名农村居民的调查中，参加医疗保险的有 242 名，占到 95.7%；没有参加的有 10 人，占到 4.0%；缺失 1 人，占到 0.4%。其中，在对 242 名参加医疗保险的被访者的进一步调查中，参加公费医疗的仅占 1%，参加城镇居民基本医疗保险的占到 3%，参加城镇职工基本医疗保险的占到 5%，参加新型农村合作医疗的占到 90%，参加商业医疗保险和其他的没有（见图 15）。

城市和农村的数据比较发现，城镇居民参加的医疗保险主要集中在城镇职工基本医疗保险和城镇居民基本医疗保险两个险种，农村绝大多数居民参加的是新型农村合作医疗。另外，城市参加公费医疗的居民要远远多于农村。

2. 居民对医疗保险费的评价

城市部分的调查结果，在最近一次缴纳的社会医疗保险费中，100 元以下的占到 44%，101～500 元的占到 47%，501～1500 元的占到

2%，1501~3000元的占到2%，3001~5000元的占到4%，5000元以上的占到1%（见图16）。农村部分的调查结果，在最近一次缴纳的社会医疗保险费中，缴纳4元的占到0.4%，30元的占到88.5%，55元的占到0.4%，90元的占到0.4%，100元的占到1.2%，110元的占到1.2%，120元的占到0.4%，450元的占到0.4%，2100元的占到0.4%，缺失值占到6.7%（见图16）。城市与农村数据的比较可以发现，城市多数居民缴纳的医疗保险费集中在500元以下，而农村绝大多数居民缴纳的医疗保险费集中在30元/年的标准。

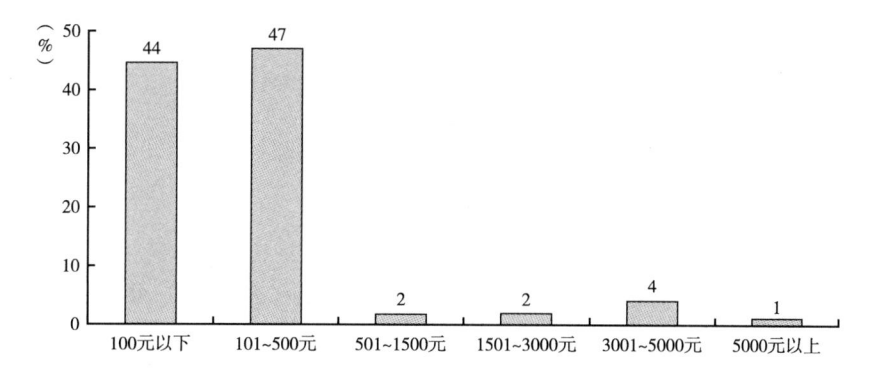

图16 城市居民最近一次缴纳的社会医疗保险费

那么，城乡居民对当前缴纳的医疗保险费怎么看呢？城市部分调查结果，有2.5的被调查者认为个人缴纳的医疗保险费很高，有5.9%的被调查者认为比较高，认为适中的占57.4%，认为比较低的占10.4%，认为很低的占3.0%，缺失值占20.8%。农村部分调查结果显示，认为很高的仅占1%，认为比较高的占到13%，认为适中的占到83%，认为比较低的占到4%。由此可见，农村绝大多数居民认为当前缴纳的医疗保险费适中，也有相当一部分居民认为比较高。城市与农村的数据比较可知，农村中认为缴纳医疗保险费适中的居民所占比例远远高于城市，农村中认为缴纳医疗保险费较高的居民所占的比例也高于城市，但是城市中认为缴纳医疗保险费较低的居民所占的比例要高出农村许多（见图17）。

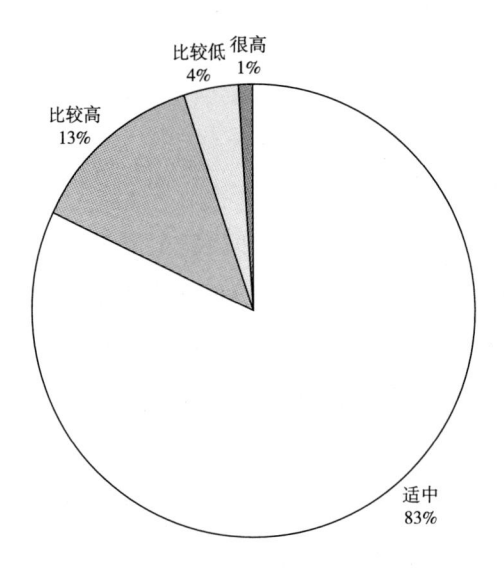

图 17　农村居民对医疗保险费的看法

3. 居民报销医疗费用的情况

在对 202 名城市居民的调查中，有 29 人回答过去一年报销过医疗保险费。其中，报销的医疗费用在 1000 元及以下者 11 人，1001～3000 元者 7 人，3001～5000 元者 7 人，5000 元以上者 4 人。在对过去一年总共花费的医疗费用的调查中，有 13 人回答在 1000 元及以下，有 10 人回答在 1001～5000 元，有 6 人回答在 5001～10000 元，有 2 人回答在 10001～15000 元，有 3 人回答在 15000 元以上。由此可见，与城市居民总共花费的医疗费用相比，居民能够报销的医疗费用显得较少。

在对 253 名农村居民的调查中，有 30 人回答过去一年报销过医疗保险费。其中，报销的医疗费用在 1000 元及以下者 16 人，1001～3000 元者 11 人，3001～5000 元者 1 人，5000 元以上者 2 人。在对过去一年总共花费的医疗费用的调查中，有 9 人回答在 1000 元及以下，有 15 人回答在 1001～5000 元，有 5 人回答在 5001～10000 元，有 1 人回答在 10001～15000 元，有 2 人回答在 15000 元以上。由此可见，农村居民能够报销的医疗费用只占总的医疗费用很小比例。

那么，居民是如何看待医疗费用的报销比例呢？城市部分的调查结果，有1.5%的被调查者认为很高，有14.9%的被调查者认为比较高，认为适中的占39.1%，认为比较低的占22.8%，认为很低的占4.0%。农村部分的调查结果，认为很高的没有，认为比较高的占1.2%，认为适中的占63.2%，认为比较低的占26.9%，认为很低的占3.2%。城市与农村的数据比较可知，农村居民中认为医疗费用报销比例较高的低于城市，农村居民中认为报销比例适中的远远高于城市，同时，农村居民中认为报销比例较低的也高于城市。

4. 居民对医疗保险制度的评价

居民对医疗保险制度在减轻医疗负担方面的作用怎么看呢？城市部分调查显示，有6.9%的被调查者认为作用很大，有22.8%的被调查者认为作用较大，有26.2%的被调查者认为作用适中，认为作用较小的占24.3%，认为作用很小的占5.9%。农村部分调查显示，有1.6%的被调查者认为作用很大，有17.4%的被调查者认为作用较大，有49.0%的被调查者认为作用适中，认为作用较小的占19.8%，认为作用很小的占7.9%。由此可见，无论是城市还是农村都有相当多的居民觉得医疗保险制度在减轻医疗负担方面所起的作用较小。

居民对当前所参加的医疗保险制度的总体评价如何呢？城市部分调查显示，认为很不满意的占到2.0%，不太满意的占13.9%，认为一般的占37.1%，比较满意的占32.2%，非常满意的仅占1.0%。农村部分调查显示，认为很不满意的占到0.8%，不太满意的占7.1%，认为一般的占27.3%，比较满意的占56.9%，非常满意的仅占3.6%。城市与农村数据比较可以发现，无论是城市还是农村都有相当比例的居民对当前所参加的医疗保险制度表示不满，但总的而言，农村居民对医疗保险制度的满意度要远远高于城市。

5. 小结

免除国民的医疗后顾之忧，实现"病有所医"，提供优质健康保障，是当前加快推进以保障和改善民生为重点的社会建设的重要任务之一。改革开放以来，我国医疗卫生事业有了很大发展，医疗保障制度改革也取得了显著成就。"目前我国已经建立了面向城镇职工的基本医疗保险、面向城镇非就业者的城镇居民基本医疗保险和面向农村居民的农村新型合作医疗三大医疗保险制度，并初步建立了城乡医疗救助，多元并存的医疗保障体系的初步确立并不断扩面、调整和完善，表明整个医保体系正以社会化的面孔朝着全民的方向发展。"[①] 在肯定医疗保障制度改革取得成就的同时，我们也清晰地看到，现行医疗保障制度仍存在一系列问题，诸如医疗保障制度的保障程度低，"看病贵、看病难"现象仍然突出，部分贫困居民"因病致贫"、"因病返贫"现象仍然存在；医疗保障制度多元分割运行状况并未改变，农村新型合作医疗和城镇职工基本医疗保险、城镇居民基本医疗保险各自封闭运行，医疗保障制度的多元分割和碎片化现象严重。当前最为紧迫的是加快我国医疗保障制度的改革进程，在对城镇职工的基本医疗保险制度、城镇居民医疗保险制度、农村新型合作医疗制度进行制度优化的基础上，渐进推动上述多元制度的整合，提高制度运行的效率，最终实现"病有所医"和不断促进国民健康。

六 河南省其他社会保障与收入分配

（一）河南省住房保障与收入分配状况

1. 居民拥有住房的套数

在对 202 名城市居民的调查中，拥有一套住房的 168 人，拥有 2 套住房的 21 人，拥有 3 套住房的 2 人，拥有 4 套住房的 1 人，有 4 人回答没有住房，缺失值为 6。由此可见，城市绝大多数居民拥有 1 套住房。

在对 253 名农村居民的调查中，拥有一套住房的 229 人，拥有 2 套住房的 16 人，拥有 3 套住房的 1 人，拥有 5 套住房的 1 人，有 2 人

[①] 郑功成主编《中国社会保障改革与发展战略》（医疗保障卷），人民出版社，2011，第3页。

回答没有住房，缺失值为 4。由此可见，农村绝大多数居民拥有 1 套住房。

2. 居民第一套住房的情况

（1）第一套住房的类型。

在对 202 名城市居民的调查中，有 93 人购买的是商品房，有 14 人购买的是经济适用房，购买两限房的没有，有 42 人购买的是单位福利房，有 18 人是自建房，廉租房的没有，公租房的 2 人，自租房的 21 人，其他类型的 3 人，缺失值为 9（见图 18）。由此可见，城市居民还是以购买商品房为主，其次是单位福利房，能够享受经济适用房、廉租房、公租房等保障性住房待遇的人数极少。

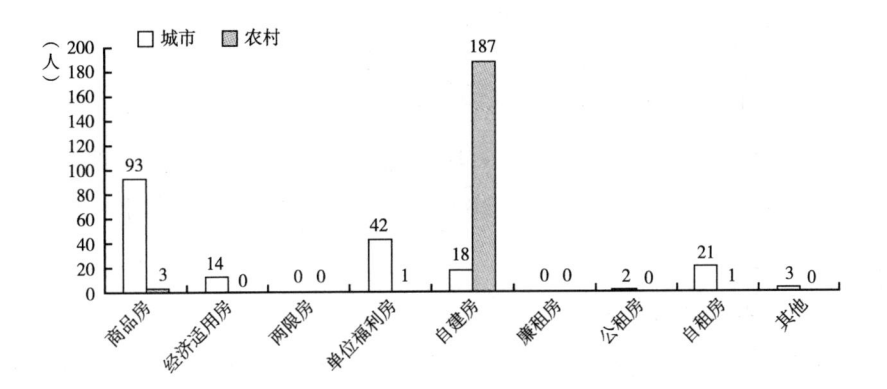

图 18　居民第一套住房的类型

在对 253 名农村居民的调查中，有 3 人购买的是商品房，有 1 人购买的是单位福利房，有 187 人是自建房，自租房的 1 人，其他类型的住房没有，缺失值为 61（见图 18）。由此可见，农村绝大多数居民住的是自建房。与城市相比，农村居民根本享受不到经济适用房、廉租房等保障性住房待遇。

（2）第一套住房的购买时间。

城市调查结果显示，总共有 148 人就第一套房的购买时间进行了回答，其中，有 30% 的被调查者回答购买时间在 5 年及以下，有 28% 的被调查者回答购买时间在 6~10 年，有 24% 的被调查者回答购买时间在11~15年，有4%的被调查者回答购买时间在16~20年，购买时间在20年以上的占到13%（见图19）。

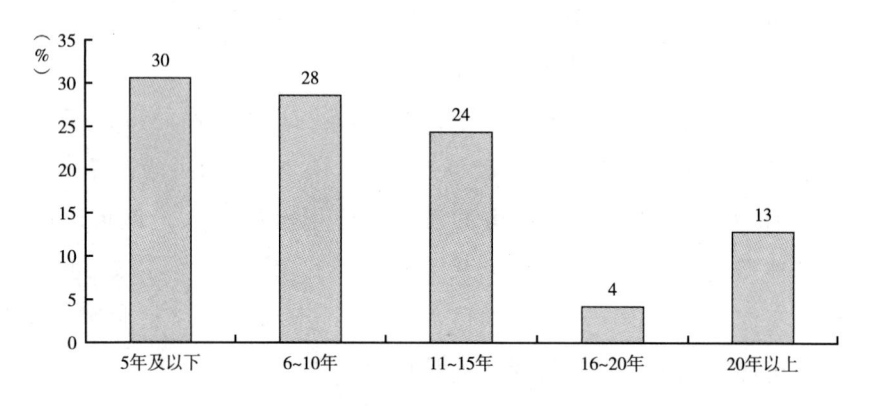

图19 第一套住房的购买时间

农村调查结果显示，有30%的被调查者回答购买时间在5年及以下，有10%的被调查者回答购买时间在5~10年，有40%的被调查者回答购买时间在10~20年，有20%的被调查者回答购买时间在20年及以上。（见图19）

（3）第一套房的房价。

城市调查结果显示，总共有141人回答第一套房的房价这一问题。其中，有33%的被调查者回答是1000元以下/平方米，有18%的被调查者回答是1001~2000元/平方米，有30%的被调查者回答是2001~3000元/平方米，有8%的被调查者回答是3001~4000元/平方米，有4%的被调查者回答是4001~5000元/平方米，有3%的被调查者回答是5001~6000元/平方米，有1%的被调查者回答是6001~7000元/平方米，有3%的被调查者回答是7000元及以上（见图20）。

农村调查结果显示，回答130元/平方米、350元/平方米、450元/平方米、800元/平方米的被调查者各占25.0%。

当问到第一套的总价时，城市调查结果显示，有21%的被调查者回答在5万元以下，有6%的被调查者回答在5万~10万元，有15%的被调查者回答在10万~20万元，有20%的被调查者回答在20万~30

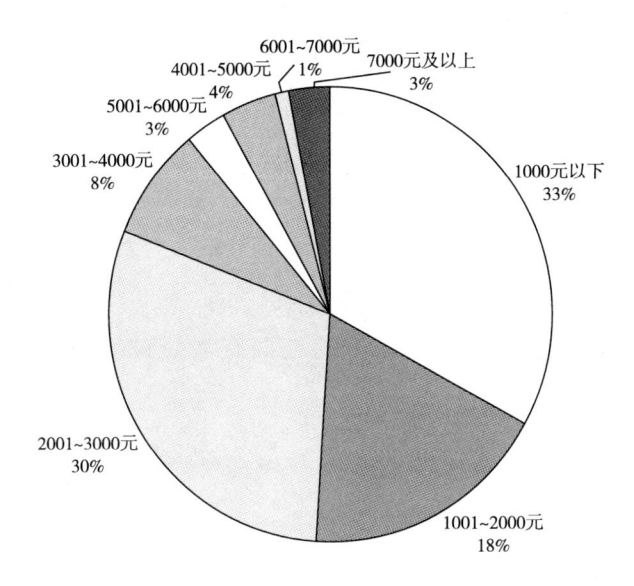

图 20 第一套住房的房价

万元，还有 20% 的被调查者回答在 30 万～40 万元，有 10% 的被调查者回答在 40 万～60 万元，有 4% 的被调查者回答在 60 万～90 万元，回答在 90 万元及以上的占到 3%（见图 21）。

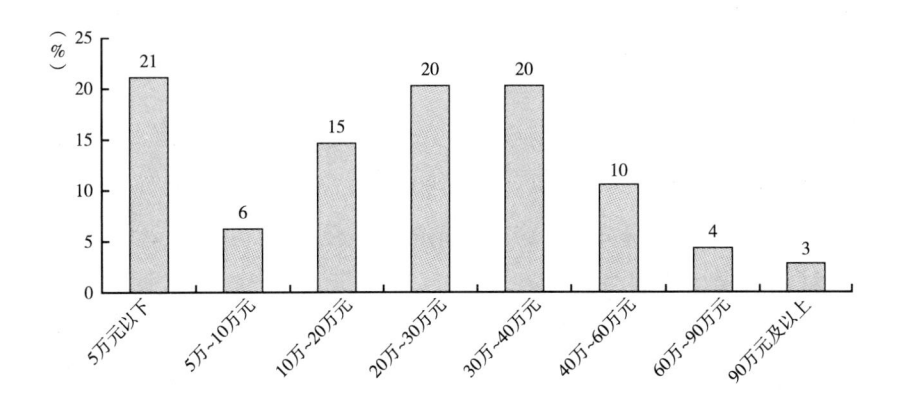

图 21 第一套住房的总价

农村调查结果显示，有 25.0% 的被调查者回答房价是 14000 元，有 50.0% 的被调查者回答房价是 35000 元，有 25.0% 的被调查者回答房价是 88000 元。

(4) 第一套房的贷款及还贷情况。

城市调查结果显示,有 67% 的被调查者在购买第一套住房时没有贷款,贷款在 10 万元以下的没有,贷款在 10 万~15 万元的占 10%,贷款在 15 万~20 万元的占到 8%,贷款在 20 万~25 万元的占到 9%,贷款在 25 万~35 万元的占到 4%,贷款在 35 万元及以上的占到 2% (见图 22)。农村调查结果显示,有 80% 的被调查者购买第一套住房时没有贷款,有 20% 的被调查者贷款金额在 35000 元及以下。

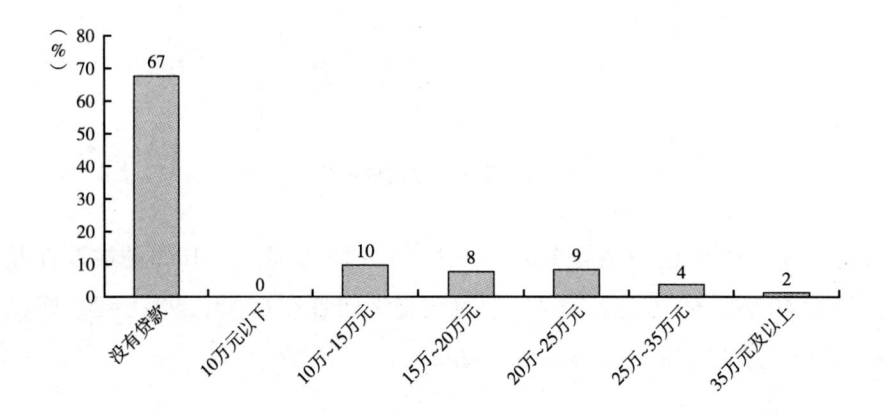

图 22 第一套住房的贷款情况

当问到每月要还的房贷情况时,城市调查结果显示,有 8% 的被调查者回答每月还贷在 1000 元以下,有 14% 的被调查者回答每月还贷在 1000~1500 元,有 8% 的被调查者回答每月还贷在 1500~2000 元,有 4% 的被调查者回答每月还贷在 2000~2500 元,有 3% 的被调查者回答每月还贷在 2500~3000 元之间,有 1% 的被调查者回答每月还贷在 3001 元以上。

3. 居民第二套住房的情况

(1) 第二套住房的类型。

城市调查结果显示,在 202 名城市居民调查中只有 23 人拥有第二套住房。其中,第二套住房为商品房的 17 人,单位福利房的 3 人,自建房 2 人,公租房 1 人。农村调查结果显示,在 253 名农村居民调查中只有 10 人拥有第二套住房。其中，第二套住房为商品房的 2 人，单位福利房的 1 人，自建房 7 人。

（2）第二套住房的购买时间。

城市调查结果显示，总共有 23 人就第二套房的购买时间进行了回答，其中，有 4 人回答购买时间在 1 年及以下，有 3 人回答在 2~3 年，有 9 人回答在 4~5 年，有 5 人回答在 5 年以上，缺失值为 2。农村调查结果显示，总共有 3 人就第二套房的购买时间进行了回答，其中，回答购买一年、二年和四年的分别都是 1 人。

（3）第二套房的房价。

城市调查结果显示，总共有 23 人回答第二套房的房价这一问题。其中，有 5 人回答是 1000 元以下/平方米，有 3 人回答是 1001~2000 元/平方米，有 4 人回答是 2001~3000 元/平方米，有 3 人回答是 3001~4000 元/平方米，有 5 人回答是 4001~5000 元/平方米，有 1 人回答是 7000 元及以上，缺失值为 2。农村调查结果显示，总共有 3 人回答第二套房的房价这一问题。其中，有 1 人回答是 500 元/平方米，有 1 人回答是 1200 元/平方米，有 1 人回答是 1600 元/平方米。当问到第二套的总价时，城市调查结果显示，有 1 人回答在 10 万元以下，有 5 人回答在 10 万~20 万元，有 4 人回答在 20 万~30 万元，有 3 人回答在 30 万~40 万元，有 4 人回答在 40 万~60 万元，有 1 人回答在 60 万~90 万元，有 2 人回答在 90 万元及以上。农村调查结果显示，有 1 人回答房子总价为 23000 元，有 1 人回答为 50000 元，有 1 人回答为 160000 元。

（4）第二套房的贷款及还贷情况。

在拥有第二套住房的 23 名城市居民调查中，有 7 人回答有房贷，有 1 人回答贷款在 10 万元以下，有 2 人回答在 10 万~15 万元，有 1 人回答在 15 万~20 万元，有 1 人回答在 20 万~40 万元，有 2 人回答在 40 万元以上。当问到每月要还的房贷情况时，城市调查结果显示，有 8 人回答每月还贷在 1000 元以下，有 2 人回答每月还贷在 1001~2000 元，有 1 人回答每月还贷在 2001~3000 元，有 2 人回答每月还贷在

3000元以上。

4. 居民租房情况

在202名城市居民调查中，住的是廉租房的有2人，其中1人上月的租金为150元，另1人上月的租金为1500元；住的是公租房的有2人，两个人上月的租金分别为170元、185元；住的是自租房的27人，其中租金在150~300元者8人，300~450元者8人，600~750元者3人，750~900元者2人，900元及以上者6人。

5. 居民享受住房公积金情况

（1）居民缴纳住房公积金情况。

在202名城市居民调查中，需要缴纳住房公积金的38人，占被访者总数的18.8%；不需要缴纳住房公积金的157人，占77.7%；缺失值占到3.5%。当问到"您上个月缴纳的住房公积金数额是多少"时，共有30人作出回答，其中1人回答没有缴纳，1人回答在100元以下，6人回答在100~200元，7人回答在200~300元，6人回答在300~400元，2人回答在400~500元，5人回答在500~600元，2人回答在601元以上。居民对所缴纳的住房公积金数额怎么看呢？调查结果显示，在35名回答此问题的被调查对象中，24人认为一般，8人认为比较少，3人认为很少。由此可见，多数被调查者认为自己所缴纳的住房公积金不多。

（2）居民对住房公积金的评价。

当问到"您觉得住房公积金对您买住房有帮助吗？"在36名被调查对象中，有5人认为很有帮助，有27人认为有一些帮助，3人认为没有帮助，1人不清楚。由此可见，多数被调查者觉得住房公积金对他们买住房有些帮助但帮助不是很大。

（3）居民获得住房公积金贷款的情况。

在202名城市居民调查中，回答此问题的一共47人，其中获得过住房公积金贷款的12人，没有获得过住房公积金贷款的35人。在获得过住房公积金贷款的12人中，1人获得的住房公积金贷款为18500元，1人为100000元，2人为120000元，2人为150000元，2人为200000

元，2人为230000元，2人为400000元。

6. 居民对保障性住房的认识与评价

当问到"您对目前的房价的评价"时，在202位城市被调查对象中，认为房价特别高的占到63.4%，认为比较高的占到18.8%，认为一般的占到4.0%，缺失值占到13.9%。由此可见，多数城市被调查者觉得当前房价很高。那么，城市居民是否需要政府为他们购买或建造住房提供帮助呢？调查结果显示，有24.8%的被调查者回答特别需要，有35.6%的被调查者回答比较需要，认为不需要的占到22.8%，缺失值占到16.8%。城市居民是如何评价当前的保障性住房政策呢？通过调查发现，认为非常满意的占到2%，认为比较满意的占到11%，认为一般的占到55%，认为不太满意的占到26%，认为很不满意的占到6%。由此可见，多数城市居民对目前我国的保障性住房政策表示不满意（见图23）。

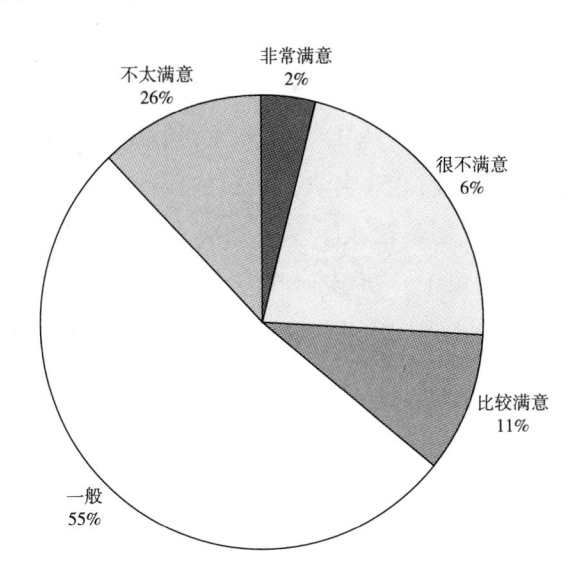

图23 城市居民对保障性住房政策的评价

7. 小结

社会保障性住房是我国城镇住宅建设中较具特殊性的一种类型住宅，它通常是指根据国家政策以及法律法规的规定，由政府统一规划、统筹，提供给特定的人群使用，并且对该类住房的建造标准和销售价格或租金标准给予限定，起社会保障作用的住房。其类型一般由廉租住房、经济适用住房和政策性租赁住房构成。近年来，我国已大力加强保障性住房建设力度，进一步改善人民群众的居住条件，促进房地产市场健康发展。但是，现行的保障性住房政策还很不完善，备受群众争议，实地调查的结果也显示，我国城市居民中对保障性住房政策表示满意的仅占少数。而且，随着建筑材料价格和劳务成本的迅速上涨，农村居民自建住房的费用也迅速上涨，许多农村居民也渴望能够享受到国家保障性住房政策待遇。民众的需求迫使我们要加快住房保障制度改革的步伐。

（二）河南省教育保障与收入分配状况

1. 居民家庭上学的子女人数

在对 202 名城市居民的调查中，有 112 人回答家中有人在上学，有 89 人回答没人上学，缺失值为 2。在回答家中有人上学的 112 名被调查对象中，91 人回答家中有 1 人上学，18 人回答家中有 2 人上学，3 人回答家中有 3 人上学。在对 253 名农村居民的调查中，有 167 人回答家中有人在上学，有 85 人回答没人上学，缺失值为 1。在回答家中有人上学的 167 名被调查对象中，78 人回答家中有 1 人上学，79 人回答家中有 2 人上学，10 人回答家中有 3 人上学。城市与农村的数据比较可以发现，农村居民家庭中有 2 个或者 3 个上学孩子的人数要远远高于城市。

2. 居民家庭教育支出情况

（1）家庭教育总支出情况。

居民家庭教育总支出包括孩子的学费、住宿费、生活费、交通费、学习用品、资料等费用。城市居民的调查结果，有 4% 的被调查者回答 2010 年家庭教育总支出在 1000 元及以下，有 20% 的被调查者回答在 1001～5000 元，有 27% 的被调查者回答在 5001～10000 元，有 22% 的被调查者回答在 10001～15000 元，有 15% 的被调查者回答在 15001～20000 元，有 3% 的被调查者回答在 20001～25000 元，有 9%

的被调查者回答在 25000 元以上（见图 24）。由此可见，城市居民在家庭教育总支出方面存在很大差异，年教育总支出在 15000 元以上的居民家庭占到 27%，同时也有 24% 的居民家庭年教育总支出在 5000 元以下。

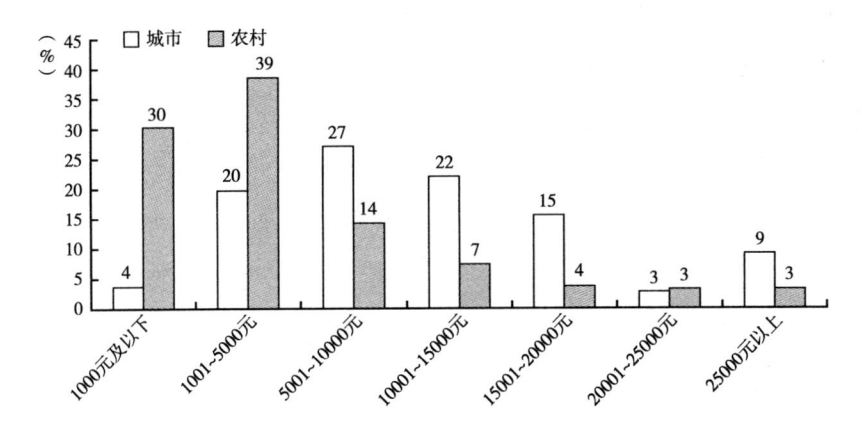

图 24　居民家庭 2010 年教育总支出

农村居民的调查结果，有 30% 的被调查者回答 2010 年家庭教育总支出在 1000 元及以下，有 39% 的被调查者回答在 1001~5000 元，有 14% 的被调查者回答在 5001~10000 元，有 7% 的被调查者回答在 10001~15000 元，有 4% 的被调查者回答在 15001~20000 元，有 3% 的被调查者回答在 20001~25000 元，有 3% 的被调查者回答在 25000 元以上（见图 24）。由此可见，由此可见，农村居民的家庭教育总支出主要集中在 5000 元以下，占到 69%。

城市与农村的调查数据比较发现，农村 69% 的被调查者家庭教育支出在 5000 元以下，而城市 76% 的被调查者家庭教育支出在 5000 元以上，城市居民家庭教育支出要远远高于农村。

（2）向学校缴费情况。

在对 202 位城市居民的调查中，有 101 名被调查者回答向学校缴纳过费用。其中，有 30% 的被调查者回答向学校缴纳的费用在 1000 元及以下，有 31% 的被调查者回答在 1001~5000 元，回答在 5001~10000

元的占到28%，在10001～15000元的占到7%，在15001～20000元的占到2%，在20001～25000元的占到1%，在25000元以上的占到2%（见图25）。在对253位农村居民的调查中，有168名被调查者回答向学校缴纳过费用。其中，有44%的被调查者回答向学校缴纳的费用在1000元及以下，有38%的被调查者回答在1001～5000元，回答在5001～10000元的占到10%，在10001～15000元的占到4%，在15001～20000元的占到2%，在20001～25000元的占到1%，在25000元以上的占到1%（见图25）。城市与农村的调查数据比较可以发现，向学校缴纳的费用中，在5000元以下的范围内，农村被调查者所占的比例要远远高于城市，在5001～10000元，城市被调查者所占比例要远远高于农村，在10000元以上的范围内，城市被调查者所占比例略高于农村。

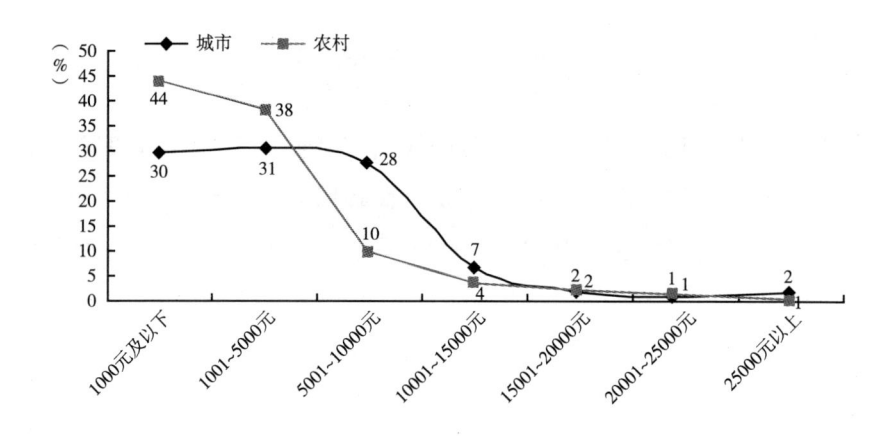

图25 居民家庭向学校缴纳的费用

（3）居民家庭得到教育救助情况。

在对202名城市居民的调查中，有8人回答2010年得到过教育救助。其中2人回答得到教育救助2000元，1人回答得到教育救助2500元，2人回答得到教育救助3000元，1人回答得到教育救助5000元，1人回答得到教育救助10000元，1人回答得到教育救助21000元。在对253名农村居民的调查中，有6人回答2010年得到过教育救助。其中1

人回答得到教育救助 750 元，1 人回答得到教育救助 1000 元，1 人回答得到教育救助 1500 元，1 人回答得到教育救助 3000 元，1 人回答得到教育救助 8000 元，1 人回答得到教育救助 20000 元。

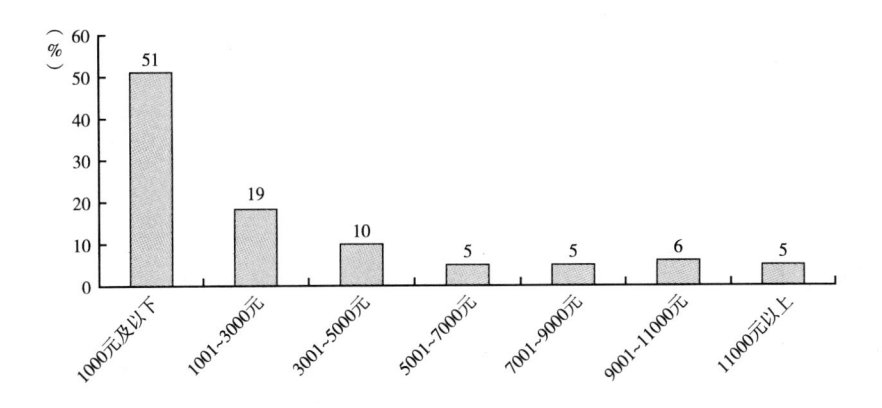

(4) 居民家庭自愿性教育支出情况。

所谓自愿性教育支出是指居民家庭为提高孩子的学习成绩和综合素质而报的各种家教、辅导班、培训班所花去的费用。城市居民的调查结果，有 51% 的被调查者回答 2010 年家庭自愿性教育支出在 1000 元及以下，有 19% 的被调查者回答在 1001～3000 元，有 10% 的被调查者回答在 3001～5000 元，回答在 5001～7000 元的占到 5%，回答在 7001～9000 元的占 5%，回答在 9001～11000 元的占到 6%，回答在 11000 元以上的占到 5%（见图 26）。农村居民的调查结果，有 84% 的被调查者回答 2010 年家庭自愿性教育支出在 500 元及以下，有 7% 的被调查者回答在 501～1000 元，回答在 1001～1500 元的占到 5%，回答在 1501～2000 元的占到 4%，回答在 2000 元以上的占到 1%（见图 27）。城市与农村的数据比较可以发现，无论是城市还是农村都比较重视子女的教育问题，自愿性教育支出都占年教育总支出相当的比例。同时，城市居民家庭自愿性教育支出在 3000 元以上者占到 31%，而农村居民家庭自愿性教育支出在 2000 元以上者仅占 1%，这反映了城市居民家庭自愿性教育支出要远远高于农村。

图 26　城市居民家庭自愿性教育支出情况

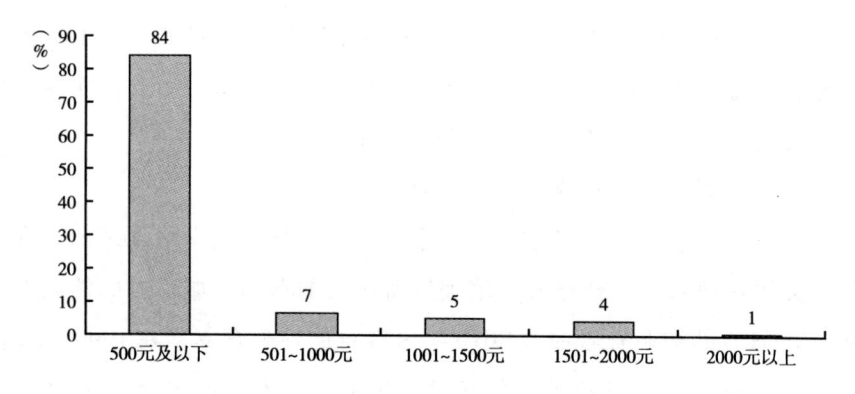

图 27　农村居民家庭自愿性教育支出情况

3. 居民家庭的教育负担情况

城市居民的调查结果，有12%的被调查者认为家庭教育负担很重，有39%的被调查者认为比较重，有41%的被调查者认为一般，认为比较轻和很轻的均占4%（见图28）。这组数据反映了城市中有过半（51%）的被调查者认为家庭教育负担较重，认为较轻的只占少数（8%）。农村居民的调查结果，有26%的被调查者认为家庭教育负担很重，有34%的被调查者认为比较重，有32%的被调查者认为一般，认为比较轻的占8%，没有人选择很轻这一选项（见图28）。上述数据反映，农村中有多数（60%）被调查者反映家庭教育负担较重，只有少数（8%）被调查者认为家庭教育负担较轻。城市与农村的数据比较可

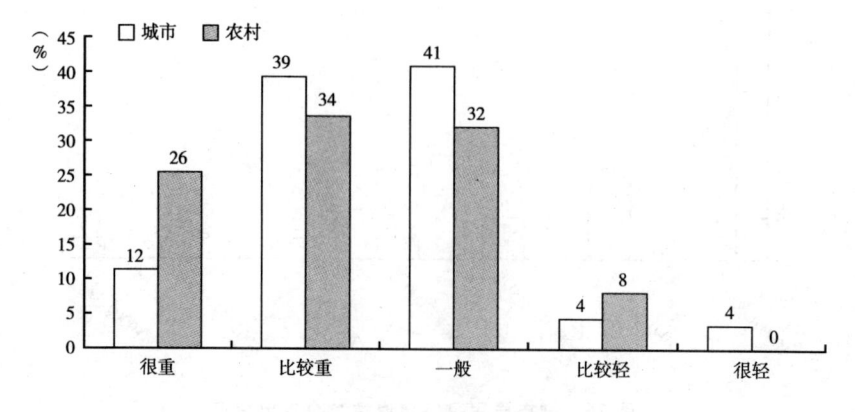

图 28　居民家庭教育负担情况

以发现，反映家庭教育负担较重的农村被调查者所占比例要高于城市，认为家庭教育负担一般的城市被调查者所占比例要高于农村，认为家庭教育负担较轻的城市被调查者所占比例和农村一样。因此，总体而言，农村家庭教育负担要比城市重。

4. 居民家庭需要教育帮助情况

城市居民的调查结果，特别需要政府提供教育方面的帮助的被调查者占到19%，比较需要的被调查者占到57%，不需要的被调查者占到24%（见图29）。农村居民的调查结果，特别需要政府提供教育方面的帮助的被调查者占到48%，比较需要的被调查者占到37%，不需要的被调查者占到16%（见图29）。城市与农村的数据比较可知，农村中需要政府提供教育方面的帮助的被调查者所占比例（85%）要高于城市（76%），农村中不需要政府提供教育帮助的被调查者所占比例（16%）要低于城市（24%），两组数据比较反映了，相对于城市而言，农村更需要政府提供教育方面的帮助。

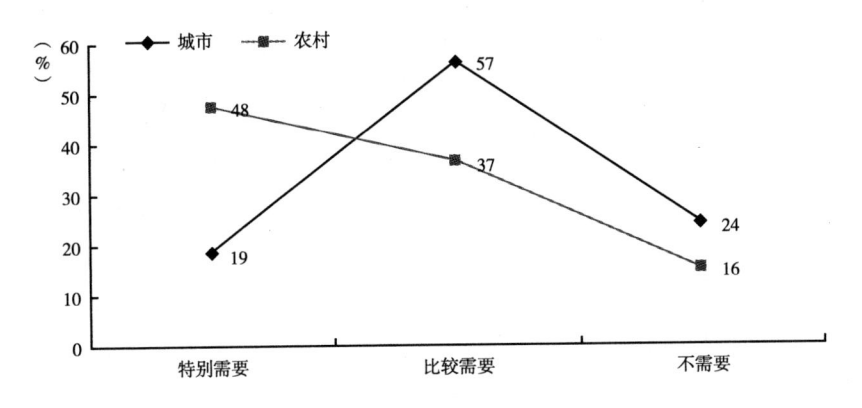

图29 居民家庭需要教育帮助情况

5. 居民家庭享受教育帮助情况

城市居民的调查结果，针对居民家庭都享受到国家哪些教育帮助这一问题，一共有111人作出了回答。其中，回答享受到了两免一补的25人，占到22.5%；享受到减免学费（高中及以上）的3人，占到2.7%；享受到奖学金的16人，占到14.4%，享受到贫困学生补助的6

人，占到 5.4%；享受到免费就业技能培训的 1 人，占到 0.9%；享受到其他帮助的 4 人，占到 3.6%；以上都没有的 56 人，占到 50.5%。农村居民的调查结果，共有 174 人回答了问题。其中，回答享受到了两免一补的 108 人，占到 62.1%；享受到减免学费（高中及以上）的 1 人，占到 0.6%；享受到奖学金的 8 人，占到 4.6%，享受到贫困学生补助的 7 人，占到 4.0%；享受到免费就业技能培训的 2 人，占到 1.1%；以上都没有的 48 人，占到 27.6%。城市与农村的数据比较得知，农村中享受到国家教育帮助的人数所占的比例（72.4%）要远远高于城市（49.5%），而且农村享受的教育帮助主要集中在两免一补方面（62.1%），而城市却比较分散。

6. 居民对国家教育帮助的评价

城市居民的调查结果，认为国家提供的教育帮助对缓解家庭教育负担很有帮助的被调查者占到 13%，认为有一些帮助的占到 68%，认为没有帮助的占到 19%（见图 30）。农村居民的调查结果，认为国家提供的教育帮助对缓解家庭教育负担很有帮助的被调查者占到 9%，认为有一些帮助的占到 75%，认为没有帮助的占到 16%（见图 30）。城市与农村的数据比较可以发现，无论城市还是农村，多数被调查者在对国家提供的教育帮助在缓解居民家庭教育负担方面的作用给与肯定的同时，也反映了不满的情绪，甚至有相当一部分居民认为根本没有帮助。

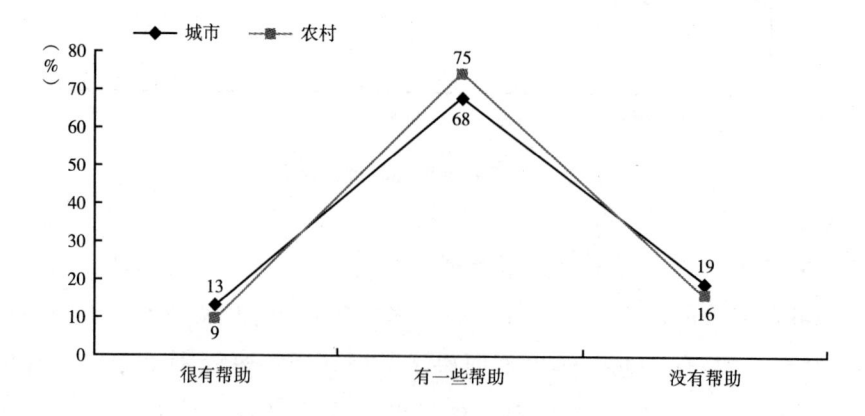

图 30　居民对国家教育帮助的评价

7. 小结

教育福利作为社会保障体系中的一个重要组成部分，具有特殊的战略地位和作用。根据郑功成主编的《中国社会保障改革与发展战略》（救助与福利卷）一书，增进教育福利应当坚持以下基本原则：一是坚持优先发展教育原则；二是坚持均衡发展原则，要实现城乡之间、发达地区与落后地区之间的教育福利均衡；三是坚持底线公平原则，所谓底线公平，是指对于基本的福利权益政府必须予以保障。就教育福利问题而言，就是要明确教育福利必须要保障的重点。"对于教育福利，政府责任的重点应该放在哪里？在城市与农村之间，重点在农村；在地区之间，重点在中西部，特别是贫困地区、边远地区和民族地区；在义务教育与非义务教育之间，重点在义务教育；在贫困群体与富裕群体之间，重点在贫困群体；在优势学校与弱势学校之间，特别是在义务教育阶段，为了保证起点公平，应该重点扶持弱势学校。"①

（三）其他问题的调查情况

1. 居民个人总收入及满意度调查情况

（1）居民个人总收入情况。

城市居民的调查结果，有19%的被调查者回答2010年的个人总收入在10000元及以下，有67%的被调查者回答在10001～50000元，有11%的被调查者回答在50001～100000元，有2%被调查者回答在100001～150000元，回答个人总收入在150000元以上的占到2%（见图31）。由此可见，城市中多数被调查者（67%）的个人总收入在10001～50000元。农村居民的调查结果，有55%的被调查者回答2010年的个人总收入在5000元及以下，有18%的被调查者回答在5001～10000元，有13%的被调查者回答在10001～15000元，有6%的被调查者回答在15001～20000元，有3%的被调查者回答在20001～25000元，

---

① 郑功成主编《中国社会保障改革与发展战略》（救助与福利卷），人民出版社，2011，第216～219页。

有 2% 的被调查者回答在 25001～30000 元，另有 2% 的被调查者回答在 30000 元以上（见图 32）由此可见，农村中有过半（55%）被调查者个人总收入在 5000 元及以下。城市与农村的数据比较可以发现，农村中绝大多数（73%）被调查者的个人总收入在 10000 元以下，被调查者的个人总收入在 10000 元以上的仅占 27%，而城市中个人总收入在 10000 元以下的被调查者仅占 19%，多数（67%）被调查者的个人总收入在 10001～50000 元，而且在 50000 元以上的被调查者也占到 15%。上述数据反映农村居民个人总收入远远低于城市，在个人总收入方面表现出巨大的城乡差距。

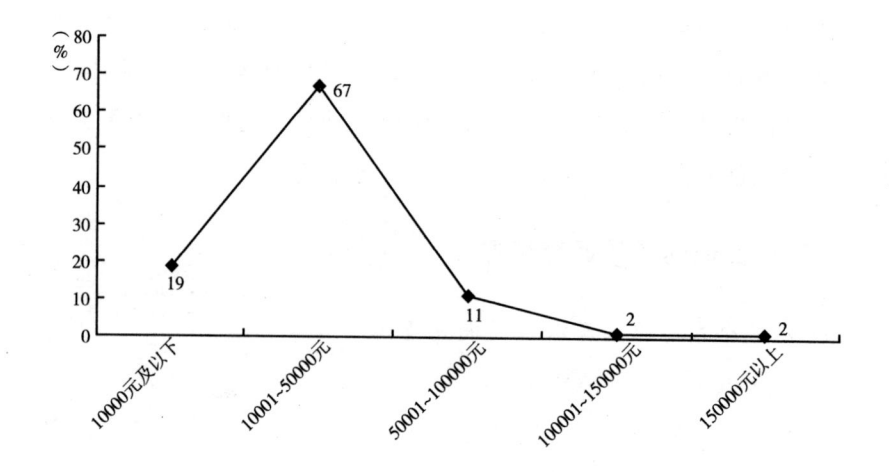

图 31　城市居民个人总收入情况

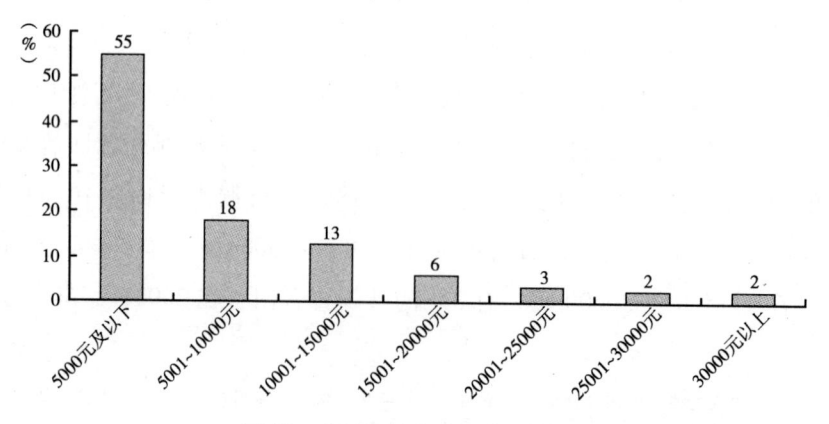

图 32　农村居民个人总收入情况

(2) 个人收入满意度调查情况。

城市居民的调查结果，有 1% 的被调查者对目前的个人收入表示非常满意，有 21% 的被调查者表示比较满意，有 32% 的被调查者表示一般，不太满意的占到 36%，很不满意的占到 10%（见图 33）。农村居民的调查结果，对个人收入表示非常满意的没有，表示比较满意的占到 8.4%，表示一般的占到 27.6%，表示不太满意的占到 30.8，表示很不满意的占到 33.2%。

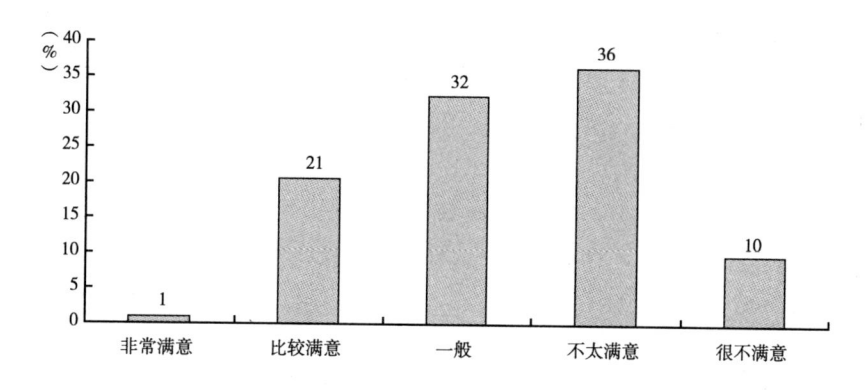

图 33 城市居民收入满意度调查情况

城市与农村的数据比较可以发现，无论城市与农村，多数被调查者均对个人收入表示不满。与城市相比，农村被调查者对个人收入的满意度更低。

2. 居民家庭总收入及满意度调查情况

（1）居民家庭总收入情况。

城市居民的调查结果，有 4% 的被调查者 2010 年家庭总收入在 10000 元及以下，有 41% 的被调查者在 10001~50000 元，另有 41% 的被调查者在 50001~100000 元，家庭总收入在 100001~150000 元的被调查者占到 8%，在 150000~200000 元之间的被调查者占到 5%，在 200000 元以上的被调查者占到 3%（见图 34）。由此可见，家庭总收入在 100000 元以上的居民家庭占到 16%，家庭总收入在 50000 元以下的居民家庭占到 45%，还有 4% 的居民家庭总收入在

10000元及以下,城市居民之间在家庭收入方面存在较大差距。农村居民的调查结果,有9%的被调查者2010年家庭总收入在10000元及以下,有48%的被调查者在10001~30000元,家庭总收入在30001~50000元的被调查者占到27%,在50001~70000元的占到11%,在70001~90000元的占到4%,在90000元以上的占到2%(见图35)。城市与农村的数据比较可以发现,农村中家庭总收入在50000元以下的被调查者占到84%,50000元以上的被调查者仅占16%。而城市中只有45%的被调查者家庭总收入在50000元以下,有55%的被调查者家庭总收入在50000元以上。在家庭总收入方面,城乡居民之间存在重大差距。

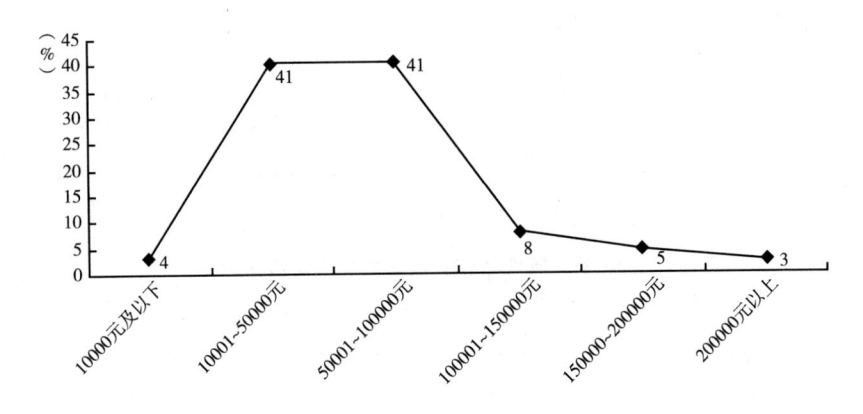

图34 城市居民家庭总收入情况

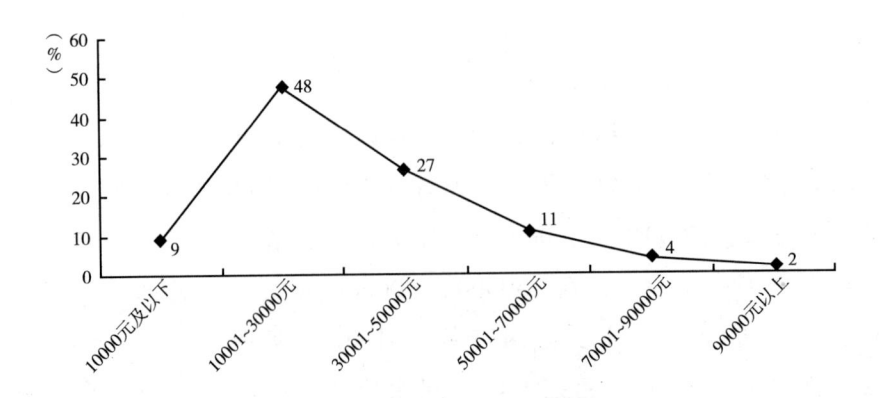

图35 农村居民家庭总收入情况

(2) 居民家庭工资收入情况。

城市居民的调查结果，有7%的被调查者回答2010年全家没有工资收入，有5%的被调查者回答家庭成员的工资收入在1~10000元，有47%的被调查者回答在10001~50000元，回答工资收入在50001~100000元的占到32%，在100001~150000元的占到6%，在150001~200000元的3%，另有1%的被调查者回答在200000元以上（见图36）。

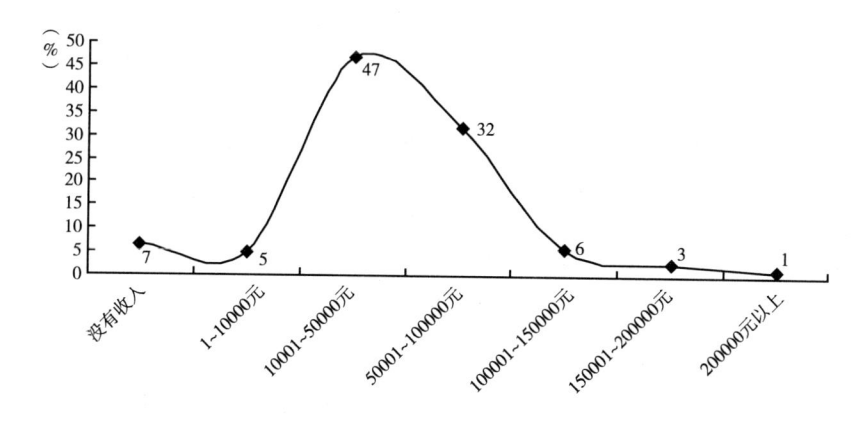

图36　城市家庭工资收入情况

农村居民的调查结果，有11.6%的被调查者回答2010年全家没有工资收入，回答全家工资收入在1~10000元的被调查者占到10.3%，在10001~30000元的占到47.9%，在30001~50000元的占到19.8%，在50001~70000元的占到7.0%，在70001~90000元的占到3.3%，在90000元以上的没有（见图37）。

城乡调查数据比较可以发现，城乡居民家庭在工资收入方面存在较大差距，城市居民家庭工资收入远远高于农村。不仅如此，即使在城市居民家庭之间或者在农村居民家庭之间也存在较大的收入差距。

(3) 居民家庭投资收入情况。

在对202名城市居民的调查中，绝大多数被调查者回答2010年没有投资收入，仅有12名被调查者回答有投资收入，其中3人回答投资

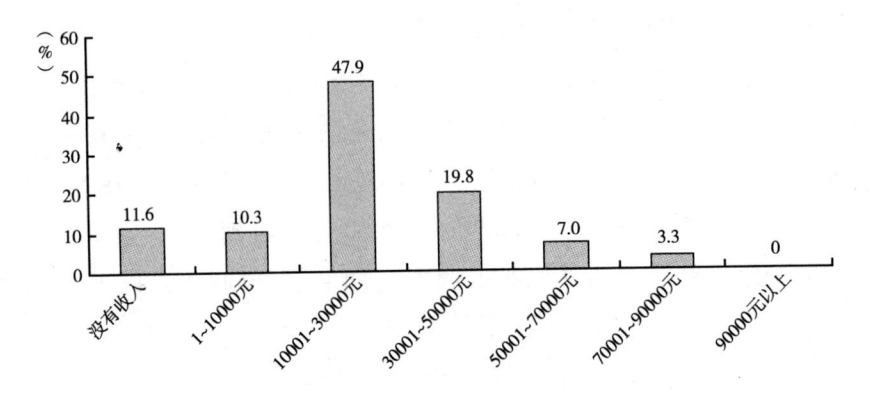

图 37　农村家庭工资收入情况

收入为 20000 元，也有 3 人回答投资收入为 30000 元，1 人回答投资收入为 40000 元，1 人回答为 80000 元，2 人能回答为 100000 元，1 人回答为 120000 元，1 人回答为 1440000 元。在对 253 名农村居民的调查中，仅有 1 人回答 2010 年有投资收入，投资收入为 4000 元。

（4）居民家庭经营收入情况。

城市居民的调查结果，有 74% 的被调查者回答 2010 年没有家庭经营收入，回答家庭经营收入在 1~10000 元的占到 4%，在 10001~30000 元的占到 8%，在 30001~50000 元的占到 2%，在 50001~70000 元的占到 5%，在 70001~90000 元的占到 4%，在 90000 元以上的占到 2%（见图 38）。

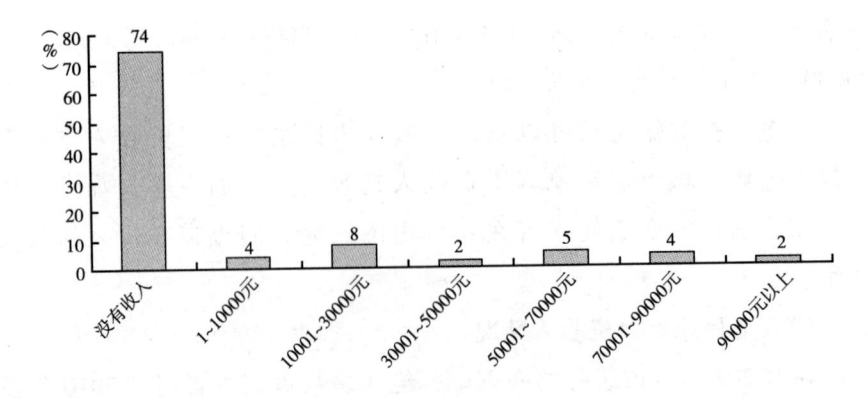

图 38　城市居民家庭经营收入情况

农村居民的调查结果，有47%的被调查者回答2010年没有家庭经营收入，回答家庭经营收入在1~5000元的占到31%，在5001~15000元的占到13%，在15001~25000元的占到3%，在25001~35000元的占到3%，在35001~45000元的占到2%，在45000元以上的占到1%（见图39）。

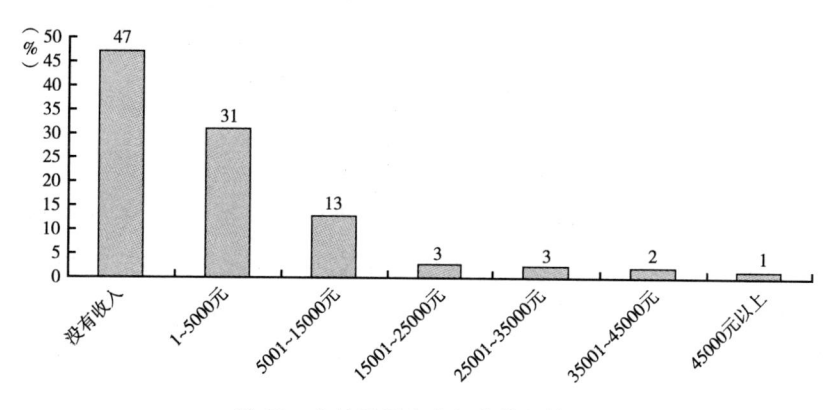

图39 农村居民家庭经营收入情况

城市与农村的数据比较可以发现，农村中有家庭经营收入的被调查者所占比例（53%）要远高于城市（26%），但是家庭经营收入水平远远低于城市。

（5）房租收入情况。

在对202名城市居民的调查中，仅有2人回答2010年有房租收入，1人回答房租收入为10000元，1人回答为35000元。在对253位农村居民的调查中，仅有1人回答2010年有房租收入，房租收入为1500元。由此可见，不论城市居民还是农村居民，房租收入都不是家庭收入的重要来源。

（6）其他收入情况。

城市居民的调查结果，有83%的被调查者回答2010年没有其他收入，有8%的被调查者回答其他收入在1~10000元，有5%的被调查者回答在10001~25000元，回答在25001~40000元的占到1%，在40001~55000元的占到2%，在55000元以上的占到2%（见图40）。

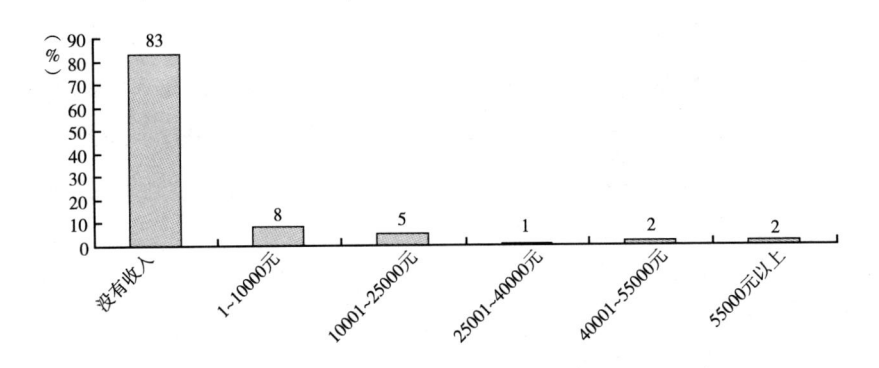

图 40 城市居民家庭其他收入情况

农村居民的调查结果，有47%的被调查者回答2010年没有其他收入，有43%的被调查者回答其他收入在1～5000元，有5%的被调查者回答在5001～10000元，回答在10001～15000元的占到2%，回答在15000元以上的占到2%（见图41）。

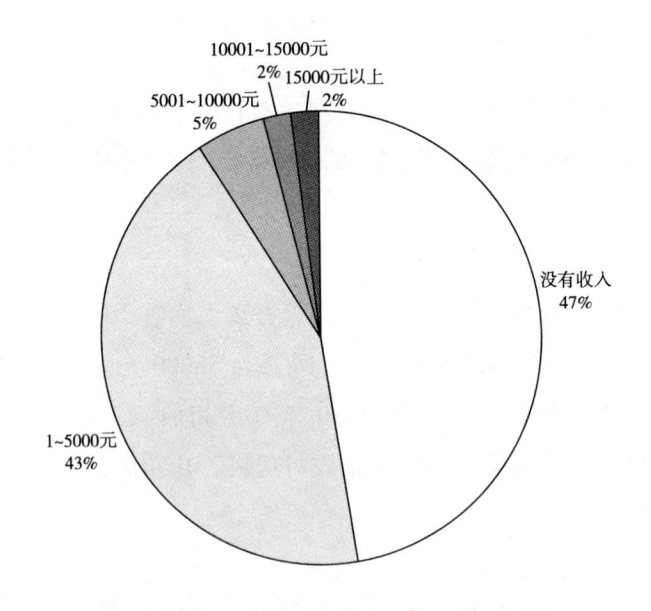

图 41 农村居民家庭其他收入情况

城市和农村调查数据的比较可知，农村有其他收入的被调查者所占的比例（53%）远高于城市（17%），但是农村居民其他收入水平较城市低,主要集中在5000元以下。

(7) 家庭收入满意度调查情况。

城市居民的调查结果,对家庭收入表示非常满意的被调查者没有,表示比较满意的占到25%,表示一般的占到33%,表示不太满意的占到32%,表示很不满意的占到9%(见图42)。

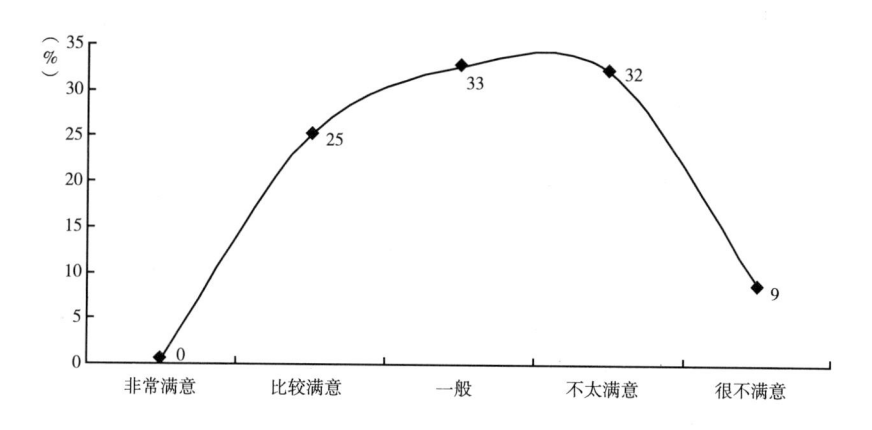

图42 城市家庭收入满意度调查情况

农村居民的调查结果,对家庭收入表示非常满意的被调查者没有,表示比较满意的占到7.1%,表示一般的占到32.0%,表示不太满意的占到36.4%,表示很不满意的占到24.5%。

城市与农村数据比较可知,无论是城市还是农村被调查者对家庭收入均表示较大的不满,但是,与城市相比,农村被调查者对家庭收入的满意度更低。

(8) 居民家庭总支出情况。

城市居民的调查结果,有8%的被调查者回答2010年家庭总支出在10000元及以下,有38%的被调查者回答在10001～30000元,有33%的被调查者回答在30001～50000元,有12%的被调查者回答在50001～70000元,在70001～90000元的占到3%,在90001～110000元的占到2%,在110000元以上的占到4%(见图43)。

农村居民的调查结果,有16%的被调查者回答2010年家庭总支出

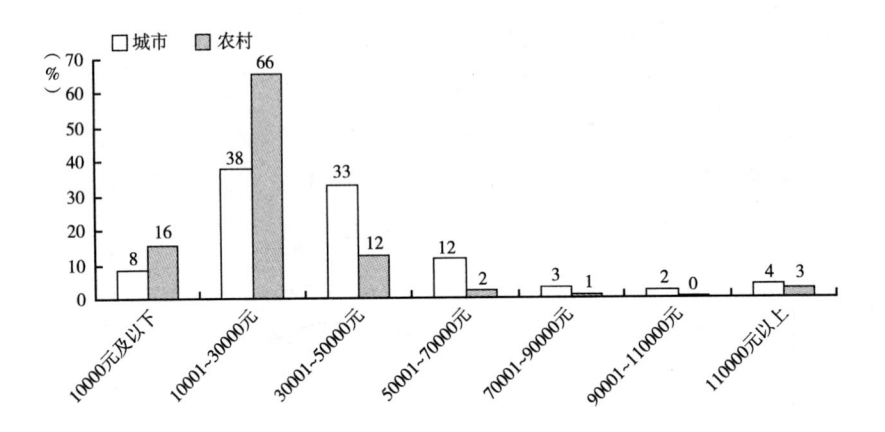

图 43 居民家庭总支出情况

在 10000 元及以下，有 66% 的被调查者回答在 10001~30000 元，有 12% 的被调查者回答在 30001~50000 元，有 2% 的被调查者回答在 50001~70000 元，在 70001~90000 元的占到 1%，在 90001~110000 元的没有，在 110000 元以上的占到 3%（见图 43）。

城市与农村的调查数据比较可以发现，农村绝大多数（82%）被调查者 2010 年家庭总支出在 30000 元以下，这一比例远远高于城市（46%）；在其他各个档次中，城市被调查者所占的比例都高出农村，这反映了城市居民家庭总支出要比农村普遍偏高。

就 2010 年家庭食品消费支出而言，城市居民的调查结果显示，有 40% 的被调查者回答在 10000 元及以下，有 50% 的被调查者回答在 10001~30000 元，有 6% 的被调查者回答在 30001~50000 元，在 50001~70000 元的没有，在 70001~90000 元的占到 2%，在 90001~110000 元的没有，在 110000 元以上的占到 2%（见图 44）。

农村居民的调查结果，有 22.4% 的被调查者回答 2010 年家庭消费支出在 5000 元及以下，有 58.4% 的被调查者回答在 5001~10000 元，有 12.4% 的被调查者回答在 10001~15000 元，回答在 15001~20000 元的占到 6.0%，在 20000 元以上的占到 0.8%（见图 45）。

城市与农村的数据比较可以发现，农村绝大多数（80.8%）被调查者 2010 年的食品消费支出在 10000 元以下，这一比例要远远高于城

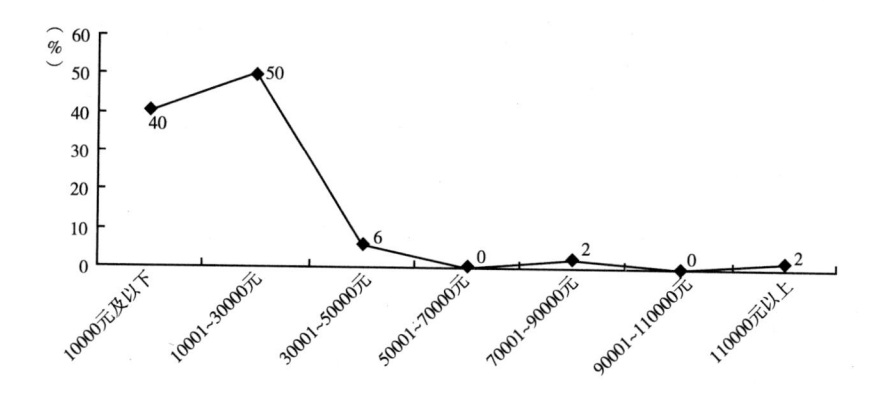

图 44　城市家庭食品消费支出情况

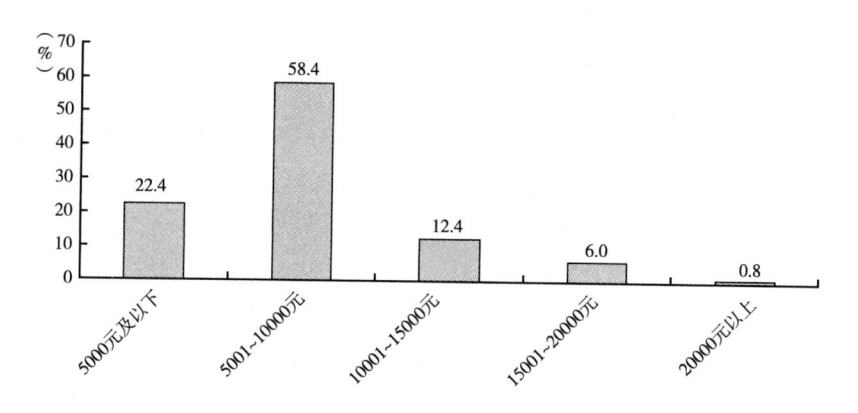

图 45　农村家庭食品消费支出情况

市（40%），城市中有50%的被调查者2010年家庭食品消费在10001～30000元，食品消费在30000元以上的占到10%。总体而言，与农村相比，城市居民家庭食品消费支出相对较高。

3. 居民对收入差距问题及其原因的认识

（1）居民对收入差距大小的认识。

城市居民的调查结果，有44%的被调查者认为城市居民之间收入差距非常大，也有44%的被调查者认为收入差距比较大，认为差距一般的占到10%，认为差距比较小的占到3%，没有被调查者回答差距很小（见图46）。农村居民的调查结果，有69%的被调查者认为农村居民之间收入差距非常大，有18%的被调查者认为收入差距比较大，认为差距一般的占到12%，没有被调查者认为差距比较小和很小（见图46）。城市与农村的数据比较可知，不管城市还是农村，绝大多数被调查者均表示当前的收入差距过大。与城市相比，农村多数（69%）被调查者认为居民之间收入差距非常大，这一比例远远高于城市（44%）。

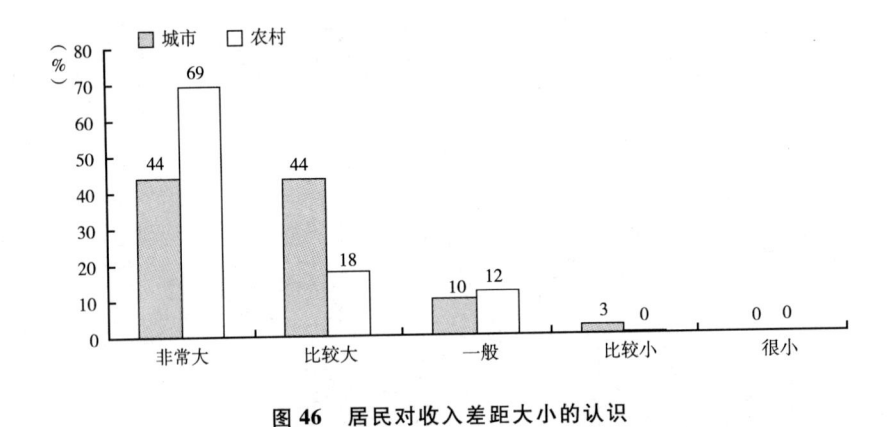

图46 居民对收入差距大小的认识

（2）居民对产生收入差距的原因的认识。

城市居民的调查结果，有17%的被调查者认为产生收入差距的主要原因是个人能力差距，所占比例位居第一；有12%的被调查者认为是地区经济发展不平衡造成的，位居第二；认为是社会保障制度不完善、文化程度不同、腐败问题造成的均占10%，位居第三；认为是不同地区的资源差距、灰色收入、行业垄断造成的均占9%，位居第四；选择其它的占到7%，位居第五；认为是税收政策不合理的占到4%，位居第六；认为是个人身体状况造成的占到3%，位居最后（见图47）。

农村居民的调查结果，有25%的被调查者认为产生收入差距的主要原因是个人能力差距，所占比例位居第一；有15%的被调查者认为是文化程度不同造成的，位居第二；认为是个人身体状况和地区经济发展不平衡造成的均占14%，位居第三；认为是腐败问题造成的占到10%，位居第四；认为是不同地区的资源差距造成的占到9%，位居第

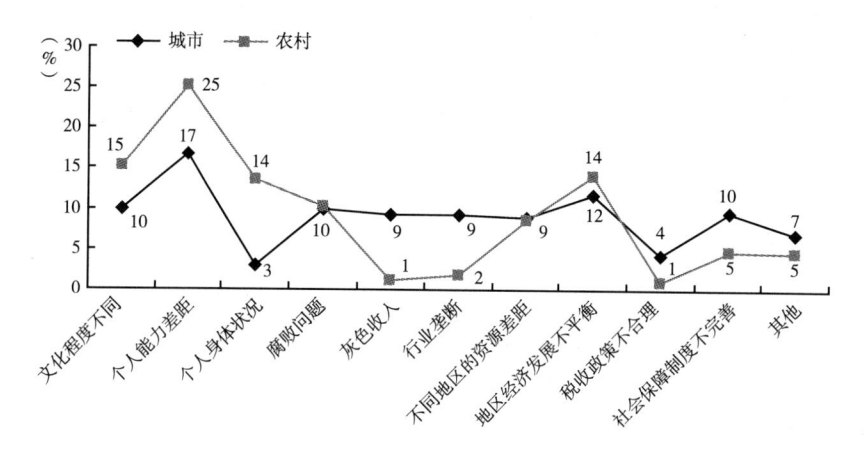

图47 居民对产生收入差距的原因的认识

五；认为是社会保障制度不完善和其他原因造成的均占5%，位居第六；认为是行业垄断造成的占到2%，位居第七；认为是税收政策不合理和灰色收入造成的均占1%，位居最后（见图47）。

城市与农村的数据比较可知，无论是城市还是农村被调查者都认为当前居民收入差距过大是多种因素综合作用的结果，其中个人能力差距是产生收入差距问题的最主要原因，他们对导致收入差距过大的结构性、制度性原因认识不深。

4. 居民对社会保障的作用的评价

（1）居民对社会保障在减轻家庭负担方面的作用的评价。

城市居民的调查结果，有3%的被调查者认为社会保障在减轻家庭负担方面作用很大，有22%的被调查者认为作用比较大，认为一般的占到37%，认为作用比较小的占到29%，认为作用很小的占到10%（见图48）。

农村居民的调查结果，有1%的被调查者认为社会保障在减轻家庭负担方面作用很大，有9%的被调查者认为作用比较大，认为一般的占到46%，认为作用比较小的占到30%，认为作用很小的占到14%（见图48）。

城市与农村的数据比较发现，无论是城市还是农村，认为社会保障

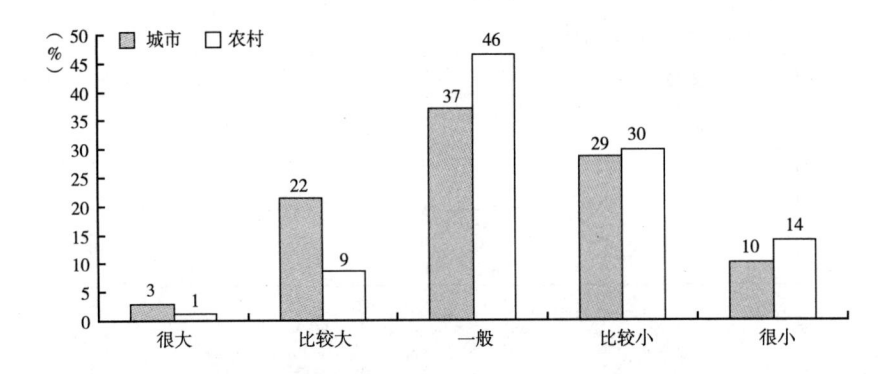

图 48 居民对社会保障在减轻家庭负担中的作用的认识

在减轻家庭负担方面的作用一般和比较小的被调查者均占多数。与城市相比，有更多的农村被调查者认为社会保障在减轻家庭负担方面作用不大。

（2）居民对社会保障在缩小收入差距中的作用的评价。

城市居民的调查结果，有2%的被调查者认为社会保障在缩小居民之间收入差距中的作用很大，有13%的被调查者认为作用比较大，有43%的被调查者认为作用一般，认为作用比较小的被调查者占到30%，认为作用很小的被调查者占到14%（见图49）。农村居民的调查结果，没有被调查者认为社会保障在缩小居民之间收入差距中的作用很大，有4%的被调查者认为作用比较大，有18%的被调查者认为作用一般，认为作用比较小的被调查者占到35%，认为作用很小的被调查者占到

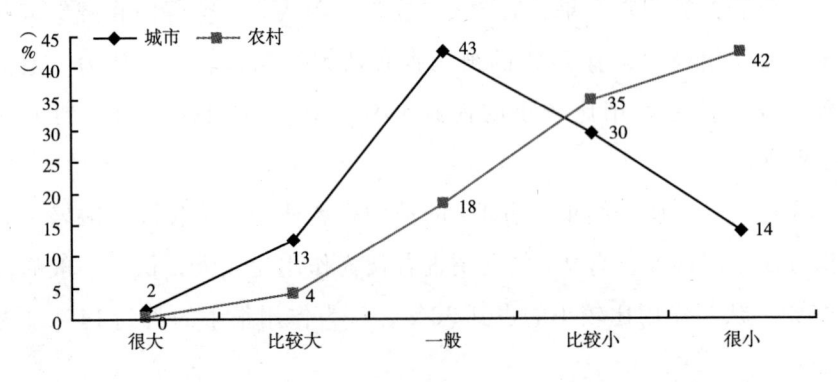

图 49 居民对社会保障在缩小收入差距中的作用的认识

42%（见图49）。城市与农村的数据比较可知，无论是城市还是农村，多数被调查者都对社会保障在缩小居民之间收入差距中的作用评价很低。与城市相比，农村被调查者对社会保障在缩小居民之间收入差距中的作用评价更低，认为作用比较小和作用很小的被调查者占到77%。

5. 居民对社会保障的总体满意度调查

城市居民的调查结果，没有被调查者对社会保障制度很满意，有19%的被调查者表示比较满意，认为一般的占到56%，不满意的占到23%，很不满意的占到3%（见图50）。农村居民的调查结果，认为很满意的被调查者仅占1%，认为比较满意的占到29%，认为一般的占到38%，认为不满意的占到25%，有6%表示很不满意（见图50）。城市与农村的数据比较可以发现，无论是城市还是农村，对社会保障表示满意的被调查者均占少数，多数被调查者对社会保障制度表示不满。

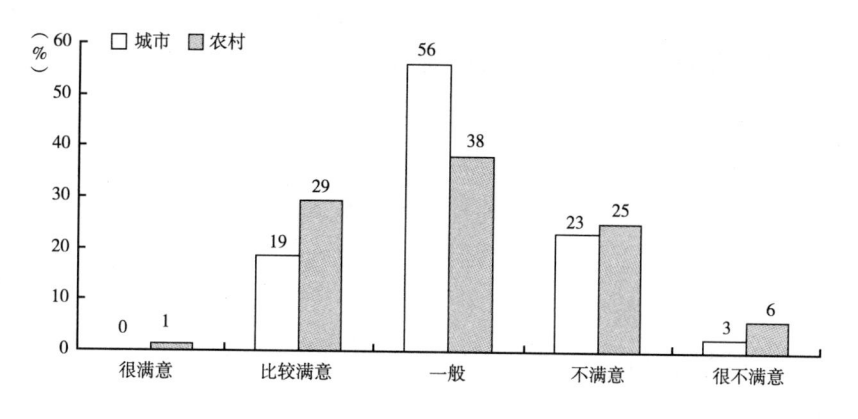

图50 居民对社会保障的评价

七 结论与建议

（一）基本结论

实地调查的结果显示，当前河南省城乡居民收入分配面临的突出问题有两个：一是无论是城市还是农村，绝大多数被调查者均反映当前居民收入差距过大。与城市相比，农村被调查者对这一问题的反映更为强烈。二是无论是城市还是农村，对个人收入以及家庭收入表示满意的被调查者均占少数。与城市相比，农村被调查者对个人收入和家庭收入的满意度更低。

概括来讲，无论是城市还是农村，对社会保障表示满意的被调查者均占少数，有多数被调查者认为社会保障在缩小居民之间收入差距中的作用以及在减轻家庭负担中的作用比较小。与城市相比，农村被调查者对目前社会保障的满意度、对社会保障在缩小居民之间收入差距中的作用以及在减轻家庭负担中的作用的评价均更低。

（1）最低生活保障制度方面。

根据被调查对象反映的情况，目前最低生活保障制度面临的突出问题主要有：一是多数低保户认为目前的最低生活保障金太低，不能满足其基本生活需要。与城市相比，农村持有此观点的被调查者所占比例更大。二是只有少数被调查者认为目前的低保户都完全符合低保资格，多数被调查者认为部分低保户符合低保资格，还有相当比例的被调查者认为都不符合。三是有相当多的被调查者认为当前的低保资格获得方式不合理。四是无论城市还是农村均有过半的被调查者认为目前的低保制度对那些生活困难的人有些帮助，但帮助不是很大。

（2）老年保障制度方面。

一是养老保险的参保情况不尽如人意。随机抽样调查结果显示，城市中未参加养老保险的被调查者占到33.9%，农村占到89.2%。在参保人群中，城市以参加城镇职工基本养老保险为主，农村以参加新型农村社会养老保险为主。二是被调查者对个人缴纳的养老保险费观点不一，总的来讲，认为缴纳费用适中的占多数，认为缴费高或者低的均占少数。三是无论城市还是农村，认为领取的养老金完全能够满足自己基本生活需要、勉强能够满足和不能满足的被调查者大约分别占到1/3。四是无论城市还是农村养老保险制度的满意度都不高。就城市而言，对养老保险制度感到满意的被调查者占到35%，就农村而言，有约50%

的被调查者对养老保险制度感到满意。五是无论城市还是农村对老年福利制度表示满意的被调查者均占少数,而且农村被调查者对现行的老年福利制度意见更大。

(3) 医疗保障制度方面。

一是参加医疗保险的被调查者所占比例很高,城市高达 90.1%,农村高达 95.7%。城市居民参加城镇居民基本医疗保险和城镇职工基本医疗保险的居多,农村居民主要以参加新型农村合作医疗为主。二是无论城市还是农村,认为当前缴纳的医疗保险费适中的被调查者均占多数,而且农村中认为适中的被调查者所占的比例要远远高于城市。农村中认为缴纳医疗保险费较高的被调查者所占的比例高于城市,城市中认为缴纳医疗保险费较低的被调查者所占的比例要高出农村许多。三是无论城市还是农村均有近 30% 的被调查者认为医疗费用的报销比例较低。四是无论是城市还是农村均有相当多的被调查者认为医疗保险制度在减轻医疗负担方面所起的作用较小,认为作用大的城市被调查者不足 30%,农村被调查者不足 20%。五是就被调查者对当前所参加的医疗保险制度的总体评价而言,城市中认为满意的被调查者仅占 33.2%,农村占到 60.5%,这反映了有相当数量的被调查者对当前所参加的医疗保险制度不满,但总的而言,农村居民对医疗保险制度的满意度要远远高于城市。

(4) 住房保障制度方面。

一是与城市相比,农村绝大多数居民住的是自建房,他们根本享受不到诸如经济适用房、廉租房等国家保障性住房待遇。就城市而言,也只有极少数人能够享受经济适用房、廉租房、公租房等保障性住房待遇。二是无论城市还是农村,在拥有住房的居民中,绝大多数居民仅拥有 1 套住房,拥有 2 套住房的占少数。三是关于住房公积金,多数被调查者认为自己所缴纳的住房公积金并不多,而且多数被调查者觉得住房公积金对他们买住房有些帮助但帮助不是很大。四是关于房价问题,多数城市被调查者觉得当前房价很高,而且有约 2/3 的城市居民需要政府为他们购买或建造住房提供帮助。五是关于当前的保障性住房政策,有约一半的城市居民评价一般，不满意的居民占到1/3，只有少数人表示满意。由此可见，多数城市居民对目前我国的保障性住房政策并不满意。

（5）教育保障制度方面。

一是关于家庭教育总支出方面，城市居民家庭教育总支出差异很大，农村居民家庭教育总支出相对集中，主要集中在5000元以下。相比较而言，城市居民在家庭教育总支出以及自愿性教育支出方面都远远高于农村。二是无论是城市还是农村均有过半的被调查者反映家庭教育负担较重，认为较轻均占少数。三是农村中需要政府提供教育方面帮助的被调查者所占比例高于城市，相对于城市而言，农村更需要政府提供教育帮助。四是目前农村中享受到国家教育帮助的人数多于城市，但农村享受的教育帮助主要集中在两免一补方面，其他方面诸如减免学费、奖学金、贫困学生补助、免费就业技能培训等项目能够享受的人却很少。五是多数被调查者认为国家提供的教育帮助对缓解家庭教育负担有一些帮助，认为很有帮助的占极少数。另外，还有相当一部分居民认为根本没有帮助。由此可见，国家提供的教育帮助与广大居民的需求之间还存在相当的距离。

（二）相关政策建议

目前不同收入阶层之间及不同地区之间的收入差距过大已经成为一个不争的事实，实地调查的结果（有近90%的被调查者认为当前的收入差距过大）也进一步印证了这一事实。造成收入差距过大的原因很多，包括个人能力差距、个人身体状况不同、文化程度不同、腐败问题、灰色收入、行业垄断、不同地区的资源差距、地区经济发展不平衡、税收政策不合理、社会保障制度不完善等诸多因素。毫无疑问，社会保障制度不完善是其中一个重要原因。纵观国外发达资本主义国家，凡是社会保障制度比较完善的国家，也是基尼系数比较低的国家。据世界银行测算，欧洲国家与日本的基尼系数大多在0.24~0.36，而中国2009年的基尼系数高达0.47，在所公布的135个国家中名列第36

位,接近于拉丁美洲和非洲国家水平。国际上,基尼系数在 0.3~0.4 被认为是正常状态,超过 0.4 为警戒状态,达到 0.6 则属于危险状态。这意味着我国目前的基尼系数已经超过了警戒线,收入差距过大给我国社会所带来的负面影响越来越突出,已经引起了政府和学术界的广泛关注。

作为社会再分配机制,社会保障的一个重要目标无疑是缩小贫富差距,减少贫困,最终实现社会公平。然而,实地调查的结果告诉我们,许多民众对社会保障制度评价不高,对社会保障在缩小居民收入差距中的作用以及在减轻家庭负担中的作用并不看好。现行的社会保障制度在调节劳资之间、不同收入阶层之间及不同地区之间的收入差距方面的作用并没有充分发挥出来,加快建立健全、完善的社会保障制度显得不仅重要而且十分紧迫。

1. 完善社会保障制度的政策建议

"在社会保障制度建设与发展进程中,当正确的社会保障理念与战略目标确定以后,体制的优劣往往构成制度安排及其运行能否健康、持续发展的决定性因素。"① 我们认为,当前社会保障体制改革的重点有四个。

(1) 强化政府财政责任。

财政投入是社会保障资金的主要来源渠道,政府对社会保障所承担的责任也主要是通过财政供款来体现的。在我国不同历史时期,政府承担的社会保障责任不同。在我国计划经济时代,政府主要承担者城镇居民的社会保障责任。改革开放以后,政府承担的社会保障财政责任相对减弱,个人承担的责任却日益强化,这是社会保障制度应当具有的社会功能没有得以充分发挥和贫富差距日益扩大的重要原因。尤其是在中国农村,经济发展比较落后,农民个人财力极其有限,政府财政对农村社会保障的投入、专项支持以及转移支付等,是农村社会保障资金的主渠道。在此情况下,如果没有国家财政作为经济后盾,很难建立完善的社

---

① 郑功成主编《中国社会保障改革与发展战略》(总论卷),人民出版社,2011,第 43 页。

会保障体系。因此，当务之急是明确和强化政府的财政责任，首要的任务是将国家财政对社会保障应当承担的责任法制化，"同时需要区分历史责任与现实责任、明确不同的社会保障项目中的财政责任和不同层级政府的社会保障财政责任，并将国家财政承担的社会保障供款责任法制化、稳定化"①。

（2）加强监督管理。

良好的监督管理体制是保证社会保障体系良性运行的必要条件。健全的监督机制有利于社会保障政策的顺利实施，有利于约束社会保障专职人员恪尽职守、勤勉廉洁。科学的管理机制有利于实现制度统一、政策规范、管理法制化的目标。政府对社会保障制度承担监督管理责任，是确保社会保障制度平稳、顺利运行的重要保证。然而，中国的现实情况是，各种违法行为、基金贪污挪用行为、执行不到位现象等在社会保障领域时有发生，这对当前的监督管理体制是一种挑战。政出多门、管理分散是当前我国社会保障监督管理体制存在的最为突出的一个问题。我国社会保障主要监督管理部门是人力资源和社会保障部和民政部，前者负责监管全国的社会保险事务与补充保险，后者负责监管社会救助、社会福利及慈善公益事业，还有卫生部、住房和城乡建设部、财政部、审计署等在各自的法定职责范围内承担着相应的监督管理责任。因此，"目前急切需要明确的是主管部门之间的某些模糊边界，急切需要推进的是在严格社会保障事务管理职责分工的条件下，强化主管部门的监督职责，同时强力推进行政问责制，赋予主管部门切实的职责与权力是要求其承担责任的必要条件，谁负责、谁监管，应当成为划分部门权责的主要依据"②。

（3）加强法制建设。

立法先行是世界各国社会保障制度建设的普遍规律，世界上任何一个国家社会保障体系的建立，无不以制定和实施社会保障法律为起点。

---

① 郑功成主编《中国社会保障改革与发展战略》（总论卷），人民出版社，2011，第49页。
② 郑功成主编《中国社会保障改革与发展战略》（总论卷），人民出版社，2011，第51页。

社会保障的强制性必须通过国家立法才能得到有效的体现。没有健全的社会保障法律体系，就没有完善、成熟的社会保障体系。中国的社会保障立法非常滞后，迄今还没有一部真正意义上的社会保障法律。因此，加快构建中国特色的社会保障法律体系，已经迫在眉睫。中国特色的社会保障法律体系的构建需要同时在两个方面下工夫：一是加快基本社会保障制度的立法步伐。应当在《中华人民共和国社会保险法》的基础上，加快《社会救助法》《军人保障法》《慈善事业法》等的制订与颁布；二是加紧修订、充实现有相关法律，包括《中华人民共和国老年人权益保障法》《中华人民共和国妇女权益保障法》《中华人民共和国残疾人保障法》《中华人民共和国义务教育法》《中华人民共和国未成年人保护法》等多部相关法律。

（4）重视制度的科学设计。

从西方国家社会保障制度实践情况看，一国建立什么样的社会保障制度必然要受所在国家经济、政治、社会乃至历史文化传统等多种因素的影响，绝对不是单一经济因素或者经济发展水平能够决定的问题。因此，世界上并不存在能够被公认的最佳社会保障制度模式，只存在最适合本国经济、政治、社会和文化传统的社会保障模式。对于像中国这样人口众多、城乡发展和地区发展不平衡、历史文化传统深厚的大国而言，更是如此。因此，我们在吸收发达国家制度建设经验和尊重社会保障制度发展的客观规律的同时，又要充分尊重本国国情及其发展变化，建设具有中国特色的社会保障制度。"一方面，必须借鉴国际经验，牢固树立社会保障的公平价值取向，坚持政府主导、责任分担、权力义务相结合，走多层次的社会化发展道路，同时适应时代发展，引入工作福利、社会资本与资产建设等概念，力求符合社会保障制度自身发展规律。另一方面，既要尊重现实国情，又必须充分考虑国情因素的发展变化，确保社会保障制度建设能够适应中国国情并体现出中国特色，同时具有一定的前瞻性。"①

---

① 郑功成主编《中国社会保障改革与发展战略》（总论卷），人民出版社，2011，第54页。

（5）加快推进城乡社会保障一体化建设。

统筹城乡经济和社会发展，推进基本公共服务均等化，已成为近年来举国上下的政治共识。计划经济体制下所产生的社会保障城乡分割的格局已经成为我国社会保障制度发展的主要瓶颈。长期以来，城市居民不但享有稳定的制度保障，而且其社会保障水平远远高于农民的社会保障水平。相反，农村社会保障发展却严重滞后，部分农民还缺乏基本生活保障，广大农民不能和城市居民一样享受到平等的社会保障国民待遇，这对农民是极大的不公和伤害。实地调查显示，无论是城市居民还是农村居民都对目前的社会保障制度表示不满，相比较而言，农村居民对社会保障制度的不满情绪要远远高于城市，这一调查结论也是对社会保障"一国两策"现状的自然反映。在此背景下，消除社会保障城乡分割的局面，及时推进社会保障城乡一体化，是当前中国社会保障发展的主要目标和任务。

（6）缩小收入差距的政策建议。

完善社会保障制度是缩小收入差距的一种重要的制度安排，但是解决收入差距问题是一项系统工程，需要在众多方面做出努力。当前，我国城乡居民收入差距、地区间居民收入差距、行业间收入差距都有扩大的趋势是当前收入差距问题的主要表现。导致我国居民收入差距扩大的因素很多，既有个人身体状况、文化程度不同和个人能力差距方面的原因，也有腐败问题、灰色收入方面的原因，还有行业垄断、税收政策不合理、社会保障制度不完善、不同地区的资源差距、地区经济发展不平衡等制度性原因。鉴于此，我们认为缩小收入差距需要着力解决好以下几个方面的问题：一是提高普通劳动者劳动报酬在一次分配中所占比重。这里的普通劳动者不包括垄断行业职工、公务员和事业单位相对高收入者、企业高管，因为他们的收入水平已经较高。国际上劳动报酬占比一般比中国高。2007年，我国包括农业主收入在内的劳动报酬占比为39.74%，同期美国劳动报酬占比为55.81%，英国为54.5%，瑞士为62.4%，德国为48.8%，南非为68.25%。2006年，韩国劳动报酬占比为45.4%，俄罗斯为44.55%，巴西为40.91%，印度为28.07%。

2010年总工会的一项调查显示，61%的职工认为普通劳动者收入过低是当前最大的社会不公。① 因此，当前迫切需要提高普通劳动者劳动报酬在一次分配中所占比重。二是打破行政性垄断。当前我国初次分配中行业收入差距过大已经是一个不争的事实。国际劳工组织数据库2008年的数据：日本2007年行业平均工资最高最低只有1.69倍，英国2006年是1.91倍，德国2006年是2.34倍，南非2007年是2.83倍，韩国2007年是2.87倍。按大行业算，中国2006年是4.75倍。造成行业收入差距过大的主要原因是行政性垄断。根据国家发改委就业和分配司编辑出版的《中国居民收入分配年度报告2008》，在我国行政性垄断行业收入中，有1/3是各类特许经营权造成的。除了统计在工资收入上的，一些国企还滥发福利。2010年一项审计结果，中国核工业集团公司所属单位发放的问题薪酬福利超过1.5亿元。中国远洋（股票代码601919）运输（集团）总公司薪酬管理违规涉及资金超过9.1亿元。中国南方电网有限责任公司薪酬管理违规资金达38.92亿元。由此可见，在一次分配中垄断行业收入过高是政府特许经营权造成的。因此，政府应该下决心解决好这一问题。关于这一点，我们可以借鉴国外经验。一项关于2008年国外国企高管薪酬统计数据显示，英国国企高管薪酬是最低工资的3.5倍，平均工资的1.5倍；美国国企高管薪酬是最低工资的11.8倍，平均工资的3.8倍；新加坡国企高管薪酬是最低工资的5.1倍，平均工资的1.7倍。国外一些国家国企高管薪酬之所以不高是因为他们有一套确定高管薪酬的机制。如在法国，对公用性、垄断性公司高管的工资水平直接参考公务员体系而不考虑市场因素。董事长必须是公务员，由总理任命，执行公务员工资标准。总经理由董事会招聘，工资标准由财政部确定，没有浮动部分，也不实行年薪制。财政部的公务员不能到曾管辖过的国企任职。而在我国，很长时期实际是国企高管自己给自己定工资，国企领导的工资和职务消费至今也

---

① 宋晓梧：《收入分配是重大利益调整问题》，中国改革论坛网，2011/7/6. http://people.chinareform.org.cn/S/sxw/ft/201107/t20110706_115262.htm。

没有真正规范。① 三是要规范政府行为，充分发挥政府在"提低、扩中、限高"的作用。首先，要调整财政支出结构。反危机下加大基础设施建设有其客观性，但随着经济形势的好转，我们应该加大在社会福利方面的投入，减少在经济建设方面的支出；其次，政府需要转型。适应发展型新阶段的需求，政府应该更加重视人的发展，应该把保障公民"有尊严的生活"作为政府的目标，优先于 GDP 的增长；再次，政府要自我改革。推进收入分配改革，关键在于政府的自我改革。要约束财政增长速度，使之与 GDP 相适应，要控制政府行政支出并且逐步使之公开透明化，通过改革杜绝机制性腐败，杜绝灰色、黑色收入，这些都直接关系到收入分配改革能否取得成功。②

---

① 宋晓梧：《收入分配是重大利益调整问题》，中国改革论坛网，2011/7/6. http：//people. chinareform. org. cn/S/sxw/ft/201107/t20110706_ 115262. htm。
② 迟福林：《收入分配改革，关键时期的关键改革》，中国改革论坛网，2010/3/19. http：//www. chinareform. org. cn/society/income/Speech/201006/t20100608_ 25003. htm。

重庆市社会保障发展与收入分配状况调研报告

刘 琴

一 调查情况与样本分布

为了解重庆市社会保障发展与收入分配的现状和主要问题，为未来重庆市社会保障的发展与促进居民收入的合理分配提出科学可行建议。重庆市社会科学院特开展此次"社会保障发展与收入分配状况"的国情调查。此次调查的主要涉及家庭成员基本情况、基本生活保障制度、老年保障制度、医疗保障制度、住房保障制度、教育保障制度等内容。

本次调查为两阶段抽样，首先在重庆市随机抽取了南岸区和大足县，南岸区为主城九区的代表，大足县为周边区县的代表。第二阶段从南岸区的7个街道、7个镇中随机选取3个街道、4个镇，分别是：铜元局街道、花园路街道、海棠溪街道、南坪镇、涂山镇、鸡冠石镇、峡口镇。此次调研的样本区域分布较均匀，其所在街道、乡镇居民的收入差异显著，因此调查数据基本上能够反映重庆市居民的整体情况。此次调查共发放500份问卷，回收500份。经过审核，有效问卷为497份，有效率为99.4%。

被调查者的人口学特征如下（见表1）。

（1）人口规模及性别特征：本次调查以户为单位，共调查497户，涉及1296人。直接受访者497人，其中，男性227人，占45.7%，女性270人，占54.3%，男女性别比基本合理。

（2）年龄特征：被调查者中最低年龄为10岁，高年龄为90岁，平均年龄为45岁，16~55岁的所占比例为69.8%。大部分调查对象属于劳动年龄范围内，尽管55岁及以上的所占比例也较大，但是这部分老人已经领取退休金，能够便于我们了解老年保障制度实施情况。

（3）婚姻状况：497个调查对象中已婚394人，占总数的79.3%，未婚103人，占总数的20.7%。已婚社会成员既可以便于我们了解本人的社会保障情况，还可以了解其配偶等家庭成员的社会保障情况。

（4）户籍特征：在被调查对象中非农户籍占75.7%，农业户籍占24.3%。与2010年重庆市非农户籍占总人口的33.5%情况总体符合。

（5）文化特征：小学及以下占15.7%，初中、高中或中专占51.5%，大专及以上占32.8%。从中可以看出，此次被调查者本人的文化素质总体较高，能够较好地保证对问卷的理解，便于填写问卷，保证了答卷的质量。

（6）职业类型特征：调查对象本人的职业类型较为分散，各种职业类型都有所涉及，其中"其他"为25.6%[①]、企业职工占17.1%、事业单位工作人员为14.7%、村组（社区）干部占13.3%、农民为11.7%、自由职业者占6.2%、公务员为5%、个体户为4.2%，其中学生和私营企业主最少，分别为1.8%和0.4%。

（7）单位类型特征：就业单位类型呈现出较为集中态势，以"其他""国家机关、政党机关和社会团体""农、林、牧、渔业"行业为主，分别占到40.2%、17.1%和12.5%，其他各类就业单位类型分布较为散。

---

① 由于退休人员统一划入"其他"，因此"其他"中有很大一部分是退休人员，这不影响后面的分析结果。

（8）收入特征：调查对象本人的总体收入水平偏低，月收入1000元以下的占35.54%，月收入在1000~2000元的占38.29%，月收入在2000~3000元的占9.64%，月收入在3000~4000元的占12.95%，月收入在4000及以上的仅为3.58%。

表1 调查对象本人的人口学特征

单位：人，%

变量	特征	频数	比例
性别	男	227	45.7
	女	270	54.3
年龄	16岁以下	1	0.2
	16~25岁	51	10.3
	25~35岁	76	15.4
	35~45岁	93	18.8
	45~55岁	125	25.3
	55岁及以上	151	30.5
婚姻状况	已婚	394	79.3
	未婚	103	20.7
户籍	农业户口	121	24.3
	非农户口	376	75.7
文化程度	小学及以下	78	15.7
	中学	256	51.5
	大专及以上	163	32.8
职业类型	农民	58	11.7
	企业职工	85	17.1
	事业单位工作人员	73	14.7
	公务员	25	5.0
	个体户	21	4.2
	私营企业主	2	0.4
	自由职业者	31	6.2
	学生	9	1.8
	其他	127	25.6
	村组（社区）干部	66	13.3

续表

变量	特征	频数	百分比(%)
就业单位类型	农、林、牧、渔业	62	12.5
	制造业	40	8.0
	电力、煤气及水的生产与供应	6	1.2
	交通运输仓储和邮电通信业	11	2.2
	批发零售贸易和餐饮业	14	2.8
	金融保险业	3	0.6
	房地产业	5	1.0
	社会服务业	37	7.4
	卫生体育和社会福利业	8	1.6
	教育文化艺术广播电视电影业	21	4.2
	科学研究和综合技术服务业	5	1.0
	国家机关、政党机关和社会团体	85	17.1
	其他	200	40.2
月均收入	1000 元以下	129	35.54
	1000~2000 元	139	38.29
	2000~3000 元	35	9.64
	3000~4000 元	47	12.98
	4000 元及以上	13	3.58

二 重庆市的社会保险与收入分配

(一) 重庆市的养老保险与收入分配

本次调查涉及重庆市 497 户、1296 人。其中，16 岁[①]以上者的参保率为 54.91%。市民参加养老保险项目集中在城镇职工基本养老保险、城镇居民基本养老保险以及新型农村社会养老保险，三者分别占总参保人数的 45.38%、22.46% 和 17.08% (见图 1)。

---

① 根据渝府发 [2000] 48 号文件、渝劳社发 [2003] 47 号文件。

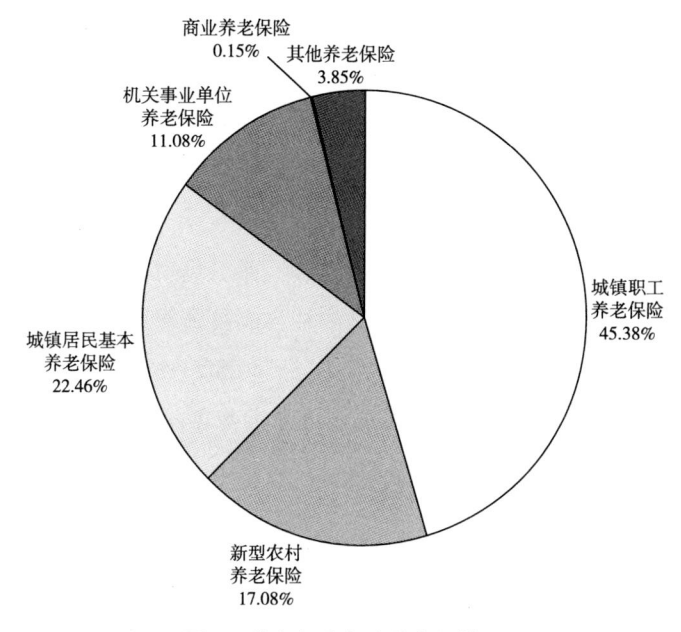

养老保险各险种参保情况：
- 商业养老保险 0.15%
- 其他养老保险 3.85%
- 机关事业单位养老保险 11.08%
- 城镇居民基本养老保险 22.46%
- 新型农村养老保险 17.08%
- 城镇职工养老保险 45.38%

图1　养老保险各险种参保情况

重庆市城镇企业职工养老保险缴费比例为：企业缴纳20%，个人缴纳8%。本次调查发现，被访者及其家庭成员最近一次（2010年8月）月均缴纳的养老保险费最低0元，最高为8890元。而2010年重庆市社会月平均工资为2944元，因此，以社会平均工资为分界线将个人收入划分为高、低收入两类，同时以社会平均工资的8%即235.52元为分界线将缴费额分为高缴费类和低缴费两类，建立交叉表获得缴费与收入的关系，体现出参保者的缴费负担水平，具体见表2。

表2　个人收入与缴费负担情况

单位：%

项　目	低缴费比例	高缴费比例
低收入	40.28	59.72
高收入	23.91	76.09

从表2可以看出：一是参加了养老保险的被调查者及其家庭成员的收入水平总体上不高，而且收入差距较大。82.1%的被访者及其家庭成员

的月收入达不到社会平均水平（2944元），能达到社会平均水平的被访者及其家庭成员仅占17.9%。二是社会养老保险缴费负担整体上有点偏重，过半数的社会成员属于低收入高缴费的范围（见表2）。调查显示，过半数的被访者及其家庭成员认为个人的社会养老保险缴费适中，16.04%和16.51%的人认为缴费比较高和很高。相比而言，认为缴费较低和很低的占比较小（见图2）。三是不同人群的养老保险缴费负担不甚合理，59.72%的人属于低收入高缴费的范围，23.91%的社会成员属于高收入低缴费的范围。又因为低收入和高收入的社会成员占比分别为82.1%和17.9%，因此过半的（53.3%）被访者及其家庭成员的收入与缴费存在着逆向关系。

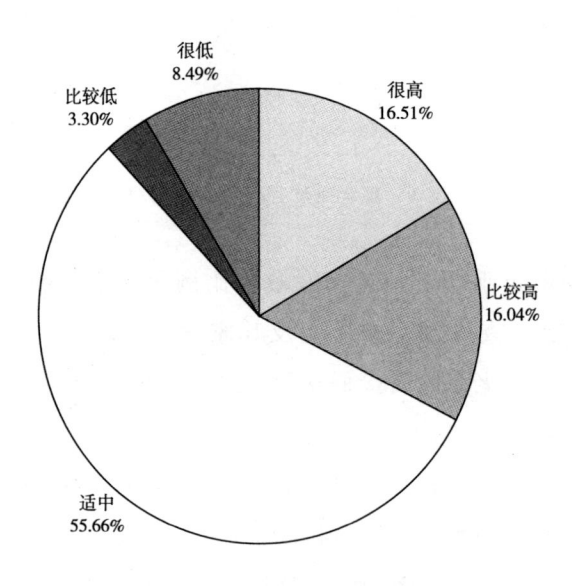

图2 居民对养老保险个人缴费负担的评价

养老金给付水平的高低决定了老年人的基本生活来源。在领取养老金的老年人之中，最近一次（2010年8月）领取的养老金最低数额为100元，最高数额为13100元。其中，养老金为1000~2000元的退休人员数量最多，占领取养老金总人数的64.15%，养老金1200元以下的占总数的29.36%，领取1200元以上的占70.64%。调查结果显示：10.38%的被访者认为现有的养老金水平完全能够满足基本生活需求，58.49%的居民认为勉强能够满足基本生活需求，两者合计为68.87%，具体数据如图3所示。

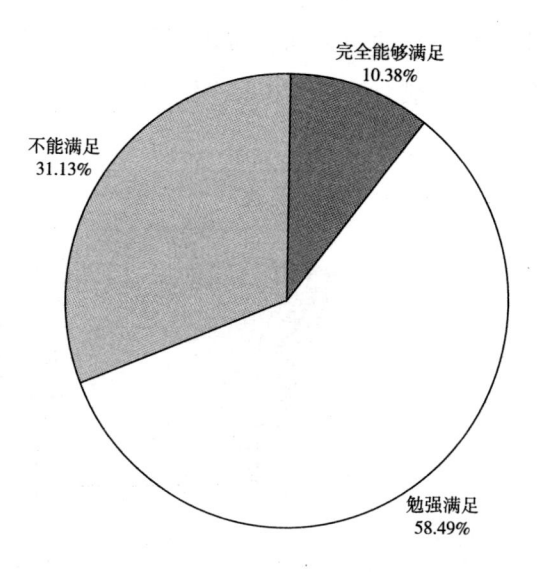

图3 养老金能否满足基本生活需求情况

被访者认为,不同社会成员之间的养老金水平是不公平的(见图4),超过52.83%以上的受访者认为"不太公平"或"很不公平"。

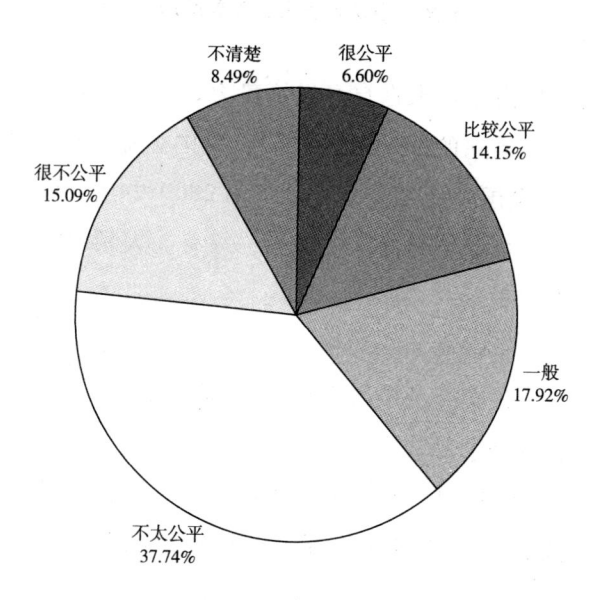

图4 领取的养老金的公平程度

综合保障水平与公平性两方面的考虑，45.28%的被访者对目前的养老保险制度的评价一般，其次是占比23.58%的人认为不太满意，具体数据如图5所示。

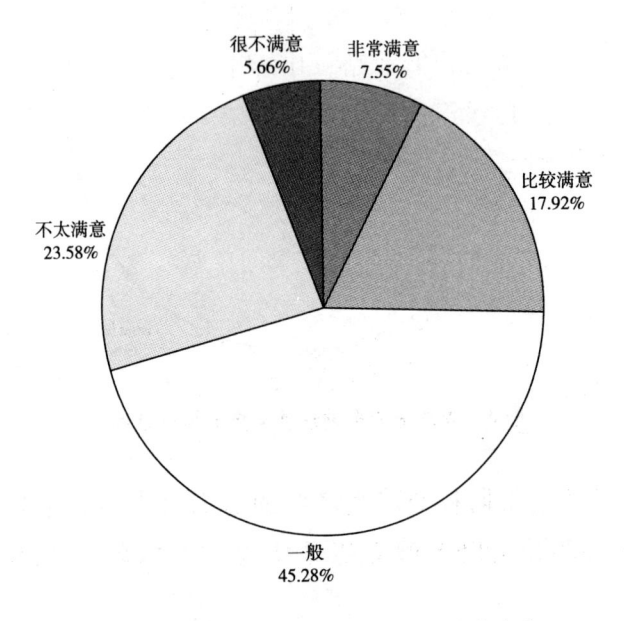

图5 居民对重庆市养老保险制度的满意度

企业年金是指由企业根据自身经济势力，在国家规定的实施政策和实施条件下为员工建立的补充养老保险。我国企业年金发展较为缓慢，到2010年年底，全国企业年金基金规模为2809.24亿元[①]。本课题调查发现，被访者参加企业年金的人数较少，只有3人领取了企业年金，领取的平均金额为150元。

重庆市政府为了提高民众的福利水平，着力民生事业，不仅向全市老年人提供免费乘公交、免费游览公园等福利项目，而且实施了高龄老年津贴、老年贫困补助等政策。

在上述这些福利项目中，免费游览公园、免费使用社区老年活动设施和免费公交是政府为老年人提供的比较常见的福利项目。按照规

---

① 中国养老金网，http://www.cnpension.net/zhuanti/2010/2010qynjndbg.html。

定，凡重庆市常住人口，年满60周岁的老年人持"敬老优待证"均可免费游览公园、风景点、博物馆，年满70周岁的老年人，均可办理老年人专用一通卡，免费乘坐公交车。这两项福利项目利用得最好，分别达到29.85%和28.36%。重庆市规定，90至99周岁老人每人每年可获得300元高龄津贴；100周岁以上老人每人每年可获得400元高龄津贴。本次调查有4.48%的老年人获得了高龄津贴。其他福利项目，如免费老年护理、老年保健等使用率不高，具体数据见图6。

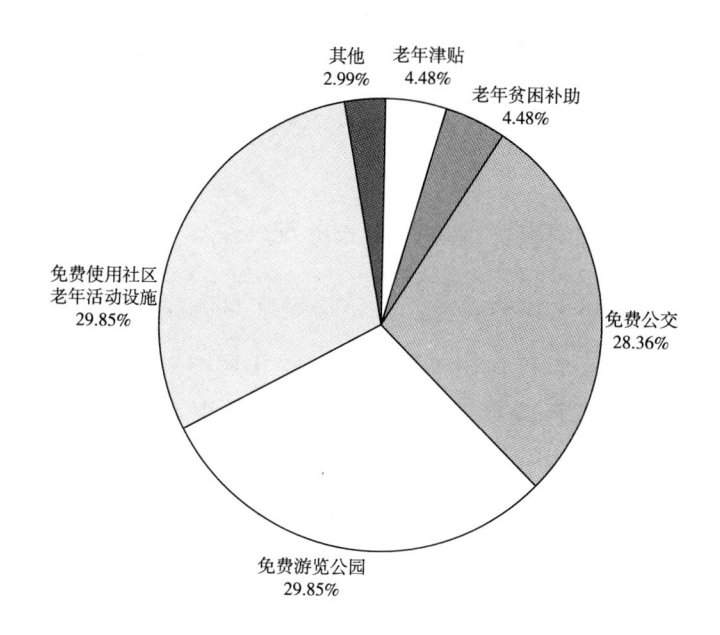

图6 退休人员享受老年福利情况

总体来说，被访者对重庆市的老年福利制度还是比较满意的，具体数据如图7所示，56.1%的老年人表示"非常满意"或"比较满意"，他们认为，政府免费为老年人提供福利项目和好的锻炼场所，体现了政府对老年人的关怀。19.51%的老年人认为老年福利制度"一般"，通过调研了解到，这部分人主要是认为老龄津贴标准较低、免费乘公交年龄限制较大等。

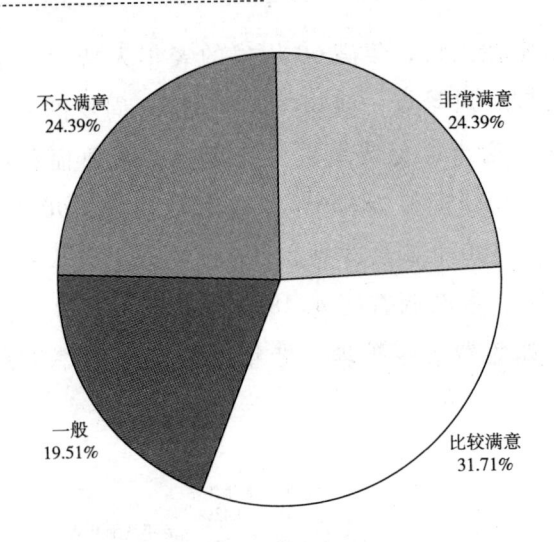

图7 老年人对老年福利制度的评价

(二) 重庆市的医疗保险与收入分配

重庆市现有公费医疗保险、城镇居民基本医疗保险、城镇职工基本医疗保险、新型农村合作医疗等社会医疗保险制度。据调查，2011年重庆市各类医疗保险参保率为79.71%，其中，参加了城镇职工基本医疗保险的人最多，占比为42.95%。其次是参加新型农村合作医疗和城镇居民基本医疗保险的，其所占比例分别为18.16%和17.31%（见图8）。

在医疗保险缴费方面，按照相关政策，重庆市以个人身份参加城镇职工医疗保险，按上年度城镇非私营单位在岗职工平均工资作为缴费基数。一档按社平工资5%缴纳，按2010年我市经济单位职工月平均工资2944元计算，应缴费147.2元。二档按社平工资的11%缴纳，应缴费323.84元。

据调查，重庆市医疗保险月均缴费额最高为4000元，最低为0元，平均为197.36元，其中缴费较为集中的30~100元这一区间。从图9中可以看出，86.6%的参保人员月平均缴纳医疗保险费低于全市平均缴费水平。

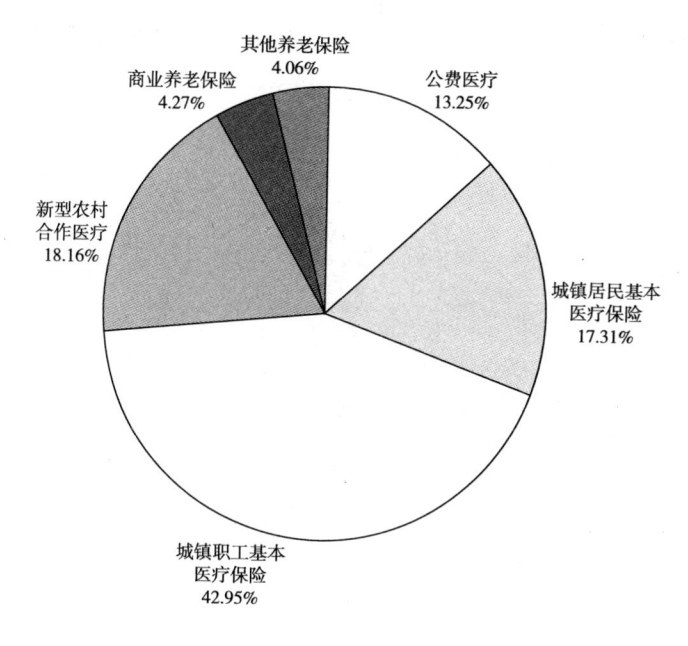

图8 医疗保险各险种参保人数

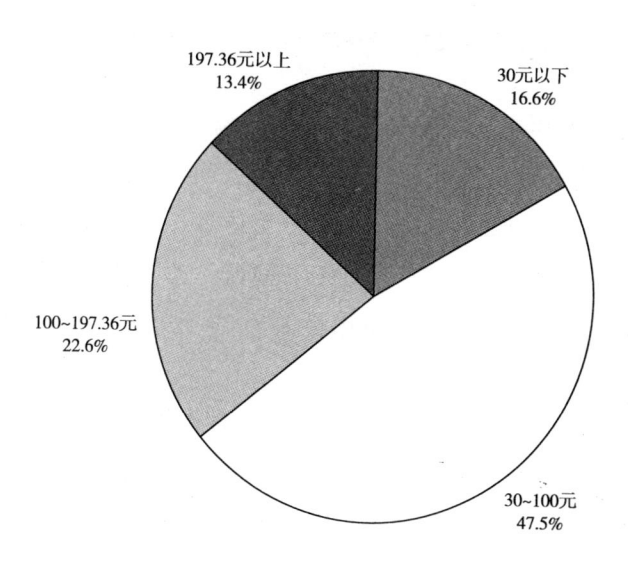

图9 2010年各类医疗保险缴费水平

由此可见，重庆市各类医疗保险缴费水平适度，没有给被保险人造成较大经济负担。问卷调查也证明了这一结论，过半的调查对象认为重庆市医疗保险个人缴费负担适中，甚至还有19.92%和2.54%的人认为"比较低"、"很低"（见图10）。

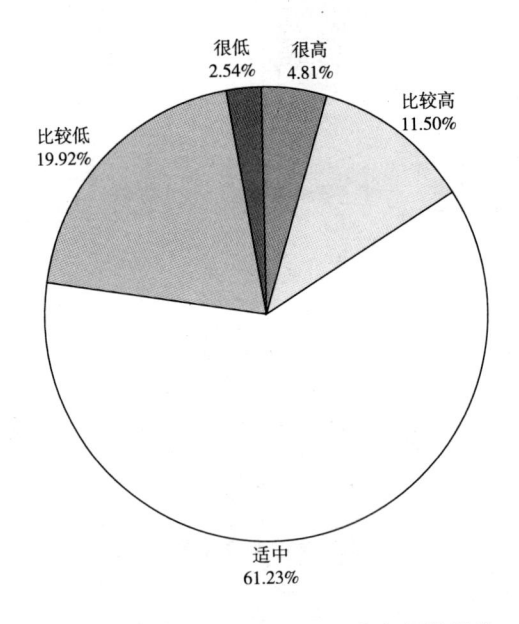

很低 2.54%
很高 4.81%
比较高 11.50%
比较低 19.92%
适中 61.23%

图10 居民对医疗保险个人缴费负担的评价

近年来，"看病难、看病贵"的问题日益成为人们关注的焦点，医疗保险便是解决这一民生问题的重要途径。问卷调查显示，81.68%的被访者反映看病费用高，有16.04%的受访者认为收费比较"适中"，仅有2.27%的受访者认为医疗收费"偏低"（见图11）。调查发现，2009年调查对象个人自付医疗费用最低为50元，最高为94000元，平均医疗花费5406元。

本报告采用两个指标测量医疗保险待遇水平：一是医疗费用报销比例，二是个人自负医疗费用支出占个人总收入的比重。调查显示，医疗费用报销比例最低为2.11%，最高为81.25%，平均比例为36.93%。如图12所示，报销比例主要集中在75%以下，75%及以上的占比仅为6.33%。通过调查了解到，分别有32.91%和45.57%的被访者认为医疗保险报销比例"适中"和"比较低"，具体数据见图13。

低
2.27%

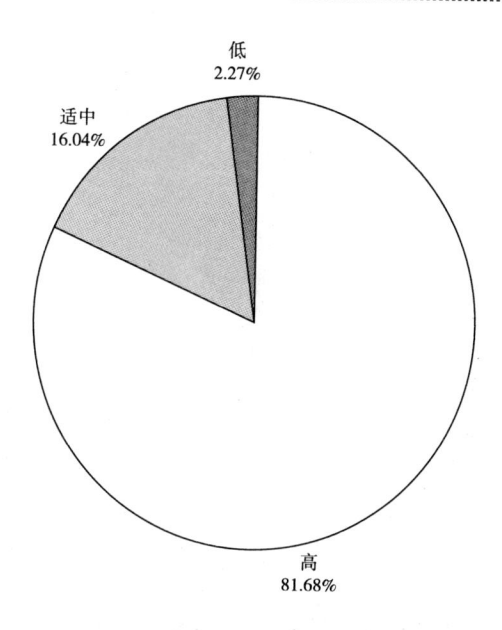

适中
16.04%

高
81.68%

图 11　居民对目前看病收费的评价

75%以上
6.33%

25%以下
32.91%

50%~75%
29.11%

25%~50%
31.64%

图 12　居民医疗费用报销比例

从医疗费用支出占个人总收入比重来看，调查显示，医疗费用支出占个人总收入比重分布较为分散，最低为0.17%，最高为

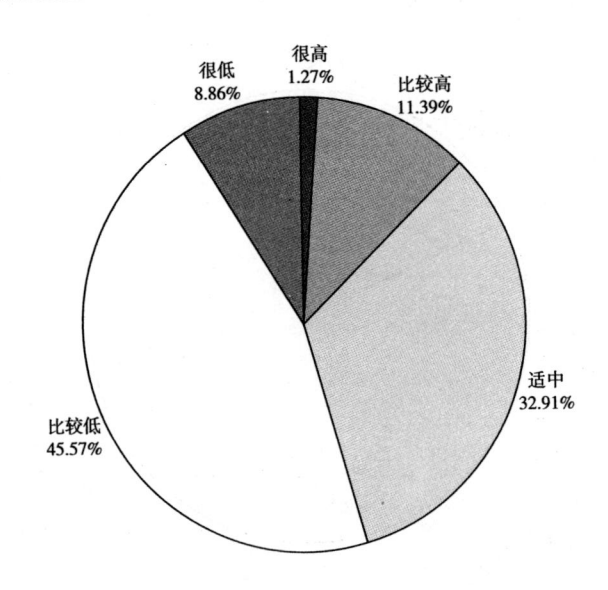

很低 8.86%　很高 1.27%　比较高 11.39%
适中 32.91%
比较低 45.57%

图13　居民对医疗保险报销比例的评价

307.69%，平均为32.25%。将所调查的数据进行分组计算，医疗费用支出占个人总收入的比重仍然表现离散趋势，56.9%调查对象的医疗费用支出占个人总收入的10%以下，同时有25.5%调查对象的个人医疗费用支出占个人总收入30%以上。这主要是因为社会成员个人疾病风险不一样，年轻人或身体健康的人患病风险小，医疗费用就低，占个人总收入比重也就低，而老年人或身体健康状况不太好的人患病风险大，医疗费用高，占个人总收入比重也就高，具体数据见图14。

调查结果表明，36.50%的受访者认为现有的医疗保险制度在减轻医疗负担中"适中"，近1/5的受访者认为现行的医疗保障制度在减轻患者的医疗费用负担方面所起的作用比较大或很大，36.50%的受访者认为减轻负担的功能"比较小"（见图15）。

通过调研了解到，38.46%的人认为目前所参加的医疗保险制度"一般"，其次是32.05%的调查对象对目前所参加的医疗保险制度"比较满意"，还要14.1%的人对其"非常满意"，具体数据见图16。

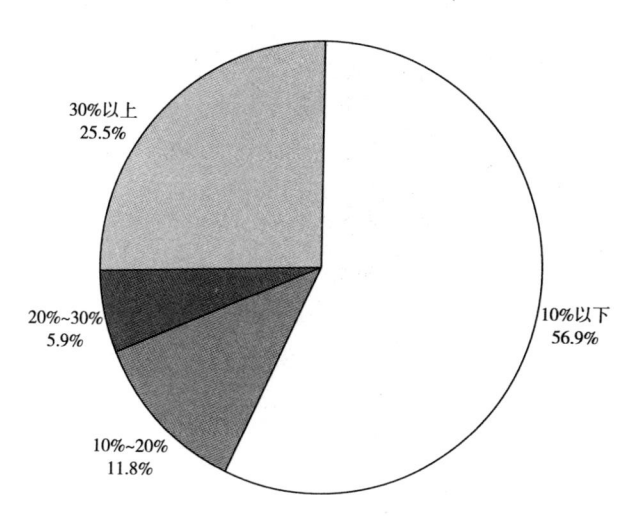

图 14　居民个人医疗费用支出占个人总收入的比重

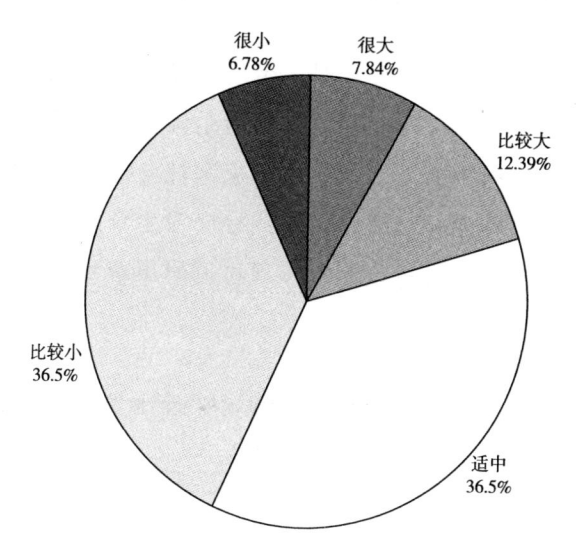

图 15　居民对医疗保险制度在减轻医疗负担的作用的评价

（三）重庆市其他社会保险的情况

失业保险是指国家通过立法强制实行的，由社会集中建立基金，对因失业而暂时中断生活来源的劳动者提供物质帮助的制度。它是社会保障体系的重要组成部分，是社会保险的主要项目之一。工伤保险是指劳动者在工作中或在规定的特殊情况下，遭受意外伤害或患职业病导致暂

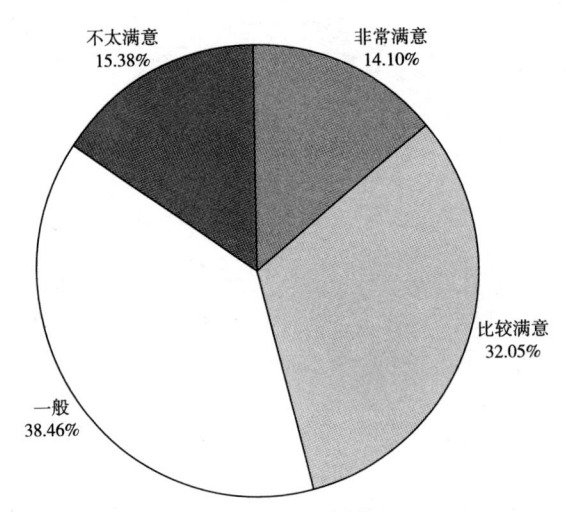

图 16 居民对目前所参加的医疗保险制度的评价情况

时或永久丧失劳动能力以及死亡时，劳动者或其遗属从国家和社会获得物质帮助的一种社会保险制度。生育保险是国家通过立法，在怀孕和分娩的妇女劳动者暂时中断劳动时，由国家和社会提供医疗服务、生育津贴和产假的一种社会保险制度，国家或社会对生育的职工给予必要的经济补偿和医疗保健的社会保险制度。通过调研了解到，重庆市民参加这三类保险的情况如表3所示。

表 3 重庆市民参与其他保险的情况

单位：%

项 目	失业保险	工伤保险	生育保险
参加比例	11.02	10.53	8.73
未参加比例	88.98	89.47	91.27

三 重庆市的社会救助与收入分配

社会救助（Social Assistance）是指国家和其他社会主体对于遭受自然灾害、失去劳动能力或者其他低收入公民给予物质帮助或精神救助，以维持其基本生活需求，保障其最低生活水平的各种措施。它对于调整资源配置，实现社会公平，维护社会稳定有非常重要的作用。

本次调查中，低保家庭所占的比例为15.21%。依照市政府出台的相关文件，渝中区、大渡口区、江北区、沙坪坝区、九龙坡区、南岸区、北碚区、万盛区、双桥区、渝北区、巴南区11个区及北部新区城市居民最低生活保障线标准提高到每人每月320元，农村居民最低生活保障线标准提高到每人每月170元（每人每年2040元）；城市"三无"人员供养标准提高到每人每月390元；农村五保对象供养标准提高到每人每月250元（每人每年3000元）。

在调查家庭中，2010年8月领取额最高的为1320元，平均331元。事实上，人均每月331元的标准难以满足低保家庭最基本的生活需要，在所调查的低保家庭中没有一个选择"完全能够满足"这一选项，79.73%以上的人认为"不能满足"（见图17）。依据重庆市现有的生活消费水平，他们认为要维持一家最基本的生活，平均每人每月至少需要1090元，而现在的水平与期望值还相差近700元。

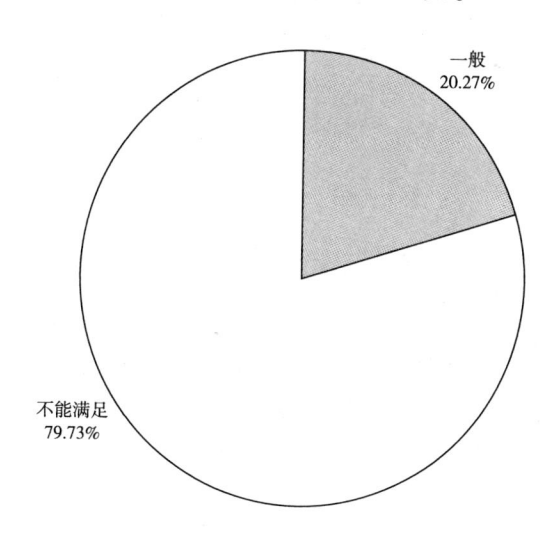

图17 低保金能否满足最基本生活需要

当然，我们应该看到，城乡低保制度仅仅是社会救助的一部分，其他社会救助项目对城乡居民的生活也提供着直接或间接的帮助。本次调查中52.7%的低保家庭享受过医疗救助、教育救助等救助项目，其中

27.03%享受过医疗救助、10.01%享受过教育救助、5.41%享受过住房救助及补助、27.03%享受过临时救助。同时，有些非低保户家庭在过去一年内也享受过诸如医疗、教育、住房等专项救助（见表4）。

表4 2010年居民享受专项社会救助情况

单位：人，%

项 目	医疗救助	教育救助	自然灾害救助	住房救助或补助	临时困难救助	优抚安置	至少享受一项救助
总人数	40	10	4	5	21	4	394
其中低保户	20	8	2	4	20	3	39
低保户所占比例	50.00	80.00	50.00	80.00	95.24	75.00	9.90

该地区的社会救助发放情况由表4可以看出，临时救助资金有95.24%发放到低保户手中，住房救助和教育救助的资金也有80%发放到低保户群体手中。其他救助如医疗救助、自然灾害救助、优抚安置等项目也有过半的资金发放到低保户手中。因此，该地区的社会救助发放情况基本合理。

因此，被访者认为，社会救助对于保障最低收入群体的基本生活起到了重要作用。86.42%的低保家庭认为"的确有很大帮助"或"有些帮助"（见图18）。

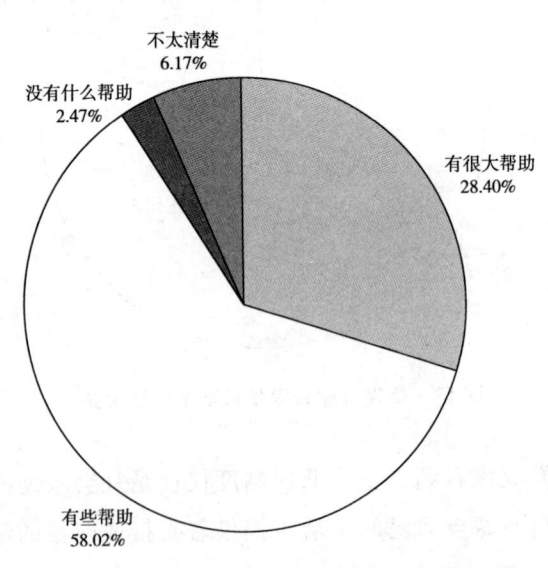

图18 低保制度对于生活困难群体的帮助程度

就最低生活保障制度的管理而言，重庆市相关部门出台的文件对低保户的申请规定了资格审查细则，不符合要求或违反规定者不予批准或停保。调查表明，76.62%的被访户（也是低保户）认为重庆市现行的低保户资格审查比较合理。从享受低保时间来看，在所调查的低保家庭中领取期限最长的为20年，最短的才1年，平均4.56年。其中，有7户家庭中途退出又重新获得低保资格（见图19、图20）。

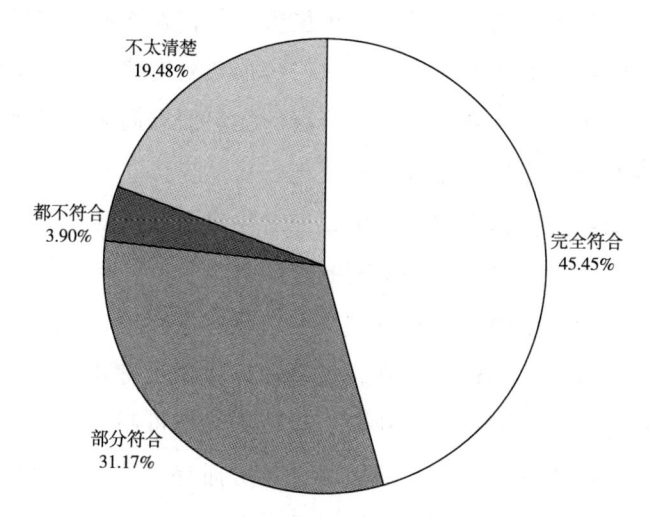

图19　低保户是否符合低保资格要求

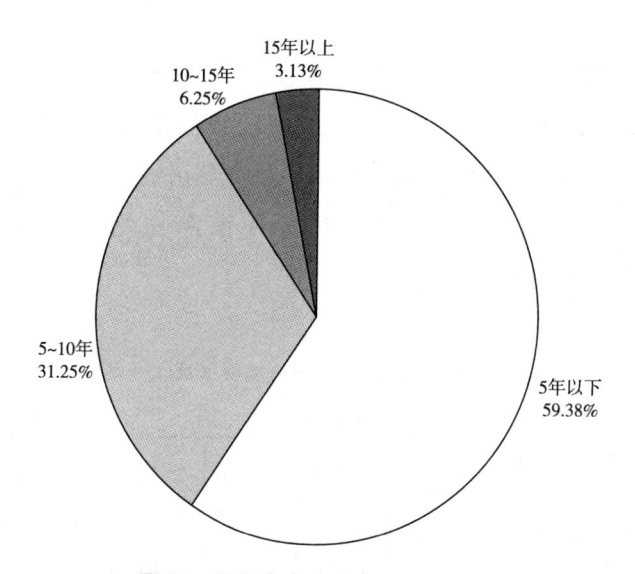

图20　低保家庭累计享受低保时间

四 重庆市的其他社会福利制度与收入分配

(一) 重庆市的住房福利制度与收入分配

住房问题是我市乃至我国在经济发展和城市化进程中所必然要面临的一个难题。总体来说,经过近些年住房改革,人均住宅建筑面积有了显著增加。但是,仍处于起步阶段的住房福利制度建设,还不能适应经济社会发展的要求,特别是低收入阶层的住房需求尚未得到满足,住房福利制度应有的保障作用还未完全实现。

在住房福利制度的实施过程中,应对住房福利的受益对象进行严格的资格审查,建立和完善住房福利制度的进出机制,应把住房保障作为政府公共服务的重要内容,建立健全城镇住房保障体系,合理确定住房保障范围、保障方式和保障标准,完善住房保障支持政策,逐步形成可持续的保障性安居工程投资、建设、运营和管理机制。

本次调查的重庆市 497 户居民中,住房拥有量最小值为 0 套,最大值为 4 套,户均值拥有量为 1 套,其中 81.33% 的家庭拥有 1 套住房,11.2% 的家庭拥有 2 套以上。

从住房拥有类型角度看,被访者以商品房为最多,占住房总数的 37.71%,自建房和单位福利房所占比重较其他住房类型要高,分别为 19.85% 和 14.79%。其中,第一套住房是商品房的最多,为 150 套,占住房总数的 35.38%,而第二套住房中商品房则占主体,占总数 55.36% 以上(见表 5、图 21)。

表 5 居民住房拥有类型情况

单位:套,%

	商品房	经济适用房	单位福利房	自建房	廉租房	公租房	自租房	其他
套数	181	20	71	94	3	5	15	91
比例	37.71	4.17	14.79	19.58	0.63	1.04	3.13	18.96

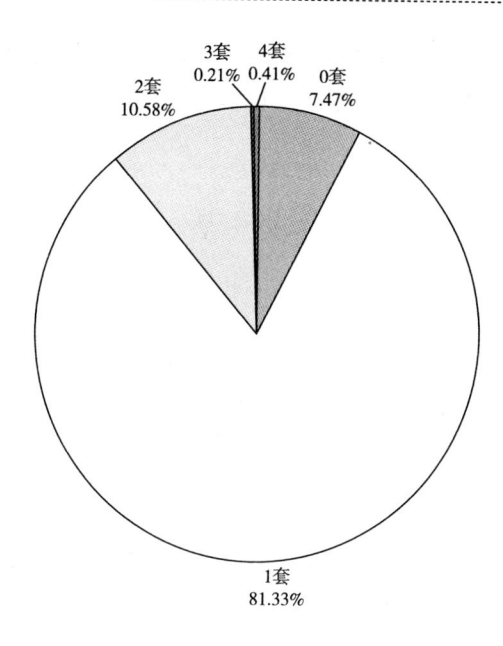

```
      3套  4套
2套  0.21% 0.41%   0套
10.58%              7.47%
```

```
         1套
       81.33%
```

图 21 居民住房保有量情况

在住房贷款方面，被访者购置商品房贷款概率与数额明显高于购买经济适用房，而购买经济适用房的贷款概率与数额又明显高于购买单位福利房。被访者购买商品房的贷款额度最低 0 万元，最高为 49 万元，平均为 1.07 万元；而购买单位福利房的贷款机率小，贷款额度最低为 0 万元，最高为 10 万元，平均为 4.3 万元（见表 6）。

表 6 居民购置不同住房类型的平均贷款额及月还贷额

单位：元

项　　目	商品房	经济适用房	单位福利房	自建房
平均贷款总额	15655	92859	61400	128090
平均月还贷额	155	902	663	982

就租房而言，调查发现，自租房的每月租金最高，廉租房次之，公租房最低，具体值分别为 1210.5 元、216.7 元以及 167.2 元。

在住房公积金方面，本次调查发现仅有 78 人缴纳住房公积金，占被调查户总数的 15.69%。其中，2010 年 8 月个人平均缴纳住房公积数额为165元，占2010年社会平均工资的5.6%。由图22也可以看出，调查对象普遍认为缴纳的额度不是很大。

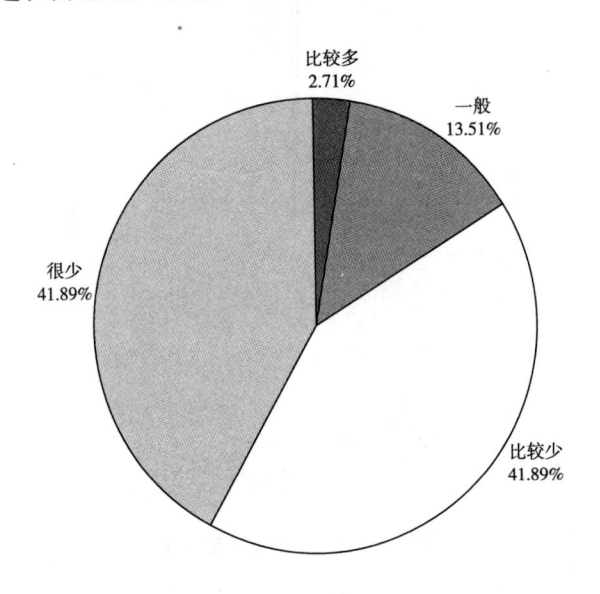

图22 职工认为个人缴纳的住房公积金数额情况

住房公积金制度建立的目的是通过个人与企业的缴费以满足职工的购房需求，实现居者有其屋这个社会目标。但是，调查数据显示，74.85%的受访者认为房价特别高，18.35%认为比较高。但住房公积金对买房者在负担高额房款上，还是有一定的帮助的。从本次的调查数据来看，其中65.79%的被调查者认为住房公积金对购房时有帮助。78名缴纳住房公积金中仅有13名调查对象申请了住房公积金贷款，占比为16.67%，额度最低的为2元，最高为20万元，平均贷款额为7.78万元（见图23）。

近年来，重庆市出台相关政策，提出建设廉租房、保障性租赁房、经济适用房、保障性商品房等多种住房类型。对于居民家庭收入低于某种水平的家庭提供经济适用房或保障性商品房，而对于家庭收入极低、无力购买这两类住房的家庭，政府为其提供了廉租房以及其他租房补贴等，以便缓解他们的住房困难问题，使他们不至于因为住房问题而导致收入状况更加恶化。本次调查有1.48%受访者获得了政府的住房补贴，最近一次获得的住房补贴最低为 340 元，最高为 6 万元。

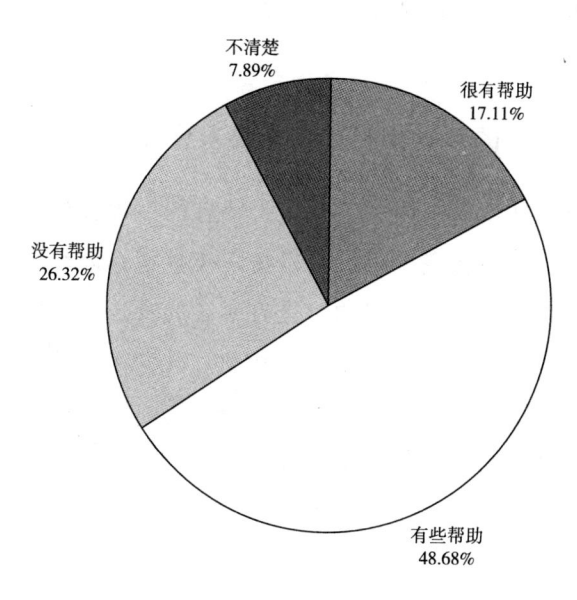

图 23　职工认为住房公积金对购房的帮助情况

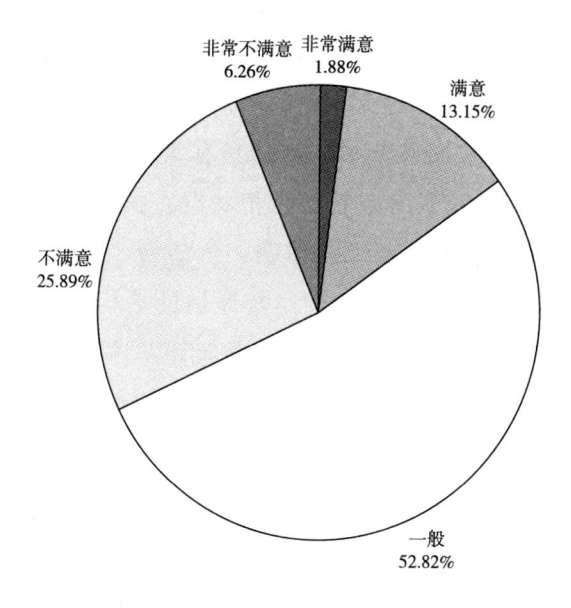

图 24　对目前我国保障性住房政策的评价

67.85%的被调查者对我市保障性住房政策还是持肯定态度的，说明我市的保障性住房政策给居民带来切实的利益。但仍有32.15%的被调查者对此仍不满意，这也反应我市的保障性住房政策仍有不足之处，还应进一步完善（见图24）。

（二）重庆市的教育福利制度与收入分配

所谓教育，从本质上讲，它是人类特有的一种社会现象，是培养人的一种社会活动。从狭义上讲，则是指学校教育，即教育者根据社会要求，有目的、有计划、有组织的对受教育者的身心施加影响，把他们培养成一定社会所需要的人的社会实践活动。教育福利政策的宗旨在于维护和保障公民的受教育权利，促进教育公平进而深刻影响社会生活的其他领域，推动社会协调全面发展。温家宝总理在2007年《政府工作报告》中曾强调指出：教育是国家发展的基石，教育公平是重要的社会公平。

据重庆市统计局公布的数据显示，2010年重庆市人均教育支出1408.02元，占消费支出的10.6%，超过文化娱乐、医疗保健等项目的支出。本次调查的497个家庭中162个家庭有子女在上学，其中134个家庭只有一个子女上学，占82.72%。23个家庭有两个子女上学，占14.2%。有两个以上子女在上学的家庭只有5个，占3.1%。基本能够反映我国独生子女政策下家庭教育负担状况。据调查，2010年重庆市家庭教育总支出（包括学费、住宿费、生活费、交通费、学习用品、资料等）平均为10400元，其中向学校缴纳的平均费用为4298.31元、自愿性的教育支出（如家教、辅导班、培训班）平均为1263.15元，两者之和占教育总支出的53.48%。以三口之家为计算标准，2010年重庆市平均教育支出占家庭可支配收入的20%。

调查显示，在全社会高度重视子女教育、加大子女教育投入力度的情况下，68.2%的受访者认为教育负担"很重"和"比较重"（见图25），而且不同阶段负担差别较大，尤其是非义务教育阶段的费用支出比较高。

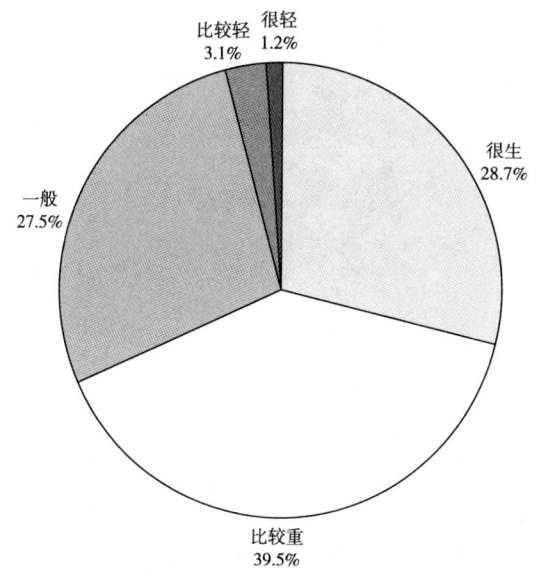

图 25 居民对教育负担的评价

饼图数据：很轻 1.2%；比较轻 3.1%；一般 27.5%；很重 28.7%；比较重 39.5%

这表明，重庆市的家庭教育费用支出水平总体上还是偏高的，这给中低收入家庭带来了沉重负担，分别有41.6%和47%的被访者表示"特别需要"和"比较需要"政府提供教育方面的帮助，如减免学费（高中及以上）、大学生绿色通道、贫困学生补助等福利，保障适龄学生享有公平的教育机会。本次调查中有16.7%的家庭享受了两免一补，5.1%的家庭享受了奖学金，3.8%的家庭享受了减免学费（高中及以上），2.6%的家庭享受了贫困学生补助，过半的家庭没有享受任何教育补助（见图26）。

调查表明，重庆市教育福利项目较多，但享受人数较少。重庆市对中小学实行了免费的义务教育，免除全市公办小学、初中和特教学校在校生的课本费和簿籍费，但是，总体上看，重庆市教育福利支出水平仍然偏低，2010年全市教育支出约240亿元，占当年全市财政支出的8.75%。同时，仅有98个家庭获得了教育救助，占19.72%，户均获得救助金额为411.02元，占教育支出的3.95%，这样的教育福利供给水平总体偏低。调研了解到，绝大多数被访者认为教育福利对缓解家庭教育负担"有一些帮助"，14.4%的人认为"很有帮助"，而占比22.7%的人认为"没有帮助"。

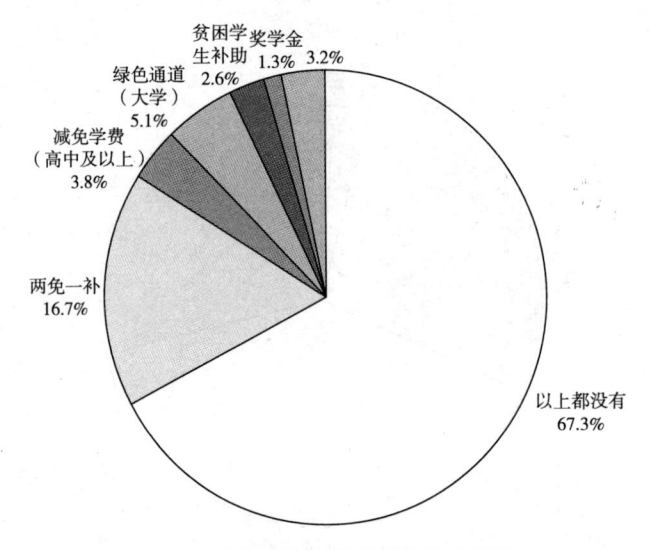

贫困学 奖学金
生补助 3.2%
绿色通道 1.3%
（大学）2.6%
5.1%
减免学费
（高中及以上）
3.8%

两免一补
16.7%

以上都没有
67.3%

图 26　被访者享受政府教育补助情况

五　结论与思考

改革开放以来，重庆市的经济社会获得了快速发展，但是城乡居民以及不同阶层居民之间的收入分配差距也持续扩大。本次调查中47.6%的居民认为不同居民之间的收入差距"非常大"，37.4%认为"比较大"，两者之和达到85%。因此，42.1%和21.8%的受访者表示对个人收入"不太满意"和"非常不满意"，40.5%和17.8%被访者表示对家庭收入"不太满意"和"非常不满意"（见表7）。

表 7　居民对个人及家庭收入的满意度

单位：%

	非常满意	比较满意	一般	不太满意	非常不满意
个人收入	1.8	4.7	29.6	42.1	21.8
家庭收入	1.4	6.4	33.9	40.5	17.8

被访者认为，在影响民众收入差距过大的各类因素中，"个人能力差距"是最主要的因素，占总数的30.8%，其次是"地区经济发展不

平衡"以及"社会保障制度不完善",分别占29.5%和26.7%。而"不同地区的资源差距"和"税收政策不合理"的影响相对较小,所占比例分别为4.3%和4.5%(见图27)。

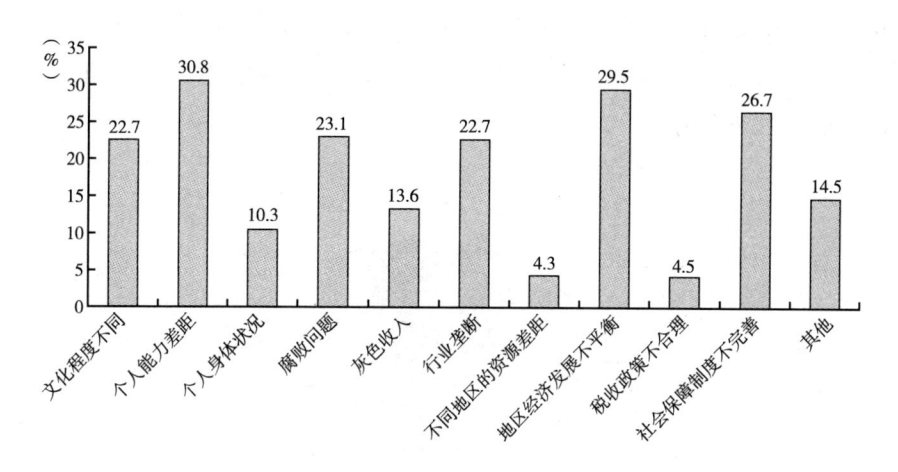

图27 居民认为影响收入差距过大的原因

理论上,社会保障本身应该发挥调节初次分配中收入差距过大问题这个功能,促进社会公平。但是,调查结果显示,绝大多数对目前社会

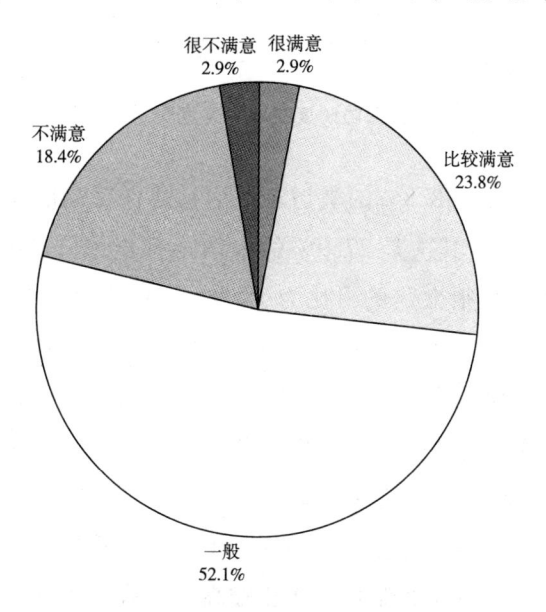

图28 对目前社会保障制度的满意度情况

保障制度的满意度都不高，而且认为社会保障在减轻家庭负担的作用，社会保障制度在缩小居民之间收入差距中的作用都比较小。

从图28可以看出，过半的被访者认为目前的社会保障制度"一般"，其次是占比23.8%的人对目前社会保障制度"比较满意"，18.4%的人对其"不满意"，相对而言，选择"很满意"和"很不满意"的占比都较小。

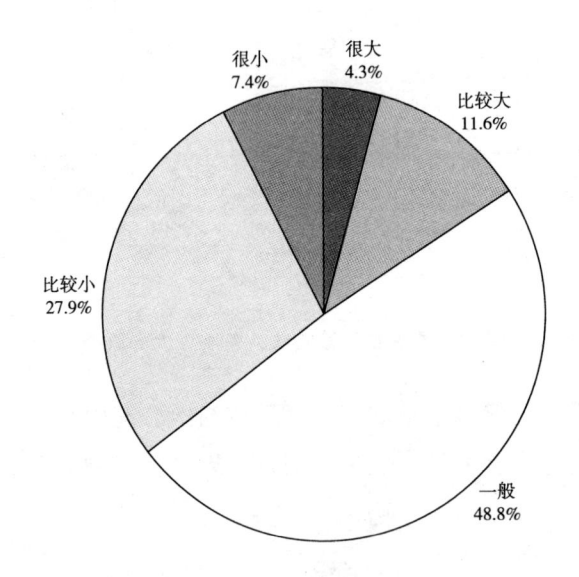

很小 7.4%
很大 4.3%
比较大 11.6%
比较小 27.9%
一般 48.8%

图29 社会保障制度在减轻家庭负担中的作用

调研结果显示，48.8%的被访者认为社会保障制度在减轻家庭负担中的作用"一般"，其次是27.9%的人认为其作用"比较小"，认为作用"比较大"或"很大"的占比为15.9%，具体数据如图29所示。

近半数被访者认为社会保障在缩小居民之间收入差距中的作用一般，认为作用"比较大"或"很大"的占比为25.9%（见图30）。

通过问卷调查，我们还得出以下几点结论。

第一，养老保险的参保率不高且不同人群的缴费负担不甚合理。通过调查发现，养老保险的参保率为54.91%，说明其参保率不高。近三分之一的参保人认为养老保险缴费比较高或很高。不同人群的养老保险缴费负担不甚合理，59.72%的人属于低收入高缴费的范围，23.91%的

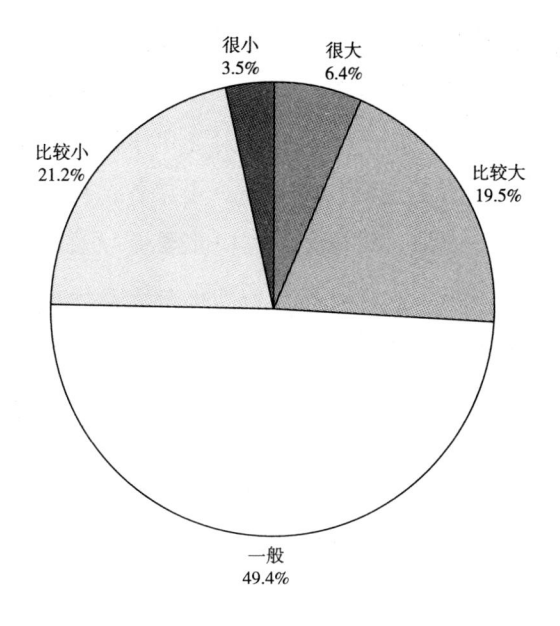

图 30　社会保障制度在缩小居民之间收入差距中的作用

社会成员属于高收入低缴费的范围。又因为低收入和高收入的社会成员占比分别为82.1%和17.9%，因此过半的（53.3%）被访者及其家庭成员的收入与缴费存在着逆向关系。建议相关部门应当修正改革路径，将养老保险广覆盖与制度多元化相结合。另一方面，也要考虑对养老保险缴费标准的完善，使得收入与缴费存在逆向关系的比例下降。

第二，医疗保险参保率较高，但是报销比例还有待进一步提高。医疗保险参保率较养老保险要高，其参保率已经接近80%。医保的缴费适中，没有给居民生活造成负担。但医疗费用高且报销比例较低，给居民带来的经济负担仍然比较严重。但是，相较于往年，医疗保险在减轻居民医疗费用负担方面的作用逐渐增大。

第三，社会救助的发放较为合理，但是其标准有待进一步提高。79.73%以上的人认为"不能满足"基本生活需求，最低生活保障要满足他们的基本生活需要还是有差距的。总的说来，社会救助对低收入群体的基本生活是有一定的帮助的，此外，从调研数据来看，重庆市现行的低保户资格审查比较合理。

第四,保障性住房得肯定。通过调查发现,67.85%的被调查者对我市保障性住房政策还是持肯定态度的,说明我市的保障性住房政策给居民带来切实的利益。但仍有少部分人对此仍不满意,这也反应我市的保障性住房政策仍有不足之处,还应进一步完善,科学合理地制订保障性住房的保障水平及布局,讲公平的同时也要兼顾效率。

第五,家庭教育负担较重,教育福利还有待进一步提高。通过调研了解到:目前重庆市居民的教育负担还是很重的,家庭教育费用支出水平总体上偏高。而且虽然教育福利项目较多但享受到的人较少,教育福利还有待进一步提高。建议应该加强制度建,努力拓宽助学渠道,完善政府扶贫为主、社会资助为辅、学校自筹为助的长效机制,同时要提供各种条件来提高低保家庭的自救能力。

第六,进一步丰富和完善社会保障体系,提高市民对其满意度。通过调研了解到:约有过半的居民认为目前的社会保障制度一般,48.8%的被访者认为社会保障制度在减轻家庭负担中的作用"一般",近半数被访者认为社会保障在缩小居民之间收入差距中的作用一般。建议进一步丰富和完善社会保障体系,提高市民对其满意度。

参考文献

Ervik, R., "The Redistributive Aim of Social Policy: A Comparative Analysis of Taxes, Tax Expenditure Transfers and Direct Transfers in Eight Countries", Luxembourg Income Study Working Paper, 1998, No. 184.

Jesuit, D. and Mahler, V., "State Redistribution in Comparative Perspective: A Cross-National Analysis of the Developed Countries", Luxembourg Income Study Working Paper, 2004, No. 392.

蔡昉:《刘易斯拐点与公共政策方向的转变》,《中国社会科学》2010年第6期,第125~137页。

陈佳贵、王延中主编《中国社会保障发展报告》(2010),社会科学文献出版社,2010。

陈佳贵、王延中主编《中国社会保障发展报告》(2007),社会科学文献出版社,2007。

陈建宁:《社会保障对收入差距调节的困境与对策》,《保险研究》2010年第12期。

迟福林:《破题收入分配改革·推进收入分配改革实现公平与可持续发展的第二次转型》,中国经济出版社,2011。

褚福灵:《中国社会保障发展指数报告》(2010),经济科学出版社,2011。

崔军：《调节居民收入分配的财政制度安排》，经济科学出版社，2011。

高霖宇：《社会保障对收入分配的调节效应研究》，经济科学出版社，2009。

郭世征：《社会保障研究》，上海财经出版社，2005。

韩俊江、严新明：《完善我国新型农村社会养老保险制度研究》，《劳动保障世界》2010年第2期。

郝时远、王延中：《中国农村社会保障调查报告》，方志出版社，2009。

何立新：《中国城镇养老保障制度改革的收入分配效应》，《经济研究》2007年第3期。

洪大用："当道义变成制度之后——试论城市低保制度实践的延伸效果及其演进方向"，《经济社会体制比较》2005年第3期。

洪大用："中国城市居民最低生活保障标准的相关分析"，《北京行政学院学报》2003年第3期。

侯明喜：《防范社会保障体制对收入分配的逆向转移》，《经济体制改革》2007年第4期。

胡宝娣、刘伟、刘新：《社会保障支出对城乡居民收入差距影响的实证分析——来自中国的经验证据》（1978~2008），《江西财经大学学报》2010年第2期。

胡晓义：《走向和谐：中国社会保障发展60年》，中国劳动社会保障出版社，2009。

华娇社：《会保障制度相对收入分配的实证分析》，《经济师》2006年第12期。

贾树兰：《中国新型农村合作医疗筹资机制的研究述评》，《中南财经政法大学研究生学报》2008年第3期。

李君如：《中国人权事业发展报告 No.1》（2011），社会科学文献出版社，2011。

李实、罗楚亮：《中国城乡居民收入差距的重新估计》，《北京大学学报》（哲学社会科学版）2007年第2期。

李实：《我国收入分配中的几个主要问题》，《探索与争鸣》2011年第4期。

李智：《社会保障支出对城乡居民收入差距的影响》，《当代经济》2011年第5期。

林义：《破解新农保制度运行五大难》，《中国社会保障》2009年第9期。

刘永军等：《中国居民收入分配差距研究》，经济科学出版社，2009。

尼古拉斯·巴尔：《福利国家经济学》，中国劳动社会保障出版社，2003。

全国人大财经委专题调研组：《国民收入分配若干问题研究》，中国财政经济出版社，2010。

宋晓梧、李实等：《中国收入分配：探究与争论》，中国经济出版社，2011。

陶纪坤：《社会保障制度与城乡收入差距》，《兰州学刊》2008年第12期。

陶纪坤：《西方国家社会保障制度调节收入分配差距的对比分析》，《当代经济研究》2010年第9期。

王国军：《中国社会保障制度一体化研究》，科学出版社，2011。

王绍光：《香港的收入不平等》，载薛进军主编《经济增长与收入分配》，社会科学文献出版社，2012。

王小鲁：《我国国民收入分配现状、问题及对策》，《国家行政学院学报》2010年第3期。

王晓鲁、樊纲：《中国收入差距的走势和影响因素分析》，《经济研究》2005年第10期。

王延中等：《中国中低收入群体医疗服务与医疗保障研究》，中国财政经济出版社，2010。

王延中主编《中国社会保障发展报告》（2012），社会科学文献出版社，2012。

王中旗、刘洋：《新型农村合作医疗的实施问题与对策分析》，《法制与社会》2009年第3期。

翁晓松：《福建新型农村合作医疗的路径选择》，《发展研究》2008年第3期。

香伶：《养老保障与收入分配》，《湖南商学院学报》2002年第5期。

杨灿明等：《收入分配研究述评》，《中南财经政法大学学报》2008年第1期。

杨翠迎：《中国社会保障制度的城乡差异与统筹改革思路》，《浙江大学学报》（人文社会科学版）2004年第3期。

杨立雄：《中国城镇居民最低生活保障制度的回顾、问题及政策选择》，《中国人口科学》2004年第3期。

杨团、毕天云、杨刚：《21世纪中国农民的社会保障之路》，社会科学文献出版社，2010。

于国安：《我国现阶段收入分配问题研究》，中国财政经济出版社，2010。

张继海：《中国的社会保障体系与居民收入分配研究》，《吉林省教育学院学报》2008年第4期。

张义桢：《厦门居民收入基尼系数研究》，《中共福建省党校学报》2005年第11期。

赵桂芝、王艳萍：《我国社会保障制度收入再分配职能分析》，《中国流通经济》2010年第5期。

赵浩然：《社会保障与收入分配的互动机制研究》，《知识经济》2010年第5期。

郑秉文等：《公务员参加养老保险统一改革的思路——〈混合型〉统账结合制度下的测算》，《公共管理学报》2009年第1期。

郑功成：《论收入分配与社会保障》，《黑龙江社会科学》2010年第5期。

郑功成：《论收入分配与社会保障》，《黑龙江社会科学》2010年第5期。

郑功成：《社会保障学》，中国劳动社会保障出版社，2005。

郑功成：《中国社会保障30年》，人民出版社，2008。

郑功成：《中国社会保障改革与发展战略：理念、目标与行动方案》，人民出版社，2008。

郑功成：《中国社会保障制度变迁与评估》，中国人民大学出版社，2002。

郑功成：《社会保障学——理念、制度、实践与思辨》，商务印书馆，2000。

郑功成：《中国社会保障改革与发展战略：养老保险卷》，人民出版社，2011。

郑功成主编《中国社会保障改革与发展战略》（救助与福利卷），人民出版社，2011。

郑功成主编《中国社会保障改革与发展战略》（医疗保障卷），人民出版社，2011。

郑功成主编《中国社会保障改革与发展战略》（总论卷），人民出版社，2011。

中国（海南）改革发展研究院：《中国收入分配改革路线图》，国家行政学院出版社，2010。

后 记

本成果系中国社会科学院2011年度立项的国情调研重大课题，由中国社会科学院人口与劳动经济研究所管理，中国社会科学院劳动与社会保障研究中心负责实施。项目组负责人为中国社会科学院劳动与社会保障研究中心主任、监察局局长（现为民族学与人类学研究所所长）王延中研究员和中国社会科学院人口与劳动经济研究所党委书记、副所长张车伟研究员。项目组主要成员包括：高文书（中国社会科学院人口与劳动经济研究所社会保障室主任、副研究员）、侯慧丽（中国社会科学院人口与劳动经济研究所副研究员）、高和荣（厦门大学公共事务学院教授）、张奎力（河南农业大学文法学院副教授、中国社会科学院社会学研究所博士后）、宋娟（内蒙古大学管理学院讲师）、刘琴（重庆教育学院副教授）、龙玉其（首都师范大学管理学院讲师）、李伟（河南农业大学文法学院讲师）、赵意焕（河南农业大学文法学院讲师）、江翠萍（中国社会科学院研究生院社会学系博士生）、朱火云（厦门大学公共事务学院博士生）、夏会琴（厦门大学公共事务学院教师）、郭志发（中国社会科学院研究生院社会工作专业硕士）、宁亚芳（中国人民大学劳动人事学院博士生）、柯洋华（中国社会科学院研究生院社会学系博士生）等。另外有很多专家学者、中国社会科学院及地方有关管理部门的实际工作者、中国社科院研究生院社会工作等专业60多名专业硕士及我指导的十余名研究生等参加了问卷调查工作。在此深表感谢。

王延中

2012年12月18日

图书在版编目(CIP)数据

中国社会保障收入再分配状况调查/王延中主编. —北京：
社会科学文献出版社，2013.3
（中国社会科学院国情调研丛书）
ISBN 978 - 7 - 5097 - 4265 - 5

Ⅰ.①中… Ⅱ.①王… Ⅲ.①社会保障 - 国民收入分配 -
调查研究 - 中国 Ⅳ.①F124.7

中国版本图书馆 CIP 数据核字（2013）第 018358 号

·中国社会科学院国情调研丛书·
中国社会保障收入再分配状况调查

主　　编 / 王延中

出 版 人 / 谢寿光
出 版 者 / 社会科学文献出版社
地　　址 / 北京市西城区北三环中路甲 29 号院 3 号楼华龙大厦
邮政编码 / 100029

责任部门 / 人文分社（010）59367215　　　　　责任编辑 / 范　迎
电子信箱 / renwen@ ssap. cn　　　　　　　　　责任校对 / 师旭光
项目统筹 / 宋月华　范　迎　　　　　　　　　责任印制 / 岳　阳
经　　销 / 社会科学文献出版社市场营销中心（010）59367081　59367089
读者服务 / 读者服务中心（010）59367028

印　　装 / 北京季蜂印刷有限公司
开　　本 / 787mm×1092mm　1/16　　　　　印　张 / 24.75
版　　次 / 2013 年 3 月第 1 版　　　　　　　 字　数 / 366 千字
印　　次 / 2013 年 3 月第 1 次印刷
书　　号 / ISBN 978 - 7 - 5097 - 4265 - 5
定　　价 / 89.00 元

本书如有破损、缺页、装订错误，请与本社读者服务中心联系更换

▲ 版权所有　翻印必究